北京大学文革史榷（上）

附北京大学文革大事记

1964—1983

The Controversial History of the Cultural Revolution in Peking University (I): With a Chronicle 1964-1983

胡宗式 章铎 著

美国华忆出版社
Remembering Publishing, LLC. USA

Copyright © 2022 by Remembering Publishing, LLC. USA

The Controversial History of the Cultural Revolution in Peking University (I): With a Chronicle 1964-1983

Editor： Hu Zongshi / Zhang Duo

ISBN： 978-1-68560-044-0 （Print）
978-1-68560-045-7 （eBook）

Remembering Publishing, LLC
RememPub@gmail.com

北京大学文革史榷（上）
附北京大学文革大事记 1964—1983

胡宗式 章铎 著

出　　版： 美国华忆出版社
版　　次： 2022 年 12 月第一版，第一次印刷
字　　数： 347 千字

All rights reserved.
No part of this book may be reproduced in any form or by any electronic or mechanical means including information storage and retrieval systems, without permission in writing from the publisher. The only exception is by a reviewer, who may quote short excerpts in review.

作品内容受国际知识产权公约保护，版权所有，侵权必究

目 录

关于本书的说明 I

序 编　　不停顿的政治运动和矛盾的积累

第一章　　"文革"前北大的政治运动（一）：
　　　　　反右、双反、反右倾 3
　　一、反右前的各种运动 4
　　二、反右运动 5
　　三、"双反"运动 8
　　四、反右倾运动和批判"党内专家" 13
　　附记：关于批判马寅初校长 21

第二章　　文革前北大的政治运动（二）：烂尾的社教运动 24
　　一、北大社教运动的背景 24
　　二、中宣部和北京市委在北大社教问题上博弈的开始 ... 26
　　三、中宣部和北京市委在北大社教问题上博弈的继续 ... 34
　　四、"二十三条"公布后，北大社教发生逆转 42
　　五、在各方博弈下，北大社教终成烂尾 54
　　附记1："陆平是好同志犯了一些错误"
　　　　　究竟是谁说的？ 58
　　附记2：张侠的信和《我的意见》摘录 60

第三章 "文革"前北大的政治运动（三）：对社教积极分子进行清算的第二次国际饭店会议.......... 64

一、7月整风.......... 64
二、第二次国际饭店会议的部署和第一阶段会议.......... 65
三、三个重点系的第二次国际饭店会议简述.......... 68
四、第二次国际饭店会议上重中之重的哲学系.......... 78
附记：邓拓的厄运.......... 127

正编　亲历"文革"风暴的两年零两个月

第四章 "第一张大字报"的产生及其影响.......... 131

一、在《五一六通知》的促动下，聂元梓等七人贴出了一张大字报.......... 131
二、毛泽东批示广播聂元梓等人的大字报.......... 139
三、关于"第一张大字报"产生过程的争论.......... 143
附记：关于陆平.......... 152

第五章 "文革"初期的北大工作组.......... 155

一、以张承先为首的工作组仓促进入北大.......... 155
二、在党中央的号召下，北大燃起"文革"烈火.......... 157
三、"六一八事件"及工作组报送中央的两个文件.......... 161
四、陈必陶等人写大字报给工作组提意见.......... 168
五、张承先对陈必陶等人大字报态度的转变过程.......... 169
六、聂元梓7.19讲话引起的风波.......... 172
七、毛泽东回到北京，决定撤销工作组.......... 175

八、中央文革在北大召集大会批判工作组，
　　　　李雪峰宣布撤销工作组............176

　　九、工作组顺利撤出北大............181

第六章　北大校文革筹委会和校文革的头两个月............183

　　一、聂元梓的"8.5讲话"............183

　　二、按照毛泽东的指示和"十六条"，
　　　　北大选举成立了校文革............186

　　三、王任重"主抓"北大运动和哲学系左派的分裂............192

　　四、在"破四旧"的浪潮中，校文革号召保护文物............202

第七章　1966年关于校文革执行了什么路线的大辩论............208

　　一、《红旗》第13期社论提出批判资产阶级反动路线............209

　　二、反对派的出现，其观点和组织............211

　　三、支持聂元梓和校文革的组织及其观点............216

　　四、聂元梓和校文革的态度及对策............218

　　五、聂元梓的两项行动：贴邓小平大字报
　　　　和奉命去上海串连............219

　　六、大辩论的继续和"井""红"问题............222

　　七、"井""红"一意孤行，矛盾不断激化............225

　　八、1966年12月："井""红"的失败和瓦解............244

　　九、大辩论的尾声和对"井""红"的清算............252

　　十、军训和新北大公社成立............263

第八章　1967年1、2月间，一条"黑线"暴露出来............267

　　一、陶铸被打倒和吴传启团伙的崛起............269

　　二、在"一月夺权"中，北大同关锋、吴传启团伙
　　　　发生冲突............277

三、北京市的"夺权"和"北京革命造反公社"............ 287
　　四、"除隐患"想法的产生与实施................... 292

第九章　激烈动荡的 1967 年 3 月........................ 302
　　一、"反二月逆流"狂飙中的新北大公社............... 302
　　二、校内整风和再一次分裂的开始................... 321

第十章　1967 年 4 月和 5 月，向吴传启团伙开炮................. 345
　　一、1967 年的"大方向"——彻底批判刘少奇................ 345
　　二、新北大公社向吴传启团伙开炮................... 346
　　三、新北大公社对吴传启团伙的揭发.................. 376

第十一章　1967 年 6-8 月，来自关、王、戚团伙的
　　　　　全力打压.. 382
　　一、来自中央文革关、王、戚、陈伯达的全面打压....... 383
　　二、全面打压下的北大乱局......................... 400

关于本书的说明

历史是要由后人来写的。同样，北京大学在文化大革命期间的历史，也是要由后人来写的。

有朋友提议笔者写一本北大"文革史"。笔者以为，我们不具备完成这项工作的学识和能力，也不掌握足够的史料，这件工作，只能留待后人去做。但是，作为北大"文革"的亲历者，我们有责任、有义务留下一些记忆材料，对若干事件作一点梳理，给后人提供一点线索和方便。况且，我们来日无多了。

这是一项艰难而漫长的工作。

胡宗式曾保存了一点"文革"资料。清查"五一六"运动开始后，902厂负责保卫工作的领导看到北大发来的调查函，以为发现了一条"大鱼"，便以"你写一下'五一六'的情况使我们对运动有所了解"为名，让胡写材料，当看到胡手里的资料时，又以"个人不能保存材料"为名，将材料全部收走。运动结束后，胡找这位领导要材料，但他不认账："没有拿过你的材料！"类似的情况，还有很多。

但是，历史的进步是不可阻挡的，"文革"历史是不可能被完全灭失的。

聂元梓生前出版了两本回忆录，《聂元梓遗稿》也已由美国华忆出版社出版。这三本书的史料价值是明显的。笔者还获得了孙蓬一保存的一些材料，数量虽然很少，但弥足珍贵。

有几位校友出版了自己的日记，还有许多校友写了回忆文章，几位老师的回忆文章澄清了一些重要的历史事实，这对笔者都有很大帮助。笔者还参考了许多书籍，包括领导人的传记、年谱和若干官员的回忆录，以及若干"文革"研究专家的著作。凡有引用之处，笔者都注明了来源。

从本世纪初，我们开始收集关于北大的"文革"资料。借助于网络，我们还收集到北大"文革"的一些重要资料。有的材料原来印数很少，能在网上购得，非常意外。由这些材料整理编成的《北京大学文革资料选编》（上、中、下）和《北京大学文革资料续编》已经出版。这些原始资料是我们写作本书的重要依据。

北大的社教运动是北大"文革"的预演。不了解北大的社教运动，就很难理解"文革"群众运动何以从北大开始。北大社教运动进行之时，我们这些学生虽然生活在学校，对这场运动却是知之甚少的。数十年后，笔者有幸见到百万余字的简报和其他相关资料。通过对这些资料的梳理和分析，笔者对北大的社教运动有了初步的了解，也加深了笔者对北大"文革"的认识。

一边寻找历史资料，一边对北大的"文革"进程进行回顾和研究，研究过程中发现问题，再去寻找资料。如此不断努力的结果，就是奉献给读者的这本《北京大学文革史榷》。

本书虽名"史榷"（这是一位朋友的建议），实际上不过是笔者对北大"文革"中若干重要事件进行梳理和说明的一本笔记而已，距"史"相距还很遥远。同样，本书没有长篇大论的"前言"，只有这一篇简单的说明。"前言"需要对历史进程有全面的认识，而这是笔者无法达到的。

本书共分三个部分：序编、正编和附编。

序编部分（第一章至第三章）叙述的事情，都不是我们亲身经历的，但我们有好几年生活在学校里。

正编部分（第四章至第十四章）叙述的事情（1966.6—1968.8），是我们亲身经历的，刻骨铭心。

附编部分（第十五章至第十八章）叙述的事情，基本上发生在笔者离开学校之后。胡宗式除了有两年多时间被关押在北大受到迟群一伙的逼供审查外，对学校的情况一无所知，但这是北大"文革"的重要组成部分，且时间长达 8 年多，若不对这一时期发生的事情作一回顾，北大"文革"的历史就是残缺的。

《北京大学文革大事记》是本书的副产品，笔者将其附在书后，以方便读者查阅。

相对于北大复杂的"文革"过程，本书内容还是比较简略的，特别是军、工宣传队掌控北大期间，能查到的原始资料很少，笔者也没有足够的亲身体验。要全面深入研究北大"文革"中发生的问题，我们现在还没有这样做的精力和时间。还有一些事情，因为其背景至今仍处在迷雾之中，要讲清楚这些事情的前因后果和来龙去脉，实在是超出了我们的能力。

历史谜团不少，谨举一例，就是1968年3月25日七个大学上万人从北大各个校门涌入北大寻衅的事件。这显然是统一布置的行动。那么，这是谁策划的？是如何策划的？指令是怎样下达的？要达到什么目的？是想挑起武斗嫁祸于聂元梓、从而拔去这根刺吗？3月24日晚在人民大会堂举行的关于"杨余傅事件"的军队干部大会，到25日早晨才结束，而几乎同时，七校万人就开始向北大进发了。这两件事情之间有什么联系吗？有统一的部署吗？打倒杨、余、傅之后，紧接着掀起的"反击二月逆流新反扑"的浪潮，又是针对谁的呢？目的是什么呢？不弄清这些问题，关于这段历史的叙述便只能停留在开大会和领导人讲话的表面现象上，无法揭示事件的真相和本质。

北大的"文革"有什么区别于其他单位的特点？就笔者目前所能想到的，大致有以下几点：

第一，1949年中共建国后，北大就进入了由中共党委领导的新时代。学校各单位、各级、各项工作都由党的各级组织领导。北大作为一个综合性大学，其工作不仅受中共北京市委大学科学部的直接领导，还要接受中宣部、高教部等多个部门的领导。中共中央书记处、中央五人小组，等等，甚至于某个高级官员，都可以对北大发号施令。相对于一些直接受某专业部委领导的专业院校，北大的情况显然复杂得多。随着党员人数的增加和反右、大跃进、反右倾等一系列运动的开展，北大的工作中产生了许多问题，校内中共组织内部的分歧和矛盾也不断增加。到上世纪六十年代初，这种矛盾已经到了很严重的程度，不仅各单位总支内部有矛盾，校党委内部也有许多矛盾。

第二，北大文革有一场预演，就是始于1964年的社教运动。这场运动引起了校内共产党组织内部矛盾的爆发和升级，但主要是中宣部和北京市委之间的博弈，以及中央书记处的干预。这场博弈以中宣部副部长张磐石被批判、罢免，以工作队作检讨、在"放假"的名义下撤离，北大社教运动成为一个"烂尾工程"而告终。在随后的第二次国际饭店会议上，原先在工作队动员下起来向北大党委、党总支提意见的党员积极分子，普遍受到了整肃。社教运动的反复，使党内分裂更加严重，但这场运动也造就了北大党员中的"左派"，为"文革"准备了骨干力量。

第三，哲学系是研究马列主义最多的系，但哲学系的党内矛盾却最为严重，1961—1962年间的近两年时间里，竟然无法选出总支书记。聂元梓调到该系任总支书记时，党内两派已势同水火。哲学系的第二次国际饭店会议长达7个月之久，总支书记聂元梓成了整肃的主要对象。在各系各单位之中，哲学系"左派"的人数最多，约有二十余人（有的系的"左派"，不过数人而已），都是业务不错的年轻党员教师，其中的调干生还具有一定的革命经历和实际工作能力。"文革"中，哲学系"左派"内部发生的分裂也给全校的"文革"带来重大影响。

第四，北大的文化革命委员会是由党员干部、党员教师领导的。聂元梓是一个抗日战争时期入党的十二级干部，文革前是哲学系总支书记、校党委委员。聂元梓的主要助手孙蓬一是烈士后代，本人参加过志愿军，是哲学系的党员调干生，毕业后留校任教。校文革各部门和各系文革都掌握在中共党员手中，他们中的多数是社教运动中的"左派"。

第五，聂元梓是北大"文革"的核心人物。她同中央文革的关系，她对中央文革中某些人的看法，以及中央文革乃至毛泽东对她的看法，不仅对她个人的命运，也对整个北大"文革"有着决定性的影响。

在毛泽东的"文革"大局中，聂元梓不过是一枚棋子、一块"石头"。

毛泽东急迫地指令广播聂元梓等人的大字报，就是将其当作一块"石头"，用来打开北大这个"反动堡垒"，为文化大革命打开一个突破口，打乱原有的秩序，使群众放开手脚，开辟急风暴雨式的群众运动。在八届十一中全会上，毛泽东称赞聂元梓等人的大字报是"全国第一张马列主义大字报"，是"二十世纪六十年代的北京人民公社宣言"，将这块"石头"举得更高，是为了更有力地砸向刘少奇司令部。毛泽东授意聂元梓去上海串连，是想用这块"石头"给上海造反派助一臂之力。但是，随着中央文革关锋、戚本禹等人直接控制的吴传启团伙势力站稳了脚跟并不断壮大，他们的野心急剧膨胀，拒绝同他们"合作"的聂元梓便成了他们结党营私路上的绊脚石。对于毛泽东来说，这块"石头"除了其"文革"象征意义之外，实际利用价值已经不大。1967年2月初，关锋、王力为保护叛徒卢正义和他们的利益团伙，不惜用谣言对北大施压。这给聂元梓上了一课，聂元梓认识到这个团伙是"文革"的"隐患"，专门成立了"除隐患战斗队"来调查、揭露这个团伙。新北大公社在"反二月逆流"狂潮中的立场和态度，也会令中央文革甚至毛泽东不快。聂元梓和新北大公社在这个时候同情并实际上站在"二月逆流"一边，把矛头指向"文革"大将关锋、戚本禹、王力、谢富治，无疑是站到对立面一边去了。不听话的"石头"必须抛弃。由于原先把这块"石头"捧得太高，不便立即将其扔入茅坑，只好由陈伯达去发表讲话，挑动北大内斗、内乱，以保护王、关、戚一伙。无奈这伙人有恃无恐，错判形势，又作恶太甚，致使国家的内政外交迅速濒于全面失控，毛泽东不得不把他们当作替罪羊抛了出来。这是万般无奈的被迫选择，毛泽东实际上一直耿耿于怀。毛泽东从未原谅王、关、戚，但对公开反对王、关、戚并要追查到底的人也非常不满。于是，坚持要批判王、关、戚并进而"反谢"的聂元梓和新北大公社，便成了必欲除去而后快的眼中钉肉中刺。聂元梓这一派被指为"二月逆流派"，他们要求追究王、关、戚的行为被指为"二月逆流新反扑"。由于突然发生了"杨、余、傅事件"，于是，有人利用这一事件，暗中调动七个大学约一万人冲进北大，企图挑起大规模武斗，嫁祸聂元梓，好拔去这根刺。这个图谋虽然没有得逞，却成功地激怒了新北大公社。一向温和的新北大公社拿起了长矛，从而使自己坠入坑中。毛泽东、周恩来讨论北大武斗的谈话内容迄今未见公布，当时也未立即采取制止武斗的措施。毛泽东和中央文革在等待时机，等待刘少奇专案的进展。1968年5月20日，毛泽东说："刘少奇这个案子，现在差不多了。"到7月下旬，刘少奇被严重诬陷的罪名得到了中共中央领导层认可。这是"文革"最重要的"成果"，刘少奇将被戴上"叛徒、内奸、工贼"三顶帽子而被彻底打倒，并由此证明毛泽东发动"文革"是完全必要的、是非常及时的。对此，党内对"文革"有意见的人士如"二月逆流派"，将哑口无言。至此，向大学派出工宣队的时机成熟了。而随着工、军宣传队进入北大，聂元梓这块"石头"终于被扔进了茅坑。

第六，北大"文革"是毛泽东亲自发动、亲自领导的"文革"的一小部分，北大的"文革"不是封闭的，不仅受到高层政治斗争的直接影响，也受到多方面的外部影响。同时，北大的一些行动也在社会上产生了不可忽视的影响。

第七，北大"文革"运动中的群众，是北大的党、团组织自己培养出来的。中共领导下的北大不再有宽容的气氛，思想自由不被允许，异端更没有土壤。在严格的思想教育和管控下，加上学生家庭出身结构的变化，多数学生都是被洗了脑的。"文革"开始时，理科有6届在校学生，文科有5届在校学生。理科学制六年，应于1966年毕业的学生系1960年入学，至1965年，共有6届；文科学制一般五年，1961—1965年，共5届。学生年龄最小的为18—19岁，较大的约23—25岁，少数学生年龄更大一些。一般来说，高年级学生比低年级学生要稳重一些。但共同的特点是：他们都是解放后成长起来的，从小受到共产党的教育，各种政治运动，如土改、镇反、三反五反、批判胡适、肃反、农村从合作化到公社化的变革、公私合营、反右、双反、拔白旗、大跃进、反右倾、饥饿的岁月、大讲阶级斗争、对苏联修正主义的批判、社教和四清运动，等等，都给他们的思想留下了或多或少、或深或浅的烙印，他们被灌输了大量的官方意识形态和非白即黑的思维方式，以及对领袖的个人崇拜，对"阶级敌人"的刻骨仇恨，对于"阶级敌人"，必须打翻在地，再踏上一万只脚……

在"文革"前的北大，党委、团委对学生思想的控制非常之严，他们要培养的不是人才，而是驯服工具。十七八岁的学生从中学升入北大，似乎马上就成了"资产阶级知识分子"，需要改造思想，转变立场。新生入校之初，教师必以1957年反右为例予以教训；凡政治学习，每个人均须自我检讨，批判自己的思想、立场，不这样做便不足以表现革命，就是一个落后分子，有成为"右派"的风险；与官方不一致的思想是不允许存在的，领袖的思想是神圣的，执政党是伟大光荣正确的，三面红旗是伟大的、不能批评的，饿死人的事是一个字也不能说的，西方是腐朽的，苏联变修了，凡不赞成"武装夺取政权"的外国共产党，也都是修正主义的党……可以说，北大学生在"文革"中的表现，就多数人而言，同他们受到的教育有着极大的关系。

第八，在毛泽东阶级斗争理论指导之下，在中共党内不断发生严重斗争的情况下，北大成了一个政治角斗场和一台绞肉机。从1957年到"文革"结束，北大的当政者，没有一个有好的结局。第一任党委书记江隆基，是一位很好的领导人，他主政的几年被认为是北大最好的时期。但是，江隆基在"反右"时被指严重右倾，不仅被免职，临走时还被北大党委批判了两个多月，上纲上线，种种罪名，不一而足，最后得了一份指责他有"三大右倾保守思想"的鉴定书。江隆基调任兰州大学党委书记后，为兰州大学的发展作了很大努力，但文革一开始即被甘肃省当政者抛出，很快被整死。第二任党委第一书记兼校长陆平在"反右补课"和"反右倾"中整人太多太狠，在教学方面又乱搞，使北大中共党内产生了极大的矛盾。"文革"一开始，陆平即被毛泽东打倒，"文革"中受了很多罪。作为校文革主任的聂元梓在"文革"中就背负了各种各样的罪名，比如"陶铸、王任重操纵下的资产阶级反动路线""二月逆流派""分裂中央文革""伸向中央文革的黑手""二月逆流新反扑"……后来是钦定的"派文革、逼供信文革、武斗文革"这三项帽子；因为冥顽不化，又被毛泽东的亲兵谢静宜、迟群、王连龙等人打成"五一六分子"。粉碎"四人帮"之后，谢静宜、迟群被捕，王连龙也受到处分和批斗，只有工宣队的工人被免于追责。

笔者是"文革"的参与者和见证者，但作为个人，真正参与和见证的事情还是很有限的。由此，并限于作者的水平和条件，本书还有许多缺陷，这是很无奈的事。我们相信未来的研究者一定能补足这些缺陷。

有学者说，"应该站在人类文明、政治文明的高度，用普世价值观点来研究和反思文革"，这无疑是对的。但笔者还没有这样的理论修养，这是我们感到非常抱歉的。这个任务只能由新一代的独立历史学家来完成了。笔者作为"文革"的参与者和见证者，尽管在许多方面仍然受到当年的思想情绪和视角的影响，但只要忠于事实，我们书写的文字，相信仍有它不可取代的价值。

在材料的收集和写作过程中，笔者获得了许多朋友和校友的支持和帮助，在此谨向他们致以衷心的感谢。

胡宗式　章铎

序 编

不停顿的政治运动和矛盾的积累

第一章 "文革"前北大的政治运动（一）：
反右、双反、反右倾

北京大学创办于1898年，经历了京师大学堂、国立北京大学、抗日战争时期的国立西南联合大学、抗战胜利后的国立北京大学等多个时期。中共建政后，政府仿效苏联高等教育体系与制度，于1952年进行了大规模的院系调整。清华大学、燕京大学的文理科的部分师资并入北京大学，北京大学的部分院系并入了其他院校。院系调整后的北京大学，校址由城里的沙滩迁至原燕京大学校址。

1948年11月，北平被解放军包围。国民党政府原计划让北京大学南迁，但为北大教授会否决。国民党拟定了"抢救大陆学人计划"，派出飞机，希望一批重要学者离开北平南下。在中共地下党的努力下，大多数学者都选择留在北平，乐意为新中国的建设效力。

北京一解放，各大学便都由共产党来领导。北京大学建立了党委，资深党内教育家江隆基出任党委第一书记，著名学者马寅初出任校长。各系则建立了党支部或党总支，若干原北京大学、燕京大学的地下党员担任了系一级党组织的领导工作。系主任一般均由德高望重的教授出任。北大的党、政，还接受教育部、中宣部和北京市委等上级党、政部门的领导。

实际情况很不理想。新组建、新迁址的北大工作繁重，而北大的党员队伍，仅江隆基一人是老干部，其余全是解放战争时期入党的新干部。年轻干部积极热情，但资历、学识、经验不足，领导教学和行政工作颇感生疏吃力。江隆基对旧的行政机构不敢倚重，也没有充分发挥校长马寅初的作用，自己手忙脚乱，工作也受到影响。[1]

至于教授们，获得了不错的生活待遇，但没有得到他们最期望的学术研究的自由。迎接他们的，是一场又一场的政治运动。频繁的政治运动，加剧了各方面的矛盾。

一、反右前的各种运动

在院系调整之前，针对知识分子的"思想改造运动"就开始了。思想改造，是解放后新政权对知识分子长期采用的基本政策。在"文革"前，十七八岁的年轻学子，跨入大学校门之后，首先被要求的就是须不断地自我检讨，"改造思想""转变立场"。直到二十世纪八十年代后，才较少提这一口号。新中国成立之初的"思想改造运动"，采取群众运动和集中过关的方式，在短时期内对知识分子思想进行强制改造，这一运动又和土改、镇压反革命、抗美援朝、三反、五反、忠诚老实运动等各种运动结合或重叠在一起，因而进行得极为激烈，给知识分子心灵以深重伤害。知识分子由此变得谨小慎微，说假话开始成风。到后来批判胡适时，跟风批判者多，而持客观独立立场者基本上已经没有了。在北大的这些运动中，年轻的党团员教师和激进的学生，起了冲锋陷阵的作用。年轻学生不了解情况，却最容易跟风，而且激进，这在后来的"文革"中得到了充分的体现。思想改造运动诸般后果之一，便是知识分子之间的相互残杀，这在"文革"中也有充分的表现。

到1957年反右以前，北大的共产党队伍，一直处在扩大、加强阶段，组织内部尚未见有明显的分歧。反右以前的多次运动，其对象多是从旧社会过来的知识分子群体，党员大多是以"改造者"的面目出现的。但到反右运动时，情况有了变化。在这场运动中，不少参加革命多年的知识分子也在劫难逃。在北大，包括哲学系总支在内的共产党组织内部的矛盾纷争也是从反右运动开始的。

---

[1] 参见陈徒手：《故国人民有所思：1949年后知识分子思想改造侧影》，北京：生活·读书·新知三联书店，2013年，第35—38页。

二、反右运动

　　大鸣大放、帮助共产党整风，是毛泽东亲自号召的。党委第一书记兼副校长江隆基把工作重点放在北大教职工的鸣放上，因此，教职工的鸣放基本上是在党委部署下进行的。但学生的鸣放是突发的，并且很快就呈现出难以控制的状态。

　　1957年5月19日下午，历史系学生许南亭以"历史系一群同学"的名义在大饭厅东墙上贴出一张无标题大字报，质问校团委会出席青年团"三大"代表产生的情况。这张大字报揭开了史称北大"5.19民主运动"的序幕。第二张大字报是数力系学生陈奉孝等人写的《自由论坛》，提出了"取消党委负责制"等五项主张，"这一下炸了"。[2] 第二天，中文系学生沈泽宜、张元勋贴出题为《是时候了》的充满激情的诗歌大字报，物理系学生谭天荣贴出题为《一株毒草》的大字报，这些大字报让全校沸腾。"五一九运动"中提出的意见——如王书瑶在《高度集权是危险的》一文中所呼吁的——不乏真知灼见，[3] 但在当时是不被允许的。极少数人提出的"取消党委负责制"等主张，不仅在当时不被允许，在60多年后的今天也是不被允许的。还有个别人搞什么"中华革命党"，更是授人以柄。[4]

　　5月20日晚上，校党委第一书记、副校长江隆基在大饭厅向学生作当前学校开展整风运动情况的报告，试图控制局面。陈奉孝回忆说，"北大党委有点慌了，开始组织反击，但党委书记毕竟是一位忠厚仁者，他主张用辩论说理的方法批判某些同学的右派言行，很不得力。"[5] 6月8日，《人民日报》反右社论一发表，全国都必须按照中央的部署转入反右运动，江隆基即使想把打击面缩小到最低限度，也已经无能为力了。

2　陈奉孝：《我所知道的北大整风反右运动》，1998年5月19日，blog.sina.com.cn
3　王书瑶：《我的右派一生》，见于博客中国东野长峥的专栏，2016年3月21日，dycz.blogchina.com
4　陈奉孝：《我所知道的北大整风反右运动》。
5　陈奉孝：《我所知道的北大整风反右运动》。

在《人民日报》6.8反右社论发表之前，主政北大的江隆基在组织教授们鸣放时，抵制或没有执行"引蛇出洞"那一套做法，"放"得不够，致使教授中"右派言论"很少，这让彭真十分不满。[6] 在上级的压力下，暑假过后"深挖"，右派分子人数上升至511人。但高层仍不满意，认为江隆基"右倾保守""反右斗争不力"。1957年10月18日，陆平出任北大副校长，10月26日出任党委第一书记，江隆基降为第二书记。

陆平的女儿陆莹后来回忆说，"父亲陆平进北大时，北大的右派基本上划完了。但当时中央还要加强党的领导，要补划右派。父亲很为难。他在一个内部会议上表示了这个意思，但当时党内一个高层说：'你要是认为北大没右倾，你就是第一个右倾'。我不能说这人是谁，因为他后来也很遭罪。"[7]

"反右补课"是陆平非做不可的事情，后来做到党委书记的王学珍说："当时北大党委被认为在反右斗争中'右'了。在反右补课中，陆平同志作为新任的党委第一书记，自然要积极贯彻领导上的指示，使北大党委不再继续被认为'右'了。"[8] 在上级的压力下，陆平加大力度进行"反右补课"，又多划了右派分子205人，比江隆基主政时期增加了40%左右。[9] 江隆基1958年10月被调离北大，出任兰州大学校长。在江隆基临走前，北大党委还以"鉴定"为名，对他进行了两个多月的批判，做出了江隆基在五个方面有右倾错误的"鉴定"。

---

6 参见1965年6月29日彭真在人民大会堂向北大工作队员和北大党员干部作的报告。彭真说："1957年反右派，教职员中右派没有好好放出来。学生中放得好，放出了谭天荣、叶于泩。教授中右派没有放。当时校长是江隆基，我当面和他讲过，他不愿放。我又写了一封信让宋硕同志亲自给他送去，他还是不放。实际上保留了资产阶级右派的一部分阵地，他们的思想还在起作用，一点一滴，潜移默化。"彭真说江隆基是校长，系口误。
7 陆莹口述，陈洁采写：《父亲是知识分子》，原载2008年3月12日《中华读书报》。
8 《陆平纪念文集》编委会：《陆平纪念文集》，北京：北京大学出版社，2007年，第13页。
9 李清崑：《谈聂元梓等七人大字报出台的社会历史背景》，见《记忆》第225期。

10 江隆基走后,根据陆平的意见,还要把他多年来的文件,统统翻印发给全体党代表。(参见本书第三章附记2)。

陈徒手指出:"北大校方在划右派阶段出手过于凶狠,处理之重在北京高校闻名,令人闻之色变。"他引用"北大哲学系党员干部整风学习会议简报第(121)期"所载伊敏1966年1月16日发言称,反右期间北大共划右派705人,其中学生591人,占全校参加运动学生总数的7.7%。其他高等学校学生右派一般占4%左右。当时全校划右派人数最多的单位,如物四班达23%,数四二班达32%。哲学系学生右倾比例在全校也是比较高的单位之一。[11] 实际上,伊敏所说数字还有遗漏。1986年的复查表明,全校共划右派分子716人,教职员120人,学生596人。原划的右派予以改正的715人。[12] 716人中有715人属于错划,错划率为99.86%,可见这场运动的荒唐,其后果之严重,是无法计量的。但是,陆平在1965年12月30日的一次讲话中还很遗憾地说:"按哲学系的实际情况,有一些教师本来是右派,但因放得不够,划不上右派,实际上保留了一部分资产阶级右派阵地,留下了祸根。"[13]

反右运动使许多有才华的教授、教师和学生被打入"另册",其中不乏年轻的党员教师和党员学生,共产党组织并没有因此得到真正的加强。中文系55级在反右中有11人被划为右派,占比高达10%。这届学生都是通过高考上来的学霸,幸存者们后来有许多成为知名学者。[14] 在划右派的问题上,幸存的党员内部也出现了分歧,成为

---

10 苗高生、韦明、邱锋著:《江隆基传》,兰州:兰州大学出版社,2015年,第325—第336页。"文革"一开始,甘肃省当权者便将江隆基当作牺牲品抛出。据同书第469页,甘肃省委于1966年6月22日做出《关于撤销江隆基党内外一切职务的决定》,并于6月25日召开万人大会对其进行批斗,致江于当日死亡。
11 陈徒手:《故国人民有所思:1949年后知识分子思想改造侧影》,第91页。
12 王学珍、王效挺等主编:《北京大学纪事》(1898—1997),北京:北京大学出版社,2008年,第1084页。
13 《北大哲学系党员干部整风学习会议简报》(111),1966年1月5日。
14 宋春丹:《北大中文55级:校长马寅初说决不向专以压服不以理说服的批判者们投降》,载《中国新闻周刊》总第892期,2019年3月26日。

以后党内斗争中的一大矛盾。陆平调来北大时带来了自己的人马，安排在几个重要岗位上，这在后来也成为党内有争议的一个问题。

反右运动的受害者有的丢掉了性命，未死者历经磨难，他们的申冤和维权活动，一直持续到他们的晚年。反右运动中真正受益的是校系某些党政干部，他们稳定和提高了自己的地位和权力。有些人虽然德才都不具备，却自高自大，听不得不同意见，在此后的各种运动中乱整人，在业务工作中乱作为。这些人是陆平治校的权力基础，"文革"一来，不可避免地受到了冲击。反右运动中的普通党员积极分子，这一次获得了新的政治资本，但在后来的运动中，他们又发生了很大的变化，一些受到打击的人成为反对陆平（或陆平亲信）的力量。

反右运动在师生中造成了广泛而深切的恐惧。有学生回忆说，"反右前后的北大仿佛是两个北大……之前还有民主、自由、活泼的气息，是相对平稳、讲理性的时期。之后便是对人性、人权和文明的蹂躏或摧残。"[15] 这种恐惧还会传承，此后每年新生入学，班主任老师都要用反右的事例对学生进行告诫，要学生自觉改造思想。在这种高压气氛下，每个人都得小心翼翼，生怕说错了话被人抓辫子。大学的生机和创造力由此受到严重损害。

许多年后，陆平和他的支持者还为当年补划右派一事进行辩解，文革史学者启之引用了几位受害者的回忆后指出，"如果说，江隆基的反右来自于有，那么，陆平的补课则是来自于无。江还有个政策标准，陆平则是捡到篮子里的都是菜，萝卜多了不洗泥。"[16]

三、"双反"运动

折腾没有停息，到 1958 年，"双反运动"又来了。

---

15 赵鑫珊：《那年那月：我亲身经历的"反右运动"后的北大》，www.sina.com.cn 2004/12/29
16 启之：《陆平治校——北大的"反右补课"》，载《记忆》2019 年 1 月 16 日第 246 期。

所谓"双反",就是"反浪费、反保守"。"双反运动"是由中共中央正式发动的全国性群众运动。"反浪费"是中共建国初期就提出来的动员口号,再次强调也是应有之义。[17] 问题在于"反保守"。"反保守"作为一个全国性的动员口号,针对的是"反冒进"的主张。"反冒进"是党中央几位主管经济工作的领导人的主张,他们认为在建设速度上应该采取稳健的方针,反对急躁冒进,而这使毛泽东非常不满。1958年1月,毛泽东在杭州会议和南宁会议上对"反冒进"进行了集中连续的严厉批评,用了很过分的话指责中央主管经济工作的一些领导人,甚至把"反冒进"同右派进攻这样"敌我"性质的政治大问题联系起来,在党中央领导层造成了十分紧张的气氛。不仅如此,毛泽东还要以群众运动的形式,把"反保守"的主张推广到全党和全国人民中间去,这就是发动"双反运动"的直接动因。[18]

高层领导人中间的这些分歧,老百姓当然一无所知。广大群众从字面上来看,"反浪费反保守"无疑是正确的,这应该是一场以促进经济建设的发展为主题的运动,其重点应该放在生产战线上。但事实并非如此。"双反运动"发动起来后,迅即成为一场新的以知识界为重点的思想政治的批判运动。在知识分子聚集的高校,以教授为代表的知识分子群体再次受到严重的冲击。

北京市的主政者认为反右运动对教授们的打击远远不够,于是布置了"烧教授"的计划,提出要"猛火攻、慢火炖"。所谓"烧",就是批判,就是人斗人。标志性口号还有"兴无灭资""又红又专""拔白旗插红旗""向党交心",等等,目的都是对知识分子的"资产阶级思想"进行净化改造。

在北大,校方对知识分子的估量十分严重,认为他们不仅世界观,还有政治立场都是属于资产阶级的,大多数教授是走专而不红的

---

[17] 北大的"双反"运动从1958年2月底开始,至3月21日,全校共贴出大字报28.7万份,且不说人力,笔墨纸张又耗费几何?而这是在"反浪费"的口号下进行的。参见王凛然:《从北京大学看1958年高等教育界的"双反"运动》,载《北京党史》,2010年第1期。

[18] 参见张瑞婷:《1958年"双反运动"研究》,北京大学硕士研究生学位论文,2006年5月。

道路，还引导学生跟他们走。所以，"双反"运动的一个重要目标就是对知识分子的继续改造。[19]《北京大学党委关于双反运动中教授思想改造情况报告》（1958年4月5日）称，"在高等学校里资产阶级知识分子的中坚是教授……只有把资产阶级思想的丑恶本质及其恶果充分地在群众中揭露、搞臭，才能使群众破除对资产阶级学者的迷信。"这份《报告》还说："学生与青年教师的觉悟有了很大的提高，他们在双反运动中烧自己、互相烧，大力清除自己的资产阶级思想，同时又是烧领导、烧教授的主力军。……许多受了教授资产阶级思想严重侵蚀的青年（大都是教授的得意门生），都在群众中公开宣称要拔去他们心中的白旗，痛切陈词地呼吁教授改造思想。"[20]

张瑞婷认为，"如果说反右派运动还只是对地位较高的知识分子群体造成了伤害，那么'双反运动'则是把这种伤害进一步扩展到了整个知识分子群体。"[21] 应当指出，在这个知识分子群体中，还包括为数不少的党员知识分子，他们也同样受到了冲击。哲学系第一任总支书记汪子嵩成为打击的重点对象。时任哲学系总支书记王庆淑1965年8月1日还在说，"（双反运动中）对老教师的政治学术思想批判，等于57年反右补课"，她还说"心专（心理专业）讲师以上都批判了。"[22]

"双反运动"采取了大鸣大放、大字报、大辩论的"四大"方式，提出了"兴无灭资""又红又专""拔白旗插红旗""向党交心""烧自己、互相烧""烧透烧红""大家互相烧、上下一起烧、党内外一起烧"等种种口号。仅3月初至3月21日，全校便贴出大字报28.7万份，[23] 另外还举办了数百上千人的辩论会（实际上就是批判会）、游行等活动，以对知识分子的"资产阶级思想"进行净化改造。1958年4月8日北京市委大学部副部长宋硕在会上说："发动群众，靠大字报造

---

19 参见王凛然：《从北京大学看1958年高等教育界的"双反"运动》。
20 转引自张瑞婷：《1958年"双反运动"研究》。
21 张瑞婷：《1958年"双反运动"研究》。
22 见李×（原北京市委干部）1967年3月29日写的材料。
23 王凛然：《从北京大学看1958年高等教育界的"双反"运动》。

成声势，要三揭三打，即揭思想、揭盖子、揭矛盾，打破情面、打下架子、打下尾巴。"[24] "双反"运动凶猛凌厉，简单粗暴，把一切问题都上纲上线到两条道路斗争的高度，其结果，则是严重地伤害了知识分子的感情，挫伤了他们教学和科研的积极性。

陈徒手引用一项统计说，在1958年下半年，北大文科各系对资产阶级学术思想进行了一次集中的批判，受到批判的教授有17人，其中最为醒目的是校长马寅初。[25]

陈徒手引用的另一项统计说，北大在反右斗争以后，共批判教授、副教授48人，占教授、副教授总人数的26.5%。其中，在"双反"运动中批判23人，在1958年学术批判运动中批判18人，1959年底至1960年初的教学检查和编书工作中批判16人。[26]

还应当指出，这个运动也非常伤学生，赵鑫珊回忆说，"在当时，学生用功读书是有罪的。"有一天，大字报曾贴到他的床头："赵鑫珊，醒醒吧，不要再在白专道路上执迷不悟地走下去了！"[27] 这并不是个例，后来成为近代史专家的杨天石，因为说了一句"今后要通过学术为社会主义服务"，被认定为走"白专"道路，北大团委还办了"杨天石个人主义思想展览"。[28]

从反右到"双反运动"，从有关文件和做法里，我们是否可以看到后来文革的一些预兆呢？后来文革中使用的最广泛的做法，如满墙的大字报、批判大会，等等，是不是在反右和"双反运动"中就已经大规模地出现了，或者说，是预演过了？

1958年还是一个狂热的大跃进的年代。"双反运动"为大跃进运动的兴起和推向高潮扫清了道路，助长了高指标、浮夸风等左倾错误。随着各行各业大跃进运动的兴起，北大的"双反运动"不了了之，

---

24 陈徒手：《故国人民有所思：1949年后知识分子思想改造侧影》，第43页。
25 陈徒手：《故国人民有所思：1949年后知识分子思想改造侧影》，第44页。
26 陈徒手：《故国人民有所思：1949年后知识分子思想改造侧影》，第52页。
27 赵鑫珊：《那年那月：我亲身经历的"反右运动"后的北大》，www.sina.com.cn 2004/12/29
28 宋春丹：《北大中文55级：校长马寅初说决不向专以压服不以理说服的批判者们投降》。

迅速融入了大跃进的浪潮，校园里也刮起了浮夸风。在"政治挂帅"和"放卫星"的口号下，说大话成风。在哲学系大会上，有教授提出要在一个月内贡献几十万字的著作，有些学生要在一年内完成几卷本的《中国哲学史》[29]，最有名的是北大中文系1955级集体编写了两卷本《中国文学史》，在全国高校引发了学生集体编写教科书的风气。笔者以为，学生集体编书，虽然粗糙，但还是读了许多书，总还是有益的。但是，组织师生长期下放农村、工矿劳动，致使学业荒疏，完全是胡乱作为。以哲学系为例，自1958年8月25日起，全系师生都下放到大兴县芦城乡参加大跃进和人民公社化运动，年迈多病的教授们也不例外，老教授们虽提前撤回，但其余师生直到次年5月底才返校，在农村长达八九个月之久，据说这还是受到了周扬的批评后才撤回来的。哲学系56级学生，自1958年8月至1960年3、4月，一年半的时间基本上没有上课读书。[30] 最为恶劣的是，在发生饥荒的岁月里，1960年秋末和冬天，北大当局还组织大批学生和青年教师饿着肚子去参加抢修铁路的重体力劳动，致使大批学生得了浮肿病，女生不仅不少得浮肿病，而且长期闭经。据说北大当局受到上级严厉批评，又怕死人，才匆匆停工让师生们返校。[31]

北大还进行了持续两三个学期的教学改革运动，学生的评价是"胡来，无聊，穷折腾"。[32] 1956年入党、当时正受重用的历史学家周一良后来说"'大跃进'以后，学校运动不断，时时处处乱糟糟，可以说无一块安静（的）地（方）能放下书桌。"[33]

陆平虽然在北大学过教育学，但当时他更多的是在做中共的地下工作，而且他所学的教育学，在解放后也被摒弃了。陆平的下属官员，对高等教育所知更少。最关键的是，陆平及其党委对于发展教育

---

29 汪子嵩口述，张建安采写：《往事旧友，欲说还休》，北京：生活·读书·新知三联书店，2015年，第115页。
30 李清崑：《谈聂元梓等七人大字报出台的社会历史背景》，见《记忆》第225期。
31 李清崑：《谈聂元梓等七人大字报出台的社会历史背景》。
32 赵鑫珊：《那年那月：我亲身经历的"反右运动"后的北大》。
33 周一良：《毕竟是书生》，天津：天津人民出版社，2016年，第52页。

并没有多少自主权力，他们更多地是积极追随上级的指示而搞运动，瞎指挥乱干一气。对于党员队伍中的不同意见，他们又利用反右倾运动进行压制和打击。

四、反右倾运动和批判"党内专家"

继反右和"双反运动"后，给北大共产党队伍带来重大打击的是1959年的反右倾运动，特别是参加了人民公社调查组工作的党员教师和少数高年级学生。同时开展的批判"党内专家"，又伤害了一批党内业务骨干。

1958年夏，在毛泽东的号召下，全国农村迅速实现了人民公社化。同年11月，北大、人大（人民大学）组织了人民公社调查组，到河南的信阳和鲁山、河北藁城等三个先进县进行调查。调查组由时任人大副校长邹鲁风负责领导（1959年4月，中央决定邹鲁风调北大任党委第一副书记、副校长，成为北大的第二把手）。调查组成员约170人，分成三个大组开展工作，每个大组设大组长一人，副组长二人，由两校系级干部担任，组员为青年教师、研究生和高年级本科生。

"河南河北人民公社调查组"是经北大、人大两校党委决定并经北京市委批准的，出发前，人大党委书记胡锡奎和北大党委书记陆平对全体人员作了动员讲话。调查组三个大组的组长还在当地县委挂名兼职，所以，没有高层的批准，调查组是不可能成立也无法开展工作的。

调查进行了五个月之久，于1959年5月返校进行总结。在调查过程中，调查组人员对发现的一些严重问题感到忧心忡忡，邹鲁风（他也是中共北京市委委员）说，他在北京时曾将他所了解的情况、看法和意见与市委领导交谈过，他们大多表示同意。[34] 调查组返京后，集中在北大写调查报告。调查材料有一种《问题汇编》，是根据

---

34 汪子嵩口述，张建安采写：《往事旧友，欲说还休》，第123页。

学生提出来的一些问题整理的。这些调查报告和相关文章既罗列了人民公社化运动的"成绩",也实事求是地反映了一些问题。调查组的工作,还向两校党委作了正式汇报。调查组的工作于7月结束。

据汪子嵩回忆,邹鲁风邀请两校党委负责同志在北大临湖轩听取调查组汇报,汇报会连续开了两天。因为是党内高层的会,而且当时的政治形势已经开始松动,有些高指标也降下来了,大组长汇报时敢于畅谈自己的看法。领导们也参加议论,党委书记说得比调查组人员激烈得多。[35]

李震中(即薛政修,时任人大经济计划系主任)也回忆了汇报会的情况,他是信阳调查组组长,是第一个作汇报的(1959年6月19日)。李震中称,《问题汇编》纯属是为调查组内部研究讨论编辑的,共有三本。报送两校党委的同时,也报送了北京市委。这是1959年6月初的事。从1959年6月至8月上旬,两校党委和北京市委对《问题汇编》从未提出任何问题。[36]

原人民大学的领导干部、中央党史研究室原副主任李新回忆说:"北京市委(特别是彭真)非常重视考察团(即调查组——引者)的报告,准备拿到即将召开的庐山会议上去表功。因为那时在庐山会议上,毛主席一定要纠正'左'的错误,谁知庐山会议后期的八届八中全会,忽然由纠'左'变而为反'右',反对彭德怀、张闻天等'右倾反党集团',于是全党全国都展开了反对右倾机会主义的斗争。北京市委为了表现他们反右倾特别积极,便把人民公社考察团的那批材料作为罪证,把邹鲁风和考察团的骨干都打成'右倾机会主义分子'。"[37] 李震中回忆说:"北京市委6月初拿到人民公社的调查材料以后,作为纠正大跃进中出现偏差的材料加以摘编,当时他们认为这个调查材料是积极、正面的。然而,庐山会议以后,他们对这个调查材料来了个180度的大转弯,把这个调查当成了右倾机会主义的证

---

35 陈徒手:《故国人民有所思:1949年后知识分子思想改造侧影》,第124页。
36 李震中:《邹鲁风调查人民公社之祸》,载《炎黄春秋》2009年第7期。
37 李新著、陈铁健整理:《流逝的岁月》,太原:山西人民出版社,2008年,第430—436页。

据,还作为批判靶子送新华社内部参考上发表。"³⁸

庐山会议之后,北京市委的《内部情况通报》将调查组的《问题汇编》全文刊载,还加上大字标题——"人大、北大部分师生恶毒攻击三面红旗"。³⁹ 另据李震中回忆,1959年8月26日,新华社的《内部参考》发表了题为《北大、人大部分师生诋毁人民公社和大跃进》的文章。李震中在回忆中提供了新华社这篇文章的摘要。李震中回忆说:"1959年9月2日,北京市委为贯彻中央'庐山会议'精神在北京展览馆剧场召开全市党员干部会,刘仁作传达报告;他在讲到北京市情况时,点了调查组的名。刘仁说:人大、北大人民公社调查组写了180万字的《调查报告》,基本上是反对人民公社的。"⁴⁰ 人大、北大人民公社调查组成为北京市委在反右倾时,抛出来的第一个大案。

曾任北大副教务长的陈守良记录下陆平多年后的一段回忆:"(在《内部参考》点名批判之前)北京市委主要负责同志找了四所高等学校的党委书记开会,问我们为什么不行动,问我们学校有没有右倾机会主义。要是没有,就当场写保证书,市委再派人去检查。否则回校立即开展反右倾。回校后就发生了《内部参考》刊登了'河南河北调查组事件',点名是右倾机会主义。这一下就反开了。"⁴¹

事情变得非常严重。但在这大难当头之际,两校党委领导人不但没有主动承担自己应该分担的责任,反而把责任完全推到邹鲁风身上。调查组成员刘武生回忆说:"两校党委宣布:调查组是一起严重的政治事件;邹鲁风主管两校调查组工作,'篡改了两校党委规定的调查路线',调查组是'背着两校党委搞的反党活动'。"⁴² 陆平还在办公楼礼堂召开批判大会,大声斥责邹使调查组"全军覆没",这是北大的"奇耻大辱"。⁴³ 面对两校党委这种做法,邹气愤不过,于1959

---

38 李震中:《邹鲁风调查人民公社之祸》。
39 汪子嵩口述,张建安采写:《往事旧友,欲说还休》,第124—125页。
40 李震中:《邹鲁风调查人民公社之祸》。
41 《陆平纪念文集》,第43页。
42 刘武生:《一桩不堪回首的往事》,www.360doc.com
43 李清崑:《谈聂元梓等七人大字报出台的社会历史背景》。

年10月26日夜间服药自杀。

邹鲁风自杀前，陆平曾经找他谈过话。谈话的情况，陆平自己写的《岁月钩沉——回忆资料汇集（2001.3.30）》中是这样说的："由于当时我觉得邹对错误认识不足，思想负担很大，便在当天（10月25日）晚上到他在北大的寓所和他谈了一次话，劝他好好认识检查自己的错误，不要负担太重，犯了错误改了就好。他表示他是多年的党员，这件事他能够经受得住，也能想开。没有料到他在26日夜自杀了。"[44] 陆平的谈话，是不是压垮骆驼的最后一根稻草呢？

邹鲁风自杀后，陆平及北大党委超越职权范围，立即做出了开除邹鲁风党籍的决议。陆平在紧急召开的干部大会上宣布：邹鲁风自杀是自绝于党，自绝于人民，决定开除他的党籍。

邹鲁风的自杀，不仅放弃了为自己申辩的权利，也放弃了保护下属的责任。在那个年代，一个高级干部自杀，只能使问题更加复杂，性质更加严重。邹自杀后，压力便落到了调查组其他成员身上。邹鲁风死后，调查组的人员统统被审查，人人过关受到批判。据《北京大学纪事》（2008年版）第688页记载：在调查组的167人中，重点批判了42人，定为右倾机会主义分子的9人，按严重右倾错误受处分的还有11人。实际情况还不止于此，可以想见，调查组的167人，每个人都会受到批判，从各单位抽调来的组员们回到原单位还要继续接受批判和处分。如哲学系一位品学兼优的陈姓学生，仅是调查组的一般成员，也受到了留团察看的处分。[45] 汪子嵩因为是一个大组的副组长，受到最严厉的批判和处分（详见下文）。哲学系党总支委员兼系秘书沈少周，也被扣上"右倾机会主义分子"和"漏网右派"两顶大帽子后开除党籍，同汪子嵩一样下放门头沟山区监督劳动。

北大政治理论课教研室助教刘武生参加了调查组的工作，因为同年考上了人民大学马列主义基础系研究生，是在人大受到处分的。人大党委认为他犯了严重右倾错误，决定给予党内严重警告处分，并

44《陆平纪念文集》，第276页。
45 参见李清崑：《谈聂元梓等七人大字报出台的社会历史背景》。

同人大的其他调查组成员一起被送往原来调查过的农村劳动改造。由于当地出现严重粮荒，他们长期处于饥饿状态，都得了浮肿病，直到 1960 年 7 月才得以回校。随后又被取消研究生资格，勒令退回北大。回北大后，不让从事教学工作，只能在资料室工作。[46]

同人民公社调查组有关系的人毕竟有限，在学校的大面儿上怎么反右倾呢？根据陈守良的记录，陆平多年后曾这样回忆："在校内批什么，我们学了兄弟学校的经验，批起了'党内专家'，这是我们自己的错。"[47]

陆平自己写的《岁月钩沉——回忆资料汇集（2001.3.30）》中有一节专写此事，今摘录其中一段：

一天，市委的几个领导同志找了北大和三四个学校的党委书记到市委汇报反右倾斗争情况，督促这几个学校把反右倾斗争迅速开展起来，否则，由党委书记负责。

我向北大党委常委传达了市委领导的指示精神，经常委会讨论，认为北大在反右派斗争后，议论最多的是关于知识分子还存在着走无产阶级知识分子道路和走资产阶级知识分子道路的两条道路的矛盾。错误地认为党员教学、科研人员中，有些人对政治运动过多有意见，对"大跃进"提批评意见和对红与专要求高有意见的人是以"党内专家"自居，走资产阶级知识分子道路的人。作出北大反右倾斗争要以批判"党内专家"进一步展开的错误决定。于是对一批党内业务骨干进行了批判，还处分了一部分人，有的被定为右倾机会主义分子。这个错误严重地破坏了党内民主，造成不敢向党提出不同意见，不能正常地开展批评与自我批评的恶果。虽然经过 1961 年和 1962 年春的平反，并进行了赔礼道歉，也未能完全消除其恶劣影响。我应该对这个严重错误负主要责任。[48]

陆平承认这些人是"党内业务骨干"，时任党委办公室主任夏自

---

46 刘武生：《一桩不堪回首的往事》，www.360doc.com。
47《陆平纪念文集》，第 43 页。
48《陆平纪念文集》，第 276—277 页。

强后来说,"其实,他们可以说是'党内精英',有学问,有见识,有贡献,政治上也是坚定的。"夏自强认为他们"可能有些'恃才傲物''骄傲自大'"。[49] 这样说的依据是什么呢?无非他们平时不太听话,好提意见而已。

批判"党内专家"成为"联系学校实际"反右倾的创举,于是,同人民公社调查组没有关系的许多党内科学人才,也成了这场运动的牺牲品。

在北大数学力学系,从铁道部调来的刘×当了总支书记。在刘×主持下,批判了林建祥(前总支书记)"反党集团",丁石孙等好几位党员教师被牵涉其中。罪名是压制歧视工农出身的青年教师,吹捧资产阶级教授,反对党的领导,包庇右派,等等。林建祥后被定为"漏网右派"。[50] 曾任常务副系主任、主持系里日常工作的数学家丁石孙,在北大反右倾运动中遭到无情打击并被扣上了"阶级异己分子"的帽子开除出党。

已经从数力系调到无线电系的科学家张世龙也未能幸免。张曾任燕京大学地下党总支委员,是北大计算技术专业的创始人,北大"红旗"型计算机总设计师,我国第一台自行设计、制造的大型计算机——119机(109甲机)主要设计师之一。正当他为北大和国家的计算机研制及人才培养作出重大贡献的时候,竟成了反右倾运动的对象,被指为"假左派,真右派""包庇右派",1960年春被定为"以党内专家自居的右倾机会主义分子",受到"严重警告"处分,并被责令到农村劳动改造。如此摧残人才,真是令人发指。须知,后来成为中科院院士的高庆狮、周巢尘和双院士王选,当初都是他的学生。[51] 1961年年底,由中央下令,将张世龙从北大调至二机部九院,张才脱离了困境。[52]

从1949年到1959年的十年间,北大好不容易培养了为数不多

49《陆平纪念文集》,第39页。
50 张世龙:《燕园絮语》,北京:华龄出版社,2005年,第60页。
51 退休老头吴工:《北大计算机创始人张世龙的沉浮》,www.360doc.com
52 张世龙:《燕园絮语》,第62页。

的"党内专家"。据当年的年轻教师,后来成为历史学家的田余庆说,"这是北大某领导人自创之词",[53] 田余庆没有说"某领导人"是谁,但这显然非陆平莫属。所谓"党内专家",就是学得了一些专业知识的年轻的党员教师。他们的学问,离老教授们还差得远,本来应该好好培养的,但陆平连他们都不肯放过,特别用上了"党内专家"一词,把他们当作批判对象,罪名就是"以党内专家自居,蔑视党的领导"。

田余庆也被列入北大全校批判"党内专家"一案,"那时风云骤起,被批者和批判者都不甚明白这一案是怎样搞起来的,反正是乱砍乱伐",田"后来有点明白,就是越'左'越好。"[54] 经济系总支书记龚××在会议上指着几名教师的名说:"这些人过去看来讲课一环扣一环,业务水平似乎很高,但政治上有问题。对你们这些党内专家,就应该像对资产阶级专家一样,你们要来就得作为群众的一员,老老实实地干。你们要是指手划脚,就一脚踢得远远的。"[55] 什么叫"老老实实"?就是必须听龚××的话,不能提意见。提意见就是"指手划脚",就得"一脚踢得远远的"。"踢得远远的"还算是宽大的,在技术物理系,对"大跃进式科研"(即胡闹的所谓科研)有意见的分析化学家孙亦樑被开除党籍,[56] 还有提意见的人被打为"反领导、反总支",遣送回乡。这连中宣部干部龚育之也认为"那是完全错误的"。[57]

这只是几个例子。在陆平的主持下,北大反右倾做得非常过头,整人多且狠,方式简单粗暴,一棍子把人打死。全校究竟整了多少人,划了多少右倾机会主义分子,不得而知,《北京大学纪事》没有记载。但以哲学系为例,党员教师仅有30人左右,被整的就达18人

---

53 田余庆:《我的学术简历》,载《田余庆先生九十华诞颂寿论文集》,中华书局,2014年。
54 田余庆:《我的学术简历》。
55 《北大经济系党员干部整风学习会议思想收获材料》(2),会议简报组,1965年11月24日。
56 张世龙:《燕园絮语》,第59—62页。
57 龚育之:《龚育之回忆:"阎王殿"旧事》,南昌:江西出版集团、江西人民出版社,2008年,第195—196页。

之多，连为人正派、埋头做学问并曾受到毛泽东赞誉的著名学者任继愈也受到批判。[58] 不仅如此，哲学系总支还突破市委不在学生中反右倾的规定，把运动推到了学生中去，给一些学生扣上了反党帽子。[59] 总之，通过反右倾和批判"党内专家"，陆平及其支持者又为自己制造了新的对立面。曾任党委办公室主任的夏自强后来承认，被整的人后来虽然平反了，"而伤了感情，在北大党内发生较深的消极影响。"[60]

从陆平进北大以来，搞反右补课、搞"双反"运动、直到反右倾，运动一个接着一个，这使本来人数就不多的北大党员队伍，一次又一次遭受打击，在每次运动中，都有一些党员受到无情斗争，残酷打击。于是，矛盾不断加深，再加上陆平在学校各项工作中还有严重的官僚主义，有若干乱作为、乱干的事情，陆平重用的一些人（尤其是哲学、经济、技术物理三个系的总支书记），德不配位，才不堪任，工作作风简单粗暴，平日结怨甚多，日积月累，党内对陆平及其支持者的意见便越来越多。这是1964年北大社教时党内矛盾爆发的基础。

陆平主政北大以后，在所谓"红专讨论""拔白旗"等运动影响下，夸夸其谈的"空头政治"受到鼓励，努力学习、钻研业务被视为"走白专道路"。一个学生学习成绩好，好像做了错事，不但不能引以为傲，还得小心翼翼，以免被人扣上"白专"的帽子。找团总支书记"谈心"被视为"要求进步"，需要预约排队。党团组织对学生排队，划分左、中、右，引起学生极大反感。如果不小心说了一点大跃进时乱干的真实情况，或者家乡农村饿死人的情况，便极有可能被打成"反动学生"，开除学籍，遣返回家。等到"文革"开始，学生们大吃一惊：天天要我们"改造思想，转变立场"，原来你们自己是"黑帮"啊！

经过十多年各种运动的冲击，北大幸存下来、没有被戴上"右派"之类帽子、且足够"权威"的高级知识分子（如教授们），无不规规

---

58 参见李清崑：《谈聂元梓等七人大字报出台的社会历史背景》。
59 《北大哲学系党员干部整风学习会议简报》（64），1965年11月23日。
60 《陆平纪念文集》，第39页。

矩矩，"资产阶级思想"是有的，"反动"者几乎没有了（个别有历史问题者除外）。"文革"时要求"批判资产阶级反动学术权威"，就是为了进一步打击知识分子。

北大的政治运动，在国民经济陷入严重困难、大部分人口吃不饱饭、成千万人口因饥饿死亡的情况下，有所放松。在反右倾运动中受到批判的人，有一些获得甄别平反，人们终于喘了口气。然而好景不长，阶级斗争的大潮又汹涌而至。

附记：关于批判马寅初校长

陆平进北大时，马寅初还是北大的校长，大家都尊称其为"马老"。马寅初的"新人口论"和"团团转"理论（也即综合平衡理论）在报刊上早已遭到批判，这种批判来自高层，康生的作用尤其突出。[61] 陆平并不想在北大组织批判活动，然而，他顶不住高层的压力。

多年后，当陈守良（曾任北大副教务长）问他为什么要批马寅初校长时，他说，我再蠢，也知道马老不能批呀！康生要我批马寅初，我说马不能批。他仍坚持要批。我说你实在要批，可以让人民大学去批，北大不能批。康生说，我就是要你北大批。[62]

陆平子女的回忆印证了这一情况。1999 年，陆平同子女说起此事，"马寅初是北大校长，又是民主人士，让北大党委组织批判校长不合适。"陆平的子女说，"为此，父亲受到批评。回校后，父亲不得已向党委传达了上级精神，党委确定，对马老不进行全校的批评，只由北大毛泽东思想学习研究会、毛泽东哲学思想学习研究会等联合举行'马寅初先生经济理论、哲学思想和政治立场讨论会'，对之进行批评。"[63]

但是，实际上开的是"讨论会"吗？仅仅是"批评"吗？

---

61 穆欣：《办〈光明日报〉十年自述》，北京：中国青年出版社，2015 年，第 94—122 页。
62 《陆平纪念文集》，第 43 页。
63 《陆平纪念文集》，第 178 页。

时为哲学系学生的赵修义、朱贻庭多年后著文介绍了一次面对面批判马寅初的会议的情况。该会议在哲学楼阶梯教室举行，时间是1960年初，哲学系和经济系的高年级学生都被组织安排参加。会上哲学系总支书记王庆淑亲自登台作批判发言，还有几位青年教师和学生发言。批判的内容从"人口论"到"团团转"的经济均衡理论。其间，马寅初的秘书也登台揭发马的生活琐事，近乎人身攻击。面对这种阵势，马寅初气定神闲，他对批判他的学生和青年教师说，"你们还年轻，有许多事你们不了解，……你们将来会明白的，我不怪你们。"他还说，"我最好的朋友，也是对我有救命之恩的朋友（指周恩来）劝告我，你只要认个错，就没事了。我以前一直很听他的话，但这次我想了很久，还是决定不能认错，因为没有错。我是慎重研究得出的看法，有事实根据的，追求的是真理，是为国家好。我年事已高（时已八十岁），很多事都已经无所谓了，但是，我得给青年人树一个榜样，坚持真理的榜样，独立思考的榜样。"[64]

一位年届八旬的老人、堂堂北大校长被拉到台上，不得不接受一个晚上的批判，这还能叫"讨论会"和"批评"吗？通过让秘书上台揭发琐事以把人搞臭的做法，是什么手段？

赵修义、朱贻庭写道："在会议之前，组织上就让一些教师学生写批判马寅初的文章，我们同班的就有批判'团团转'的文章发表在《光明日报》上。会后，学生还被授意去燕南园马寅初办公的地方贴大字报，要求罢免他的校长职务。"[65]

更大规模的批判会也是有的。55级中文系学生回忆说，"校方组织在大饭厅批判他的'团团转'理论（也即综合平衡理论）。他像在发表学术演讲，把手掌放在胸前画圈圈，说：'比如心脏，人身体的血液都要围着它转，我的团团转是一样的道理，绝对没有错。'台上台下喊他老实检讨，他笑着大声说：'我一辈子洗冷水澡，你们泼的冷水我嫌不冷，再冷也不怕。'最后他被赶下台，昂首扬长而去。此

---

[64] 赵修义、朱贻庭：《批判马寅初怎么成了"神话"？》，原载《上海思想界》，2015年第8-9期。
[65] 赵修义、朱贻庭：《批判马寅初怎么成了"神话"？》。

后，北大到处是批判他的大字报，再也不见其人。"[66]

马寅初住的燕南园63号被贴上了不少大字报，陆平是知道的，他的一个上小学的孩子好奇，和几个同学一起去看热闹，为此受到了陆平的批评。[67] 陆平没有阻止学生贴大字报，只是不让自己的孩子去看热闹而已。

仅仅是什么"学习研究会"联合举行"讨论会"进行"批评"吗？

既然如此，这个校长不当也罢。何况还有好几个人先后来向马寅初"晓以利害"，劝他辞职。[68] 1960年1月3日，马寅初到教育部提出口头辞职，翌日，向教育部写了书面辞职报告。3月28日，国务院会议决定，接受马寅初校长辞职的要求，同时任命陆平为北大校长。正式宣布，是3月31日的事。

---

[66] 宋春丹：《北大中文55级：校长马寅初说决不向专以压服不以理说服的批判者们投降》。
[67]《陆平纪念文集》，第178页。
[68] 穆欣：《办〈光明日报〉十年自述》，第113页。

第二章 文革前北大的政治运动（二）：烂尾的社教运动

北大的社教运动使北大共产党组织内部积累已久的分歧和矛盾严重升级、爆发。由于北大共产党组织内部的矛盾错综复杂，并且牵涉到党内高层，因而导致了与基层单位"四清"运动完全不同的结局，成为北大文革的一场预演。

一、北大社教运动的背景

北大的社教运动的背景是全国范围的"四清"运动。全国性"四清""五反"运动的肇始，是毛泽东1962年9月在中共八届十中全会上所作的关于形势的讲话。毛泽东把社会主义社会中仍在一定范围存在的阶级斗争作了扩大化和绝对化的论述，断言在整个社会主义历史阶段中资产阶级都将存在，并存在资本主义复辟的危险。毛泽东强调阶级斗争必须年年讲、月月讲、天天讲，并对党内高层出现的"黑暗风""单干风""翻案风"进行了严厉批评。

在毛泽东大讲阶级斗争之后不久，就在城市开展了"五反"运动，在农村开展了"四清"运动。中共中央就此下发了许多文件，最重要的纲领性文件有所谓"前十条""后十条"。[1]"前十条"强调，在社会主义社会中还有阶级、阶级矛盾和阶级斗争存在。文件列举了阶级斗争的九条表现，指明当前社会中出现了严重的尖锐的阶级斗争情况。"后十条"明确提出了"以阶级斗争为纲"的方针，使阶级斗争

---

1 "前十条"即《关于目前农村工作中若干问题的决定（草案）》，带有7个附件，于1963年5月20日颁发；"后十条"即《关于农村社会主义教育运动中一些具体政策的规定（草案）》，于1963年11月颁发。

的弦越绷越紧，从而不可避免地导致阶级斗争扩大化。

除上述文件外，中央还批发了"四清"运动的一批经验材料或报告，著名的有王光美的《关于一个大队的社会主义教育运动的经验总结》（简称"桃园经验"）、陈伯达的《关于小站地区夺权斗争的报告》（简称"小站经验"），还有《甘肃省委、冶金工业部党组关于夺回白银有色金属公司的领导权的报告》（简称"白银厂经验"）。这三个文件，堪称是中央树立的三个样板。

1964年5月15日至6月17日，中共中央举行工作会议。会议对国内形势做出了严重的估计，提出了"三分之一的社队领导权不在我们手里"的看法，认为中国要出修正主义。为防止出现"中国的赫鲁晓夫"，毛泽东提出了培养革命事业接班人的问题。中央书记处于8月5日决定，中央成立"四清""五反"指挥部，由刘少奇挂帅，并由刘少奇主持对"后十条"的修改。1964年9月18日，中共中央正式发出《农村社会主义教育运动中一些具体政策的规定（修正草案）》（后称第二个"后十条"）。这个新的文件对阶级斗争形势的估计更加严重，文件还规定"整个运动都由工作队领导"，基层组织和基层干部"可以依靠的依靠，不可以依靠的就不依靠"，等等。

在国内大讲阶级斗争的同时，在国际上开展了对苏联修正主义的全面批判。自1963年9月6日至1964年7月，中共中央以《人民日报》编辑部和《红旗》杂志编辑部的名义，发表了九篇"评苏共中央公开信"的文章（简称"九评"）。这些文章认为苏联已经发生了"和平演变"，变成了修正主义。由此，"反修防修"成为毛泽东发动文革的一大理由，包括北大学生在内的中国民众，受到了"反修防修"的洗脑式教育。

在北大社教运动开始之前，与教育界关系密切的文艺界，也发生了严重情况，1963年12月12日和1964年6月27日，毛泽东写下了两个批示，对文艺界进行了极其严厉的批评。为了贯彻毛泽东的指示，中央书记处专门召开会议，由彭真、陆定一、康生、周扬、吴冷西组成五人小组，彭真为组长，负责领导各有关方面贯彻执行中共中央和毛泽东关于文学艺术和哲学社会科学方面的指示。[2] 由此,可以向北大发号施令的上级领导机关,除北京市委、中宣部、高教部外,又有了一个中央五人小组。

在五人小组领导下,在文艺界开展了过火的、错误的批判斗争。随后,批判运动又延伸到哲学、历史学等整个意识形态领域。各种报刊发表了大量文章,批判新编昆曲《李慧娘》、批判廖沫沙的"有鬼无害论"、批判周谷城的"时代精神汇合论"、批判杨献珍的"合二而一",批判翦伯赞的所谓资产阶级史学观点、批判罗尔纲、批判"让步政策",等等。一些小说、电影也受到批判。文艺界和学术界的这场大批判运动来势迅猛,堪称是文化大革命的序幕。这一期间的许多批判文章武断粗暴,故意混淆政治问题与学术问题界限,无限上纲,无情打击,起了非常恶劣的示范作用。报刊的口径,被民众视为政治正确的标准。于是,政治气氛日趋紧张,而人们头脑中"阶级斗争的弦"也绷得越来越紧。北大的师生,包括所有的党员,都不可能例外。人们纷纷检查自己"阶级斗争的观念太薄弱",却没有认识到这条以阶级斗争为纲的路线是根本错误的。

在这个背景下开展的北大社教运动,发生左的错误是不可避免的。

二、中宣部和北京市委在北大社教问题上博弈的开始

全国"四清"运动的高潮是1964年下半年掀起的,北大社教运动是这个高潮的一部分。

必须指出,这场运动并不局限于北大党组织内部,中宣部、北京市委、中央五人小组和中央书记处都干预了这场运动。高层的分歧、矛盾和直接的介入,使原有的矛盾更加激化、更加复杂。人们首先看到的是中宣部和北京市委之间的博弈。

---

[2] 《彭真传》编写组:《彭真年谱》,北京:中央文献出版社,2012年,第四卷,第343页。(以下简称《彭真年谱》)

中央决定在北大进行"社教"试点，中宣部调查组进入北大

1964年5月至6月召开的中央工作会议，将在城市进行的"五反"运动纳入统一的社会主义教育运动，分三批进行。高等学校被列入第一批。北京市有三所高等学校作为运动试点，其中之一就是北大。[3]

1964年7月2日，以中宣部副部长张磐石为组长的调查组10人进入北大进行调查研究。调查组开始叫"中央调查组"，后来改为"中宣部调查组"。派遣调查组的，是中宣部领导层。但这样的事，显然不是中宣部几个领导说了可以算的。据《北大百年》的说法，调查组就是"受党中央、毛主席委派"的。[4]

随后，高教部副部长刘仰峤也率人加入调查组，调查组增加到30人。

调查组进驻北大，北京市委大学科学工作部（简称市委大学部）便深感紧张。北大是市委大学部直接领导的，那是他们的地盘。对于中宣部调查组，他们有着天然的抵触情绪。他们认为张磐石到北大来是"不怀好意"，"来者不善"，是来"整人"的，是来"找岔"的。他们特别关照陆平要"多加小心"，还建议他回学校后"安排"一下。[5]

陆平的子女回忆说，"几天后，父亲到北京市委，向刘仁同志汇报了张磐石和'中央调查组'到北大的情况。刘仁同志回答说'他来，我们不知道，他来干什么，我们也不知道。'这就更加令父亲感到疑虑和奇怪：北大是双重领导单位，党的工作、干部工作、政治运动、政治思想工作接受市委领导，教学等业务工作接受高教部领导，是高教部直属学校。现在，中宣部插手北大，派来调查组，市委都不知道，意味着什么？刘仁同志问：'他在人大的情况你听说了吧？'父亲清

---

3 《彭真传》编写组：《彭真传》，北京：中央文献出版社，2012年，第1132页。（以下简称《彭真传》）
4 李志伟：《北大百年》，北京：作家出版社，2008年，第310页。
5 参见庞××（原北京市委干部）1967年3月写的材料。

楚,这是指张磐石在去北大之前曾带队到人民大学'调查'了两个月,交了一份报告,人大为此搞得队伍分裂,人心惶惶。刘仁同志对父亲说:'你可千万不要胡说八道。凶多吉少啊。'"[6]

北大作为社会主义教育运动试点单位,是中央工作会议决定的。身为北京市委第二把手的刘仁,怎么会什么都不知道呢?但是,他的抵触和对立情绪,已经表达得非常清楚了。

北大党员、干部对调查组的态度,如何对待运动中积极分子所提的意见

调查组是党中央、毛主席派来的,北大的干部和党员深信不疑。接受调查组的询问,向调查组反映情况,提出自己的意见,"知无不言,言无不尽",是党员应尽的义务。况且,《毛主席与毛远新谈话纪要》也在这个时候下发了,毛泽东说:"阶级斗争是你们的一门主课。""阶级斗争都不知道,怎么能算大学毕业?"[7] 在这样的号召下,北大的党员干部、党员教师,怎么可能逃避社教运动这场阶级斗争呢?

调查组进校当天就听取的,是教务长崔雄崑、党委副书记谢道渊的汇报。[8] 在近两个月的时间里,被调查组约谈,或主动向调查组反映情况的干部应该有许许多多。如哲学系总支书记聂元梓、国际政治系总支书记张侠、技术物理系总支书记戴新民、人事处副处长白晨曦等,都是些资历颇深的老干部。经过反右和反右倾等诸多运动后,党员们提意见时都很谨慎,很注意摆事实,目的是帮助领导改进工作。

对于下面党员干部、群众提出的意见,进行调查核实,或采纳,或不予采纳,是调查组和后来的工作队的责任。调查组和工作队后来犯了左的错误,首先应该由其领导人承担责任。对于运动中的积极分子(其中不少人还是在工作队再三动员下才站出来的),应该实行"言者无罪"的原则,不应该去整他们。但北大社教后期特别是"第二次

---

[6] 《陆平纪念文集》编委会编著:《陆平纪念文集》,北京:北京大学出版社,2007年,第119—120页。
[7] 自李志伟:《北大百年》,第311页。
[8] 李志伟:《北大百年》,第309页。

国际饭店会议"整肃积极分子,既不符合"二十三条"的精神,也背离了过去一贯的保护运动积极分子的做法。在"第二次国际饭店会议"期间,把聂元梓当作重点打击对象,进行多轮批判。而罪名之一,就是向调查组反映意见,同张磐石的错误"一拍即合",这是非常荒唐的。

调查组的"一号报告"引起高层分歧,不同意见没有摆到桌面上

经过近两个月的调查,1964年8月29日,张磐石向中宣部报送了《北京大学党员领导干部队伍不纯的一些情况》(简称"一号报告")。报告全文不得而知,《北大百年》摘引了其中一段:"调查组自7月2日到北大以后最突出的一个印象,是北大党委的阶级斗争观念薄弱。在北京大学,资产阶级知识分子的进攻是很猖狂的,特别集中表现在教学和科学研究领域中。校内帝国主义、蒋介石、修正主义的特务间谍活动猖獗,贪污盗窃分子、流氓分子的活动也相当严重。北大党委对这些问题却没有认真抓。""据哲学系聂元梓向我们反映,北大党委对中央的方针政策没有认真贯彻执行,提拔和重用了一大批政治上不纯的干部。"[9]

"一号报告"有"唯成分论"的错误,其内容则主要来自于干部档案。曾参加看档案的中宣部干部唐联杰说:"一看档案,不仅证实了聂元梓同志汇报的情况,而且认为问题更严重。从此,张磐石就认为陆平同志在干部路线上有问题,认为北大党委和行政的重要部门(如宣传、组织、人事、教学等)和一些系的党总支的领导权,实际上掌握在一批政治上严重不纯的青年知识分子手里。"[10] 中宣部干部阮铭说,"猛然看到那些材料是很吃惊的"。[11]

在当时大抓阶级斗争和正在全国开展的"四清"运动的背景下,调查组提出上述看法是一点也不奇怪的。毛泽东后来亲笔批示,称北

---

9 李志伟:《北大百年》,第310页。
10 参见《北大哲学系党员干部整风学习会议简报》(46),1965年12月1日。
11 参见《北大哲学系党员干部整风学习会议简报》(45),1965年12月1日。

大是个"反动堡垒",定性比"一号报告"严重得多。彭真自己也说过,"我们的阶级队伍不纯,怎么依靠?"

"一号报告"引用了聂元梓的意见。聂元梓虽是从太行山和延安走出来的干部,但资历有限,见识不广,对高级知识分子,包括一些党政领导干部的家庭成分和社会关系及个人经历的复杂性认识不足,颇有局限性,因此,她认为某些干部"政治上不纯"的看法也是不奇怪的。聂元梓没有查阅干部档案的权力,所提意见不过是她的印象而已,且她向张磐石汇报情况,最初还是党委通知她去的。在当时中央下发了多份文件、传达了毛泽东多次讲话和大规模宣传"桃园经验""小站经验"的形势下,说聂元梓的意见影响了张磐石,显然是夸大了她的作用。

面对"一号报告",高层很快发生了分歧。

8月30日,中宣部常务副部长张子意在"一号报告"上批示:"请定一同志阅示。看来,北大硬是存在着'夺印'问题。"9月1日,陆定一批示:"请彭真同志阅后送中宣部童大林同志。登宣教动态增刊"。[12] 显然,把北大当作要夺权的单位来对待,首先是中宣部领导层的看法。

彭真看到上述报告后,没有立即就其内容表态,而是在9月5日给邓小平、康生及陆定一、张子意、张磐石写了一封信:"大专学校的高级知识分子,包括一些党政领导干部的家庭成分和社会关系及个人经历是复杂的,参加革命以后的表现也是各不相同的。其中肯定有些坏人或资产阶级分子。也有些人,虽然是革命的,但又同资产阶级和反动家庭的思想、政治界限划不清楚,或者不能完全划清。因此,我同意此件登《宣教动态增刊》,同时提议就此组织一个五人小组,把北大的全部领导干部系统地研究一次,解剖一个麻雀,摸摸底,并解决北大的领导问题,取得典型经验。"[13] 彭真提议,由张磐石和刘仰峤(高教部副部长)、徐子荣(公安部副部长,后由公安部

---

12 《彭真传》,第1133页。
13 《彭真传》,第1133页。

文化保卫局副局长侯西斌参加)、庞达(中宣部教育处副处长)、宋硕(北京市委大学科学部副部长)组成一个小组,"由磐石同志任组长(子意同志最好有时也参加一下)",主要任务是弄清北大干部的政治面貌。[14] 张磐石是彭真亲自提名的,但他们之间,似乎没有任何思想和工作意见的交流,令人感到奇怪。

从上述情况看,对于中宣部有关负责人提出的"夺印"的观点,彭真没有赞同,也没有明确反对,只是笼统地对大专学校高级知识分子和党政领导干部的社会历史背景作了一些解释,表明他不赞成"唯成份论",但也"肯定有些坏人或资产阶级分子"。彭真主张"把北大的全部领导干部系统地研究一次","并解决北大的领导问题"。另外,成立五人小组,以及小组的人选和任务,也是彭真提议的。

彭真实际上是反对"夺印"观点的。在1965年3月3日中央书记处会议上,彭真说:"我曾派人摸过底,认为北大不会有夺权问题,要团结百分之九十五。结果,工作队把市委抛在一边,关系搞得不正常。"[15]

《彭真传》的编写者指出,从后来情况看,彭真实际上是不同意"一号报告"对北大干部队伍的估计的,更不同意说北大"硬是存在'夺印'问题","但在当时的形势下,彭真对'一号报告'难以明确表示不同意见。"[16] 连彭真都"难以明确表示不同意见",工作队队员和北大普通党员受到这个报告的影响而搞了过火斗争,又有什么奇怪的呢?

高层的分歧在"一号报告"上呈之后,便已经产生了。这种分歧未能及时摆到桌面上,更未得到讨论和解决,这就决定了北大社教运动不会有好的结果。由此引起的政治博弈,北大党员教师们是绝对想象不到的,他们只是这场博弈中的棋子和牺牲品。

---

14 《彭真传》,第1133页。
15 《彭真年谱》,第四卷,第404页。
16 《彭真传》,第1133—1134页。

北京市委采取措施应对"一号报告",对抗局面开始形成

"一号报告"上呈后,北京市委颇为紧张,立即做出了一项重要安排,就是派彭珮云去北大"蹲点"。1964年9月1日,北京市委大学科学工作部办公室主任彭珮云兼任北大党委副书记。

据时任北京市委干部庞××的回忆,彭珮云是领导的"掌上明珠",一直留在市委机关工作,从来不肯把她放出去。这次不早不晚,偏偏在张磐石到北大进行调查时突然决定她下去"蹲点",而且急如星火,要她马上下去。[17] 北京市委的用心,是显而易见的。《北大百年》的作者明确指出,北京市委"竭尽全力保护北大党委,与工作组进行抗争",彭珮云的任务就是"帮助北京大学党委抗拒以张磐石为首的社教队的进攻"。[18] 可见,运动还没有正式开始,调查也才进行了两个月,势如水火的对抗局面就已经形成了。当年,社教运动中对立的双方曾为谁和谁"唱对台戏"的问题争论不休,多年后,《北大百年》的作者给出了明确的答案。

真正令北京市委感到紧张的,是"一号报告"揭发了北大干部队伍严重不纯的问题。这是个"致命问题"。据庞××回忆,彭真看到"一号报告"后,立即批送刘仁(时任市委第二书记)。刘仁看后十分紧张,急忙将宋硕、陆平、彭珮云和市委组织部的有关干部找来(有的干部是连夜从郊区县派车接回来的),问他们北大主要干部的政治情况,但他们却回答不出来。

于是,市委大学部也要查干部档案了。"市委第二书记刘仁指示宋硕组织一些干部,重新查看北大干部档案,把问题弄清楚。"[19] 但是,办事人员害怕在调查组借档案以后大学部又来借档案会引起管档案同志的怀疑,更害怕此事被调查组发现,所以只能采取偷偷摸摸的办法,先由北大党委副书记张学书去借档案,再由大学部干部带回市委机关来。

---

17 见庞××(原北京市委干部)1967年3月写的材料。下同。
18 李志伟:《北大百年》,第310页。
19 《彭真传》,第1134页。

档案借回来了，市委大学部、组织部的一干人又在严格保密的情况下查阅了这些档案，连陆平、张学书都参与审看档案。几天后，他们害怕张学书离开学校太久可能被察觉，又要张学书赶快回学校去，并指令张学书不要向调查组汇报看档案这件事。看完档案后，由几位市委干部分别写出每个干部的简单材料，包括简历、主要政治历史问题及初步审查意见等。最后和张学书电话联系，在一天晚上用小汽车将档案送回北大交给张学书。

他们还借来了聂元梓的档案，先由廖××审看，没有发现什么问题。庞××不放心，又看了一遍，结果也没有发现什么问题。

市委查阅北大干部档案的事情做得神不知鬼不觉，调查组一无所知。正因为这是秘密进行的，市委大学部便无法向中央写一份报告，名正言顺地对"一号报告"进行纠偏。

除了查阅干部档案之外，市委大学部还抽调人员，在严格保密的情况下查看了北大若干教授的档案和文科教材。北京市公安局九处以摸底、排队的名义，调教授档案，市委大学部则以调查研究的名义调教材。

为此，成立了一个查档案小组、一个教材审查组。两个小组彼此隔离，互不来往，贯彻严格的保密制度。对于工作人员，表面上说是从教授队伍和学术两方面对高等学校的文科的阶级斗争情况进行调查研究，但实际上调查的主要是北大的文科。

据参与查教授档案的市委干部陈××披露，[20] 自1964年10月19日开始到1965年3月，陈××等三人共查阅教授档案147份，其中北大文科教授112人，其他院校教授35人。北大文科教授中有50人是庞××提出要首先审查的，名单是庞××提出经邓拓批准的。147份档案审查后，每份都写有摘录的单行材料，大部分人都整理有卡片。

审查教材小组由6人组成，工作到1965年7、8月份才结束。他们通过北大党委、教务处借教材，甚至通过私人借学生的笔记本。

---

20 见陈××（原北京市委干部）1967年3月29日写的材料。

审查小组写出的材料，一律送李×（《前线》编辑部干部，曾任邓拓秘书），由他负责编印绝密级简报《教育界情况》，只送市委领导。宋硕要求此事须极端保密，不告诉学校，也不告诉机关其他同志，甚至对做这件工作的同志，也不能透露整个意图。该简报一共出了64期，其中有关北大的情况就有37期，占总期数的58%（另有编好未付印的北大情况6期）。[21]

为什么要这样做，市委干部庞××当时也感到纳闷。过去市委大学部从来不看讲义教材，从来没有系统地了解过资产阶级教授的政治历史情况，为什么现在突然积极抓起这件工作来了呢？庞××后来认为，"可以设想的方式是：在适当时机，将这批材料抛出去，转移社教运动斗争目标，将火烧到资产阶级教授身上，从而保护包庇党内一小撮走资本主义道路当权派。"[22]

令人惊异的是，在审查北大教授档案和文科教材，以及编辑简报的过程中，邓拓、宋硕还布置专人编写《教育大事记》甚至摘编陆定一的材料，矛头直接指向陆定一和中宣部。在这份《大事记》完成后，邓拓把底稿也要走了。这让参与此事的庞××对这一工作的目的颇有猜测。而在1966年5月北京市委的全会上，宋硕还抛出过这个材料。[23]

"二十三条"发布之后，北京市委同中宣部在北大社教问题上达成了一致，这些材料便没有用上。

三、中宣部和北京市委在北大社教问题上博弈的继续

在北大进行社教试点工作，是由中宣部打报告正式提出，再由陆定一和彭真共同批准的。中宣部领导层和调查组没有重视彭真9月5日写的那封信，对于信中有所暗示但没有明确说明的不赞成"一号报告"的含义，则完全没有领会。中宣部调查组按照既定方针，拟订

---

21 见李×（原北京市委干部）1967年3月29日写的材料。
22 见庞××1967年3月写的材料。
23 参见庞××1967年3月写的材料。

了《关于在北京大学进行社会主义教育运动的初步计划（草案）》，提出从 11 月起在北大开展社教运动，要"弄清北大在贯彻中央方针政策方面存在的问题""学校各级组织领导权究竟掌握在无产阶级手里还是资产阶级手里""重新组织革命的阶级队伍"等五项任务。中宣部很快批准了这个计划。这个计划或中宣部的报告还提议从全国各大区抽调力量，组织较强的工作队，参加北大社教试点工作。陆定一的批示是："大搞一番，取得经验，训练干部"。1964 年 10 月 21 日，彭真审阅了中宣部的报告并批示："同意系统地全面地深入地先搞一两个学校摸摸底，取得经验好分期分批普遍搞。"[24]

彭真在做出上述批示的第二天，便找陆平、张学书、彭珮云及宋硕谈话。彭真批评陆平等，不蹲点，对学校阶级斗争形势心里没底。要他们到一两个系去了解情况，解剖麻雀，心里就有底了。并告诫他们，对干部队伍要有个基本估计，不然在社教运动中就会迷失方向。[25] 从这几句简略的记述中，笔者无从了解谈话的详细内容。但当时彭真对北大干部队伍已经"派人摸过底"，北大三位领导人和宋硕已暗中查过北大干部档案，彭真的告诫无疑是要他们在此问题上同工作组进行抗争。

强大的社教工作队进入北大，社教运动全面铺开

工作队成立了五人领导小组，其成员均由彭真提议：张磐石、刘仰峤、徐子荣、庞达、宋硕，由张磐石任社教工作队长，刘仰峤任副队长。他们的级别都很高。中宣部从全国 22 个省、市抽调宣传、文教部门和高等学校干部，组成一个庞大的工作队。至 11 月中，北大的工作队员共 170 多人，最多时达 260 人。[26] 工作队员的级别也很高，多为省市委宣传部正副部长、教育厅正副厅长、大学党委正副书记、正副校（院）长等，仅 13 级以上的高级干部就多达 **102** 人，可谓浩浩荡荡，阵容强大。

---

24 《彭真传》，第 1134 页；《彭真年谱》，第四卷，第 364 页。
25 《彭真传》，第 1134 页。
26 《彭真传》，第 1135 页；《彭真年谱》，第四卷，第 364 页。

1964年11月5日，中宣部宣布正式开始在北京大学进行社会主义教育试点。按照陆定一的批示，他们准备"大搞一番"。

11月14日，工作队提出了《在北京大学进行社教运动初步计划（修正稿）》，并提出在五人小组基础上成立工作队和队党委，张磐石任工作队党委书记兼队长，刘仰峤任党委副书记。整个运动由工作队领导。全校每个党总支，都配有一个工作组。工作队员至11月20日才基本到齐，张磐石的"北大调查组第二号报告"是1964年11月29日上报中央的，所以，整个运动要到12月才全面铺开。

"二号报告"的全文不得而知，只知道该报告在列举了哲学、经济、技术物理等系的情况后说：北大党委的领导"实际上走的是资产阶级的道路方向"。这个报告实际上把北大看成了一个"烂掉"的单位。"二号报告"起草之前，其内容由庞达于11月4日向五人小组作过一次汇报，11月16日又由刘仰峤向陆定一汇报，书面报告就是根据汇报材料起草的。[27] "二号报告"并不仅仅是张磐石个人或调查组几个人的意见，是得到五人小组和陆定一认可的。没有证据表明，五人小组内部有人在听汇报时提出过不同意见，也没有证据表明，陆定一在听汇报时提出过不同意见。

1964年11月15日，社教工作队召开了全体工作队员大会，张磐石说："北大有几个系的总支的领导权在共产党手里？人事处、组织部的问题就更乱了。""哲学系正在进行的一场大论战，就是一场阶级斗争，是北大阶级斗争的缩影。"他号召工作队要"大揭阶级斗争的盖子"，"重点揭发校系两级领导的主要问题，开展面对面的斗争"。在当时毛泽东和中央指出全国大约有三分之一单位的政权不在共产党手里的估计下，张磐石对北大的问题同样也看得非常严重。

11月18日，张磐石召开了全校社教积极分子大会，向他们介绍了哲学、经济、技术物理等八个系的问题，说明北大阶级斗争的严重性，动员积极分子们勇敢投入战斗。

---

27 阮铭1965年11月3日、4日的发言，载《北大哲学系党员干部整会学习会议简报》（45）。

在短短的时间内，工作队就组织起了一支人数可观的积极分子队伍。工作队是"党中央、毛主席派来的"，当然有很大的号召力，富有上进心的党员教师、党员干部们当然要响应党中央、毛主席的号召，当然要向工作队靠拢。另外，这也从一个侧面证明，在社教运动之前，北大共产党组织内部的矛盾就已经相当尖锐了，校党委和各总支工作中的问题也很多，否则怎么会一下子涌现出这么多积极分子呢？会有那么多意见呢？

12月1日，北大召开校长办公会，张磐石、刘仰峤列席。校党委书记、校长陆平向与会者介绍了张、刘二人。张磐石作了长篇讲话。张磐石宣布，全校党员干部和教师从12月开始学习双十条，学习社教运动样板或典型的经验，学习"九评"中提出的接班人五条标准，以此对照检查，看看北大到底是什么问题，要摸索共产党如何办好学校，知识分子革命化道路如何解决等重要问题。

悲哀的是，被张磐石奉为圭臬，并要大家学习的那些文件和典型经验，本身就是错误的。它们很快被"二十三条"所取代，高层的路线方针发生转折，张磐石领导的北大社教运动必将陷入困境。

彭真、陆定一对北大调查组"第二号报告"的批示

12月13日，彭真收阅北京大学调查小组11月29日"第二号报告"。报告反映从9月中以来，根据党员群众揭发学校中存在的阶级斗争问题，及从11月份开始开展社会主义教育运动的情况。彭真阅后，先与陆定一电话磋商，随即致信陆定一。信中说："如同意，请告北大工作队负责人，同时将信请康生、吴冷西、周扬核阅。"陆定一表示同意彭真的意见，并将彭的信刊登于《宣教动态》增刊。[28]

《彭真传》的编写者认为，从彭真的这封信可以看出，"彭真仍然不同意把北大作为夺权单位对待，不同意工作队的一套做法，他强调要把北大作一个重点，'彻底地系统地加以调查研究，以便取得在大学进行社会主义教育和改革教学内容、教学方法的经验教训。'

---

28 《彭真年谱》，第四卷，第377页。

'工作组要发动和团结一切党和非党的革命分子及其他可以团结的人'。但是，他的意见没有引起重视。"[29] 这种不是直截了当的而是拐着弯的表达方式，确实不容易引起重视。

彭真有不同意见，但是没有拿到会议上来开诚布公地讨论，只写了一封信传阅，陆定一等人没有觉察出彭真的真实态度，没有给予重视，矛盾继续存在，继续发展。

北大工作队对这封信有何看法，不得而知。既然高层对于调查组的两个报告没有明确表示不同意见，工作队就按既定方针继续走下去，他们当前最紧要的事情，就是"揭盖子"（组织党员群众揭发领导干部的问题），还顾不到信中提的好几个"一切"的任务。

"一号报告"和"二号报告"都得到了中央的批复，北大党员干部和教师由此对调查组/工作队产生盲目信任，是很正常的事情。

校党委和校部的党内斗争

校内最高级别的斗争发生在校党委和校部，陆平首先面对的是党委内部的批评意见。

据陈徒手研究，党委副书记冯定的著作虽然刚刚受到批判，但本人尚未受到处分。社教开始时，冯定偏向了工作队一边，在党委会上对陆平提出了颇有锋芒、点中要害的意见。

"……陆平、彭珮云同志你们是怎样去市委商量的，怎样利用市委负责同志的讲话？陆、彭讲的不一样？（此处似应为逗号——引者）你们不弄清楚，我们很难判断……有些事情校常委会通不过，就到市委去一趟，回来说是市委的意见。

"……对王庆淑的庇护，讲了一些事实，不一定讲完了。为什么对王庆淑万般爱护，而对反对王庆淑的同志则一定要弄个水落石出？路线是很明确的。

"……陆平同志到北大不久，和江隆基（为陆平的前任）的关系上有问题：江在反右派上是有些错误的，陆与江闹不到一起，批评江

---

29 《彭真传》，第 1136 页。

右,有方向性错误是一件事,但弄到势不两立,不能共事,起码两方面都有问题,陆很不能容人。"[30]

这是陈徒手从1964年11月30日北大社教工作队整理的《北大党委常委会讨论哲学系整风问题的十八次会议纪要》里摘录的,是很珍贵的史料。

另据当时被抽调到工作队简报组工作的哲学系教师李清崑回忆,最早向张磐石反映情况揭发问题的有党委第一副书记兼第一副校长戈华、党委副书记兼教务长崔雄崑、纪委副书记孟琳、副校长周培源等。在他们当中,有的是主动找张磐石谈的,有的则是由张磐石约谈的,他们都成为工作队所依靠的领导干部中的积极分子。在工作队的压力下,原先紧跟陆平的党委副书记谢道渊也揭发了大量问题,受到表扬,并加入了积极分子队伍,工作队有人背后戏称他为"起义将领"(谢的揭发颇具杀伤力,故陆平对谢最为痛恨)。副校长黄一然是个级别较高的老干部,曾任我国驻苏使馆文化或教育参赞,他在校部也揭发陆平的问题,并且在工作组负责人在场的情况下说:社教工作队进校使他感到"真共产党来了",可见其对陆平党委之不满。这些校领导们同张磐石谈话,有时刘仰峤在场,有时庞达也在场,这些谈话都是很正式的,每次都有中宣部的干部记录。据说揭发陆平最多且较激烈的是崔雄崑,主要讲陆平重用和包庇哲学系总支书记王庆淑、经济系总支书记龚理嘉,说王庆淑并未参加人民公社调查组,但陆平却要她在调查组反右倾大会上多次发言批判汪子嵩,调子很高捕风捉影多有不实之词。崔雄崑认为给汪子嵩扣上"漏网右派""阶级异己分子"的帽子,王庆淑起了很大作用。崔还谈到陆有个小圈子,排斥他和戈华等人。戈华也揭发了干部路线问题,但讲得更多的是陆平拉帮结派:陆平把他从铁道部带来的伊敏安排为党委常委兼组织部长、张学书为党委副书记、魏自强为党委常委兼办公室主任,排挤他和崔雄崑等人。有些问题特别是干部问题,陆平、伊敏、张学书、魏自强等人一起研究后就决定了,事后才告诉他,说他这个第二

---

[30] 陈徒手:《故国人民有所思:1949年后知识分子思想改造侧影》,第217页。

把手有被架空之感。孟琳是戈华的夫人，时任北大纪委副书记，反映的问题大体与戈华相同，但又加了一条说：据××系的一些教师反映，该系总支书记与一年轻干部有不正当关系，道德败坏，纪委要调查此事，被陆平压下不作处理。周培源讲的与上述几人有相同之处，也有区别。他是一位物理学家，颇为爱惜人才，对反右倾运动中那么严重地整丁石孙、汪子嵩等人，把他们打成阶级敌人，严加处理很是不满。周还较多地揭发陆平骄傲自满，自以为是，刚愎自用，独断专行，听不得不同意见，在办学方面乱指挥瞎折腾把北大搞得乱糟糟的。[31] 事隔50多年，李清崑当年听到的事情，好些已经失记，但从上面这点简要的回忆，仍然令人惊讶。北大的党内纷争，首先就发生在校党委、特别是常委一级。陆平连常委这个班子都没有领导好，遑论领导好整个大学了。

资料显示，所谓"十八次常委会记录"，说明校党委常委中的斗争是很激烈的，连彭真都说："我看了十八次常委会记录，感到问题很严重，把党搞分裂了。"[32] 在"第二次国际饭店会议"期间，这份"记录"还曾印发常委。

陆平承认自己和工作队唱对台戏

尽管陆平得到彭真的坚决支持和保护，但在工作队的压力下，陆平很快就顶不住了。市委干部庞××回忆，1964年10月下旬，彭真曾设想让陆平到下面去参加四清，这当然是不现实的。后来，彭真又找宋硕、陆平、彭珮云商议，要宋硕、彭珮云帮陆平写一份检查，由彭真分送中央负责同志，以保护陆平"过关"。宋硕、陆平、彭珮云在市委大楼忙了三四天，写出了一份检讨，但还没有等他们送彭真审阅，陆平就向工作队承认自己和工作队唱对台戏了。[33] 在当时情况下，和工作队"唱对台戏"，是一个严重的问题。另一位市委干部李×回忆说，听邓拓说，有一次邓拓同陆平谈话，就发觉他有些不对

---

31 李清崑：《谈聂元梓等七人大字报出台的社会历史背景》。
32 参见李×1967年3月29日写的材料。
33 参见庞××1967年3月写的材料。

头,没有与他多谈。果然他第二天就承认错误,趴下了。[34] 陆平为什么"趴下了",又向工作队说了些什么,无从查考。但工作队要追问,是毫无疑义的。北大常委会上追彭真、刘仁的情况,可能确有其事,这种"情报"也被报告到市委。[35] 这不能不引起彭真和北京市委高层的严重关切和反击。

工作队推进社教运动向纵深发展,刘仰峤和张磐石作动员报告

经过一个月的学习和揭发问题,工作队要作一个阶段性的总结和下一步运动的动员了。报告由刘仰峤来做。

1965年1月6日,社教工作队召开北大党委常委扩大会,工作队党委副书记刘仰峤作报告。他说:我们学校的运动在党内阶级斗争的盖子已初步揭开,初步形成了一个积极分子队伍,工作队员已有200多人。现在准备有步骤地把运动推向党内外,发动大家揭发领导的问题。他说,这次运动的重点是整党的领导骨干中间走资本主义道路的人,学校里首先是校党委。应当指出,刘仰峤关于运动重点的提法,同后来"二十三条"的提法——"整党内那些走资本主义道路的当权派"——是一致的。

刘仰峤1月6日报告的实质,是要积极分子们起来同各单位总支书记、同陆平开展面对面的斗争。所谓"面对面的斗争",在当时条件下,就是当面揭发问题,进行批判。但是,自反右、反右倾以来,因言获罪、因思想获罪的教训已经太多,党员们也都心有余悸,因此,刘仰峤的动员,并没有达到工作队想要的效果。张磐石不得不亲自出马,作进一步动员。

1965年1月11日,工作队召开全体工作队员和积极分子大会,张磐石作动员报告,他说:北大社教运动第一阶段的斗争高潮已初步形成或接近形成,整个北大从校到系,20条战线团团包围起来……

---

34 参见李×1967年3月29日写的材料。
35 参见庞××1967年3月写的材料。

现在是至关重要的时刻，是决定胜负的时候，要抓住有利时机，乘胜前进。

张磐石这次报告的全文无从查考，但报告火药味十足应无疑问。这次动员会之后，北大各单位"面对面的斗争"进入白热化状态。据说被批判斗争的有 59 人。[36] 李清崐回忆说，"社教运动全面展开后，根据工作队领导的部署，许多系和校部普遍将矛头指向了单位的领导，大会小会揭发批判。同历次政治运动一样，只要群众一被发动起来，过激情绪必然出现。在各类人物的发言中，虽不无正确的批评意见，但也出现了不少捕风捉影，严重不实，胡乱上纲上线，翻老底，打态度等过火斗争的言词，使不少干部受到伤害。"[37]

这是张磐石领导下的北大社教运动的揭发问题阶段，按以往运动的规则，后面还有核实定案和组织处理的阶段。即使确实犯了错误的干部，也有"思想批判从严、组织处理从宽"的政策。确实搞错的，也可甄别平反。但是，北大社教在揭发阶段就发生了转折，社教工作队主导的运动到这时就停顿了。

据说中宣部的一位领导看到张磐石的报告稿后感到大为吃惊，并提出了批评。这是副部长张子意 1965 年 4 月 29 日在社教工作队骨干座谈会上透露的。[38] 不知道这位领导是不是陆定一，这位领导对张磐石报告稿的批评有没有及时传达给张磐石呢？

四、"二十三条"公布后，北大社教发生逆转

中央发布"二十三条"，彭真转向反"左"

中央于 1965 年 1 月 14 日发布了《农村社会主义教育运动中目前提出的一些问题》的文件，简称"二十三条"。这成为北大社教运

---

36 李×在 1967 年 3 月 29 日写的材料中说，到 1965 年 3 月 18 日，被批判斗争的 59 人，就有 52 人翻了案。
37 李清崐：《谈聂元梓等七人大字报出台的社会历史背景》。
38 参见王学珍等主编：《北京大学纪事（1898—1997）》，1965 年 1 月 11 日条。

动发生转折的节点。

中央在发出这一文件时还规定：中央过去发出的关于社会主义教育运动的文件，如有同这个文件抵触的，一律以这个文件为准。在此规定之下，"前十条""后十条"和第二个"后十条"不再提起。这意味着北大社教运动所依据的文件都被抽掉了，张磐石领导的运动的基础已经崩塌。

在"二十三条"出台之前，"四清"运动中已经出现了打击面过宽、过火斗争等严重的"左"的错误。"二十三条"纠正了第二个"后十条"以及前一阶段一些过"左"的做法，规定了一些有利于运动向好的方向发展的方法和政策。同时，"二十三条"在阶级斗争问题上又发展了以前的"左"的观点：运动的重点是整党内那些走资本主义道路的当权派，使阶级斗争更加系统化、理论化了。因而，这一文件也存在严重的错误。

在当时，人们首先是把"二十三条"当作反"左"的文件来看待的，对于其中更危险的、即将引发文化大革命的内容，普遍缺乏认识。

在"二十三条"出台之前，彭真关于"四清"的指导思想是"左"的，北京市委领导下的四清运动也很"左"。如北京郊区通县，去了2万多人的工作队。有110多个工作队打了人，自杀的有70多起，死了50多人。[39] 通县"四清"工作总团后来的统计说，运动期间发生非正常死亡212起，共死亡141人，还有多种形式的体罚。[40]

另外，北京市委于1964年12月上送中央的《关于北京市城市社会主义教育运动试点情况的汇报》，对形势的估计也很"左"，并承认自己"低估了敌情，犯了右倾错误"。[41]

"二十三条"出台后，彭真的思想很快转了弯，他把"二十三条"当作"反左"文件，开始着力纠正运动中"左"的倾向，对"运动的

---

39 林小波、郭德宏：《"文革"的预演——"四清"运动始末》，北京：人民出版社，2013年，第167页。
40 参见《彭真传》，第1116页。
41 《彭真年谱》，第四卷，第381—382页。

重点是整党内那些走资本主义道路的当权派"这一重要提法却无意地、或者就是有意地忽略了。

1965年1月21日，彭真向在京的中共中央和国家机关副部长级以上干部990多人作关于城乡社会主义教育的一些问题的报告，讲了七个问题，[42] 纠"左"的意向十分明确。

1965年1月23日，中共北京市委召开扩大会议，彭真在会上作报告。报告强调"党的干部绝大多数是好的，是愿意走社会主义道路的，不这样估计，运动中也会迷失方向的。"报告说，"对工作队的工作，应肯定成绩是主要的。他们发现了许多问题，解决了一些问题，煞住了一些歪风，但是把干部扔在一边，没有搞三结合，斗错了一些干部。"报告"要求大家以党的'二十三条'为准，分头总结经验教训，改正缺点错误。"[43]

陆平、彭珮云参加了这次会议，并先后在高等学校小组会上发言。他们发言的主旨是批评社教工作队在北大抛开原党委的干部，搞唯成分论、乱斗干部的错误做法。北大党委6名书记被斗了5人，14名常委被批判8人，连党委书记、副书记向中共北京市委的请示汇报也被诬为"翻案"、搞阴谋活动。[44] 陈徒手指出，"陆平、彭珮云在市委书记彭真的支持和授意下，突然在市委扩大会上对张磐石在北大社教运动中不批判冯定提出批评，一反几个月来的软弱和萎靡，言辞变为激烈，令熟悉政治形势走向的与会者大为震惊。"[45] 市委干部庞××回忆，陆平是在项子明、宋硕积极鼓动下才作了翻案发言的。[46]

对于北大社教工作队来说，陆平、彭珮云的发言无疑是一种挑战。陆平曾经自己要求在常委会痛哭流涕做了几次检讨，曾几何时，又反过来攻击社教运动。工作队印发了陆平在市委的发言，并于2月

42《彭真年谱》，第四卷，第390页。
43《彭真年谱》，第四卷，第392页。
44《彭真年谱》，第四卷，第402页。
45 陈徒手：《故国人民有所思：1949年后知识分子思想改造侧影》，第220页。
46 参见庞××1967年3月写的材料。

9日召开了社教工作队党委扩大会,让陆平把他对运动的意见又讲了一次。2月17—18日,社教工作队党委召开党委扩大会,对2月9日陆平的发言进行批驳。于是,北大社教运动进入了"顶牛"状态,一场辩论不可避免。在当时形势下,陆平一方要想赢得辩论是很困难的。正在这时,中央五人小组下达了"停止争论"的指示。而且,工作队内部也出现了分歧意见,工作队副队长常溪萍在2月9日的会上也发言批评了工作队。

彭真为扭转北大社教方向采取行动

就在这一期间,彭真为扭转北大社教方向采取了一系列行动。

1965年2月14日,彭真致信刘少奇,报告在北京大学"四清"运动中,中宣部派出的工作组和北京市委大学部"意见不一致",并附上了1964年8月29日中宣部调查组的"一号报告"和8月30日中宣部常务副部长张子意在报告上的批示:"看来,北大硬是存在'夺印'问题。"信中说校内"现在分歧很大"。[47] 刘少奇有无指示,不详。

1965年2月15日,彭真接到两封信。其中一封署名"一些党员干部"的信,反映了北大"四清工作中的严重问题"。彭真对这封信批示:"关于北大问题,我和定一同志已商议了一个着手解决的办法。"两封信均送刘少奇、邓小平、陆定一、康生、周扬阅。[48]

彭真和陆定一"商议了一个着手解决的办法",说明他们要联手对北大社教运动进行干预了。但从后来事态的发展来看,他们商议的办法似乎并不灵验。

1965年2月17日下午,彭真主持召开中央五人小组会议,研究文化部门当前的社教运动。彭真讲话强调:要以中央"二十三条"的精神统一认识,明确社教运动的性质,团结两个百分之九十五,实行群众、干部、工作队三结合,总结经验。北大工作队也要总结经验,研究今后怎么做,不要顶在过去的一些事情上,紧张空气要放松一

47《彭真年谱》,第四卷,第397页。
48《彭真传》,第1140页。

下。会后，陆定一即向北大工作队作了传达。[49]

1965年2月22日，陆定一向中宣部所属各工作队作报告，指出：一部分同志认为我们的工作和"二十三条"完全符合，这种看法不好，是停留在原来的水平上。他强调要依靠群众的大多数，实行"三结合"，对干部要"严肃、积极、热情"。他特别讲到北大，说：关于陆平，我问了好多人，要从大的方面看他，许多事情都是做得好的。当然，他有缺点错误，但总的看，还是好人犯错误。北大工作中的问题，似乎看成主要责任都在陆平？可是反过来想想，主要责任是否在我们，我们下面还有教育部嘛！对他的问题可能是肯定过早了。现在搞成两肚子气。双方都要学习"二十三条"，检查自己的缺点。[50]

显然，陆定一的思想也已经转变了。由此，张磐石和北大社教工作队失去了上级的支持，无论上级原先说过些什么话，批过些什么文字，现在都不作数了。但陆定一采用的开大会作报告的办法，效果并不好。陆定一应该先做通他的副部长的思想工作。

1965年3月1日，彭真将陆平、彭珮云1月23日在北京市委扩大会上的发言稿和持不同意见的工作队副队长2月9日在北大工作队党委扩大会上的发言稿一并送毛泽东、刘少奇、周恩来阅。[51] 陆平和彭珮云发言的主旨，上文已经引用，不赘。"持不同意见的工作队副队长"，当是指常溪萍。由此，矛盾摆到了最高领导层面前。不知道毛、刘、周有没有作出指示，但邓小平对陆平、彭珮云的发言是肯定的，说"态度是好的，意见是正确的。"[52]

中央书记处会议定下新的调子，北大社教运动进入转折期

1965年3月3日下午，邓小平主持召开中共中央书记处会议，着重讨论了文化、教育部门开展社会主义教育运动的问题。张磐石和

---

[49]《彭真年谱》，第四卷，第398页。
[50]《彭真传》，第1140页。
[51]《彭真年谱》，第四卷，第402页。
[52]《彭真传》，第1139页。

万里列席了这次会议。

对于北大社教来说,这是一次至关重要的、决定北大社教运动命运的会议。

邓小平在会议上讲了话,《邓小平年谱》和《彭真传》均有刊载。[53]《彭真传》刊载的是:北大是比较好的学校;陆平同志是好人犯了一些错误;北大不存在改换领导的问题。北大社教运动有成绩,也有缺点错误。缺点错误有几条:一是没有实行群众、干部、工作队"三结合",这个问题不只是北大有,中央要承担责任;二是开始对北大的情况估计错误,当作"烂掉了"的单位去搞运动,以夺权问题对待,这是一个错误;三是斗争方式有严重的毛病。邓小平还说:运动搞了几个月,也没有落脚到教学上。今后运动要按照"二十三条"的精神办事。解决北大社教前一段的问题,目的是解决今后大学里运动怎么搞的问题。

彭真在这次会议上的发言很长,[54] 兹不赘引。根据彭真的建议,会议决定由中宣部和北京市委分别召开工作队干部和北大干部会议,用"二十三条"统一思想,解决"顶牛"问题,迅速扭转局面,共同搞好社教运动。[55] 北大社教运动由此进入转折期。

按照彭真的布置,1965年3月5日,万里召集北大校党委陆平、戈华、彭珮云等开会,以解决北大党委和工作队之间的分歧。万里说:书记处认为"二十三条"以前,北大工作队的毛病是和校党委没有结合,扎根串连,找毛病,这是普遍性的问题。但"二十三条"下达两个月了,工作队没有认真总结经验。书记处的结论是:北大是办得比较好的;陆平是好同志,工作中犯有某些错误。[56]

同日还有一个会,由陆定一向北大社教工作队全体队员及北大党委常委作报告。陆定一要求大家联系自己的工作好好学习"二十三

---

53 中共中央文献研究室编:《邓小平年谱》,北京:中央文献出版社,2009年,第1849页;《彭真传》,第1141页。
54《彭真年谱》,第四卷,第403—404页。
55《彭真传》,第1141页。
56《彭真传》,第1141页。

条",对有些同志认为自己"从前执行的统统和'二十三条'相符合"的说法进行了批评。

陆定一最后宣布：把北大社教五人小组扩大为八人小组，增加了校党委书记陆平和副书记戈华、彭珮云，由八人小组来领导北大社教运动。[57]

第一次国际饭店会议

转折期的一次重要会议是"第一次国际饭店会议"，即北京市委于3月9日至3月19日在国际饭店召开的北大党员干部会议。校、系主要干部96人与会。

北京市委对这次会议的组织工作下了很大功夫。据庞××回忆，出席会议的名单和召集人的名单主要是由彭珮云和学校中的"右"派商量后提出，最后经宋硕同意。宋硕、陆平、彭珮云等竭力设法让"右"派尽可能来参加会议，以造成数量上的优势。在确定小组召集人方面，也有相应的安排，如哲、经、法小组，本应由聂元梓担任召集人，他们要排斥聂，但"右"派中又实在没有人可以担任，就指定肖××当召集人。[58]

会议还有若干联络人，由庞××负责，每天听取汇报，了解动向。宋硕、彭珮云一般都会参加听取汇报。所谓了解动向，一是了解"右"派动向，如什么人翻了案，什么人没有翻案，还有什么顾虑，等等。有些联络员还负有鼓动"右"派翻案的任务。此外，联络员还汇报左派动向，如什么人今天回学校去了，什么人和什么人在一起谈话，等等。这次会议有《简报》，还有一种《动态》，不便于登在会议简报的，便刊登在《动态》上。

"第一次国际饭店会议"开幕时，万里作了讲话。万里传达了中央书记处会议精神。他要求大家根据"二十三条"和中央书记处指示，总结工作，统一认识，特别提出受批判的人与批判别人的人的关

---

57 《彭真传》，第1141—1142页。
58 参见庞××1967年3月写的材料。

系应尽可能调整好,都站到党的立场上来,在批评和自我批评的基础上达到新的团结。[59]

话说得冠冕堂皇,但会议进程表明其真正目的是要鼓动前一段运动中受到冲击的人翻案,让他们提意见出气。有些人前一段时间作了检讨,承认了某些错误,现在要把以前检讨的东西推翻掉。陈徒手写道,万里的主旨报告"变相推翻了张磐石及工作队以往的'社教战斗成就'。形势骤变,彻底翻盘,北大社教积极分子顿时陷入慌乱震骇、不知所措的境地中,在第一天下午听万里报告时不少人表示根本听不进去,很多地方想不通,有强烈的抵触情绪。"[60]

面对这种情况,彭真决定由万里向到会干部传达中央书记处3月3日会议精神。

万里并没有向全体与会人员作报告,只是在3月12日晚小组召集人汇报会上讲了话,当面听到万里这次讲话的人并不多。万里也没有原原本本地传达中央书记处会议的意见。市委干部李×回忆,"会后,宋硕、彭珮云大为得意,彭珮云、李××给联络员做了传达,绘形绘色,大加渲染。宋硕说,万里不直接传达中央书记处的意见,用插话的形式,针对活思想来讲,这个办法好,马列主义水平高。"[61] 另据陈徒手记述,"聂元梓告诉系里社教积极分子,说小组召集人会议开得很晚,交锋激烈,万里拍了桌子发火,不得不拿'王牌'(指中央书记处对北大社教运动的指示)压人。"[62]

万里的讲话影响很大,庞××回忆说,"传达后左派受到打击,右派活跃起来,纷纷翻案。"[63] 李×回忆说,关于这次会的总目的,到这时宋硕才说出来,他说,"下段会怎么开?翻了案就走人,我的任务就完成了。"[64] 宋硕在底下的讲话,明确地揭示了这次会议的真正目的。

---

59 《彭真传》,第1142页。
60 陈徒手:《故国人民有所思:1949年后知识分子思想改造侧影》,第226页。
61 参见李×1967年3月29日写的材料。
62 陈徒手:《故国人民有所思:1949年后知识分子思想改造侧影》,第228页。
63 参见庞××1967年3月写的材料。
64 参见李×1967年3月29日写的材料。

"第一次国际饭店会议"于19日结束,万里、张子意都讲了话。据《北大百年》,张子意"根据'二十三条'和中央书记处指示精神,在肯定前一时期社教工作队成绩的同时,着重讲了工作中的缺点和错误。" 实际上,"肯定前一时期社教工作队成绩"的话是虚的,对工作队的批判才是实的。《北大百年》明确指出,"张子意的讲话对张磐石产生釜底抽薪的效应。"[65]

张磐石转不过弯来,中宣部直接抓北大社教运动

上面的领导都转弯了,但张磐石转不过来。按彭真后来所说,"磐石就是固执己见,把'二十三条'、中央意见置之度外。"[66] 这样,张磐石就非靠边站不可了。

3月17日,中宣部开始直接抓工作队的工作。陆定一让张子意、许立群抓北大运动。[67]

3月19日,张子意向北大社教工作队全体队员作报告。据龚育之,张子意逐字传达了《中央书记处会议纪要》,包括"北大社教运动要检查缺点错误"、"发展下去很危险"、"'四清'运动要落脚到教学"、"批判要落脚到创作繁荣,批判要"刹车",点名要"经过中央书记处批准"、"工作队一进厂、进校就要同原党委三结合",等等,并据此对北大社教的错误讲了五条:一、对形势看得过于严重;二、没有三结合,夺了权,性质搞错了;三、打击面宽了;四、斗争方式过火;五、唯成份论。[68]

张子意的讲话无法令人信服。比如他批评工作队没有搞"三结合",当时的中央文件有哪一个说过工作队一进校就得搞"三结合"?再如他以"二十个总支书记批判了十八个,占百分之九十"来说明

---

65 李志伟:《北大百年》,第316页。
66 《彭真在北大社教运动党员干部会上的报告》(1965年6月29日在人大会堂小礼堂)。
67 庞达1965年11月2日检查,见《北大哲学系党员干部整会学习会议简报》(44),1965年12月13日。
68 龚育之:《龚育之回忆:"阎王殿"旧事》,南昌:江西出版集团、江西人民出版社,2008年,第190页。

"批判面过宽",也是没有道理的。笔者参加过农村"四清",而且是在"二十三条"下达之后,生产大队的支书、大队长,生产队的队长、会计,百分之百都要经受审查。经历一个揭发批判的阶段之后,再评定一个干部属于哪个类别:好的、比较好的,或者是有问题的。经过这个阶段,好的和比较好的干部就可以结合进新的领导班子了。真正定为"四类"、需要组织处理的干部,其比率是很低的,而且要到运动后期才会处理。运动初期经受"揭发批判"的干部比率,同运动后期受到组织处理的干部比率,是两个不同的概念,运动初期受"揭发批判"的干部比率当然会比较高。至于把北大当作"夺权"的单位,还不是你张子意最先批示的?彭真不久前提出"把北大的全部领导干部系统地研究一次",这算百分之多少?彭真还说过"并解决北大的领导问题",这算不算"夺权"?至少,这和"三结合"不相干吧?

张磐石为什么转不过弯来?原因之一,恐怕就是张磐石认为,他的观点和做法,并不违背"二十三条"以前的中央文件,也不违背"二十三条"关于"运动的重点是整党内走资本主义道路的当权派"这一精神,而且,他的观点和做法,先前一直是得到上级的赞同和支持的。作为一个老干部,他不能公开上面的这些事情,但要他承担责任并改变看法,他又不服。

第一次国际饭店会议并没有真正解决问题,张子意3月19日的报告也没有真正解决问题。许多想不通的工作队员和社教积极分子不再坚持,是在"怕老想不通实际上就是反中央"这种心态下被压服的。而运动中受到冲击的干部,并不满足于会议上的翻案和出气,他们还要"反攻倒算"。

尽管张磐石的思想转不过弯来,但北大的局势还是按照彭真和陆定一商议的办法在发展。此外,陆定一于3月21日同陆平作了谈话,给他放包袱。工作队和校党委又共同召开党员干部会,传达张子意、万里的讲话,等等。

在这一系列措施的影响下,按照《彭真传》编写者的评价,"北大的局势开始有所好转"。[69] 但这个态势没有维持几天，就因为工作队副队长常溪萍的活动引发了一场政治地震，迅速导致张磐石遭到批判并被免职。彭真、陆定一早先商议的那个办法中似乎并没有将张磐石赶下台的计划，常溪萍的活动正好提供了这样的契机。

常溪萍的活动再生波澜、民族饭店会议和张磐石去职

常溪萍时任中共上海市委教育卫生工作部副部长、华东师大党委书记。他带领的上海工作队员于1964年11月20日到达北大。常溪萍随即担任北大社教工作队副队长兼西语系工作组组长。他曾经就西语系的工作写过一份总结，张磐石用红笔在该总结上批了一个大"右"字，这使常溪萍很不服气。[70]

1965年春节放假期间，常溪萍向上海市委分管文教工作的书记张春桥和杨西光作了口头汇报和书面汇报，提出了他对北大社教的不同看法，得到了他们的支持。[71] 春节假期之后回到北大，常溪萍被安排到工作队队部，负责联系化学系和无线电系。

1965年3月中旬，常溪萍到北京市委大学部找宋硕，宋硕同他会见了万里。他告诉万里，上海市委告诉他，有什么事情可以找北京市委，因此他到这里来了解一些情况。以后宋硕和常溪萍不断有联系。为避免被工作队发现，他们的联系都是做得很秘密的。[72]

了解到北京市委的态度并得到支持后，常溪萍于3月17日致信刘少奇、邓小平、陆定一、康生和张子意，反映对张磐石的意见，并希望派人检查张在北大的工作。3月20日，中央办公厅秘书室约谈了常溪萍，并写出了谈话纪要，上报中央领导。在谈话中，常溪萍反映张磐石自"二十三条"公布以来，直到中央书记处讨论北大社教问题以后，对"二十三条"和中央书记处的指示精神的错误态度、错

---

[69]《彭真传》，第1143页。
[70] 参见"常溪萍在华东师大文革代表大会上的检查"，1966年8月30日。
[71]《北大社教与常溪萍之死》，www.wenxueloo.com，本文据上海电视台《纪实》频道《往事》栏目采访常溪萍秘书孙殿林、司机庞学友整理，责任编辑李树泉。
[72] 参见庞××1967年3月写的材料。

误做法以及错误的工作作风。"[73]

《北大百年》的作者认为:"常溪萍给中央提供了判处张磐石'死刑'的材料"。[74]

1965年3月28日,彭真将常溪萍的信及谈话纪要报送中共中央书记处,并在谈话纪要上写道:"直到最近,就是说'二十三条'已经下达这么久了,中央书记处也专为北大开过会了,有的同志还有错误怕检讨,而且听不得不同意见。"3月30日,邓小平在谈话纪要上批示:北大工作队负责人"对'二十三条'是患得患失的,抵触的,似乎要考虑改换工作队的领导","再这样顶牛下去,北大工作要受损失。"[75]

在彭真和邓小平做出批示之后, 1965年4月2日,中宣部在民族饭店召开北大社教工作队部分骨干座谈会,史称"民族饭店会议"。

这次会议并非北大社教工作队全体会议,与会者仅五六十人。会议历时约20多天。会议有11人领导小组,彭珮云参加,常溪萍也成为领导小组成员。由彭真指定,宋硕实际上以彭真代表的资格参加了这次会议。[76]

"民族饭店会议"的目的,名义上说是检查、总结工作队的工作,实际上是对张磐石进行清算,并要求工作队的骨干转弯子,同张磐石划清界限。

会议印发了常溪萍的信和谈话纪要,以及邓小平和彭真的批语,还印发了刘少奇的《论党内斗争》。这些文件成为会议的基础。

张子意在会议开幕词中传达了彭真此前的指示意见:北大社教运动违背了延安整风的精神,要求通过这次会议,通过纠正北大的过火斗争,使延安整风以来的党内斗争好传统在北大传下去,在全国高等学校传下去,在全国知识分子中传下去。4月6日,张子意在会议

---

73 《彭真传》,第1143页。
74 李志:《北大百年》,第316页。
75 《彭真年谱》,第四卷,第409页。
76 参见庞××1967年3月写的材料。

领导小组上，历述中宣部为贯彻中央精神所做的工作，特别说：今天当着同志们的面，告诉大家，"陆平是好人犯了一些错误"，这个话，是毛主席讲的。张子意对于工作队里同"二十三条"和《中央书记处会议纪要》精神顶牛的现象和言论，作了严厉的批评。[77]

普通工作队员只参加了4月28日、29日两天的会议。最后一天是开大会批判张磐石。陆定一、张子意、许立群总结北大社教正反两面的经验教训，批评了工作队长拒不执行"二十三条"和《中央书记处会议纪要》的错误。[78] 陆定一宣布：撤销张磐石工作队队长的职务，任命中宣部副部长许立群为北大社教运动领导小组组长、工作队党委书记兼队长；增加常溪萍为北大社教运动领导小组成员。领导小组成员由8人增加到9人：许立群、陆平、戈华、彭珮云、常溪萍、宋硕、刘仰峤、侯西斌、庞达。[79]

至此，北大社教运动的张磐石时期宣告结束。

关于张磐石的错误，会议没有正式文字通知。但是，和张磐石"一拍即合"成了聂元梓等积极分子的重大罪状。

五、在各方博弈下，北大社教终成烂尾

张磐石被扳倒了，新的领导小组成立了，那么，北大社教运动可以正常地开展起来了吗？历史给出的答案是否定的。

常溪萍参加了九人领导小组，"二十三条"是不是就可以得到执行了呢？答案同样是否定的。而且，常溪萍自己也迅速陷入了无法言说的困境之中。

"民族饭店会议"结束后，常溪萍受命起草一份对成绩和缺点的估计，他总结了八条成绩，但许立群不满意，最后是勉强同意的。[80] 常溪萍不主张全盘否定北大社教，这同许立群就格格不入了。

---

[77] 龚育之：《龚育之回忆："阎王殿"旧事》，第190页。
[78] 龚育之：《龚育之回忆："阎王殿"旧事》，第190页。
[79]《彭真年谱》，第四卷，第412页。
[80] 参见"常溪萍在华东师大文革代表大会上的检查"，1966年8月30日。

参加九人小组后，常溪萍每天都要同许立群、宋硕、陆平、彭珮云等人打交道了，现实情况很快就给他浇了一盆凉水。常溪萍说，"以前我跟这些人接触不多，在5月2日后和他们接触多了，发现了他们的问题。这些人口头上讲的好听，要执行'二十三条'，而在行动上实行欺骗，阳奉阴违，直接违背主席指示和'二十三条'，把斗争的矛头指向工作组和积极分子，整工作队，以后整积极分子，而不是牛鬼蛇神。当时工作队、积极分子很不满意。"[81]

从"民族饭店会议"结束到7月份工作队离校，九人小组领导下的北大社教有两个月之久。在这两个月里，主要是"清算"北大社教运动第一阶段的工作，工作组和运动中的积极分子都得作检讨，同张磐石划清界限，向被批判的对象赔礼道歉，一次不行两次，直到被批判对象满意为止。常溪萍也积极带头在好几个系里作了检讨。常溪萍刚来北大时在西语系作过一个关于阶级斗争的报告，后来也为此作过检查。令常溪萍没有想到的是，他这个被张磐石批为"右"的报告会遭到通报批评。这让常溪萍很是不满。[82]

看来，常溪萍同陆平、彭珮云等人的分歧确实存在。所以后来许立群要调常溪萍当高教部副部长时，常没有接受。常溪萍说："得到消息要我到高教部工作，我知道高教部与他们是一条线，我认为到高教部去工作很危险，这样搞下去不知道搞到一个什么后果。"[83] 许立群还打电话要常溪萍参加"第二次国际饭店会议"，常"感到苗头危险"，就以工作忙走不开为由推掉了。常溪萍也被吸收为"第二次国际饭店会议"领导小组成员，但实际上没有参加会议。常溪萍从1965年7月10日回上海后，再未回北京。[84]

3月3日的中央书记处会议强调学校要抓紧教学工作，彭真、邓小平都说"要把运动落脚到改进教学工作"，但这些讲话并未得到执行，笔者作为当时的在校学生，完全没有感觉到教学工作有什么起

---

81 参见"常溪萍在华东师大文革代表大会上的检查"。
82 参见"常溪萍在华东师大文革代表大会上的检查"。
83 参见"常溪萍在华东师大文革代表大会上的检查"，1966年8月30日。
84 参见"常溪萍在华东师大文革代表大会上的检查"。

色。1965年9月底，数千师生下乡参加"四清"，学校领导层忙于"第二次国际饭店会议"，所谓"改进教学工作"，完全成为空话。据市委干部李×，第二次国际饭店会议搞重点系的时候，邓拓还说过，这三个系的所有党员都找来，要扩大参加会的人员，不开学也没关系，陆平可以安排一下，学生先去参加劳动嘛，每个系留个看家的就可以了。[85]

陆定一在4月29日的报告中讲过："北大四清运动有错误也有成绩，不能因为有错误就否定成绩。"陆定一还指出5、6月份运动应做的几件事："（1）已经揭发的问题，要加以核实，是即是，非即非，部分对的就部分对，部分错的就部分错，要加以分析处理。没揭发的问题也应该继续揭发处理。（2）校系一级领导核心，应补充调整，好办事情。并说，这是小平同志说的。（3）到一定时候，总结经验，报告中央，供各地参考，运动中有的问题，有普遍性。"陆定一最后又指示："社会主义教育运动要落实到学校教育、学校管理工作。以上三件做完，6月份后再研究落实到教学管理工作。"[86]

陆定一的这些指示得到执行了吗？答案是否定的。新上任的许立群，说话也是不灵的。

聂元梓在给中央领导人的一封信中说："实际上这一段运动（5、6月份）并没有很好地执行定一同志4月29日的指示，也没有执行许立群同志的指示，运动并没有前进，仍是被批判的同志提意见，工作队、积极分子一直在检讨。"[87]

对于这种做法，许多工作队员和积极分子显然是想不通和难以接受的。于是，领导层决定将社教工作队撤走。

6月29日，彭真在人民大会堂小礼堂向北大工作队全体队员和北大党员干部作报告。随后，工作队员开始撤离。

关于彭真的讲话，龚育之多年后承认："这篇讲话虽然还按阶级

---

85 参见李×1967年3月29日写的材料。
86 聂元梓：《关于北京大学四清运动现阶段的情况和问题》，1965年11月15日。
87 聂元梓：《关于北京大学四清运动现阶段的情况和问题》。

斗争为纲的精神,讲主要矛盾是两个阶级两条道路的矛盾,却完全没有提'运动的重点是整党内走资本主义道路的当权派',而是把重点放在不能说陆平是走资派,不能说那么多校系干部是走资派,不能说全国全党有那么多走资派。通篇讲话的着力点,是贯彻《二十三条》纠'左'或可以被用来纠'左'的精神和条文。"[88]

张磐石的主要错误是不执行"二十三条",没有从一开始就搞"三结合",其实,彭真也没有真正执行"二十三条"。如龚育之指出的,彭真完全不提"运动的重点是整党内走资本主义道路的当权派",只是充分地利用"二十三条"中纠"左"或可以被用来纠"左"的精神和条文。但是,无论是张磐石的工作队员,还是北大的党员积极分子,谁也没有看出这一点。工作队员们灰心丧气,只望早早离开这是非之地。党员积极分子关心的是,他们会不会遭到打击报复,会不会挨整。事实证明,这种担心完全不是多余的。工作队中的高干们阅历丰富,对此早有估计。他们向积极分子们打招呼:"我们要走了,要整你们了,你们要有思想准备。"[89] 副队长刘仰峤在临走前特地同李清崑打招呼:"运动搞过了头,责任在工作队,你们可能会受到牵连,要想得开。"[90] 这种"牵连",后来变成长达七个月的"第二次国际饭店会议",则是人们没有料到的。

北大社教运动最终成为一个烂尾工程。它不仅没有解决北大原有的问题,总结出什么高校社教的"经验"或"文件",反而激化了矛盾,加深了分歧,演变为一场如陈徒手所说的"交锋激烈、反复无常的拉锯战"。

彭真对"二十三条"的态度,毛泽东洞若观火。1966年10月25日,毛泽东在中央工作会议全体会议上讲话提到,"引起警觉,还是'二十三条'那个时候。从许多问题看来,这个北京就没有办法实行解决,中央的第一线中存在的问题就是这样。所以,我就发出警告说,北京出了修正主义怎么办?这是去年九十月间说的。我感觉到,

---

88 龚育之:《龚育之回忆:"阎王殿"旧事》,第194页。
89 聂元梓:《聂元梓回忆录》,第87页。
90 李清崑:《谈聂元梓等七人大字报出台的社会历史背景》。

在北京我的意见不能实行，推行不了。"[91] 毛泽东对"中央的第一线"有了看法，彭真首当其冲。彭真6月29日向北大工作队全体队员和北大党员干部作报告时，姚文元批判《海瑞罢官》的文章，已经在紧张的写作中了。这真是"螳螂捕蝉，黄雀在后"。

附记1："陆平是好同志犯了一些错误"究竟是谁说的？

北大社教运动发生转折后，对陆平的评价成为一个重要问题。

最先发表意见的是陆定一。据《彭真传》第1140页，1965年2月22日，陆定一向中宣部所属的各工作队作报告。他特别讲到北大，说："关于陆平，我问了好多人，要从大的方面看他，许多事都是做得好的。当然，他有缺点、错误，但总的看，还是好人犯错误。"

在随后的中央书记处会议上，陆定一显然是按这个调子汇报的。邓小平同意这个评价。

据《彭真传》第1141页，1965年3月3日，邓小平主持中央书记处会议，听取陆定一汇报文教部门社教运动试点的情况。会议专门讨论了北大社教运动的问题。经过讨论，邓小平讲了几点意见，主要是：北大是比较好的学校；陆平同志是好人犯了一些错误；北大不存在改换领导的问题。邓小平还有一些话，是关于工作队和今后工作的，此不赘引。

邓小平说了"陆平同志是好人犯了一些错误"，并没有说明这是毛泽东说的。笔者以为，中央书记处专门讨论北大社教问题，是够权威了，总书记就会议上讨论的问题发表了几点意见，就算做了结论。这不是什么了不得的大事，需要由毛泽东来裁决。

据《彭真传》第1141页，1965年3月5日，万里召集北大党委

---

91 中共中央文献研究室编：《毛泽东年谱（1949—1976）》第六卷，北京：中央文献出版社，2013年，第9页。

陆平、彭珮云等开会,他说的是:"书记处的结论是:北大是办得比较好的;陆平是好同志,工作中犯有某些错误。"万里并没有说这是毛泽东说的。

后来,这句话变成是毛泽东说的了,其演变过程及缘由,不得而知。

据《彭真传》第1143页,1965年3月21日,陆定一同陆平谈话。陆定一说:"毛主席说了,你是好同志犯了某些错误。放心好了。以后书记还是要你做下去。"但陆定一并未说明毛泽东是在何时何地同何人讲这番话的。

据《彭真传》第1144页,1965年4月6日,张子意在"民族饭店会议"领导小组的会上说:"'陆平是好人犯了一些错误',这个话,是毛主席讲的。"但张子意也未说明毛泽东是在何时何地同何人讲这番话的。

据一份记录稿,1965年6月29日,彭真在人民大会堂小礼堂向北大工作队全体队员和北大党员干部作报告时说:"我说陆平是好人犯错误,主席马上说,陆平是好人,犯了一些错误,还对他的错误作了量的分析。"《彭真传》第1146页记载的是:"我说陆平同志是好人犯错误,主席说是好人犯了一些错误,他加了量。"

从彭真的这段话来看,关于陆平的这句话是毛泽东对彭真说的,而且是接着彭真的话说的。但彭真没有说明毛泽东是在何时何地说这句话的。后来的《彭真传》也没有说明。

既然伟大领袖毛主席发了话,陆平只是好人犯错误,北大社教积极分子们就检讨自己吧。

然而,事情的发展出乎所有人的意料。不同于游乐园的过山车在轨道上运行,政治过山车没有轨道,前景完全无法预测。不到一年,彭真和陆定一都下台了。

据卜伟华所述,康生于1966年5月5日、6日在中央政治局扩大会议上传达毛泽东3月28日的指示,要点有8条,第4条就谈到

"陆平不能领导北大"。[92]

1966年8月4日，毛泽东接见了聂元梓、张恩慈、杨克明三人。次日，聂元梓在向北大师生员工所作的广播讲话中说："现在正式宣布一件事情，在我们北大师生员工中流传很广的一件事，就是×××××彭真曾经冒主席的名义，说主席说过'陆平是好人，犯过一些错误'，这完全是捏造。主席根本没有讲过！这样的一个捏造，在社教运动反攻时欺骗了很多革命师生。"[93]

聂元梓的这篇讲话是向全校师生员工讲的，随后又刊登在刚由毛泽东题名的校刊《新北大》上，她敢造毛泽东的谣吗？

彭珮云于2004年12月写了一篇怀念陆平的文章，其中提到了邓小平1965年3月3日在书记处会议上的讲话，邓小平说了"北大是比较好的学校，陆平是好同志犯了一些错误"。[94] 文章没有说毛泽东说过这句话。

附记2：张侠的信和《我的意见》摘录

1965年6月15日，北大政治系党总支书记张侠给刘仰峤和九人领导小组写了一封信，并附上了写于6月8日的一份《我的意见》。当时，北大的社教运动已经烂尾，工作队队长张磐石已被罢免，由中宣部副部长许立群接任，但工作队尚未撤走，运动由以许立群为首的九人小组领导。刘仰峤是高教部副部长，九人小组成员。

张侠之所以要写这封信和《我的意见》，是因为她感觉到没有说话的机会，不得不用书面的方式来发表自己的意见。张侠在信中说：

---

[92] 卜伟华：《中华人民共和国史·第六卷·"砸烂旧世界"——文化大革命的动乱与浩劫（1966—1968）》，香港：香港中文大学当代中国文化研究中心出版，2008年，第66页。

[93] 胡宗式、章铎编：《北京大学文革资料选编（上）》，美国华忆出版社，2020年，第14页。

[94]《陆平纪念文集》，第4页。

前些天我写了一个发言稿因没有讲的机会,为使组织了解,先送给许立群同志和你。想已看过。前两周学校党委讨论了两次几年来工作总结报告稿,我满以为得到一个讲话的机会了,就根据议题又重新组织了一个发言,准备下次党委会上讲的,没想到讨论刚刚涉及党委领导,又碰上突然宣布运动中断两个月!

几年来,我深感给学校领导提点有分量的意见,确实不易,就连这次社会主义教育运动看来也不例外,运动至今,别说三级干部的民主大会没开过,连党委会全会也没放手让大家说说话。我作为系的干部,也被错斗了,但对领导上一肚子意见,却没机会讲!

张侠提出了请求:

我请求工作队把它连这封信作为群众来信在工作简报上印出来,或者单行印出,分送领导小组和学校常委同志,党委委员,听听我们的意见,会有好处的。最好再能送市监委、高教部各一份,总政治部一份。前者1963年我都曾去申述过;后者因我爱人曾属那里管理,有必要向他们继续反映些有关真实情况。

据了解,北大党员干部整风学习会秘书处于1965年8月6日将张侠的信和意见书印发给了领导小组和北大党委委员。

张侠在《我的意见》中给陆平和党委提了若干意见,文字颇长,笔者谨摘录同本章内容有关的几个段落。

张侠首先对党委提出了意见:

长时间以来我感觉我们学校党委内部民主生活不够正常,思想斗争不够开展,缺乏应有的批评自我批评精神,许多问题个人说了算,我虽然不同意有人不负责任的夸张说,在党委会上可以把茶碗说成屎盆子。但的确有许多不按党的原则办事,以个人的好恶感情来代替党的政策,甚至歪七扭八非党的做法也不受到制止、批评。

张侠就批判江隆基的问题提了意见,认为陆平做得太过分了,她写道:

据我所知,江(隆基)在学校工作中有缺点、错误,特别是1957

年反右派斗争中表现右倾，但多年来对学校建设还是有贡献的，特别是解放初期，对苏修的一套东西还没批判，资产阶级知识分子不那样相信我们党能领导教育，骨干比较少的情况下，改造一个旧的大学是不容易的，错误恐怕也是难免的。在他调走之前对他进行个全面鉴定，做些适当的批评，在某些问题上展开原则上的斗争是应该的，但在他走后，还把他多年来的文件，统统翻印发给全体党代表，并要我从全部大字报中编出有关（针对）党委领导（的）意见，汇集成册，也准备发给全体党代表。纲目是陆平同志亲自核定的，我是按照他意图组织孙觉、张凌青等同志共同编的，我再三提议加按语或说明，他不同意，我觉得大字报中意见片面性很大，坚持不同意发全体党代表，谢道渊同志也同意我的意见，后来没发成。这是不是有点全盘否定、打击别人，抬高自己？那时我是常委，我不了解上级有让这样反江隆基的指示。"陆平反江隆基有功"这一点我确实不很理解，为此曾问过崔雄昆同志，似乎他也说不具体。

张侠所说的"党代会"，应该是北大第三次党代表大会，1958年8月28日开幕，9月18日闭幕，陆平当选为党委第一书记，马适安当选为第二书记。

马适安是一位老革命，1956年7月调到北大任副校长和第二书记。张侠指出，在"双反运动"中，陆平要她把火烧向马适安。她写道：

双反时，要我给马适安同志写大字报，而且要在上千人的大会上念，我因意见已在小组会上提了，常委会上面对面也谈过，又没有值得那样大张旗鼓的意见，表示不想这样做，陆平同志批评我"畏首畏尾"，并以"常委带头"来督阵；我大会念的不那样慷慨激昂，又说我"士气不壮"。对这样烧同级干部，而且硬逼着下级去烧是斗争性强呢？还是有不纯的东西呢？但是你又没有体现出在运动中带头引火烧身的模范样板，只是一味烧别人。

1958年10月，马适安参加中国文化代表团出国访问，因飞机失事遇难。

在"双反运动"中，陆平还要斗争张凌青。张是北大为加强政治课教育从外单位调来的，任"中国革命史"课程小组的主任，三级教授。这本是学校紧缺的人才，陆平却不肯放过。张侠写道：

> 要斗争张凌青同志时，我们感到没有抓到他政治上的错误，提了意见，陆平同志又在党委扩大会上点名说："张侠你这面红旗可要扛得住呀！"那一阵子是你政策掌握的不稳呢？还是夹杂有想打一批人，露一手，使别人怕你的不纯动机呢？你在一次干部会上拍桌子瞪眼睛说："管你什么三八式大革命都要整"，这不是有意吓人吗？要不，你既能那样勇敢的犯错误，而在平反时却又为什么那样的怕出头，甚至要各系总支承担学校掌握批错了责任呢？这合乎党的政策吗？合乎组织原则吗？
>
> 再说河南调查组案件的平反，市委邓拓同志在干部大会上代表市委作了很深刻的检讨，我们学校呢？陆平同志缺乏感情的念了念党委决议，没作个人检查。

在社教运动中，陆平曾经做过检讨，后来又推翻了，但张侠认为有些检讨是"切合情况"的，而且检讨的深度还不够：

> 同时也是想提醒陆平同志正视一下自己思想品质的另一方面，1月6日错误的党委扩大会上，你的检查推翻了，但我看当中还是有些切合情况的真实检查。比如，你说自己搞个人领导，有家长制作风，把北大看成自己小天地，压制批评，怕揭错误；不是把自己放在群众之中，而是放在群众之上；自己是地主出身的知识分子，根没扎好，在知识分子成堆的地方，又受侵蚀等。对照你工作中情况和某些行为看，属思想范围的检查不是重了，而是在自觉程度、深度上都还显不够。

张侠是一位颇有革命资历的干部，当过党委常委和人事处长，她对陆平及校党委情况的了解，比聂元梓多得多。她在意见书里阐述的其他意见，涉及面较广，笔者不了解情况，只好从略了。

第三章 "文革"前北大的政治运动（三）：
对社教积极分子进行清算的第二次国际饭店会议

第二次国际饭店会议为北大"文革"烈火准备了火种。

彭真 1965 年 6 月 29 日的报告和工作队撤离，实际上宣告北大的社教运动已经终结，社教积极分子们也都作了检讨，但有些人还不满意，还要乘胜追击，要反攻倒算，要对社教积极分子进行清算。

工作队是以"放假"的名义离开的，那么，折腾了八九个月的北大党员可以放假歇口气么？那些白天要给学生上专业课、晚上要开会到深夜的党员教师可以歇口气么？

答案是否定的。

一、7月整风

彭真做了报告后，陆平很快宣布：从 7 月 1 日到 8 月 15 日，半天工作，半天整风。至于这样安排的理由，陆平解释说是彭真的报告很重要，听了彭真的报告后，冷下去不好，要趁热打铁。

这次整风由"九人小组"领导，由于其中工作队的几个成员已经撤走，"九人小组"实际上只剩下宋硕、陆平、彭珮云等人了。

领导上说，整风运动要总结工作，清理思想，现在不搞，下学期更忙。但怎样总结工作清理思想，又没有具体指示和要求。实际上还是被批判的人向积极分子提意见，积极分子作检讨。这样进行到 7 月底告一段落。领导层对此很不满意，认为这段整风搞得不好，没有集中时间、精力来整风。[1] 为了集中时间、精力来整社教积极分子，于

---

[1] 参见聂元梓：《关于北京大学四清运动现阶段的情况和问题》，1965 年 11 月 15 日。

是有了第二次国际饭店会议。

一位北大子弟在许多年后指出,"当时陆平得到了一个千载难逢的好机会,去处理北大的内部矛盾,首先中央已经有结论他是一个好同志,只要他实事求是地面对群众的批评,改进工作作风,消除干部和群众的误会,对他的'金花'系列领导们(指陆平重用的几位女干部——引者)加强管理,一心办好北大,北大一定会是另一番景象。"[2]

历史无法假设,陆平没有这个水平,况且,这也不是他说了可以算的。

二、第二次国际饭店会议的部署和第一阶段会议

召开第二次国际饭店会议的主张是怎样提出来的?据市委干部庞文弟的叙述,在彭真6.29报告以后,宋硕、彭珮云等人就主张要"乘热打铁",立即召开第二次国际饭店会议。最后由彭珮云执笔起草了一个给市委书记处的报告,经市委书记处同意后,就立即召开了第二次国际饭店会议。[3]报告是怎样写的,不详。

这次会议的官方名称叫"北大党员干部整风学习会",各系的会议则叫"北大××系党员干部整风学习会"。总字数以百万计的"简报"上,印的都是这种官方名称。

会议于1965年7月29日开始,到会250多人。参加会议的人是全校各系各单位主要负责干部和骨干(也有不是骨干的干部),其中主要是四清运动中被批判的人和四清运动中的积极分子。[4]

会议有十四人领导小组,在原九人小组基础上增加了高教部部长蒋南翔和市委的邓拓、吴子牧、张大中、项子明等人,但原九人小组成员常溪萍不想再参与此事,在上海没来。许立群任组长、市委书

---

[2] 樊平:《一位北大教授的精彩人生——忆我的父亲樊弘》,见樊弘著、孙家红编:《樊弘著作集》,北京:北京大学出版社,2012年。
[3] 参见庞××1967年3月写的材料。
[4] 聂元梓:《关于北京大学四清运动现阶段的情况和问题》。

记处书记邓拓为副组长。这次会议是北京市委召开的，所有费用自然也由北京市委承担。事实表明，会议真正的负责人是邓拓，他在国际饭店还专有办公室。在北大社教运动的博弈中，中宣部是失败者，作为中宣部副部长的许立群虽然紧跟彭真，但地位仍有些尴尬，在如何对待社教积极分子等问题上，他和邓拓等人也有一些分歧。许很少到会议上来，真正当家的是邓拓。会议期间，邓拓直接和彭真联系。彭真有过什么指示，没有人了解。当过邓拓秘书的市委干部李×说，"我从来没有听他（邓拓）原本地完整地传达过彭真的指示，都是通过他自己的话指挥会议的。"[5]

7月28日，召开了第一次领导小组会议。邓拓提出要许立群在开会头天讲话，许没有答应，许说，没有什么好多可讲的，就是开幕词印的那些，把开幕词发下去大家讨论就算了。[6] 于是，就印发了一份由彭珮云起草的《北大党员干部整风学习会的开幕词（稿）》。

笔者没有见到开幕词的全文，只见到后来聂元梓给中央的上书中摘引的一段："为了在一个较短时间内，首先把北大的党整好，以便较快地解决北大问题，因此，要召开这次北大党员干部整风学习会。……当前，应该进一步开展社会主义教育运动，把已经暴露出来的严重四不清问题，主要是政治、思想上的不清，认真系统地加以解决，其关键是整党。"

真实意图是什么呢？据市委干部庞××的解释，彭真在6.29报告中提出要总结工作，但会议领导者认为，总结工作会把矛头引向校系两级当权派，对他们不利，所以他们在这次会上强调要"清理思想"，"清理张磐石错误影响"。"清理思想"虽然人人有份，但"清理张磐石错误影响"，显然就是针对社教积极分子的。

7月30日，邓拓在召集人会上说：先总结工作很容易走过场。因为真正思想不容易拿出来，各种观点不容易交锋。先把政治思想问题清理了，原则上取得一致，总结工作才能总结好。[7] 市委干部陈×

5　李×1967年3月29日写的材料。
6　李×1967年3月29日写的材料。
7　参见庞××1967年3月写的材料。

×说得更清楚:"会议开始,邓拓就提出清理张磐石的恶劣影响和错误作法,作为会议的主题歌,把矛头直接指向工作队和社教运动的积极分子。"[8] 在8月5日下午的全体会议上,"许立群、邓拓在讲话中大肆攻击工作队"。[9] 笔者以为,"把北大的党整好",当然是对的,但会议把张磐石当作主要的批判对象,以张磐石划线,来批判和打击社教积极分子,是不符合"二十三条"精神的。这是导致会议失败的根本原因。张磐石只是犯了错误,并非反党,而且连一纸文件都没有,积极分子们只是在工作队领导下跟着犯了错误(他们提的意见,有许多也是合理的),现在要对他们进行清算,要把他们打成"个人主义反对党委",是没有道理的。

第一阶段的会议就是按照邓拓等人的意图进行的。聂元梓在其上书中是这样报告的:"会议中对学校的工作提了两天意见,写了一个检查总结初稿。到会的人都作了自我批评,检查了思想[10],校领导同志向大家也作了检讨[11]。但这时,实际上重点还是对校系积极分子提了意见。积极分子也听取了批评。批评的主要内容还是运动中过火斗争的缺点错误,也联系工作提了意见。哲学系的整风主要是对我在运动中的错误提了意见,也对其他积极分子提了意见,追运动中为什么搞了过火斗争?追思想根源,个人主义反对党委。会上还提出让和张磐石划清阶级界限。追与张磐石有无组织联系?"[12]

会议组织者似乎取得了很大的成功。9月4日整风学习会举行全体大会,宣布大部分单位告一段落,留下哲学系、经济系、技术物理

---

[8] 参见陈××1967年3月写的材料。

[9] 李×1967年3月29日写的材料。

[10] 《北大党员干部整风学习会简报》(9)称:"从8月7日起,各组先后开始个人清理思想,到8月16日止,已经有237人作了自我检查,占到会总人数的88.4%。"

[11] 据《北大党员干部整风学习会简报》,自8月25日至9月1日,党委书记兼校长陆平、党委第一副书记戈华、党委副书记史梦兰、党委副书记张学书、党委副书记谢道渊和党委常委、副校长黄一然先后在全体大会上作了检查。本书著者未见到这些检查的文本,无从进行分析。问题是,党委常委内部的问题解决了吗?

[12] 聂元梓:《关于北京大学四清运动现阶段的情况和问题》,1965年11月15日。

系继续"整风"。多留了几天的,还有中文系。

据市委干部庞××回忆,对哲学、经济、技术物理等几个重点系,邓拓是一直主张抓紧的。早在8月4日的一次领导小组会上,邓拓就说,领导要花力量帮助重点系。若干重点系,如果不把大是大非问题谈清楚,把摆到桌面上的东西摆出来,不可能达到真正团结。[13] 话说得冠冕堂皇,实质很明显,就是要在几个重点系里把积极分子彻底整下去,把运动中揭发出来的问题彻底地翻过来。

1965年9月6日晚,彭真同许立群、陆平、宋硕、彭珮云等谈北京大学社教工作队的工作。[14] 从时间节点上说,这是一次重要的谈话,但彭真有什么指示,特别是对重点系的会议有没有指示,不详。

三、三个重点系的第二次国际饭店会议简述

中文系

据市委干部庞××,中文系的会议本来9月中旬就可结束,但邓拓、彭珮云听了总支书记程贤策的汇报后,认为还没有达到目的,便决定让中文系留下来,再搞一段。结果从9月15日到25日又搞了十天。会议主要是批判系主任杨晦。邓拓、许立群嫌中文系与会人员太少,又从学校调来七八个人,以壮声势。

市委干部庞××、李×等人参加了会议,并负责撰写杨晦的材料。李×整理了北大党委简报中的有关材料,送邓拓批发《教育界情况》第4期。彭珮云认为这份材料整理得还不好,便亲自动手,又重新整理了一个,并说,这个材料要发市委简报,这样就可以上报中央了。邓拓还说,要把杨晦的文章、著作看一看,选一部分印发出来批判,反对三面红旗、教育方针的材料也要印。于是选出了杨晦吹捧《三国演义》等古典文学的几篇文章印发了出去。邓拓还嫌材料不

---

13 参见庞××1967年3月写的材料。
14 《彭真年谱》,第四卷,第435页。

够,又说,听说杨晦在1950年(或1952年)在中国作家协会讲习班讲过一次课,很有问题,要想法找来。接着他就亲自打电话给中宣部的叶×,叫他想法从作家协会的档案材料中找一找。过了两天,讲课记录稿送来了,李×看后,感到太长,就作了一个摘要给邓拓看,邓拓叫把原稿全部印出来发到小组去批判。[15]

杨晦是中文系党内走资本主义道路当权派吗?集中批判杨晦就能把中文系办好了吗?关于社教问题的整风,居然还要查1950年(或1952年)的讲稿,他们这样做的目的是什么呢?他们整理出来的材料又是什么样子的呢?

据庞××,按照许立群、邓拓的意见,本来还要把火烧到张仲纯身上,程贤策不敢。最后邓拓要他点一句:"(张仲纯)你有问题,你的问题以后还要解决",程也不敢讲。最后不了了之。会议结束后,许立群要中文系写一个会议纪要。程贤策始终没有搞出来,最后也不了了之。[16] 中文系会议结束较早,是因为邓拓说,领导力量照顾不过来,先让他们回去吧。[17]

据了解,张仲纯是一位老干部,江隆基时期曾任副教务长,也曾参加援助越南的工作。当时任副系主任。他是中文系党内走资本主义道路当权派吗?有什么大是大非问题好整的呢?程贤策是一个典型的知识分子,比较软弱胆小,"文革"风暴刮起后没有几个月,他就自杀了。

据李×,1966年1月,第二次国际饭店会议结束后,他还听市委大学部讲,北大中文系的党员给许立群写信,说中文系的问题没有彻底解决,许立群转给邓拓,邓拓作了指示说,问题不彻底解决,后患无穷,叫宋硕派人到北大再去搞。[18]

邓拓他们为什么要担心"后患无穷",还要派人"再去搞",无从查考。不过,这时已经来不及了,文革的烈火快要烧到他们自己了。

---

15 参见庞××1967年3月写的材料,并参见李×1967年3月29日写的材料。
16 参见庞××1967年3月写的材料。
17 李×1967年3月29日写的材料。
18 李×1967年3月29日写的材料。

技术物理系

中宣部干部龚育之参加了技术物理系的会议。多年后，龚回顾了他在技术物理系的工作，谨抄录如下：

……争论是从1957年反右运动时物理教研室一位预备党员应不应该划右派争起的。当时有些党员主张划，有些党员不主张划，总支后来决定不划。1958年双反运动时，有些党员批评总支右倾，说总支包庇了好多右派。那位助教该不该划右派，成为不同意见交锋的焦点之一。1959年反右倾运动起来，总支认为这些批评是反对总支，是反党，其中几位工农出身的复员军人还被划为"分子"遣送还乡。1962年虽然做了甄别平反工作，没有很好解决问题。到社教运动中，翻过来批评原来总支对待他们是阶级报复，并且联系到他们所受的放射性伤害，阶级报复的调子喊得很高。《二十三条》以后，双方还争论不休。

龚育之在技术物理系跟很多人谈过话，听过许多人的思想清理，帮助他们研究了历次政治运动的是非，达成一个大体的共识：

那位助教鸣放时有些错误言论，属于可划可不划，考虑到北大学生中右派已经划得很多，这个助教不划是可以的，并且已经取消预备党员资格，应该说是严重处理了。坚持指责总支包庇右派，是没有道理的。这个助教已经病故，更不要纠缠了。至于反右倾中，把指责总支右倾的同志打为反领导、反总支，遣送回乡，那是完全错误的。遣送回乡，与那时按政策把在学校工作的大批转业军人送回乡去也有关系，甄别平反中没有解决好的问题要继续解决好。至于放射性伤害，一些在实验室工作的工农干部转业军人受到了，应该关心他们，很好给他们疗养，但是一些知识分子干部也受到了。当时主要是防护放射性伤害的知识少，甚至有些问题上无知，而又干劲很大热情极高，明知有伤害也抢着拼着干。卫生部某局的调查也作了这样的判断。因此，不要讲什么阶级报复。等等。等等。[19]

宋硕也参加了技术物理系的会议。宋硕认为技术物理系问题是反右倾扩大化，不是阶级报复。市委干部庞××总的同意宋的观点，但对原总支书记石幼珊有保留。庞××过去便对石幼珊有所了解，认为她狂妄自大，品质不好，有比较严重的问题，对她来说，如果不是阶级报复，至少也是打击报复。[20] 石幼珊曾经揭发了陆平和市委的一些问题，所以也深受宋硕等人痛恨。

龚育之在技术物理系达成的"共识"是一纸空文，是没有人来执行和落实的，陆平当时正忙着打击社教积极分子，是不会管这些的。转过年来形势突变，中宣部成了"阎王殿"，龚育之成了"阎王殿"里的"牛头马面"和"判官"，陆平党委成了"反动堡垒"，"共识"也就无法维持。"文革"乱了十年，不知道那些受放射性伤害的人们后来有没有得到应有的安排和救济。在"文革"初期举行的大会上，笔者曾听到过放射性受害者的控诉，他们掉头发，掉牙齿，全身虚弱无力，基本上失去了劳动能力，尤其是体力劳动的能力，如果戴上"右倾机会主义分子"的帽子遣送回乡，就难有活路了。对于放射性物质的危险性，该系领导应该是明白的，他们的极其不负责任的工作态度，造成多人受到放射性伤害，这至少是严重的责任事故，是应该受到追究和处分的，不能用"无知""蛮干"来为他们开脱。

经济系

经济系会议的部署

第二次国际饭店会议一开始，邓拓就把经济系作为重点系了。领导小组由市委干部李××、中宣部干部陈×和总支书记龚××组成。

1965年8月1日上午，邓拓召集了专门研究经济系问题的会议，参加者有邓拓、宋硕、陆平、彭珮云、市委干部庞××和李××、李

---

19 龚育之：《龚育之回忆："阎王殿"旧事》，南昌：江西出版集团、江西人民出版社，2008年，第195—196页。
20 参见庞××1967年3月写的材料。

××等人，经济系的人只有总支书记龚××和副系主任徐××二人。[21]此后，类似的会议还开过多次，一直到11月下旬。

在这些会议上，邓拓有过多次讲话，其要点有二：①为总支书记龚××打气，要她"站起来"，"发言要理直气壮，挺起腰杆来"，"你的自我批评就是进攻性的"，"你要由一只'小猫'变作一只老虎"，"要勇敢地起来和樊弘斗，要有不顾一切的豁出去的精神"；②部署重点打击樊弘，说樊弘是经济系最大的大是大非问题，是经济系一切祸害的根源，不解决樊弘问题就不能解决整个经济系的问题，"最后把樊弘集团搞出来，可能是反党反毛泽东思想的集团"，"现在让他们去搞沙龙，去吹，放出来，一周十天后再放这一炮，彻底揭底，然后扩大会议范围。"[22]

陆平治校，重大事务抓在自己手里，其他事务全交给总支书记去办。于是，在德、才两方面都很欠缺的一些总支书记领导的系里，不要说群众有意见，首先党内矛盾就很多。龚××的领导作风和生活作风让许多党员群众非常反感，在经济系很不得人心。邓拓也明白这一点，他在讲话中承认，"看来，你这系里，对立面占压倒优势。"[23] 邓拓想把龚××作为正面典型扶起来，实际上是办不到的。

邓拓部署重点打击樊弘，那么，樊弘是"走资本主义道路的当权派"吗？

否！樊弘当时不过是一个没有行政职务的党员教授而已。

关于樊弘

笔者在北大时从未听说过樊弘其名，近日读到《樊弘著作集》[24]中孙家红先生和樊弘之子樊平先生的两篇"序言"，以及王梦奎、胡伟略诸人的文章，这才有所了解。

樊弘（1900—1988）是一位经济学家，他对于马克思主义和凯恩

---

[21] 参见庞××1967年3月写的材料，并参见李×1967年3月29日写的材料。
[22] 参见庞××1967年3月写的材料，并参见李×1967年3月29日写的材料。
[23] 李×1967年3月29日写的材料。
[24] 樊弘著、孙家红编：《樊弘著作集》，北京：北京大学出版社，2012年。

斯主义经济学有深入研究，最先用马克思主义经济学说对凯恩斯主义进行了批判。他较早提出了社会主义条件下商品、市场和价值规律问题，并有系统阐述。他的贡献是巨大的，但也被埋没了多年。在解放前，他是著名的民主教授和反蒋积极分子。他发表过许多政论文章，批评国民党的一党独裁统治，以及政治、经济方面许多倒行逆施的政策。他还积极支持民主学生运动，同许德珩、袁翰青一起，被称为"民主三教授"。在1946—1949年间，他始终战斗在反对蒋介石独裁统治斗争的前线。因此，他不仅受邀登上天安门城楼参加开国大典，还于1950年参加了共产党。1949年前后，樊弘不仅是北大的经济系主任，还有很多身份，是学界和政界很有影响的人物。

但是，樊弘的一些很有价值的专业意见，不仅不为当时国内"主流"经济学界所认可，反而遭到来自诸多方面简单、粗暴的批判。1952年到马列学院学习后，樊弘便受到了全面审查和批判。主持者组织了相当的人力，从浩如烟海的报章杂志和其他出版物中检索出樊弘自1925年以来数十年间所发表的近百篇文章，对樊弘进行全面批判。他们内部印行的2.8万多字的小册子——《揭发和批判樊弘同志的反马克思主义思想》，就是批判的总结。半个多世纪后，经济学家王梦奎对这本小册子作了评述，指出当年的批评者采用了简单化的全盘否定的方法，这种做法，"对尔后长期社会科学的发展甚至对国家政治生活造成很大负面影响"。[25]

当时主持马列学院工作的杨献珍副院长，曾写信给中组部部长安子文，问：像樊弘这样的资产阶级知识分子，怎么能加入共产党？得到的答复是：樊弘解放前是著名的民主教授和反蒋积极分子，他的入党是经过中央同意和少奇同志批准的。[26] 这一背景，邓拓恐怕并不知道。

樊弘的党籍没有被取消，但耽搁了好几年，直到1956年才得以转正。他的系主任职务让给了别人（或者说是被变相免去的），自己

---

25 王梦奎：《北大旧事三记》，载王梦奎：《王梦奎随笔》，上海：文汇出版社，2005年。
26 王梦奎：《北大旧事三记》。

降为政治经济学教研室主任。后来,由于他在社会主义时期的商品和价值规律等问题上提出了自己的观点和理论,又遭到批判,教研室主任的职务也被撤去,还被调离了政治经济学教研室。这对于一心想为建立社会主义经济理论体系效力的樊弘是一个很大的打击,他不知道自己该怎么做才好,于是有了"飞鸟尽,良弓藏"的失落感。在后来的整风运动中,天真率直的樊弘又响应"向党交心"的号召,把自己的日记交了出去,结果,保证"绝不以日记内容作为处分依据"的总支书记龚××出尔反尔,利用日记里的内容给樊弘戴上"反对三面红旗"的帽子和留党察看的处分。樊弘不断上书申诉,抗争到底,1962年获得甄别,取消处分。[27] 后来,樊弘全心全力地投入到了培养学生的工作中,得到学生的好评。[28] 此后,在种种逆境中,樊弘一直坚持对凯恩斯经济学说的研究。1982年,他的最后一本专著《凯恩斯有效需求原则和就业倍数学说批判》,由四川人民出版社出版,他的人生理想得以实现。

重点打击樊弘的做法

邓拓要重点打击樊弘,布置市委干部李×、李光×、李开×、宋×等好几个人整理樊弘的材料。邓拓说,要把历史问题学术上的问题和社教运动中的表现统统整理进去,并定了题目叫《一个满脑袋资产阶级思想的党员教授》。这几个人查阅了樊弘的档案、著作、文章和讲稿,整理了材料,准备按照邓拓的指示,"集中力量先把樊弘搞臭"。[29] 李×等人整理的是一份怎样的材料,无从查考。

在经济系的会议上是如何对樊弘进行批判的,笔者不得其详。根据仅见的几份发言简报,大概情况是:对樊弘的批判是从9月18日开始的,一直持续到11月中旬。会议领导小组将此事"放在头等重要的地位",对樊弘的批判成为"会议的中心"。领导小组对樊弘的问

---

27 樊平:《一位北大教授的精彩人生——忆我的父亲樊弘》,见樊弘著、孙家红编:《樊弘著作集》。
28 胡伟略:《忆樊弘"大教授"》,载《中国社会科学报》,2016年5月9日。
29 参见李×1967年3月29日写的材料。

题进行了全面研究，提出了七个方面的专题，组织全体与会人员对这七个方面的问题进行了分析，许多人翻阅了有关樊弘的大量资料，进行了深入的研究，作了系统的专题发言。[30]

"七个方面的专题""深入的研究"和"系统的专题发言"，看起来很唬人，但他们达到目的了吗？

11月24日至26日，樊弘在党员大会上三次发言，作了检讨和说明。[31] 樊弘的检讨不被认可。王××认为樊的检讨"实际上是否定了对他的批判"，"根本拒绝了同志们的分析、评判"。张××认为，"他把近两个月来对他批判的最根本性、实质性的问题都否定了，不承认了。而且还用一些歪道理为自己辩解。"[32] 这表明，对于会议的批判，樊弘根本不服。

也有人提出质疑。如石××说，"感到解决了樊弘同志的问题也解决不了经济系的问题。因为经济系的问题主要是对系里工作的不同看法，不具体地对工作本身进行讨论是不能统一认识的。"石×× "并且认为樊弘同志的问题一提，不利于不同意见的发表，也怕龚××同志的问题吹掉。"[33]

为什么要重点打击樊弘？

邓拓为什么要把樊弘作为重点来整呢？市委干部李××后来说，"其目的是'要抓住张磐石翻案翻错了的一个把柄'，作为反攻倒算的一个突破口。"[34]

张磐石为樊弘翻了什么案呢？张磐石对此说过什么呢？笔者无从查考。推测起来，大概有两件事情有点关系：

其一、在第一次国共合作时期，樊弘曾参加过国民党。蒋介石"4.12政变"屠杀共产党人之后，樊弘连续登报三天声明退出国民

---

30 见王××1965年11月25日发言，载《北大经济系党员干部整风学习会议思想收获材料》（12），1965年12月11日。
31 《北大经济系党员干部整风学习会议思想收获材料》(9)，1965年12月4日。
32 《北大经济系党员干部整风学习会议思想收获材料》(10)，1965年12月10日。
33 《北大经济系党员干部整风学习会议思想收获材料》(6)，1965年12月4日。
34 李××1967年3月写的材料。

党。北大社教运动开始，有人提出樊弘参加过国民党需要交代这一段历史，工作组进行调查，找到了当年的报纸，弄清了事实。工作队中一位姓蔡的老同志说："樊弘同志登报退出国民党，在当时白色恐怖之下是要担生命风险的。"[35] 因此，樊弘被工作队吸收为"积极分子"，安排为"四清"领导小组成员。樊弘是反对龚××的，因此被指责为"在搅混水中起了很坏的作用"。[36]

其二，徐××发言批判王茂湘时，说"社教运动中，王把樊说成是'坚持了正确方向'，'过去的当权派打击了樊的社会主义的东西'。认为1959年对樊日记中的错误进行批判是不对的。1962年甄别不彻底，并把这些看成是龚××对樊弘的阶级报复。"[37] 徐××的指责如果属实，那么这些话也是王茂湘说的，不是张磐石说的。

没有证据证明张磐石和樊弘的事有直接关系，笔者以为，邓拓找的这个"把柄"和"突破口"，完全是找错了对象。不过，他们利用樊弘的问题来责问聂元梓，企图给聂元梓加上一条"支持樊弘翻案"的罪名，则是真的。[38]

打击樊弘以失败告终

1965年11月19日，邓拓、宋硕、陆平、彭珮云等人，听取市委干部李××汇报经济系工作结束的安排。邓拓说：（1）会议结束后马上着手整理批判樊弘的材料，印成专辑，作为附件，分送中央负责同志；（2）写出经济系的会议纪要，在纪要中要写清楚："会议强调指出樊弘不够一个共产党员条件。"[39] 这是要开除樊弘党籍的节奏。

批判樊弘的材料有没有印成专辑，笔者无从查考。开了几个月的会，有没有搞出来一个"反党反毛泽东思想的樊弘集团"呢？显然没有，邓拓的计划是完全落空了的。笔者看到的是，没过多久，邓拓自

---

35 樊平：《一位北大教授的精彩人生——忆我的父亲樊弘》。
36 《北大哲学系党员干部整风学习会议简报》（98），1965年12月15日。
37 《北大经济系党员干部整风学习会议思想收获材料》(13),1965年12月12日。
38 《北大哲学系党员干部整风学习会议简报》（53），1965年11月12日。
39 李××1967年3月写的材料。

己的材料被一批批地登在报纸上,受到极为严厉的批判。1966 年 5 月 18 日,邓拓自杀身亡。政治风云,变幻得太快了。

在第二次国际饭店会议上无法置樊弘于死地,但某些人对樊弘的仇恨却延续了多年。1967 年,在某人的策划下,没有参加任何派别的樊弘遭到北大"井冈山"的毒打。在谢静宜、迟群掌控北大的年代里,他们又以"地主"的罪名开除了樊弘的党籍。捣鬼有术,也有效,然而有限。不久,"四人帮"垮台,樊弘得到平反。

第二次国际饭店会议上经济系的工作,是要配合哲学系批聂元梓的。在 1965 年 9 月 27 日上午的会上,邓拓指示:"樊弘批判完了以后,经济系与哲学系汇合,转向批判聂元梓。"[40] 后来确实是这样安排的,而效果恰和主谋者的愿望相反。

在经济系的会议上,受到重点批判的还有王茂湘。王是经济系教师,社教期间当过经济系四清工作组组长,受到批判是必然的,但有些人要他承认积极参加运动是想取而代之,想当总支书记,是野心家。这种指责,当然遭到了王茂湘的拒绝。[41]

王茂湘家庭出身好,年龄不大,没有什么历史问题的辫子可抓,会议组织者无可奈何。于是邓拓还指示,"批樊后,对王茂湘、李志远等采用北平方式和平解决。"[42] "北平方式"是对待党内同志的方式吗?符合"二十三条"吗?他们达到目的了吗?

李志远是教师、总支委员,龚××批判党内专家的名言——"这些人过去看来讲课一环扣一环,业务水平似乎很高,但政治上有问题。对你们这些党内专家,就应该像对资产阶级专家一样,你们要来就得作为群众的一员,老老实实地干。你们要是指手划脚,就一脚踢得远远的。"——就是在一次会上指着李志远和另外两个人的名字说的。[43]

---

[40] 李××1967 年 3 月写的材料。
[41]《北大经济系党员干部整风学习会议思想收获材料》(12),1965 年 12 月 11 日。
[42] 李×1967 年 3 月 29 日写的材料。
[43]《北大经济系党员干部整风学习会议思想收获材料》(2),1965 年 11 月 24 日。

四、第二次国际饭店会议上重中之重的哲学系

在中文系、技术物理系和经济系的会议结束后,作为第二次国际饭店会议的重中之重,哲学系的会议还在继续进行,直到1966年1月,毛泽东亲自发动的文化革命的烈火已经烧到了北京市委,会议才草草结束。

冰冻三尺,非一日之寒,这是由哲学系的党内斗争造成的。

(一)哲学系党员队伍的分裂

哲学系党员队伍分裂的开始:反右运动

北大哲学系始建于1912年,历史悠久。1952年院系调整,清华大学、燕京大学、辅仁大学、南京大学、武汉大学五校哲学系的骨干教师,统统被调至北大哲学系。北大由此成为全国唯一一个保留了哲学系的高校,北大哲学系一时群贤毕至,灿若星河。1952年10月底,北大哲学系举行第一次师生会面会,到会教授、教师达70多位(据说其中有教授29人),学生有170多人。原北大哲学系副主任汪子嵩主持了这次盛会。

把六所大学的哲学系合并到一起,把那么多的哲学专家集中在一起,是要让他们开课授徒、著书立说、光大学术吗?

不是的。时任哲学系总支书记汪子嵩在口述回忆中明确指出,把各大学哲学系的教师都集中到北大,"他们的任务不是对学生进行教学,而是学习马列主义,进行思想改造。"[44]

璀璨的群星很快就变得星光黯淡,大师也好,教授也好,未及开课授徒,先要批判自己的资产阶级思想。他们必须一次又一次地检讨,"唯有对自己进行无情的否定、猛烈的攻击、彻底的批判,才能让群众满意。"

效果是显著的。经历了思想改造运动、三反五反、忠诚老实运动、

---

44 汪子嵩口述,张建安采写:《往事旧友,欲说还休》,生活·读书·新知三联书店,北京:2015年,第74页。

镇压反革命、批判胡适思想、批判胡风等一系列运动后，教授们已经变得非常谨慎，到 1957 年反右时，北大哲学系约 30 名教授，只有张岱年一人因为"多说了几句话"被打成了右派分子。[45] 还有几位教授虽然被整了材料，终因"暴露不够，材料不足"，得以逃过一劫。

上面有人很想把冯友兰打成右派，中国科学院哲学社会科学部（简称"学部"）哲学所所长潘梓年奉命到北大调查冯友兰，看他有没有右派言论。汪子嵩回忆说："我们在冯定同志家开会，将与冯（友兰）先生有关的党员干部都找来，反复研究，冯先生在运动中都是讲共产党的好话，实在找不出一句可以说是右派言论，冯先生才幸免于难。"[46] 冯友兰得以逃过反右大难，主要是他的谨言慎行，完全无辫子可抓。

当时北大党委书记兼副校长江隆基是一位党内的教育家，比较尊重、爱护知识分子。系主任金岳霖是清华大学哲学系的创始人，西南联大的名师。总支书记汪子嵩兼任副系主任（同时兼系主任金岳霖的秘书），承担哲学系的党和行政工作。汪子嵩在西南联大学的是西方哲学史，专攻希腊哲学史，后又入北大文科研究所继续学习，1949 年 2 月毕业后任哲学系讲师。汪子嵩 1948 年在西南联大参加了地下党，算得上是哲学系学历最高的党员。作为总支书记，他必须执行中共种种政策，领导思想改造等种种运动，但他是比较温和的，不极端。他还尽量保护哲学系的老师，让他们发挥所长，出了很多成果，"师生各有收获"。[47] 但是在陆平党委眼里，汪在肃反运动中"有右倾表现"、在反右中"有严重右倾错误""1956 年以后，在系的领导工作中表现右倾"，[48] 总之是种种不顺眼。

笔者不清楚汪子嵩何时卸任总支书记一职。据说来自马列学院

---

45 张岱年晚年写道："我这一生中最严重的教训是 1957 年响应号召提了一些意见，引起误解，从而陷于反右扩大化的网罗。我本来可以不发言，或者不那么直言，那就不至于陷入反右网罗了。"见张岱年：《晚思集》，新世界出版社，北京：2002 年，第 156 页。
46 汪子嵩口述，张建安采写：《往事旧友，欲说还休》，第 111 页。
47 汪子嵩口述，张建安采写《往事旧友，欲说还休》，第 83—85 页。
48 《北大哲学系党员干部整风学习会议简报》（121），1966 年 1 月 16 日。

的一位老干部韩佳辰当过总支书记，但时间很短，很快调往党委宣传部去了。1956年冬，王庆淑出任总支书记。王庆淑于1948年加入共产党，1949年毕业于南京中央大学法律系，解放后在南京工作。王于1954年调入北大哲学系当教师。这一调动何以发生，无从考证。为什么选王庆淑当总支书记，也无从考证。王庆淑任总支书记可谓不逢其时，反右、双反、大跃进、反右倾等运动接踵而来，哲学系党内矛盾迭起，王庆淑逐渐成为矛盾的焦点。

反右运动开始之前的鸣放时期，教授们噤不敢言，但几名党员教师却对党总支提了些意见，尤其对王庆淑提出了尖锐批评，来自马列学院的老干部金志广在情绪激动之下，说出了"打倒党内黑暗势力"的话，这本来只是针对王庆淑工作作风的意见，但反右风暴刮起来后，这几个人便被打成了右派分子，定性为"右派反党小集团"。当时，汪子嵩仍是总支委员，是哲学系的主要领导人之一。在哲学系领导讨论是否将金志广等人划为右派分子时，汪子嵩曾流露了对这些教师的同情态度。于是，汪被批为"右倾"，指令检讨。[49]

哲学系大多数教授逃过了反右的大劫难，但有好几位党员教师被打成右派，精通英、德、法文的教师王太庆，是翻译家和西方哲学史家，也被打成右派，下放劳动。据伊敏（党委组织部长）后来说，全系"斗争处理了36名右派，批评处理了一批犯有右倾错误的党团员"，"哲学系学生划右派比例在全校也是比较高的单位之一"。[50] 在反右运动中，哲学系的共产党组织遭受重创，剩下的党员内部也产生了分歧与矛盾。

---

[49] 汪子嵩晚年回忆时说："哲学系几位年轻的党团员教师对我们几个党员干部提了些意见。对有些尖锐的批评，我自己心里还感到有点委屈。但在讨论这几位年轻教师是否划为'右派'时，我发表意见，认为他们只是对我们这些干部提出批评，并没有反对党的方针政策，怎么能划为'右派'呢？结果，那几位哲学系青年教师还是被定为'右派'开除党籍，我也因此被指令检讨自己的右倾错误。"汪子嵩口述，张建安采写：《往事旧友，欲说还休》，第112页。另见李清崑《谈聂元梓等七人大字报出台的社会历史背景》，载《记忆》第225期。

[50] 《北大哲学系党员干部整风学习会议简报》（121），1966年1月16日。

哲学系党员队伍分裂的继续:"双反运动"和反右倾运动

反右后的"双反运动"再次给北大哲学系的共产党组织带来沉重打击,第一任总支书记汪子嵩成为打击的重点对象。汪子嵩回忆说:

> 北大运动批判的主要对象就是各系中像我这样的干部,由于我们比较重视业务,在一些问题上和专职做党的工作的同志常有分歧,因此我们被认为是"以党内专家自居,蔑视党的领导",成为运动批判的重点。平时各系党、政干部在工作中出现的一些意见分歧,多被上纲成为批判内容。
>
> 我因为曾经主张过北大哲学系以研究中外哲学史和逻辑学为重点,而不是以马克思哲学为重点,更被加上"轻视马列主义和毛泽东思想"的罪名,成为文科各系中最受批判的人。批判我的大字报贴满哲学系的墙壁,我几次在全系大会上检讨自己的资产阶级白专道路。批判我的大会上,教师和学生纷纷上台作批判发言。[51]

汪子嵩的灾难还远没有结束。1959 年,他因为参加人民公社调查组的工作,又受到大会小会的严厉批判。最后,总支书记王庆淑在总结时宣称汪出身"食利者阶级",是"不折不扣的反党反社会主义分子",给予"漏网右派、阶级异己分子,开除党籍"的处分,并将其下放门头沟山区劳动改造。[52]

沈少周(哲学系党总支委员,兼系秘书)是原北师大地下党的领导人之一,解放初期调入中央马列学院第一期理论班学习,两年后分配到北大哲学系。他因为反右时期对几位被错误打成右派分子的教师表示同情,并对大跃进、人民公社化有些不同意见,也被多次批判,被扣上"右倾机会主义分子"和"漏网右派"两顶大帽子后开除党籍,同汪子嵩一样下放门头沟山区监督劳动。[53] 副系主任邓艾民后来说,"59 年批判沈少周同志,只根据王庆淑同志所提出的材料,

---

51 汪子嵩口述,张建安采写:《往事旧友,欲说还休》,第 113—114 页。
52 汪子嵩口述,张建安采写:《往事旧友,欲说还休》,第 128 页。
53 李清崑:《谈聂元梓等七人大字报出台的社会历史背景》。

就提到反党的高度,最后对沈采取开除党籍的处分。"[54]

受到处分的还有朱泽浩。朱是一位来自新四军的十七级干部,在反右倾运动中受到过火斗争和严厉处分。朱曾于1960年7月和1964年2月两次要求与陆平谈话,都遭到拒绝,一直置之不理。1964年2月,他获准和戈华谈话,但只谈了一个小时,便因戈华有会而中止。朱提到了王庆淑的一些问题,戈华说不太了解,想约陆平一起和他谈。然后,再没有人找朱谈话。直到中宣部调查组进校,朱泽浩才有反映情况的机会。[55]

1959年的"反右倾",伤人很多,连部分学生和学生干部也受到批判。哲学系30来个党员教师,被整的就有18人之多。像任继愈这样的学者都受到批评,任说再待下去会遍体鳞伤,在王庆淑领导下政治上没有安全感。[56] 党委领导伊敏后来也承认,"这次运动有严重的缺点错误,搞了过火斗争,混淆了两类不同性质的矛盾;扩大了反右倾的范围;斗争方式简单粗暴;对汪子嵩、沈少周、朱泽浩等同志做了错误的组织结论;运动后对被批判的同志关怀、帮助、教育不够。这次过火的党内斗争带来了严重的后果,挫伤了一些党员、干部的积极性,党的民主集中制原则受到损害,党的团结受到影响。"[57]

反右倾运动中的错误做法和总支书记王庆淑的责任

半个多世纪后,笔者读到哲学系党员教师汤一介1965年10月9日关于"反右倾"运动中过火斗争的几大表现的一段话,深为震惊。现将这一段话抄录于下:

我觉得这次过火斗争的错误表现在:

(1)打态度,不管态度好不好,都要打。整风确实有个态度问题。要端正态度应该是按照党的原则进行说服教育提高觉悟,而不是不分青红皂白,是非曲直,硬要被批判的同志接受自己主观上制造出

---

54 《北大哲学系党员干部整风学习会议简报》(110),1965年12月28日。
55 《北大哲学系党员干部整风学习会议简报》(118),1966年1月14日。
56 李×1967年3月写的材料。
57 《北大哲学系党员干部整风学习会议简报》(121),1966年1月16日。

来的框框，不允许保留，不允许思考。那次反右倾整风就有这种情况。

（2）有诱供的情况，定出框框让别人照着检查。

（3）缺乏"一分为二"，有时抓住一点，甚至抓不到太多的根据，就作出全盘否定的结论。

（4）缺乏调查研究。

（5）组织处理有错误，不少不应该组织处理的也处理了，处分过重了。

（6）有时把党员向组织汇报的情况，也作为批判的材料。[58]

不幸的是，这种种情况，在后来的岁月里又屡屡重演，且愈演愈烈。时任总支书记的王庆淑后来在一次检查中也承认"1959年反右倾整风运动中的缺点错误是个严重的教训"，承认当时"头脑还是很热"，并且有"'宁左毋右'的个人主义考虑"，"情绪愈来愈偏激"。王庆淑承认：

反右倾整风运动工作中的缺点错误，主要是：

（1）批判、斗争的面过宽。对有些作重点帮助的同志，搞得也很激烈；本来思想批判限制在教职员干部中进行，后来又对部分学生和学生干部也进行了重点批评，把斗争的面扩大到学生党员中去了；

（2）政策界限不清。在批判斗争中把有些思想认识问题提高为政治问题，把政治业务关系处理不够好，或者是重业务、轻政治提高为白专道路，把对基层党领导人不满提高为反党，把工作消极疲沓提高为是政治蜕化变质，把个人名位思想提高为个人野心，把个别的错误观点提高为系统的路线性错误，等等。由于政策界限不清，影响批判，处理更为偏激。也造成后来思想工作一些不良的后果；

（3）斗争方式过火，重点批判、重点帮助甚至对一般同志的批评都有乱提高、乱戴帽子的情况，运动愈发展到后期，这种情况愈严重。其中"打态度"的斗争方式更是一个错误的作法。如批判朱泽浩

---

[58]《北大哲学系党员干部整风学习会议简报》（3），1965年10月15日。

同志的有一次会，朱泽浩同志一申辩，我和其他到会的七个同志都激动起来，这样，自然不能和风细雨地帮助同志提高认识，也不能够克服自己认识上的片面性。

反右倾整风运动中的组织处理，也有错误，对有的同志处分过重。在处理过程中和处理后，都缺乏耐心细致的思想工作。由于过火斗争伤了感情，处理过程中对被批判的同志很冷淡，不关心，特别是对那些我们认为是态度不好，在批判过程中弄得关系紧张的同志，更是这样，甚至支部有一段时间，组织生活会也没有通知这个同志参加。

反右倾整风中过火斗争的错误，后果是不好的，伤害了一部分同志的积极性，使党内民主生活和党的团结受到了影响。[59]

这是王庆淑在整风和社教中挨了整和社教运动翻盘以后的认识，然而在当年，她春风得意，整人不倦。张秀亭事件就是一个例子。

1959年底，哲学系党员教师张秀亭到党委组织部反映意见。尽管他的意见不见得全对，但对总支领导干部作风的批评，以及对干部工作的一些具体意见是应该考虑的。然而，党委组织部不作调查就把问题交给哲学系总支处理。于是，王庆淑召开了总支、支部干部8人参加的会议，对张秀亭进行了粗暴的批评。张秀亭在这个会议上的态度是诚恳的，但总支书记王庆淑听不进批评意见，对张秀亭的合理意见，简单顶回去，没有作自我批评；对错误意见也不是耐心地说服解释，而是进行斥责。王庆淑还不顾场合地片面地讲到一些干部的历史和缺点。这既不符合组织原则，也不利于党的团结。事情传出，党内哗然。此事在党内造成严重不良影响，人们当然有理由认为王庆淑等人是在对张秀亭进行打击报复，在整风社教中也提出了这个问题。事情发生在1959年，直到1966年1月5日，党委组织部长伊敏才做出说明。伊敏否认是打击报复，但承认"哲学系总支领导干部在处理这件事上严重缺乏民主作风，总支召开的这次会议对自下而上的批评起了压制的作用"，也承认党委组织部"工作上是有严重缺点的，

---

59 《北大哲学系党员干部整风学习会议简报》（7），1965年10月18日。

反映了工作上存在严重的官僚主义,对党员提出的意见,缺乏严肃负责的态度。"[60]

笔者原以为张秀亭事件是一个可以忽略的个例,实则不然。此事的严重后果在于,人们由此认识到:党委不能主持公道,找党委组织部反映问题、提意见是没有用的,只能招来气急败坏的王庆淑们的打击报复。于是,批评意见被压制下来,不满只能在地下蔓延。这种压制延续到1964年夏天,中央调查组的到来,使人们有了一个提意见的机会,地火于是喷薄而出。

反右倾时期被错误处分的人们,要到1961年之后才能获得甄别平反。这是中央的方针,陆平和王庆淑们不得不执行。但他们是很不情愿的,在甄别过程中还要极力设置障碍。如对汪子嵩的甄别问题,王庆淑是根本不考虑的。汪子嵩是从人民大学已获平反的同志那里得知甄别的信息的,当他提出了甄别要求之后,王庆淑却说汪属于右派,不在甄别之列。而处分决定中认定汪为右派的种种"罪行",没有一条符合划右派的六条标准。经过一年多的反复申辩,汪才获得平反,"撤销处分,恢复党籍"。汪随后离开北大,调往《人民日报》理论部工作。[61]

"反右倾"中被整的人后来虽然在组织形式上获得甄别(有的人还留有尾巴),但思想感情上并没有得到关心和安抚,对他们也没有注意根据工作需要和本人情况调整工作,使他们更好地发挥作用。总之,对于反右倾扩大化,党内没有总结经验教训,对于许多错误做法特别是过火斗争没有检讨,搞过火斗争的王庆淑及其支持者完全没有反思和检讨,在这种情况下,党内团结是无法得到改善的。在后来的整风社教中,过火斗争落到了王庆淑头上。

哲学系党员队伍的严重分裂:1961-1962 年的总支改选

总支书记王庆淑整人既多且狠,自己又有诸多严重的毛病,她和两个副书记也搞不好团结,相互之间矛盾重重。许多党员对王庆淑意

---

60 《北大哲学系党员干部整风学习会议简报》(121),1966 年 1 月 16 日。
61 汪子嵩口述,张建安采写:《往事旧友,欲说还休》,第 127—132 页。

见很大，这时又逢哲学系总支改选，陆平党委支持王庆淑继续担任总支书记，但遭到多数党员的抵制。为王庆淑辩护站台的党员和反对王庆淑的党员之间分歧很大，哲学系党内的两派由此形成。从1961年底到1962年9月，这次总支改选拖了近一年（一说为14个月）。其间王庆淑还用不正当的手段拉拢年轻党员为自己站台，遭到揭露。最后，陆平党委不得不将王庆淑调离，王遂于1962年9月离开哲学系。

这次总支改选闹得很厉害，党委派了工作组，还出了一份"意见书"，据说其中对王庆淑进行了"严肃的批评"，但并没有真正解决问题。党员们同意这份"意见书"是表面上的，实际上双方都没有接受，如有人指其"对改选中存在的一些原则问题没有表明原则态度，只是就事论事，因而党内长期是非不清。"[62] 因此，总支改选后，党内分歧反而加深了。这是1964年陆平又要搞整风的一个重要原因。

王庆淑生性高傲，她自己检讨说：

> 骄傲自满情绪表现在和同志相处之中，往往对别人估计不足，对自己估计过高，觉得自己各方面都还不错，有意无意地流露出看不起别人的情绪，使别的同志和我相处感到压抑，有时不注意场合议论别人的缺点，有时流露出对别的同志不够尊重的情绪，再加上平时思想工作简单化，分析问题片面性很大，强调一个问题时好走极端，讲话不留余地，不注意分寸，缺乏涵养，盛气凌人。例如我听到有的同志摆老资格，我不是从原则上提出问题进行帮助，有时就随便议论"有什么了不起"。由于自以为是的毛病严重，总觉得自己比别人高明，不能平等地待人，因此，和同志相处，很不谦逊，锋芒毕露，棱角铮铮，主观急躁，好与人争，有一得之见，就自以为得理不肯让人，争辩起来，往往说得很极端，很影响团结不同意见的同志。作为一个党员干部，稍有一得之见，也是党的教育的结果，工作中稍有一点成绩，也是党的领导，广大群众的共同创造，个人贪天之功以为己功、夸大个人在集体中的作用，这是个人英雄主义意识在作祟。[63]

---

62 《北大哲学系党员干部整风学习会议简报》（3），1965年10月15日。
63 《北大哲学系党员干部整风学习会议简报》（7），1965年10月18日。

这样的性格和作风，确实不适合担任总支书记这样的职务，但上级要她担任这个职务，她推得掉吗？总支书记的任务是团结党员，加强党的领导，王庆淑在哲学系任总支书记达 6 年之久，她对加强党的领导起了好的作用呢？还是起了坏的作用呢？在这 6 年里，上级领导有没有尽到督查、批评、帮助的责任呢？有些重大错误的根子在上面，上级领导有没有及时出面为王分担责任呢？

伊敏后来承认，"王庆淑同志担任总支书记达六年之久，没有带好哲学系党的队伍，是有重大责任的。"他也承认，"当时，总支的领导核心在工作取得了一些成绩以后，滋长了比较严重的骄傲自满情绪，不民主的作风有了发展，比较严重地脱离群众。总支的主要负责人王庆淑同志在这方面的缺点错误是比较突出的。而总支领导核心，三个正副书记之间，又存在着一些无原则纠纷，关系不协调，所以在党内斗争中，缺乏战斗力。"[64]

王庆淑调走了，但她的影响依然存在，她和哲学系的主要支持者仍有密切往来，有若干不当的做法，这是后来整风社教期间抓"地下总支"的根本原因。对于如何评价王庆淑主政哲学系期间的工作，特别是 1958 年以来的工作，党内分歧严重。王庆淑认为反对她就是反对大跃进，就是"黑暗风"和"翻案风"。

当年任哲学系总支委员的谢龙，数十年后曾这样评价 1961 年的改选："1961 年秋总支总结工作和酝酿选举下届委员时党员提的意见，其可贵处是带有明显的纠'左'倾向，即使有些意见提得过头或过多追究个人责任，但总的是实事求是的。因一般党员直接接触到的'左'来自基层领导人，追究'个人责任'似也难免，而对'左'的错误实际上基层干部起码负有'执行'的责任。所以'过头'的意见倒有助于切实总结经验教训。"[65] 谢龙的这一评价颇为中肯，但当时他未必有此认识。况且，国家层面的总的路线越来越左，党内斗争更趋激烈，党员们的"左""右"角色不断转换，总结经验教训也就

---

64 《北大哲学系党员干部整风学习会议简报》（121），1966 年 1 月 16 日。
65 《陆平纪念文集》编委会：《陆平纪念文集》，北京：北京大学出版社，2007年，第 59 页。

谈不上了。

（二）哲学系整风：北大党委和中宣部调查组的博弈

1962 年 11 月，聂元梓被调到哲学系任总支书记。但她到任，大约是 1963 年初春。面对一支早已分裂的党员队伍，矛盾重重，泥淖深深，聂元梓碰到了很大的困难。她后来检讨时说过，"哲学系党内不团结，干部互相谈话也要第三人作证，总支委员会开会就吵架，许多干部要求调动工作……"[66] 她还说，"哲学系的工作有很多困难，许多同志不安心在系里工作，党内关系也不正常，解决一个工作问题要牵涉到很多人事关系，因此感到工作不顺利，同时系的干部又缺少，本来应调干部来，没来人反而又调走了，不能形成一个集体领导核心，不能集中力量对资产阶级教授争夺青年进行斗争，精力花在照顾党内人事关系上。我觉得再不很好解决这些问题不行。……我来哲学系后，领导上没有一个同志和我好好谈过工作，听听汇报。中宣部调查组很重视汇报，所以我觉得很好。"[67]

在哲学系的经历使聂元梓对陆平产生了看法，全国范围内大抓阶级斗争的氛围和"四清"运动又提升了她的看法。

陆平和党委决定在哲学系开展整风

张磐石率领的中宣部调查组 1964 年 7 月 2 日进入北大，陆平在 8 月份布置在哲学系开展整风。随后，整风就演变成为陆平和调查组之间的一场博弈。

在哲学系开展整风的前奏是政治课教员整风。1964 年 7 月中宣部召开了政治理论课会议。为贯彻会议精神，北大的政治课教员进行了两周的整风。整风由党委副书记谢道渊直接领导。其时聂元梓在昌平新校舍参加党委召开的工作会议（7.28—8.17），史称十三陵会议。聂 8 月 18 日回校后，谢道渊介绍说，整风主要是检查个人主义、教

---

66 《1965 年 9 月 14 日哲学系总支书记聂元梓同志在哲学系教职员党员整风会议上的检查》。
67 《北大哲学系党员干部整风学习会议简报》（59），1965 年 11 月 20 日。

条主义，大家做了初步检查。哲学系在整风会上提出了 1961 年至 1962 年改选中的一些问题，但问题没有摆开。中宣部工作组意见要充分放开，进一步整风。[68] 谢道渊说，"党委感到哲学系党内长期存在分歧，严重地损害了党的团结和工作，下决心要解决这些问题。"[69]

据聂元梓说，1964 年 8 月 22 日下午，陆平召开了一个研究哲学系整风问题的小会。宣布了党委成立工作组及其成员，来领导哲学系的整风。陆平说，"看来对哲学系情况还是估计不足。……看来 1962 年没彻底解决问题，……我感到党内问题看严重点好，牵扯到过去工作估计，干部政策问题，对党委、总支的意见，现在在会上提的问题和过去问题一样。干部路线问题，黄村工作报告，编书，反右倾批判和甄别的估计，总支干部领导作风和团结问题，对哲学系先进单位的认识问题等。……现在不解决，到文化革命时期还得解决。……不解决这些问题不行，过去工作已受到很大损失，问题看严重点好。"[70]

陆平提出的这些问题，都是当年费时一年（或 14 个月）也未能解决的老问题，要解决这些问题，矛盾必然集中到前总支书记王庆淑身上。而王庆淑的问题，陆平和党委都是负有责任的。聂元梓对陆平领导整风能不能彻底解决哲学系的问题信心不足，而对中宣部工作组寄予希望，认为他们是从中央领导机关来的，不会有成见，而且有两位副部长在领导，有集体的调查研究，所提供的意见一定是客观的、正确的。然而现实是残酷的，聂元梓完全想错了。党内斗争之复杂，完全不是她能想象得到的。

这次会议，陆平没有提批判冯定的问题。陆平和北大党委对冯定问题并无认识，陆平要过几天才会听到周培源传达毛批判冯定的话，而北大党委要到 9 月初才会接到市委有关批判冯定的正式通知。

关于整风的时间安排，陆平 1964 年 9 月 18 日同聂元梓和谢道渊说："国庆节前一段，没发言的人讲完，到王庆淑讲完就 22 个

---

68 《1965 年 9 月 14 日哲学系总支书记聂元梓同志在哲学系教职员党员整风会议上的检查》。
69 《北大哲学系党员干部整风学习会议简报》（55），1965 年 11 月 15 日。
70 《北大哲学系党员干部整风学习会议简报》（51），1965 年 12 月 1 日。

人，……9月底结束。……10月讨论冯定问题一段，……9月底结束整风，10月半或10月下旬党委拿出结论。现在就得开始研究，11月半再下去四清。"陆平9月22日晚向全体党员干部讲话时说，"在9月底告一段落。党委对哲学系争论的一些原则问题提出意见。然后大家下去四清。"[71]

陆平设想的整风只有个把月时间，完全脱离实际，过去用一年（或14个月）未能解决的问题，现在用一个月就能解决了？陆平的设想也表明，他并没有考虑到中央将在北大开展社教运动的问题。

据说陆平等人曾就哲学系整风问题请示张磐石，请张磐石领导，张说"不干涉内政"。笔者以为，当时双方说的都是官话、场面话、客套话，摆摆样子而已，心里则各有打算。陆平低估了哲学系问题的复杂性，以为自己能摆平哲学系，党委可以做出结论，然后大家下去搞四清。陆平不认为北大需要搞什么社教运动，对调查组正在做的调查视若无睹。而张磐石对陆平及北大党委已经有了很严重的看法，"一号报告"即将在8月29日报送中宣部。调查组进校后就开始对哲学系进行调查，那时聂元梓还在参加"十三陵会议"，等聂元梓开完会回来时，调查组已经掌握了哲学系的情况，已经有了看法，已经明确提出哲学系的主要问题是王庆淑问题。

党员教师张恩慈说，"张磐石找了很多人。找我谈了两个多小时。朱泽浩、孔繁、孙蓬一、施德福、冯瑞芳、谢龙等都找过。"[72] 中宣部官员庞达说，他同刘仰峤等人找了一些同志谈话，这些同志提供了不少很重要的情况。[73] 调查组有好几个人在哲学系蹲点，其中庞达是领导。他们谈过话的人，两派都有，包括王庆淑在内。中宣部干部唐联杰找哲学系的人个别谈话，不仅了解和搜集王庆淑的情况，还动员一些人改变对王庆淑的看法，鼓励和支持大家揭发王庆淑的问题。[74] 庞达是中宣部教育处长（相当于司局长），唐联杰是中宣部干部局

---

71 《北大哲学系党员干部整风学习会议简报》（51）。
72 《北大哲学系党员干部整风学习会议简报》（32）。
73 《北大哲学系党员干部整风学习会议简报》（44）。
74 《北大哲学系党员干部整风学习会议简报》（46）。

的，都是位高权重的官员，哲学系的普通党员可以在一开始就怀疑他们吗？反正聂元梓是深信不疑的。

陆平派副书记谢道渊率领工作组到哲学系领导整风，指望他们能控制住哲学系。谢道渊等人不仅参加会议，还登门听取意见，但他们完全不具备解决哲学系问题的能力，陆平的想法完全落空。谢道渊不久便倒向工作队，成为揭发陆平的积极分子。谢道渊后来承认，"我在哲学系整风工作中有缺点有错误，在社教运动中对整风问题有乱检讨乱揭发的严重错误。"[75] 在第二次国际饭店会议上，谢道渊又成为批判聂元梓的积极分子。

王庆淑已调离哲学系，陆平和彭珮云仍让她参加整风会议，要她听取意见。但王并不这样想。有党员指出，"1961年至1962年哲学系总支改选期间，同志们给王庆淑提了很多意见。党委肯定了大多数同志的意见是好的；王对自己的错误也进行了检查。但是，到了1964年哲学系党内整风前后，王不认账了。她私下同一些人说：哲学系的同志对她的批评，是'黑暗风''翻案风'，反对她就是反对大跃进；还说党委对她的意见也有错误，声称在这次整风中要'翻案'。这说明王庆淑不仅没有接受1961年至1962年总支改选期间许多同志对她的正确批评，反而想借着党内整风的机会给同志们扣上'黑暗风''翻案风'等政治帽子，加以打击。"[76] 王庆淑用这种态度参加整风，是完全错判了形势。

在整风方针上的博弈

1964年8月24日和8月27日，先后召开了哲学系总支委员会议和全体党员干部整风大会，陆平在这两个会上做了动员报告。由此，全系整风开始，会议由聂元梓主持。谢道渊率领党委工作组参加会议，中宣部调查组派阮铭（有时也有其他人）参加会议。

陆平在两次动员报告中提出了整风四项要求，笔者未见到这些报告的文本，据谢道渊后来的概括，大意是：（1）在马列主义和修正

---

75 《北大哲学系党员干部整风学习会议简报》（55）。
76 《北大哲学系党员干部整风学习会议简报》（120）。

主义斗争中、在两条道路斗争中的表现以及对待三面红旗问题；（2）在贯彻教育方针和教育革命中的表现，以及在教学工作中坚持毛泽东思想挂帅的问题；（3）知识分子成长道路问题；（4）在党的组织原则、民主集中制、干部政策、党内团结方面的问题。[77]

后来被认为是整风指导思想的这四条要求，当时人们就有不同看法。有人认为是正确方针，也有人认为这四个问题是抽象的、原则的，适用于全国，具体到哲学系不能解决问题，哲学系的关键是王庆淑。孙蓬一更是质疑："在我看来，党委也是要整人的，（张恩慈同志插话：而且要整更多的人。）因此，如果贯彻下去，也是难免不搞过火斗争的，只是被过火斗争的对象将不会是王庆淑，而是另外一些人。"[78] 运动的进程波诡云谲，孙蓬一质疑的情况，果然发生了，其严重程度，远远超出孙蓬一们的想象。

笔者以为，四条要求说的都是大的原则问题，照此执行，"全面揭发、鸣放"，最好的结果也将是"错误人人有份"。谢道渊后来强调的陆平8月24日讲话中的一段——"整风不是谁整谁的问题，不是领导整一般党员，也不是一般党员整领导，人人都有整风必要，整风是以毛泽东思想整非无产阶级思想"[79]——就非常说明问题。孟昭兰的说法——"党委提出了正确的指导方针，强调以'九评'的精神，人人自觉革命，每个同志无论有什么资产阶级思想都应该整。"[80]——也证明了这一点。陆平的目的，无非是保护王庆淑，并掩盖自己的责任。

应当指出，这四条要求，同8月22日陆平自己的讲话也是有矛盾的。陆平8月22日讲话提到的哲学系党内种种纠葛，讨论起来，批评意见必然集中到王庆淑身上。而在阶级斗争气氛日益高涨的1964年，人们有了更大的空间对旧问题上纲上线，意见必将更加尖锐。王庆淑本已离开，却又被派回来参加整风。过去她整别人的做

---

[77]《北大哲学系党员干部整风学习会议简报》（55）。
[78]《北大哲学系党员干部整风学习会议简报》（58）。
[79]《北大哲学系党员干部整风学习会议简报》（55）。
[80]《北大哲学系党员干部整风学习会议简报》（59）。

法,这次被用到了她自己身上。陆平 8 月 27 日的报告,也没有提出批判冯定的问题,虽然当时他应该已经知道毛泽东的相关指示了。

博弈的加剧

整风会议开始后,有些党员由于调查组找他们谈过话,或者参加过座谈会,已经有了思想准备,他们人也多,意见也积蓄了很久,发言便集中指向了 1961-1962 年总支改选中王庆淑的一些问题。也有人提出了个人主义、自由主义和三风的问题,但不占优势,也得不到会议主持人的支持。

1964 年 9 月 18 日,中宣部调查组找陆平、谢道渊、聂元梓汇报整风进展,张磐石提出会议引导无倾向性,应当抓住两三个问题来辩论,党委表示同意。谢道渊后来解释说:"张磐石提出要抓两三个原则问题讨论,党委是有不同意见的。由于当时对磐石的错误指导思想还不可能一下看清楚,领导的指示不能不执行。党委研究后同意抓两三个原则问题的讨论。"[81]

在 9 月 19 日下午总支委员会上,谢道渊根据党委请示调查组后的意见,传达了张磐石要抓两三个原则问题的讲话。

党委有不同意见,但不拿到桌面上摊开来讨论,表面上又表示同意。暗中的博弈由此加剧。北京市委和中宣部之间暗中博弈的场景,在哲学系也出现了。

9 月 22 日,陆平在哲学系党员大会上作报告,他表面上同意张磐石的指示,但讲话内容"仍然贯彻了党委对哲学系整风的指导思想和方针的基本精神"——这是谢道渊后来对陆平讲话的解读。谢道渊还说,"当时,党委虽在一些具体工作步骤上同意了张磐石的意见或未表示态度,但从基本指导思想和整风方针上看,显然是对立的。因此,在哲学系整风过程中是存在着唱对台戏的局面的。"[82] 陆平这次讲话,就是和张磐石唱的对台戏,但笔者没见到这一讲话的文本。

据阮铭的说法,陆平这次讲话前,恐怕哲学系大部分人并不认为

---

81 《北大哲学系党员干部整风学习会议简报》(55)。
82 《北大哲学系党员干部整风学习会议简报》(55)。

张磐石与陆平的指导思想有分歧。但阮铭是知道的。陆平没有公开讲,陆平在讲话中说传达张磐石的指示,但内容还是陆平自己的指导思想。[83] 阮铭的感觉,和上文谢道渊的解读是一致的。

　　阮铭感到有分歧,准备回去反映。但陆平讲完后还表示谦虚,征求调查组与会者的意见。那天在场的调查组人员,只有阮铭参加过9月18日的汇报会。阮铭实际上不同意(陆平的讲话),但又觉得(公开)表示不同意不好,因此说了几点补充意见,很原则,表明一下态度。阮铭事后向张磐石和庞达作了汇报,庞达说没有错误,是应该讲的。但这件事的后果是使哲学系一部分人不信任党委和陆平。[84] 谢道渊后来说,阮的发言"第一次在党员群众中暴露了党委和磐石的分歧"。[85] 聂元梓随后请示张磐石,张说,"他没有听到陆平同志讲话,不知道是不是一样。"[86] 于是,分歧就公开化了。

　　聂元梓主持会议已经很有倾向性了,但张磐石和刘仰峤还是批评聂元梓没有倾向性,并决定聂要在会上发言。9月24日,聂元梓在会上就王庆淑的问题做了一个"不够慎重、不够实事求是"的发言。[87] 有人认为这个发言针对王庆淑一个人,而且提到相当的高度,同陆平的讲话是针锋相对的。[88] 谢道渊不同意聂元梓的看法,"但感到她有的问题提法,比会上最高的调子还稍低一些,感到有些问题商量商量是否可以接近。"[89] 但是,由于党委没有及时向调查组表明真实的态度,没有把分歧拿到桌面上来谈,"商量商量"的时机已经错过了。笔者以为,高层都没有好好"商量商量",下面是商量不出结果来的。

　　据唐联杰,他在整风后期还在哲学系的会上提供过一个关于王庆淑的材料,"大家反映强烈,有的同志因此而改变了对王庆淑同志

83　《北大哲学系党员干部整风学习会议简报》(45)。
84　《北大哲学系党员干部整风学习会议简报》(45)。
85　《北大哲学系党员干部整风学习会议简报》(55)。
86　《北大哲学系党员干部整风学习会议简报》(51)。
87　《北大哲学系党员干部整风学习会议简报》(51)。
88　《北大哲学系党员干部整风学习会议简报》(58)。
89　《北大哲学系党员干部整风学习会议简报》(55)。

的看法。"⁹⁰ 唐联杰是调查组负责查档案的,后来又是工作队组织组负责人,他提供了什么足以使人改变对王庆淑看法的材料,不详。

整风的结束

据唐联杰所说,聂元梓在 1964 年 9 月 30 日作了整风会议小结。⁹¹ 由此可见,整风是按陆平原来设想的时间结束的。这也是张磐石主张的时间。

聂元梓曾说,这次整风,每周开三段到四段会,共开了三十五段(或三十七段)会,合计不到二十天的时间。⁹² 时间似乎不长,但后果是严重的。陆平提出的整风没有解决任何问题,反而加剧矛盾,引火烧身。阮铭当时认为 9 月 30 日的会议开得好,特别是冯××、沈××的发言谈得好,哲学系达到空前团结。但阮后来承认,这是过火斗争产生的表面现象,哲学系的问题并没有解决。⁹³

10 月份,哲学系教师忙于批判冯定。党员们没有等到党委的"意见书",11 月半也没有下去四清。11 月 5 日,中宣部宣布在北大开始社教运动。整风后期发生的过火斗争,成为社教运动中进一步过火斗争的铺垫。

在社教运动翻盘、张磐石受到批判以后,陆平提的整风四项要求似乎成了真理,而整风问题后来成为聂元梓的一大罪状,即张磐石通过聂元梓在整风期间同党委唱对台戏。实际上,北大的社教运动是中宣部和北京市委之间的一场博弈,北京市委"竭尽全力保护北大党委,与工作组进行抗争。"⁹⁴ 哲学系整风正是陆平同调查组/工作组唱对台戏或抗争的一个组成部分。陆平的四条要求,既不符合"二十三条"以前的中央文件,更不符合"二十三条",是同毛泽东的路线背道而驰的。

---

90 《北大哲学系党员干部整风学习会议简报》(46)。
91 《北大哲学系党员干部整风学习会议简报》(58)。
92 《北大哲学系党员干部整风学习会议简报》(51)。
93 《北大哲学系党员干部整风学习会议简报》(45)。
94 李志伟:《北大百年》,第 310 页。

张磐石要求对王庆淑问题进行讨论，陆平的检讨

也是在 9 月 30 日，张磐石让阮铭通知谢道渊和聂元梓，要求哲学系在国庆节后讨论两个问题：①和王庆淑分歧的性质；②哲学系党内分歧为什么长期不能解决？阮铭向哲学系的人作了传达，要求他们组织一些系统发言，把问题告一段落。[95] 谢道渊认为，张磐石的目的就是要把火引到陆平头上。据谢道渊，孙蓬一 10 月 5 日晚有一个发言，对王庆淑问题性质做了全面的分析，提出了王庆淑在哲学系政治上贯彻资产阶级路线，组织上实行了资产阶级宗派主义路线，资产阶级立场世界观没有根本改造，是党内的资产阶级知识分子；提出党委陆平等同志长期对王祖护包庇等问题。[96] 孙蓬一的讲话，笔者无文本可考。但孙蓬一从 1957 年起就对王庆淑有看法，是众所周知的。"党内的资产阶级知识分子"，是张磐石定的上限，在那个年代，这好像是一个很重的罪名。这次会议还发生了调查组人员退场的事件，原因是个别人的发言超过了调查组规定的限度。王 1949 年毕业于南京中央大学法律系，她学的那套东西，解放后已经被废弃了。同党外的资产阶级知识分子相比，她那点学问实在有限，"资产阶级知识分子"这个头衔，还真是高看她了。她是解放前不久入党的党员，革命资历尚浅，个人主义严重，在总支书记的岗位上，又有严重的官僚主义和宗派主义，工作作风也很霸道，她对哲学系的党的建设，是伤害作用大于建设作用的。

北大的社教运动正式开始后，陆平受到了很大的压力。11 月 12 日，陆平参加了哲学系的党员大会，并作了检讨。关于前一段的哲学系整风，陆平说："在这次哲学系的整风运动中，在解决哲学系党内斗争的问题上，我在阶级立场、执行党的政策和干部路线以及党的民主集中制方面，都犯了严重的错误，长期不觉悟。在处理党内斗争问题上站错了立场，整风中未贯彻中央以阶级斗争为纲、放手发动群众的指示，未和大家站在一起和王庆淑的错误作斗争，而是站在王庆淑

---

95 《北大哲学系党员干部整风学习会议简报》（45）。
96 《北大哲学系党员干部整风学习会议简报》（55）。

一边,起了保护她的保护人的作用,障碍了哲学系的整风运动。在干部政策上,未贯彻阶级路线,错误地把哲学系的领导权放在一个资产阶级世界观没有改造好的假马克思主义者的手中,一直对她庇护、重用,把许多好同志看成了不好的同志,压制和挫伤了他们。我向他们承认错误。在组织方面,和中央工作组以及总支的关系上,违反了民主集中制原则。对聂元梓同志不信任,使党委和总支脱离。党委在处理哲学系的问题上,未很好讨论。对中央工作组的关系是不积极、不主动、不尊重,并有抵触情绪,做了许多违反组织纪律的事。"[97]

这是陆平在张磐石过火斗争的压力下讲的,排除乱上纲上线的成分,他的基本立场、基本问题,还是清楚且符合实际的。陆平长期重用、庇护王庆淑,偏听偏信,"把许多好同志看成了不好的同志,压制和挫伤了他们",这是哲学系党内矛盾长期得不到解决的根源。

(三) 围绕批判冯定问题的博弈

正是在整风后期的时候, 9月23日,《红旗》杂志发表了张启勋批判冯定的文章,一场批判冯定的暴风雨骤然而至。

冯定是一位革命家,也是党内著名的马克思主义理论家、教育家和宣传鼓动家。他是1957年由毛泽东提名派到北京大学教授马列主义的。冯定是北大党委副书记,负责学校的理论课教学工作,但他的主要工作仍在哲学系,授课、带研究生、指导青年教师,他的组织生活也安排在哲学系。

毛泽东后来对冯定有了看法。1964年8月24日,毛在中南海菊香书屋同周培源、于光远谈日本物理学家坂田昌一的文章。毛在谈话中对周培源说:"你们那里的冯定,我看就是修正主义者,他写的书里讲的是赫鲁晓夫那一套。"[98] 但是,毛和这场批判冯定的运动无关。毛泽东在1966年11月曾亲笔批示:"对冯定的批判我没有与闻。"[99]

---

[97]《北大哲学系党员干部整风学习会议简报》(51)。
[98] 冯贝叶:《毛泽东、邓小平关于冯定的几次表态》,载谢龙主编:《平凡的真理 非凡的求索》,北京:北京大学出版社,2002年。
[99]《建国以来毛泽东文稿》第12册,北京:中央文献出版社,1998年,第157页。

据薄一波回忆,对冯定的批判是康生操纵的。薄一波回忆说:"对冯定同志的《平凡的真理》《共产主义人生观》两本书的批判,是康生首先做出批示的。"[100] 冯定遭到公开批判,同他拒绝参加批判杨献珍有很大关系。

周培源听到毛泽东对冯定的批评,肯定会尽快向陆平传达。据陈徒手研究,1964年9月初,市委大学部就通知北大党委将要揭露冯定的修正主义,9月13日北大党委会进行研究,9月18日向市委、中央宣传部写了《关于批判冯定同志修正主义观点的请示报告》。党委秘密组织一个班子,查阅了冯定1932年起所写的书籍、文章和报告稿(约百多万字),编写有关冯定错误论点的资料。[101]

陈徒手提到,在《红旗》发表张启勋文章的前一周,陆平找到聂元梓,秘密通知有关批判冯定的问题,但陆平只许聂一人知道,不让聂告诉系内任何人,这使聂无法与总支商量具体工作。但是陆平另外又悄悄地布置法律系总支找人准备文章。此时张恩慈从《红旗》熟人处了解到批判的内幕消息,风声渐渐传出。[102] 换言之,批判冯定这样的大事,北大哲学系教员事先完全被蒙在鼓里,他们通过小道消息才听到一点风声。冯定主要在哲学系教课,他的组织生活也安排在哲学系,和冯定相处最多、对冯定了解最多的,是哲学系的师生。陆平的这种安排确实令人费解。这是为了不让哲学系的社教积极分子掌握批判冯定的主动权吗?

据陈徒手记述,张启勋的文章刊发后,让北大哲学系一贯自信、好强的教员感到很受伤,因为竟然被排在第一方队之外,对党委的事先安排自然充满愤怒。到社教运动正式开始后,积极分子认为陆平及党委此举是在有意隐瞒,故意不让哲学系参与批判,近乎"政治陷害行为"。[103]

---

100 薄一波:《关于重大决策与事件的回顾》,北京:中共中央党校出版社,1993年,第1230页。
101 陈徒手:《故国人民有所思:1949年后知识分子思想改造侧影》,第219页。
102 陈徒手:《故国人民有所思:1949年后知识分子思想改造侧影》,第228页。
103 陈徒手:《故国人民有所思:1949年后知识分子思想改造侧影》,第228页。

尽管如此，聂元梓和总支领导着哲学系还是很快地跟了上来。1965年9月14日，聂元梓在哲学系教职员党员整风会议上作检查时对此作了回顾：

"关于批判冯定同志的问题。整个10月份和11月初，哲学系的全体同志，全力以赴（所有其他一般的工作都停止了），对冯定同志的问题，进行了全面地调查研究和分析批判。从校内教学到校外讲学、报告、指导研究生的活动，每一个时期所有可以找到的著作（各种版本）和在报纸上（国外的也有）发表的文章，都做了调查研究，并整理出十几万字的材料，供批判和教学使用。对冯定同志在党内的生活和思想也做了调查研究。在这个调查研究的基础上，组织了党内外的各种讨论批判会。在学生中和党内也做了初步的检查和思想清理。这个时期，许多同志日以继夜的工作。找材料，写文章，开调查会，出简报等。写了二十多篇文章，先后在《红旗》《人民日报》《北京日报》《中国青年报》《光明日报》《前线》《新建设》《自然辩证法通讯》上，发表了九篇文章。总支委员会的同志是积极地领导了对冯定修正主义思想的批判的，哲学系的同志是抓了冯定的大是大非问题的。"[104]

1965年10月27日和28日，张恩慈在大会上发言时说：

"张启勋同志的文章发表以后，哲学系的全体同志做了大量工作。搞了大批资料，写了很多批判文章，开了很多批判会。哲学系写的批判文章发表的也是最多的，说明哲学系的同志在全国批判了冯定，这是客观事实。对冯定的批判工作不只是一个月就结束了，到65年春天还在进行，教学中还在结合批判冯定，有的同志还在写批判文章，作批判冯定的报告。有人说，这是前一段工作剩下来的，我不同意。因为有些批判文章题目是杂志社新提出来的。我认为通过一系列批判斗争，在哲学系同冯定的修正主义界限基本上清楚了。也是比较

---

[104]《1965年9月14日哲学系总支书记聂元梓同志在哲学系教职员党员整风会议上的检查》。

全面揭发了冯定各方面的问题。"[105]

在哲学系党内，还对冯定进行过面对面的批判。随后，总支还指定冯定继续检讨。冯定写出第二次检讨之后，聂元梓当即看了他的检讨并交哲学系几位党员阅读，做好继续批判的准备。同时，系总支还将冯定的检讨先后交系工作组和工作队的领导成员庞达，请示怎样批判？但他们都没有提出意见。聂元梓又送给党委陆平并请示如何处理？也没有回复。[106]

调查组的一些干部对批判冯定这件事还是关心的，并提出了重要的建议。

据聂元梓回忆，在张启勋文章发表的前后，阮铭曾多次向她提出，建议快些结束"整风"，转入批判冯定。如果不认真地、尽快地批判冯定，以后陆平会抓你们的辫子的。工作组其他人也有这种看法，并且不只是向聂元梓一个人说过。[107] 他们的警告，后来不幸而言中了。

哲学系批判冯定的工作做了不少，但初期没有出简报。工作队组织组组长唐联杰（还有工作组其他人）建议要出简报，以免将来陆平抓辫子。哲学系总支从此决定出简报，并补写了前几期简报。简报分送学校党委和工作队。工作队负责人对简报多少有些批示，而党委负责人则完全没有指示。[108]

聂元梓和哲学系总支领导全系对冯定的错误进行了认真的批判，这是大家公认的事实。后来的事态证明，这是非常必要的。在第二次国际饭店会议上，连彭珮云也不得不承认这一点。彭珮云 1965 年 12 月 20 日所作"哲学系整风领导小组对聂元梓同志在去年哲学系整风和社教运动中所犯错误的意见"中说："在《红旗》杂志发表批判冯定修正主义观点的文章以后，在党委领导下，聂元梓同志组织

105《北大哲学系党员干部整风学习会议简报》（32），1965 年 10 月 29 日。
106《北大哲学系党员干部整风学习会议简报》（107），1965 年 12 月 28 日。
107《北大哲学系党员干部整风学习会议简报》（51），1965 年 12 月 1 日。
108《北大哲学系党员干部整风学习会议简报》（51），1965 年 12 月 1 日。

哲学系的同志批判了冯定,这是应该加以肯定的。但是……"[109] 笔者以为,这只是个抽象的肯定,因为在但书之后,便是批判聂元梓"纵容冯定并且利用冯定提供的材料来斗争陆平同志"。这是罗织罪名,是不能成立的。

(四) 社教运动正式开始,哲学系发生了过火斗争

1964年11月5日,中宣部宣布正式开始在北大进行社会主义教育试点。哲学系的社教运动从11月6日开始,由于工作队11月17日才到系里,这一阶段,系里成立了临时工作组,由聂元梓任组长。工作队来了之后,是山西省教育厅厅长冯毅任工作组组长。

首先是学习文件,双十条、小站经验、桃园经验,等等。每个人都要联系思想进行检查,对比之下,人人都觉得自己阶级斗争的觉悟不够高,自己头脑中阶级斗争的弦绷得不够紧,现在一定要跟上形势,积极参加社教运动。于是,形势陡然紧张起来。

11月中旬,工作队大批队员进驻北大。1964年11月15日或16日,社教工作队召开了全体工作队员大会,张磐石号召工作队要"大揭阶级斗争的盖子","重点揭发校系两级领导的主要问题。" 在当时毛泽东和中央指出全国大约有三分之一单位的政权不在共产党手里的估计下,张磐石也把北大的问题看得非常严重。

如同历次运动一样,积极分子对有关问题的上纲越来越高,而在压力下,又有人开始乱揭发,其结果,便是发生了过火斗争。

哲学系发生的过火斗争,最主要的有两件:一是"斗陆平";二是斗王庆淑,尤以追查"地下总支"最为严重。

过火斗争之一:所谓"斗陆平"

陆平和党委发动的哲学系整风,其结果正好与预想相反。陆平说过"党委要出意见书的",但形势很快发生变化,党委内部矛盾重重,无法取得一致。在拿不出意见书的情况下,陆平表示要参加哲学系的

---

[109]《北大哲学系党员干部整风学习会议简报》(103),1965年12月21日。

会议，向大家道个歉。1964年11月12日，陆平出席了哲学系党员教职工的会议，讲了话。讲话全文无考，但笔者上文引用的陆平关于整风问题所作的检讨，应该就是这次讲话的一部分。陆平参加这次大会，是他自己要来的，并不是哲学系的党员强迫他来的。

聂元梓1965年11月8日在检查中讲了"斗陆平"的经过。聂元梓说："陆平同志打电话告诉我要参加我们的会议，我打电话请示磐石同志，他叫庞达同志和我谈。庞达同志谈了一些形势，但他首先问我：'陆平要去哲学系参加会，你们怕不怕？不要怕，要敢于斗争，要揭发他们背后的问题。在群众面前，这些人都是纸老虎。对谢道渊也应当如此。立场坚定，旗帜鲜明，大胆提意见，态度不好可以斗。精神是攻。以严词声厉、大胆揭发'，等等。……要我回去动员。谈完后，我回去完全按照这个指示进行的。下午开了积极分子和全体党员干部动员会，晚上就斗了陆平同志。这个过程是很紧张的。我们原来也没斗争陆平同志的思想准备，并没有详细计划、不去请示队部的问题。"[110]

庞达在1965年11月2日的检查中承认："这次错误地斗争了陆平同志是经过队部布置的，不能由哲学系的同志负责。"[111] 庞达的解释不起作用，"斗陆平"始终是聂元梓的一大罪状。

会议的详情已难于查考。但聂元梓在主持会议时，确实说了"陆平同志来，我们希望会开得更好，但如果态度不好，应受纪律制裁"这样的话。聂元梓还指责陆平参加会议没有诚意，于是，一些人在会上做了过火的发言。[112] 另据一位参加了这次会议的老师回忆，这次会议在哲学楼的一个教室举行，参加者有二十来个人，陆平作检讨，大家发言提意见，会议是平静的。令这位老师印象深刻的是，会上有一位党委办公室的女士发言，揭露了一些上层内部的事情，令听者感到惊诧。陆平参加完会，之后便病了，没有参加后来的会。

第二天还有一个会，谢道渊作了发言，内容无考。谢道渊发言后，

---

110 《北大哲学系党员干部整风学习会议简报》（51），1965年12月1日。
111 《北大哲学系党员干部整风学习会议简报》（44），1965年12月1日。
112 《1965年8月10日哲学系总支书记聂元梓的检查摘要》。

冯定发言说："陆平的意见书在常委会上通不过，前天常委又开会，陆平说：'意见不用拿了，我去向同志们道歉吧。'他对形势的估计完全错误，以为这样就算了。……我觉得谢道渊的意思好像陆平是陆平的，我是我的，分得清清（楚楚），各管各的。事实上这几年哲学系的事都是谢管的，一定同陆平有很多商量，不要各管各的。"冯定讲完话后，主持会议的聂元梓说"讲得好"，并要谢道渊揭发陆平。[113] 在第二次国际饭店会议上，聂元梓的这句话，被指为"联合冯定斗争陆平""联合坏人斗争好人""联合修正主义斗争马列主义者"。

冯定的著作虽遭批判，但中央并没有给他组织处分，他仍然是北大党委副书记，照常出席党委常委会议，在党委常委会上，他依然有发言权。聂元梓说："他（冯定）参加哲学系的会是党委决定的，也曾经请示过工作队。"[114] 在哲学系的党员会议上，冯定当然有发言的权利。

冯定还说了些什么话，是在一次会议上说的，还是在不同的会议上说的，笔者无文本可考。据说冯定在发言中还说到陆平"偏爱、包庇王庆淑"，还质问陆平"究竟是你领导王庆淑，还是王庆淑领导你？"还说到"陆平的一贯手法是遇到不好办的事，先找市委，以市委名义在常委贯彻。"冯定还揭发陆平要"五路进军"整反对王庆淑的教师，等等。在第二次国际饭店会议上，这些都成了冯定的罪状。有些人指责冯定"把矛头指向陆平与市委的关系，向群众公开了党内的斗争秘密"。[115] 冯定还被扣上了"浑水摸鱼，进行挑拨离间"的罪名。有人还指责冯定"利用大家对党内斗争缺乏经验的弱点，加深了党员对党委的怀疑、猜忌"，等等。

过火斗争之二：追查"地下总支"，斗争王庆淑

王庆淑调离哲学系后，几位支持者同她仍保持着密切的往来。正

---

113 《北大哲学系党员干部整风学习会议简报》（51）。
114 《北大哲学系党员干部整风学习会议简报》（51）。
115 参见陈徒手：《故国人民有所思：1949年后知识分子思想改造侧影》，第217页。

常的往来无可非议，但他们交谈议论的事情，有些显然超出了应有的范围，不符合党内生活原则。

社教运动开始后，陆平和王庆淑的问题都变得严重起来，这些人也开始检查自己，以争取主动。除了承认自己在王庆淑问题上的"立场"错误外，他们也觉得过去有些议论确实不妥，有人（如谢×）就主动交代了这些事情，以划清界限。谢×后来说，"去年11月社教运动开始后，一些同志由于整风和运动的压力、张磐石错误指导思想的影响以及自己的个人主义，作了错误的检讨，承认了'立场'错误，错误地把整风中同志之间正常交换意见，当作相互之间有不良影响，进行了检查。"[116] 当时，聂元梓听信了谢×的检查，认为揭发了重要问题，便开会继续动员揭发，相继冯××、杨×等人也作了揭发。如谢×和冯××揭发说，王庆淑调离哲学系后，还向他们透露党委的某些意图，议论哲学系的干部安排，等等。当时工作组尚未进系，聂元梓主持会议，追查了"秘密组织活动"或"非组织活动"，会议气氛逼人，提法不断升高。[117]

工作组进系后，聂元梓与工作组长冯毅向张磐石汇报，张听了汇报后立即说："山西通过'四清'搞出了个地下县委，哲学系这不是有个地下总支么。"于是工作组和聂元梓便着力追查"地下总支"问题。谢×和冯××因为揭发"有功"，被工作组吸收为积极分子。[118]

在整风过程中，王庆淑一直处在被揭发、被批判的地位，在社教运动中便成了斗争的主要对象。一如过去她整别人，这次王庆淑被当作党外问题来对待，如对大家宣布纪律，不能随便与王庆淑接近，如果她外出，要告诉到什么地方去，等等。聂元梓主持的某次批判王庆淑的会，就是工作组研究过的。张磐石、庞达指示，要动员大家不要怕，要坚决斗争，首先斗态度。张磐石还说，随时可以宣布停止王庆

116《北大哲学系党员干部整风学习会议简报》（55）。
117《1965年8月10日哲学系总支书记聂元梓的检查摘要》。
118 李清崑：《谈聂元梓等七人大字报出台的社会历史背景》。

淑的党籍。[119]

王庆淑的问题都是一些老问题，但"地下总支"成了一个新问题，并且成为张磐石打击陆平的抓手之一。据庞达检查，"地下总支"的提法，"实际上给王庆淑同志扣上了反党的帽子，而且在第二次调查报告中加以肯定，错误更加严重。"庞达说，工作队队部同系工作组在刘仰峤主持下进行过讨论，一致同意不划不斗"小集团"，使斗争面不要过宽，但仍提出批评王庆淑时可以提到"地下总支"的高度。庞达承认，"这是有矛盾的"。1964年12月下旬，哲学系工作组就批评王庆淑"地下总支"问题拟了一个计划，请示队部，刘仰峤和庞达不便答复，要工作组直接请示张磐石，当时张有病在家休息，工作组怕耽搁时间，催促庞达代为转报，计划由张磐石批准后，由庞达转告系工作组。[120] 这大概就是12月29日批判王庆淑大会的背景。谢×在第二次国际饭店的会议上称，这次会议的总结性发言，说"地下总支"与"合法总支"对抗，与中央工作组对抗；说地下总支"有政治纲领，中心是争夺领导权问题"；说地下总支"有首领，有人员，有骨干"，"有纪律，有奖惩，还有保密守则"。[121] 笔者没有大会各项发言的文本，但"过火斗争"是显而易见的。

"地下总支"这个说法是张磐石听了不准确的汇报后，比附山西省有关通报的内容提出来的，这当然是错误的。笔者以为，山西省的所谓地下县委，大概也是个错案。工作组和聂元梓后来追查"地下总支"的一些过分的做法，也是错误的。在第二次国际饭店会议上，这成了聂元梓的一大罪状。谢×后来承认，"在揭发'地下总支'中，由于运动的压力和党性不纯，我犯了严重错误，作了乱揭发。……'二十三条'下来以后，为了继续斗争陆平，我还参与过整理'地下总支'的材料。"[122]

---

[119]《1965年9月14日哲学系总支书记聂元梓同志在哲学系教职员党员整风会议上的检查》。
[120]《北大哲学系党员干部整风学习会议简报》（44）。
[121]《北大哲学系党员干部整风学习会议简报》（55）。
[122]《北大哲学系党员干部整风学习会议简报》（55）。

"地下总支"实际上并不存在，但不等于相关人员的活动都是正确的、符合党的生活的原则的。第二次国际饭店会议期间，尽管谢×等人把过去说的话一律归之于"乱揭发"，声称只是"同志之间正常交换意见"，但事实是否定不了的，质疑声依然存在。孙蓬一说，"王庆淑的和其他一些同志的有些表现，我今天仍然认为是超出了党内正常生活准则，是不合乎党内斗争的原则的。"[123] 还有人指出，"'地下总支'的提出并不是毫无根据的、捕风捉影的，是根据一些现象和事实定出的。那些事实要不要分析？王庆淑走后，动员谢×做总支副书记，有干部工作调整，都在背后插了些话，发表了不同看法，这些怎么分析？界限要不要区分？……王庆淑这些人这样作对不对，有没有是非问题？"[124] 直到1966年1月，还有人提出，"王庆淑同志调离哲学系以后，经常背着党组织与哲学系同她关系比较密切的一些同志，私下广泛地议论哲学系的干部问题。从总支委员会的分工，到精简干部、调整级别、提拔干部等等，几乎没有一件事，她未在背后干预过，甚至违背党的纪律，议论哲学系一些领导的历史。这种做法，说明王庆淑的宗派主义情绪是严重的，同时也助长了哲学系一部分同志的宗派情绪，十分有害于哲学系的团结，给新的总支委员会造成了不少困难。更严重的是她还把党委研究哲学系干部的一些情况，透露给一些同志，造成了很坏的影响。王对哲学系的干部或干部工作有意见，可以直接向党委反映，在背后乱议论，是违背党的组织原则和组织纪律的。王庆淑同志本来知道哲学系党内存在严重不团结现象，也了解自己在哲学系严重不团结的问题上起了什么作用，负有什么严重责任；但是她为什么在调离哲学系以后还要一再这样做？应当好好检查。……这些事实，至今还无人否定过。"[125]

王庆淑的不当做法，伊敏也是承认的："王庆淑同志在改选之后调离了哲学系，但她在和哲学系同志的接触当中也有一些缺点错误，如和系里有些同志议论系里干部问题，议论聂元梓同志的缺点，特别

---

123 《北大哲学系党员干部整风学习会议简报》（58）。
124 《北大哲学系党员干部整风学习会议简报》（58）。
125 《北大哲学系党员干部整风学习会议简报》（120），1966年1月15日。

是把常委会讨论哲学系干部问题的情况向系里同志说，这是不符合组织原则的。王庆淑同志的这些言行，是不利于党的团结的，对哲学系矛盾的发展和对党委解决哲学系的问题起了不利的作用。"[126]

（五）第二次国际饭店会议对聂元梓等社教积极分子的清算

不惜工本的会议安排

这次会议长达7个月，参加会议的哲学系党员教师和干部约40人。其中，社教积极分子达20人之多，还有前总支书记王庆淑及其支持者约10余人，另外还有几名过去与王庆淑关系密切、运动中在压力下转而揭发王庆淑、这次会议期间又转过来批判社教积极分子的人。后面两类加在一起不超过20人。市委、校党委参加会议的干部人数是很可观的，大约有7、8人之多。会议领导小组成员是上级指定的，组长是彭珮云，组员有北大党委干部刘文兰、中宣部干部何静修。后来邓拓指定宋硕也参加进来并作总负责人。9月下旬，市委干部李×也奉邓拓之命到哲学系帮助工作。

会议发言均有详细记录，并刊登在《简报》上，至1966年1月16日，已编至第121期，总字数当在百万字以上。据庞××，对于左派的发言，编辑者一般不作修改。对于右派的发言，如发现有对右派不利的地方，即作修改或建议本人修改，以免被对方抓辫子。此外，还编有《动态》，只发市委和高层领导。如会议上批判了聂元梓给中央的上书，邓拓便要求《动态》立即反映。再如某个时期左派意见反映多了些，邓拓便要求马上加以改变，多反映右派意见。[127] 会议期间，还印了1962年总支改选时期和整风、社教时期的会议记录。由于字数太多，学校印刷厂印不了，邓拓还亲自打电话让《人民日报》印刷厂帮助抢印出来。整风、社教的记录印出后，邓拓表示不要别人的材料，只要剪贴聂元梓、孔繁、孙蓬一、张恩慈这四个人的发言就可以了。李×找人把这四个人的发言剪贴成册，交给邓拓，邓拓

---

126 《北大哲学系党员干部整风学习会议简报》（121），1966年1月16日。
127 参见庞××1967年3月写的材料。

很高兴。[128] 可见，为了把哲学系的这些人打压下去，会议组织者是不惜工本的。

会议组织者印出来的这些材料，总字数恐怕非常惊人，花费也很巨大。不知道这些材料保存下来没有，将来有没有人去研究。

会议的目的

作为重中之重的哲学系的第二次国际饭店会议，长达7个月之久。会议表面上说是"整风学习"，实则是整肃社教积极分子，特别是整肃社教积极分子中的骨干分子，如聂元梓、张恩慈、孔繁、孙蓬一等。

张磐石的一大错误是没有执行"二十三条"，没有搞"三结合"，但是，哲学系的整风领导小组也没有搞"三结合"，领导小组里没有一个系总支委员会的人。会议主持者后来辩称，他们曾邀请聂元梓参加，聂自己不愿参加。这种说法没有证据，相反的证据倒是有的。1965年9月24日，邓拓召开6个小组召集人的会议汇报情况。本来彭珮云、陆平挑选小组召集人时，说是找"中间派"的人当。会后邓拓说，他听了赵正义的发言，一听就听出来他不是中间派，而是他们那边的人。这让在场的市委干部李×很惊奇，觉得邓拓真是高明。[129] 赵正义是一个较为温和的社教积极分子，邓拓对赵正义都那么警惕，怎么可能让聂元梓这样一个头号整肃对象参加领导小组呢？

张磐石的另一大错误是"唯成分论"。但是，在邓拓眼里，令中央调查组感到吃惊的家庭出身和社会关系都不是事，小商贩和城市贫民反倒是问题了。据李×回忆，整张恩慈的时候，邓拓说："怪不得他个人主义严重，他父亲是个商贩，他自己也干过，都是从那里学来的。"当李×向邓拓汇报白晨曦的家庭出身是城市贫民时，邓拓说，"城市贫民情况也很复杂"。[130] 幸亏聂元梓参加革命早，她的父母也早早地抛弃了房产、土地和药铺，投奔了八路军，否则还不知会搞出

---

128 参见李×1967年3月29日写的材料。
129 参见李×1967年3月29日写的材料。
130 参见李×1967年3月29日写的材料。

什么样的罪名来呢。

会议主持者口口声声说要抓大是大非,但当孔繁发言详细回顾哲学系历史问题时,一些人就指责他说的是"小事小非","无事生非"。相反,邓拓亲自策划高××批判张恩慈的发言时,连张在自由市场买两只小鸡的事也不放过(究竟是打算买还是已经买了,无法考证——笔者),当时高××觉得两只小鸡的事不太好讲,市委干部李×鼓动他说,没关系。邓拓亲自给高××的发言归纳的小标题之一就是"怀疑三面红旗,有动摇,如去自由市场买过两个小鸡"。[131]

北大一位总支书记在困难时期养了一只奶羊,天天带到校园里吃草。总支书记在校园里牧羊,影响很不好,邓拓怎么不说呢?会议的组织者说一套做一套,搞双重标准和多重标准,所以无以服人。

会议初期,彭珮云"贻误军机"

据李清崑回忆,会议起始,倒是有点"整风学习"的味道。大家认真学习"二十三条"和彭真的动员讲话,也都作了自我检查。社教积极分子主要是检讨了受张磐石错误指导影响,把北大和哲学系的问题看重了,搞了过火斗争等等;另一些人则检查在社教工作组的压力下犯了乱揭发、乱批判的错。聂元梓和王庆淑也分别作了检查。很快,有些人开始气势汹汹地批判聂元梓和张恩慈,同时也捎带着批判孙蓬一、孔繁和其他积极分子。[132]

据庞××回忆,一开始的时候,曾按照彭珮云的意见,按时间顺序讨论历史问题,结果搞得右派被动,邓拓批评彭"贻误军机"。[133]另据李×,彭珮云曾积极组织 6 个召集人整理出一份对争论问题双方意见的综合材料,连国庆假期都在加班。[134] 庞、李二人说的显然是同一件事情。因为受到邓拓批评,这份材料便没有拿出来。

---

131 参见李×1967 年 3 月 29 日写的材料。
132 李清崑:《谈聂元梓等七人大字报出台的社会历史背景》。
133 参见庞××1967 年 3 月写的材料。
134 参见李×1967 年 3 月 29 日写的材料。

重点开始明确：整聂元梓

在9月24日的会议上，许立群和邓拓都提出来要整聂元梓。[135] 但整了一通之后却没有什么成果，内部反而"军心动摇"。于是，邓拓于10月24日再次向宋硕、陆平、彭珮云等人强调："要死抓住聂元梓不放，不分散一点"。他还说："对聂要做些工作，防止她自杀"，"就是要集中搞聂的'四不清'"[136] 对于邓拓的一系列做法，市委干部庞××到后期也有了看法，"觉得邓拓一意孤行，孤注一掷，做得太过分了。"[137] 邓拓为什么会有如此表现，笔者亦是不解。

9月下旬，邓拓指示市委干部李×："要把聂元梓的单行材料整理出来，把过去工作中的表现，讲课中的问题，在经济系的问题，整风社教运动中的表现统统收集起来，题目就叫《一个浸透了剥削阶级意识的老干部聂元梓》"。与经济系整樊弘一样，邓拓对聂元梓也是先定题目，再找材料，哪里有一点马列主义。

①到经济系搜集整聂元梓的材料

李×到经济系查了聂元梓当年讲课的听课笔记本和1962年17级以上干部讨论中央七千人大会的两本记录，但一无所获。李×、庞××等人搜集整理了一份聂元梓在经济系工作情况的材料，邓拓让打印出来，发14人领导小组，但要在开始批聂前一天发出，不要早发，以免泄露了意图。[138] 这份材料无从查考，但其内容，应该同后来哲、经两系合开的大会上经济系有关人士的发言相似。[139] 这种材料说明不了什么问题，放到现在来看，恰好证明聂元梓在经济系的一些做法，在当时已属难能可贵。

②树立王庆淑，打击聂元梓

---

135 参见李×1967年3月29日写的材料。
136 参见李×1967年3月29日写的材料。
137 见庞××1967年3月写的材料。
138 参见李×1967年3月29日写的材料。
139 例如：1965年11月1日在揭批聂元梓的大会上，经济系副系主任胡代光在发言中说："聂对资产阶级教授有严重右倾。聂离开经济系时，好多老教授对她恋恋不舍。"

为了打击聂元梓，邓拓打算把王庆淑树立为哲学系的旗帜，将其作为攻击聂元梓的王牌。但是，由于包括彭珮云在内的一些人都对王有负面看法，邓的想法始终未能实现。

1965年8月1日，邓拓召集会议，研究如何清算哲学系的社教积极分子。在庞××的印象中，这次会议主要是邓拓给王庆淑打气。在后来的多次会议上，邓拓一再强调王是一个"了不起的英雄人物"，"要树立王庆淑的高大形象"，要让她出来冲锋陷阵，要树立她的"威信"。[140]

但彭珮云对王庆淑是有看法的，认为王在思想意识上有严重缺点，不宜过分突出她，以免过分脱离群众。[141] 9月28日，邓拓召集彭珮云、王庆淑、刘文兰和李×等人开会，亲自策划王庆淑的发言。邓拓认为王的发言稿对聂元梓的揭露针对性不够，鼓不起劲，太平稳了，要求她以"四不清"为纲来准备。但彭珮云不同意按"四不清"来对聂攻击，她提出，有些材料不是王庆淑亲自掌握的，不好做全面发言。因此王庆淑攻击聂的发言一直没有按邓拓的意图实现，邓拓非常不满意。[142]

11月19日，邓拓又向陆平、宋硕、彭珮云等人强调："要把王庆淑的旗帜举起来。他们（指社教积极分子）说社教运动有错，但北大，王庆淑的问题更严重。所以他们（指社教积极分子）说社教运动有错，但北大，王庆淑的问题更严重。所以要全力以赴支持王庆淑。""叫王庆淑上第一炮，敌人从这里开刀，就从这里顶，理直气壮。"11月下旬，邓拓还亲自出题，定内容，多次策划王庆淑的发言，这些主意都是通过李×来贯彻的。邓拓告诉李×后，李×马上找王庆淑谈话，把内容讲给她。王曾经作过一次检查，稿子写出后，李×找她谈话，并逐段地修改了她的稿子。事后，刘文兰说，有些话一听就不是王庆淑的话，是李×修改的。[143]

---

140 参见庞××1967年3月写的材料。
141 参见庞××1967年3月写的材料。
142 参见李×1967年3月29日写的材料。
143 参见李×1967年3月29日写的材料。

邓拓还想把王庆淑扶起来重回哲学系当总支书记，这是他无视历史和现实的奇怪的个人想法，没有人会赞同。彭珮云等人是打算让刘文兰当总支书记的，但这一条也没有实现。

❸在"讨论冯定问题"的名目下，批判聂元梓犯了"政治立场错误"

按照李×的回忆，"在僵持局面下，反攻倒算很不得手，彭珮云束手无策"，这时，技术物理系的会议已基本结束，宋硕便按邓拓的指示亲自来抓哲学系的会议。邓拓说彭珮云是妇人之见。还说，过去认为彭珮云很有办法，这次知道了她就是个搞办公室的角色，管家可以，挂帅不行。[144]

据李×回忆，一直到10月15日，连中宣部干部何静修都感到没有什么有力的材料。10月16日，宋硕、陆平等人谈论聂元梓问题时，彭珮云情绪不好，感到材料少，没有信心。陆平、伊敏也感到没把握。宋硕发现军心动摇，大为震惊。当晚邓拓大发脾气，说搞聂元梓决不能动摇。后来，他们决定抓冯定问题，以此来批判聂元梓。[145]

10月16日下午的会议就开始发生变化了。主持大会的彭珮云提出要"注意抓大是大非，不要纠缠小是小非"。陆平亲自坐镇会场并说，"这次社教运动要解决的中心问题是两条道路斗争问题。""可以先讨论大家一致认为是大是大非的问题，比如冯定问题，是马克思主义与修正主义斗争的大是大非问题，就可以先讨论。"[146]

10月16日是周六，10月18日（周一）继续开大会。彭珮云说，"我们希望在大会上抓住大是大非问题讨论，发言要抓紧时间，不搞繁琐哲学。有些同志主张先讨论冯定问题，我们赞成。有些同志愿意谈其他大是大非问题，也可以。"

不同的声音也是有的。陈葆华提出："上一周共开了十段会，分歧的一方有七个同志发言，而另一方只有一个人讲了，便要求只谈冯定的问题，说其他问题统一不了先挂起来，别的问题都不谈。这样

---

144 参见李×1967年3月29日写的材料。
145 参见李×1967年3月29日写的材料。
146《北大哲学系党员干部整风学习会议简报》（11），1965年10月22日。

是不能解决问题的。我认为冯定问题是一个最大的大是大非，一定要谈。除此之外，还有许多大是大非，也应该谈。"[147]

名为"讨论冯定问题"，实际上并没有讨论冯定的理论和著作，冯定也没有参加会议，[148] 主持者一再强调只讨论 1964 年 11 月社教运动开始后的冯定问题，随后会议便集中到一点，即揭发批判聂元梓犯了"政治立场错误"。

为了通过批判冯定来批判聂元梓，还特地把北大党委宣传部副部长钟××叫来，做了一个长篇重点发言。这个发言是彭珮云帮助准备的。[149]

钟××于 10 月 20 日和 21 日两次讲话，把冯定和聂元梓捆绑在一起进行批判："冯定的问题是一个大是大非问题，也是这次社教运动中张磐石同志和在张错误指导思想指导下聂元梓同志把哲学系这一缸水和北大这一缸水搅得很浑的一个重要问题。"[150]

10 月 24 日，邓拓在国际饭店召集宋硕、陆平、彭珮云等人开会，并指示说："要死抓住聂元梓不放，不分散一点"。会后，宋、陆、彭在策划具体做法时，宋硕主张先上冯定问题，由此转到集中攻击聂元梓。陆平说，"对，就是要来个他妈的尖刀突破。"宋硕具体布置汤

147《北大哲学系党员干部整风学习会议简报》（12），1965 年 10 月 22 日。
148 冯定已经受到了处分。据陈徒手，北大党委于 1965 年 3 月 29 日向市委大学部请示："根据我校四清运动和工作情况，我们感到有些会议不便让冯定全部参加。我们意见，讨论有关学校四清运动问题的有些会议，以及经常工作中涉及重要机密问题的会议，拟不通知其参加。讨论一般工作问题的会议仍可参加。"报到市里，市委的尺度更加严厉，市委文教书记邓拓在 4 月 15 日用红笔批道："我意从现在起基本上不要让冯定参加党委会议，但暂不做任何正式决定，就是不通知他开会。将来党委改选时不再选他。此事我与许立群同志（按：时任中宣部副部长、北大社教工作队队长）谈过，他同意这样办。"邓拓又附加道："所说一般工作问题的会议不好掌握，应该明确：他只能参加普通群众性的会议。"（见 1965 年 3 月 29 日北大党委致市委大学部信函）这样无形中就剥夺了冯定的党委职权，降至为一般党员的待遇，从政治生活中背负恶名逐渐地消失。见陈徒手：《故国人民有所思：1949 年后知识分子思想改造侧影》，第 236 页。
149 参见庞××1967 年 3 月写的材料。
150《北大哲学系党员干部整风学习会议简报》（17），1965 年 10 月 25 日；《北大哲学系党员干部整风学习会议简报》（20），1965 年 10 月 25 日。

××的发言。[151] 这就是汤××10月25日发言的背景。

汤××除了批判聂元梓"依靠修正主义分子冯定斗争马克思主义者陆平"外,还着重揭发了聂的"四个第一",即①整个北大社教运动的水搅浑了是从哲学系开始的,"而聂帮助张磐石放了第一枪";②社教一开始,就对陆平展开了残酷斗争,无情打击,"这又是从哲学系第一个开始的","而聂认为斗争陆平是光荣任务,自己亲自主持了陆的斗争会";③"政治陷害"这样一个严重的政治帽子也是聂第一个提出来的;④对冯定的挑拨离间、浑水摸鱼、掩盖自己的修正主义错误发言,"也是聂第一个带头叫好的。"

汤××发言后,宋硕大为欣赏,他说:"汤××这个人的脑袋很灵,布置后一个晚上就准备出来了,讲得很好。"[152]

通过批判冯定来批判聂元梓的那个决定(可能是在10月15日作出的),向积极批聂的那些人传达之后,在汤××发言的带动下,掀起了一个批判聂"依靠修正主义分子冯定,斗争马克思主义者陆平"的小高潮。

笔者以为,如果冯定真的是一个修正主义者,那末陆平及其党委就须承担第一位的责任。冯定是党委副书记,陆平及其党委,为什么长期没有发现冯定的"修正主义"问题呢?

利用冯定问题批判聂元梓的做法遭到抵制

利用冯定问题做文章,是打不倒聂元梓的。因为聂元梓确实领导哲学系批判了冯定,汤××的指责不能服人。

张恩慈隔天就进行了反驳:"不能根据聂元梓的一句话就做出利用冯定、联合冯定的结论,这是牵强的、过分的、不实事求是的。""要给哲学系一些同志扣上利用冯定、联合冯定的政治帽子,也是不正确的,是缺乏充分根据的,是不能令人信服的。"[153]

11月20日,宋一秀说:

---

151 参见李×1967年3月29日写的材料。
152 参见李×1967年3月29日写的材料。
153 《北大哲学系党员干部整风学习会议简报》(32),1965年10月29日。

"在冯定问题的讨论中,有些同志说:聂元梓同志在社教运动中,在冯定问题上犯了联合冯定斗争陆平、联合坏人斗争好人、联合修正主义斗争马列主义者的政治立场的错误。根据只是聂元梓同志对冯定发言说过'很好'的一句话,而撇开聂整风、社教运动中组织对冯定批判的全部过程;根据只是冯定在哲学系开会感到舒服,等等,就做出联合冯定、利用冯定的断定。这是没有充分根据的。很明显,这种断定恰恰是歪曲了最基本的事实:哲学系的同志是在聂元梓的具体领导下,积极地开展了对冯定的批判,而把领导批判冯定的人说成是联合冯定的人,说成是在四清运动中犯了四不清的错误,与修正主义划不清界限,等等。这是实事求是的态度吗?

"真理是不怕重复的,但重复不一定是真理。我们在做出一个严肃的政治论断的时候,必须有充分的事实根据,不要轻易地下结论。但有些同志给聂元梓及其他同志做出:联合、利用冯定,斗争陆平的断定时,就是缺乏充分根据的事例之一。这些同志在大会、小会上一再重复地分析批判,尽管缺乏必要的根据和理由,一再断言聂元梓等同志是联合冯定,斗争陆平;联合坏人,斗争好人;联合修正主义者,斗争马克思主义者;在四清中犯了四不清的错误,等等。真理是不怕重复的,但难道一再重复就能把不是事实的东西变成真理吗?"[154]

在11月20日下午和22日上午的大会上,陈葆华发言说:"我不同意许多同志给聂元梓同志下这样的断语——'联合冯定、利用冯定斗争陆平同志,联合修正主义者斗争马克思主义者',而抛开了在冯定的错误被揭发之后她坚决地、积极地领导了哲学系对冯定的修正主义观点的批判这一基本事实。"[155]

据李×回忆,"由于左派的坚决抵抗和反击,反攻倒算仍不得手。记得有一次在宋硕主持下,对哲学系参加会的人员排了一下队,发现左派仍占优势,中间派很少。"[156]

---

154 参见《北大哲学系党员干部整风学习会议简报》(65),1965年11月23日。
155 参见《北大哲学系党员干部整风学习会议简报》(66),1965年11月25日。
156 参见李×1967年3月29日写的材料。

汤××10月25日的发言并没有达到预想的效果。李×说，"在这种情况下，邓拓决定经济系、哲学系合开大会，进行强力镇压。"笔者无从查考两系合开大会的时间与次数，但经济系王××及胡×X在大会上作批聂发言的时间是1965年11月1日，合开大会，应该是紧接着10月25日汤××发言之后开始的。两系合并开会的做法，除了壮大声势，并没有起到任何效果。

四出调查，搜集整聂元梓的材料，以分化瓦解左派

为了整垮聂元梓，市委大学部和北大党委还派人到哈尔滨、天津、西安等地进行调查。外调人员曾作过汇报，"何静修听后摇头，觉得没有什么有份量的材料"。[157] 但是，邓拓、宋硕、陆平等人仍然把这些材料当作宝贝，于1965年11月7日召集社教积极分子开了一个会，把收罗来的材料都抛了出去。按李×的说法，这样做是想把聂元梓一棍子打死，并达到分化瓦解左派的目的。在会上，陆平做开场，说开这个会给大家提供一些情况；管人事的伊敏负责谈历史问题的材料，市委干部李××嫌他讲的不明确，接过来大加补充；何静修、唐联杰等人也都讲话批聂。会议的声势似乎很大，但没有任何效果。李×承认，"两手空空，一无所获"。[158]

会议组织者还用了各种办法，企图分化瓦解左派。社教积极分子受到监视，连孙蓬一说梦话——"莫名其妙，反对！反对！"——也被汇报给邓拓。他们认为陈葆华到系里晚，年轻幼稚，把她当作分化瓦解的重点对象，希望揭出聂元梓的什么问题来。据李×后来说，10月底，宋硕、刘文兰同陈葆华谈话直到深夜，"搞得很紧张"。还有一次，市委干部李××和刘文兰找陈葆华谈话，竟长达十二小时之久。刘文兰还偷看陈葆华的日记，将日记内容报告上去。他们还通过各种关系找陈葆华的丈夫，以施加压力。但是，他们最终仍一无所获。

据市委干部李×，有一次聂元梓送来了一个病假条，某医院医生证明神经衰弱、失眠，需要休息。邓拓知道后，便叫秘书刘××打电

---

157 参见庞××1967年3月写的材料。
158 参见李×1967年3月29日写的材料。

话给该医院党委，查一查这是怎么开的条子，并要医院向市委卫生体育部写一个报告，说聂的病并不严重，完全可以参加会议。不久，卫生体育部就转来了这个材料。邓拓把它说成是医院发现检举的，于是，会议上又以这个材料对聂元梓进行了批判。[159]

中宣部高官出马抛材料

"炮弹"几乎打光了，"左派岿然不动"（庞××语）。于是，中宣部的高官、原中央调查组和工作队的核心领导成员庞达出马了，他于1965年11月11日在哲学系、经济系教职员党员整风大会上作了发言，发言的重点是公开了聂元梓1964年7月23日晚同张磐石谈话中的一段。庞达声明，聂的这段谈话来自调查组成员周其湘的记录，未与聂元梓核对。

尽管不是谈话记录的全文，也未与聂元梓核对，为供读者参考，笔者还是把这段话抄录如下：

北大已经到顶头，系的工作到了最后界限，过去还容许拖拉，再往下不容许拖了，要不然这个学校就垮了。北大要办成社会主义革命大学、继承好的革命传统、真正成为国内第一流学校，还是把它搞垮，现在已经到头。要搞好就要革命，不然我也不愿在这里。这几年工作和人家比，都是比人家差，和清华一墙之隔，十年之差，很多工作无法和人家比。这里学校的领导形式主义，认为一天就能赶上人家，说自己也能教书、也能做政治工作。把做业务工作的安排做政治工作，结果两方面都丢了。学人家不是从思想上、工作方法上、作风上、一系列革命的根本办法上解决。

根本问题主要是领导思想、领导作风，问题比较严重了，十中全会的传达中说到的宗派主义、山头主义，说起来很多，苦了！根本问题是指导思想，如何更好地贯彻主席的教育思想。要彻底解决，不仅从思想上，要从组织上变革，不是提点意见，批评一下就能解决，不作一系列变革不行。戈华来了以后也活动不开。一个、两个人从中间

---

159 参见李×1967年3月29日写的材料。

加也改变不了，看是什么人。

你们来得非常及时，来得已经晚了。当然现在来还是好的，来得早些更好。我的工作已经到头，花了那么多时间在人事上，看到教学、学术思想、争夺青年等大问题，不能很好抓。老是弄这些问题，心里的确很着急，将来出了问题怎么办？现在已经出了问题，资产阶级活动猖狂，从政治思想、学术、教学、教研室工作等各方面看，资产阶级争夺青年够严重了。

领导上以为放一个老同志就放心（此处说的老同志，聂元梓解释说是指她自己，这一解释得到与会人员认可——引者）。要有集体。我来这里以后，没有一个领导同志让谈谈系里政治思想情况。最近陆平同志才问起对阶级斗争心里有数没有，要求抓学术讨论。这两年限于上面要抓什么反映时才抓，系里也是这样完成任务。

我在上班以后抓了：①领导干部学《毛选》；②党内外阶级斗争状况；③干部问题——从思想上、组织上解决。

学校没有布置学生学习周扬同志在哲学社会科学学部大会上的报告。没有形成战斗的集体、坚强的核心。

庞达公布这段讲话之后，会议就聂元梓的这段话对聂展开了新的批判。批判集中在"北大已经到顶头""要从组织上变革"这两句话上，指责聂元梓从一开始就把北大看成是烂掉的单位，和张磐石"一拍即合"。和张磐石的错误"一拍即合"成为聂元梓的一大罪状。

批判发言甚多，兹不赘述。笔者是在半个多世纪后才读到这段讲话的。笔者以为，聂元梓之所以对北大的领导有很尖锐的看法，一是受到当时政治斗争大形势的影响，二是在实际工作中确实遇到许多困难，特别是"花了那么多时间在人事上"，致使许多工作难以进行，而其中原因，又同党委的领导有很大关系。

聂元梓看问题比较敏感，也比较尖锐，她说"北大已经到顶头"，实际上，北大的陆平时代确实已经到头，"组织上的变革"也将很快到来，其严厉程度，更是出人意料。聂元梓对北大领导的看法，比起后来毛泽东亲笔批示的"反动堡垒"，还差得很远。

聂元梓坚决不接受"一拍即合"的指责,她在1965年12月24日的发言中说:

> 我向中宣部调查组和张磐石同志汇报工作,反映情况,在组织上、政治上都没有错误。这是中央的工作部门派下来的调查组,又是分管学校工作的副部长这样的负责同志来进行调查研究的,向他们汇报工作,反映情况,提出我认为工作中存在的问题,请他们调查研究作为参考,是可以的。这是为了把工作搞好,没有别的想法,更没有个人的目的。
>
> 我对张磐石同志过去并不了解,也不认识。我向他汇报工作,反映情况,是经过党委通知的,谈出自己的意见也是可以的,应该的。……假如不是张磐石同志来,是另一位负责同志下来调查,我也是要这样向他反映情况的。因此,这里不存在一个"一拍即合"的问题。这个提法,我认为是不妥当的,也是不正确的。如果这样看待这个问题,今后中央的工作部门还下来调查研究否?下来,还反映情况否?调查的人如果再犯错误,那么反映情况的人,是否又是和他"一拍即合"呢?按照这个逻辑,北大运动中整个的错误,张磐石同志整个的错误,都可以逻辑成我是唯一的根源。我不能同意这个意见。这样承认下来做检讨,是对党不负责任的。[160]

还有一些党员反对"一拍即合"的提法,这里不再赘引。

对于庞达这种"揭发自己动员起来的积极分子"的做法,聂元梓尤其不能接受。她在给中央的上书中说,"(庞达同志)去年运动中动员我们'要敢于和陆平同志斗争,不要怕'。还在去年11月30日开会(刘仰峤、庞达召开的)批评我和积极分子跟不上张磐石指导思想,而今天,他又来批判我和张磐石错误指导思想划不清界限,又批评我为什么斗争陆平同志的计划不请示。斗争陆平是他们决定的,如何斗争是庞达、张磐石具体指示的,开了一次会,哪里还有个'详细

---

[160]《北大哲学系党员干部整风学习会议简报》(107),1965年12月28日。

计划'?"[161]

笔者是参加过农村"四清"的,知道中央有过规定,凡对"四清"积极分子进行打击报复的,一律以现行反革命论处。而在第二次国际饭店会议上,工作队高官竟然出面揭发积极分子,可见会议组织者已经是不择手段了。

高层政治形势的变化

在庞达讲话的头一天,1965年11月10日,姚文元批判吴晗新编历史剧《海瑞罢官》的文章在《文汇报》发表。毛泽东看过三遍的这篇文章的公开发表,点燃了文化大革命的导火索。这篇文章的背景,彭真很清楚。因为在9月份的中央政治局常委扩大会议上,毛泽东提出"吴晗的问题可不可以批判?",就是和彭真打招呼了。随后,彭真向北京市委书记处作了传达,大家是知道要批判吴晗的。[162] 但姚文元文章的突然发表,文章中又乱扣帽子,无限上纲,还是让北京市委大为震动。在姚文元文章发表的同一天,中共中央发出通知,免去杨尚昆的中共中央办公厅主任职务,由汪东兴接任。毛泽东要发动文化大革命,当然要让自己最信任的人当中办主任。11月12日,毛泽东乘专列离京南下。

在国际饭店参加会议的党员们没有及时看到姚文元的文章,对这种政治变化也缺乏足够的敏感。但影响很快显现出来:一是会场在11月底从国际饭店搬到了北极阁的北京市委招待所,因为市委要在国际饭店召开会议,讨论如何应对姚文元文章发表后出现的新情况;二是邓拓没有那么多时间管哲学系党员会议的事情了。11月13日,邓拓召集会议,要从北京大学、中国人民大学和北京史学会等单位抽调一批人,成立《海瑞罢官》问题讨论和写作组,由邓拓任组长,组织写批评吴晗的文章。[163] 一直参加哲学系会议的李×,也被调去写

---

161 聂元梓:《关于北京大学四清运动现阶段的情况和问题》,1965年11月15日。
162《彭真传》,第三卷,第1188页。
163《彭真传》,第三卷,第1188页。

文章了。邓拓自己也要花时间写文章，他写的《从〈海瑞罢官〉谈到"道德继承论"》，发表于 12 月 12 日。

社教积极分子的反击

会议组织者的做法引起了哲学系的社教积极分子们很大的反感，到 11 月中旬，他们忍无可忍，开始反击了。

青年教师夏剑豸、高云鹏多年后说："根据会议印发的简报统计，专门召开揭批聂元梓的大会就达 45 次之多。会议领导小组的作为，引起了社教积极分子的不满与抵制，他们据理反抗，使得会议组织者的阴谋难以得逞。"[164]

李清崑多年后回忆说："据我所知，包括我在内的许多社教积极分子本来就较为普遍地对国际饭店的所谓'学习整风'会议有抵触情绪。一是认为在反右倾运动中陆平等校系领导整了那么多人，邹鲁风被逼自杀，汪子嵩、丁石孙、沈少周等人被打成阶级敌人，而且事实证明你们搞错了，犯了反右倾严重扩大化的错误，你们为什么从不整风？而社教运动只搞了几个月，对陆平等少数校系领导仅仅开了几次揭发批判会，既未作结论，又未给处分，与反右倾运动中你们整人既多又狠相比，实在是小巫见大巫，只是因为整到了你们头上，便搞什么'整风学习'，实则不依不饶地整社教积极分子，这公平吗？二是认为在历次运动中都是保护积极分子的，你当积极分子时即便整错了人也得到了保护，而今搞到你们头上了，对社教积极分子的态度却截然相反，一整再整，这符合党的一贯做法吗？"[165]

李清崑说，"当社教积极分子们看到领导的真实意图后，更加愤愤不平，悲愤情绪油然而生。"他举了两个例子，今抄录其中一例："在会议后期，由于社教积极分子备受压抑，颇有悲愤情绪，便在回校的路上（周三和周六晚返校的大轿车上——引者）高唱国际歌和毛主席诗词歌，唱的最多的是七律《冬云》：'雪压冬云白絮飞，万花纷

---

164 夏剑豸、高云鹏：《亲历北大第一张大字报的产生》，载《记忆》2018 年 9 月 15 日第 234 期。
165 李清崑：《谈聂元梓等七人大字报出台的社会历史背景》。

谢一时稀。高天滚滚寒流急，大地微微暖气吹。独有英雄驱虎豹，更无豪杰怕熊罴。梅花欢喜漫天雪，冻死苍蝇未足奇。'多由孙蓬一领唱，大家还朗诵'小小环球有几个苍蝇碰壁，……'等。由于积极分子人数众多，又是带着情绪唱的，可以说歌声震天，气势如虹，颇有慷慨悲歌的味道。就连同车的领导小组成员和批判积极分子的人也为之震惊。"[166]

11月15日，聂元梓给毛泽东、刘少奇写信，反映北大四清运动现阶段的情况和问题。她恳请中央迅速制止违反党的政策的现象，制止打击报复，澄清是非，做出结论。聂元梓担心只给毛、刘写信会被人说是"越级上告"，便给彭真、刘仁也寄了一封。给中央那封信，没有得到回音。刘少奇不便干预，毛泽东正在对彭真进行观察，暂时不会表态。不过毛泽东很快就会作出惊人的表态。给彭真的信，则是被批回哲学系的会议了，于是聂元梓又为此受到了进一步的批判。

11月17日下午，郭罗基在大会上发言。他首先对会议领导小组提出了10个颇为尖锐的问题：（1）是否执行了《二十三条》中关于"三结合"的规定？是否执行了3月3日中央书记处的指示？（2）会议究竟要解决什么问题？是否通过讨论聂元梓的问题，定性质，作结论，然后过去在运动中与她站在一起的人纷纷检讨，哲学系的问题就算解决了？（3）是总结经验教训，还是追究个人责任？过去认为批评王庆淑一个人是绝对错误的，而现在又认为批评聂元梓一个人是绝对正确的！这是总结经验教训吗？（4）怎样总结经验教训，是从原则上总结，还是搞烦琐哲学？过去上面整下面的过火斗争可以撇开不谈，这次群众批评领导的过火行为又抓住不放，而且搞得如此烦琐。烦琐哲学是手段不是目的；搞烦琐哲学究竟为了什么？（5）社教运动中积极分子犯的错误是什么性质？哲学系斗争陆平是工作队交给的任务，现在说聂元梓斗争陆平是政治立场错误，斗陆平不是聂一个人斗的，是不是意味着哲学系所有积极分子都是政治立场错误？（6）有没有团结的愿望？对聂元梓有没有团结愿望？她说会上

---

166 李清崑：《谈聂元梓等七人大字报出台的社会历史背景》。

把她当敌人看待,这个说法是过分的,不妥当的,但的确有对她采取非同志式的、粗暴态度的情况,这算有团结愿望吗?(7)是说服,还是压服?会越开越大,除哲学系外,先后有25人参加,最后还有经济系全体教师参加,这只能是扩大声势,加强压力。这样开会的方式能不能进行说服?(8)允许不允许发表不同意见?发表了听没听进?有些问题我们说明情况,摆事实都听不进去,如何能进一步讨论?(9)是提倡唯物辩证法,还是提倡形而上学、烦琐哲学?(10)领导小组是否可对会议的进度作一个小结?是否可以作一些必要的自我批评?

郭罗基在发言中指出:

到现在为止,哲学系在社教运动中暴露出来的严重的四不清问题一个也没有解决,相反,到处寻找和张磐石"划不清界限"的分子,到今天为止,在会上被点了名的有:聂元梓、张恩慈、陈葆华。聂元梓还不只是"划不清界限",而且是"一拍即合""相互影响""谁领导谁的问题"。有人拿和张磐石划不清界限这顶大帽子到处吓人,而别人的问题好像就可以不提了。……凡是与聂元梓有关的问题,不管发生在什么时候、什么地方,也不管是什么性质的问题,都拿来讨论了。这是总结哲学系的工作,还是讨论聂元梓一个人的问题呢?[167]

11月20日上午大会,宋一秀在会上发言说:

10月14、15两天孔繁同志作了比较系统的发言,谈了五个大问题。第二天突然以会议如何开好为理由,对孔的发言进行了批评。开这样内容的会,一部分人事先是知道的,有准备的,[168]另一部分人是不知道的,感到很突然。孔的发言被说成是"大量的是小是小非,不是不非,甚至是无事生非",是"烦琐哲学","陪不起","不得了"。其实孔的发言大部分是针对分歧的另一方提出的问题,发表

---

167 参见《北大哲学系党员干部整风学习会议简报》(61)。
168 这是宋一秀的感觉,实际上何止于此。市委干部庞××后来披露:"一部分最重要的发言,是由邓拓、宋硕、彭珮云亲自布置、亲自审查、亲自帮助准备的。"庞××举了几个例子后说:"而其他发言,有不少是我帮助准备的。"

了不同的意见而已。

张恩慈同志就冯定问题发表了不同的意见，结果被批评了一整天。陈葆华同志在讨论冯定问题时讲了一点意见，就被说成是"为聂元梓的错误辩护""直到今天仍然对张磐石的错误划不清界限"；对会议的开法有的同志感到迷惑、不明确，提出一些意见，就被有些同志判定为"对冯定的问题认识不足""对彭真同志委托的以立群同志为首的十四人领导小组的态度问题"；对有些积极分子不承认加在自己头上的"莫须有"的事情做出解释，有人就提出："现在是到了醒悟的时候了！"是"悬崖勒马"的时候了！并发出号召："要回到党的立场上来！"更加奇怪的是在严肃的党内斗争的大会上，竟然有不少人起哄，甚至嘲笑；在会下有人在争论问题时骂人。这些是否有利于讨论的气氛？会议越开越大、引进经济系参加会议是没有多少道理的，使人感到有压力。

哲学系党内斗争有历史问题，也有整风、社教运动中的问题。这次会议是社教运动的继续。既然这样，整风、社教运动中存在的问题和错误要清理，过去历史问题也要清理。这里原则只有一条：谁有错，谁就应当清理；错误有多大就是多大；是什么性质就是什么性质；大是大非一定要分清，不能含糊。经过一段时期的迷惑以后，我才明确地认识到，现在是要搞聂元梓同志的问题。[169]

11月22日下午和23日，张恩慈作了长篇发言，针对高××对他的批判发言逐条进行了回答与批驳。11月24日，李清崑也在大会上发言，对高××批张恩慈的发言提出质疑与批评，为张恩慈作辩护。但是，他们都不知道，高××的发言是邓拓亲自帮助准备的，市委干部李×还和高一起作过多次研究。

会议组织者的"收兵"和"退却"

至此，两派的意见针锋相对，各不相让，从人数上看，社教积极分子略占优势，由于会议整肃社教积极分子的做法越来越明显，原来

---

169 参见《北大哲学系党员干部整风学习会议简报》（65）。

比较温和的社教积极分子态度逐渐强硬起来，几位处于中间状态的教师也转而同情积极分子。在这种情况下，邓拓于11月19日和21日，两次召集会议，动员批聂积极分子继续斗争，要求"要把王庆淑的旗帜举起来"，同时又向他们交底要把聂、张、孔、孙等社教积极分子打成"与党完全对立的小集团"。[170]

邓拓召集的这两次会议，已经是强弩之末了。随后，他们迅速转入了"收兵"或"退却"（庞××语）。

据庞××的说法，属于"收兵"的措施有三项：紧张地拼凑一份聂元梓的"定案"材料，由彭珮云宣读；陆平在会上讲对哲学系党内斗争的意见；伊敏在会上讲对哲学系历史问题的看法。[171] 据相关简报，彭珮云于12月20日下午宣读了《哲学系整风领导小组对聂元梓同志在去年哲学系整风和社教运动中所犯错误的意见》（以下简称《意见》），陆平在12月30日作了讲话，伊敏在1966年1月5日作了讲话。1月16日印发的《简报》（121）刊登了伊敏的讲话。此后，会议大概就结束了。

庞××说："宋硕在医学科学院会议室对右派作了一些安顿，告诉他们，现在形势紧迫，会议不能再拖下去，拖下去就要犯错误。并且动员他们对聂元梓同志不要揪住不放，因为掌握不到很多材料，等等。这是一次布置退却的会。"[172] 这次会议的时间，无法查考，估计应该在1965年12月底。

12月20日下午，彭珮云代表哲学系整风领导小组宣读了一份《意见》。《意见》给聂元梓罗列了4条错误：①在对北大形势的基本估计上，和张磐石同志一拍即合，在哲学系整风和社教运动中积极贯彻执行了张磐石同志的错误指导思想。②聂元梓同志在社教运动中严重违反党内斗争原则和党的组织原则。③聂元梓同志在社教运动中，用了一些歪曲事实、无中生有的材料，来攻击伤害同志。④聂元梓同志对中央书记处委托市委召开的北大党员干部会议极为不满，

---

170 参见李×1967年3月29日写的材料。
171 参见庞××1967年3月写的材料。
172 参见庞××1967年3月写的材料。

并攻击市委对这次会议的领导。

彭珮云在讲话开始就说明,《意见》"不是给她做组织结论;也不是给她做鉴定"。彭珮云还说,聂元梓的错误"是在张磐石的错误领导下犯的","张磐石同志固然有责任,聂元梓同志也有自己的责任。""现在来讲这些问题,不是为了追究谁的责任,而是为了使大家接受经验教训,今后可以少犯错误。"彭在后面的讲话中声称,"对聂元梓同志的错误,总的来说,我们是当作思想上的错误来对待的。"[173]

12月24日上午,聂元梓在大会上发言,除了检讨和申辩外,她明确表示,"我不同意领导小组的意见",还表示"大会上,还有许多意见我是不同意的。领导小组没有给予肯定,今天就不谈了。"[174]

无论是"意见"还是"结论",党员都有权保留意见。会议开了7个月,依然是各讲各的。

笔者注意到,同几个月以来的会议情况相比,这份《意见》的调子显然低得多了,邓拓原先那种气势汹汹、必欲置人于死地的说法和做法不见踪影了。这种变调的背景是什么?

毛泽东要批判《海瑞罢官》,彭真是反对并极力抵制的。北京的报刊,18天不转载姚文元的文章。后来是在周恩来的指示下,11月28日,彭真才召集会议,布置转载姚文元批判《海瑞罢官》的文章。[175] 29日,《北京日报》《解放军报》全文转载;30日,《人民日报》在理论版转载;12月2日,《光明日报》转载。各报在转载时发表了调门不同的编者按语,《解放军报》的按语明确指出,《海瑞罢官》是一株反党反社会主义反毛泽东思想的大毒草,必须进行批判。这种情况,引起了关心时事的人们的注意。

山雨欲来风满楼,北京市委面临着严峻的政治危机(实际上就是垮台的危机),第二次国际饭店会议还能开得下去吗?"掌握不到很多材料","现在形势紧迫","拖下去就要犯错误",会议组织者不降调、不退却,行得通吗? 事实证明,邓拓的那些打算,完全落空。

---

173 参见《北大哲学系党员干部整风学习会议简报》(103),1965年12月21日。
174 参见《北大哲学系党员干部整风学习会议简报》(107),1965年12月28日。
175 《彭真年谱》,第四卷,第450页。

会议草草结束

哲学系的第二次国际饭店会议在持续了 7 个月之后匆匆结束，实际上也成为一次烂尾的会议。

聂元梓等社教积极分子被派到北京郊区参加四清运动。宋硕、彭珮云等还通知各区、县委，这些人一律不能担任工作队领导工作，等等。[176] 据说，"四清"结束后，社教积极分子们将就地安排工作，调离北大，后来很多人都知道的陆平对此所说的一句狠话是："肉包子打狗，有去无回。"[177] 当然，也有的人很快调离北大了，张恩慈去了中央马列主义研究院，杨克明去了中国科学院电工所。

附记：邓拓的厄运

姚文元批判吴晗的文章发表后，邓拓的厄运也开始了。他很快就被停止了工作，遭到软禁，他非常看重的新华社编印的《参考资料》也被收走。毛泽东并不满足于批判吴晗和他写的京剧《海瑞罢官》，于 1966 年 3 月 28 日点名批判邓拓、吴晗、廖沫沙写的"三家村札记"和邓拓写的《燕山夜话》是反党反社会主义的。毛泽东严厉批判了彭真主持制定的"二月提纲"，还说了"如果再包庇坏人，中宣部要解散，北京市委要解散"这样的重话。[178] 处在上下夹攻之中的彭真和北京市委多次开会，最后不得不把邓拓抛出来批判。如 4 月 14 日在北京市委书记处的会议上，彭真提出，公开批判邓拓得经中央批准，但是，"与会人员多数主张赶快公开批判，别再请示。"[179]

4 月 16 日，《北京日报》在《关于"三家村"和〈燕山夜话〉的批判》的通栏标题下，以三个版的篇幅，发表了吴晗、邓拓、廖沫沙的材料，并且加了一个《北京日报》和《前线》的编者按语。

---

176 参见庞××1967 年 3 月写的材料。
177 李清崑：《谈聂元梓等七人大字报出台的社会历史背景》。
178 转引自《彭真传》第三卷，第 1215 页。
179《彭真年谱》第四卷，第 480—481 页。

中央人民广播电台和新华总社当天广播了这个按语，但当晚新华总社又通知撤销。显然，这个按语受到了中央的批评。

4月19日，以中央书记处的名义通知首都各单位：（一）《北京日报》16日的编者按和材料，因为北京市委毫无自我批评，首都各报都不要转载；（二）各高等院校、各单位、各基层单位，停止执行北京市委布置的那种制造混乱的措施。这两条措施实际上是停止了北京市委的工作，置北京市委于瘫痪之中。[180] 北大党委应该收到这份通知，但他们恐怕没有传达。

4月16日—24日，毛泽东主持中央政治局常委扩大会议，集中批判彭真。4月下旬，彭真被停止工作。

5月16日，中央政治局扩大会议通过了《五一六通知》。同日，《人民日报》发表了戚本禹的文章《评〈前线〉、〈北京日报〉的资产阶级立场》，文章指斥邓拓是"叛徒"，邓拓决心以死来证明自己的清白，5月18日凌晨，邓拓自杀，成为因文革自杀的第一人。

5月22日，彭真家中的文件包括工作日记被全部收走，彭真自即日起被软禁家中。5月23日，彭真被撤销北京市委第一书记和市长的职务。实际上，中央在5月7日已命李雪峰接管彭真的工作。[181]

上述这些情况，绝大部分是北大师生不知道的。但人们看到，邓拓受到了严厉的批判，批判的烈火愈烧愈旺，《北京日报》对邓拓的批判很快被指为"假批判，真包庇"。5月8日，《解放军报》和《光明日报》发表了两篇直指中共北京市委、杀气腾腾的署名文章。两天后，《文汇报》和《解放军报》同时发表了姚文元的长文《评"三家村"》，上纲越来越高，并且要"挖根子"……人们又看到，这年的五一节，彭真没有出现在报纸上。党员们心中产生了疑问：既然邓拓问题这么大，那么他主持的"第二次国际饭店会议"是不是也有问题呢？还有，彭真是不是也出问题了呢？

---

[180] 《彭真传》第三卷，第1215—第1221页。
[181] 《彭真年谱》第四卷，第484—486页。

正 编

亲历"文革"风暴的两年零两个月

第四章 "第一张大字报"的产生及其影响

一、在《五一六通知》的促动下,聂元梓等七人贴出了一张大字报

1966年5月4日至26日,中共中央政治局扩大会议在北京召开。这次会议是"文化大革命"正式发动的标志。毛泽东未回京参加会议,委托刘少奇主持会议,会议情况指定由康生负责向毛泽东汇报请示。[1]

会议的议程之一是批判彭真、罗瑞卿、陆定一、杨尚昆等人的所谓"反党错误",并决定撤销他们的一切职务。林彪在5月18日的长篇讲话中,除鼓吹对毛泽东的个人崇拜外,还大谈防止反革命政变的迫切性,渲染中央有人要搞政变,制造了极度紧张的气氛。林彪的讲话不仅直接影响了会议的气氛,还为发动文化大革命制造了强劲的舆论。人民群众以为中央真的出了修正主义,真的存在反革命政变的危险,必须起来"保卫党中央,保卫毛主席"。

同一时期,经毛泽东批准成立了"首都工作组",将北京卫戍区的部队增加到4个师,并制订了若干保障领袖安全的计划。这不正是为了"防止反革命政变"和"巩固无产阶级专政"而采取的重大措施吗?

会议的另一项议程是在5月16日通过了《中国共产党中央委员会通知》(简称为《五一六通知》或《通知》),这是发动"文化大革命"的第一个纲领性文件。

---

[1] 席宣、金春明:《"文化大革命"简史》,中共党史出版社,2006年第3版,第81页。

《五一六通知》对彭真主持起草的"二月提纲"进行了全面的批判，认为"二月提纲"掩盖了这场学术批判的政治性质，是一个"为资产阶级复辟作舆论准备"的修正主义纲领。《五一六通知》要求全党："高举无产阶级文化大革命的大旗，彻底揭露那批反党反社会主义的所谓'学术权威'的资产阶级反动立场，彻底批判学术界、教育界、新闻界、文艺界、出版界的资产阶级反动思想，夺取在这些文化领域中的领导权。而要做到这一点，必须同时批判混进党里、政府里、军队里和文化领域的各界里的资产阶级代表人物，清洗这些人，有些则要调动他们的职务。尤其不能信用这些人去做领导文化革命的工作。"《通知》还提出："混进党里、政府里、军队里和各种文化界的资产阶级代表人物，是一批反革命的修正主义分子，一旦时机成熟，他们就会要夺取政权，由无产阶级专政变为资产阶级专政。这些人物，有些已被我们识破了，有些则还没有被识破，有些正在受到我们信用，被培养为我们的接班人，例如赫鲁晓夫那样的人物，他们现在正睡在我们的身旁，各级党委必须充分注意这一点。"

《五一六通知》提出的批判对象之广泛，已大大超过了"二十三条"提出的"走资本主义道路的当权派"的范围。文件里没有提"走资本主义道路的当权派"，但提到了"赫鲁晓夫那样的人物"，这引起了人们的猜测。

据卜伟华，康生于 1966 年 3 月 28 日在上海向毛泽东汇报情况，毛泽东说：再不发动文化大革命，老的、中的、小的，都要挨整了。毛泽东还对康生讲了许多极为严厉的话。康生于 5 月 5 日、6 日在中央政治局扩大会议上做了传达，要点有 8 条，第 4 条就是"北京市委再不要包庇坏人了，邓拓是叛徒，翦伯赞要点名批判，翦伯赞掌握北大历史系，陆平不能领导北大。"[2]

1966 年 5 月 5 日，已调到中央马列主义研究院工作的张恩慈给毛泽东上书，题为《我对北京大学"四清"运动的意见》。这份《意

2　卜伟华：《中华人民共和国史·第六卷·"砸烂旧世界"——文化大革命的动乱与浩劫（1966—1968）》（以下简称《砸烂旧世界》），香港中文大学当代中国文化研究中心出版，2008 年，第 66 页。

见》对北大"四清"工作队、北京大学党委和北京市委在领导北大"四清"运动方面,以及北大贯彻教育方针等问题上,提出了不少尖锐的看法。5月11日,毛泽东在审阅时把标题改为《张恩慈同志对北京大学"四清"运动的意见》,并批示:"少奇同志阅后,印发有关同志。"5月13日,刘少奇批示:"此件请即印发政治局扩大会议各同志。"[3] 毛泽东、刘少奇对张恩慈上书的批示,表明了毛泽东和中央对北大的问题已经有了明确的看法和态度。出席政治局扩大会议的,据说有76人之多,他们都看到了毛、刘批示印发的张恩慈的上书,了解了中央的态度。陆平党委被打倒的命运其实在那时就已经被决定了。5月14日,以曹轶欧为组长,刘仰峤(高教部副部长)为副组长的中央理论小组调查组七人进入北大,调查文化革命情况。张恩慈为调查组成员之一。笔者以为,这个调查组的任务显然同毛泽东、刘少奇的批示有关。七人小组调查了一些什么问题,又报告了什么,不详。

毛泽东、刘少奇对张恩慈上书有批示这件事,张恩慈本人是否知道,无法确认。即便知道,他也没有向别人透露。至少,后来写大字报的七个人都是不知道的。否则,大字报会是另一种写法。

据《北大百年》,5月14日,陆平召开干部会议,传达宋硕在市委大学科学工作部召开的紧急会议上的指示精神:"要求学校党组织加强领导,坚守岗位","群众起来了,要引导到正确的道路上去"。同时,北大党委常委会分析当前文化革命运动的形势后,做出了四项重大部署,即:①决定召开党委扩大会议,揭发邓拓和北京市的三个报刊,并向市委请示,如何进行;②6月份文科1700人外出劳动,但一定要服从文化革命;③考试,理科未考的一门课程延至期末或下学期;④原定5月理科干部整风,现决定积极投身文化革命,不再进行单独整风。[4]

陆平和北大党委的官员们实际上很清楚,彭真已被打倒,北京市委已经瘫痪。陆平等人已处在慌乱之中。陆平及其常委会是如何分析

---

[3] 中共中央文献研究室:《毛泽东年谱(一九四九——一九七六)》(第五卷),中央文献出版社,2013年,第586页。(以下简称《毛泽东年谱》)
[4] 李志伟:《北大百年》,北京,作家出版社,2008年第326页。

文化革命运动形势的，不得而知。所谓"重大部署"的第一项，表明他们从未揭发、批判过邓拓，落后于形势已经太远。他们和邓拓的关系也太深了，已经无法切割。北京市委抛出邓拓和"三家村"进行"批判"是4月16日的事，快一个月了，北大党委常委会才决定要"揭发"，还要"向市委请示如何进行"。旧市委已经瘫痪，新市委各机构还没有来得及建立起来，他们请示谁啊？这不过是拖延、对抗的手法而已。而后三项，表明他们原有的计划与文化革命完全无关，甚至是抵制文化革命的，其中"原定5月理科干部整风"一项尤为可疑，他们是否打算像第二次国际饭店会议那样，对理科党员干部和教师也来一番整肃？然而形势变了，在惊慌失措之中，他们不得不改变原有计划，表示"服从文化革命"。

5月20日下午北大党委向党员干部传达《五一六通知》。哲学系总支书记聂元梓和副书记赵正义听取了传达。随后，聂元梓、赵正义根据记录向杨克明、宋一秀、夏剑豸、高云鹏等人传达了《五一六通知》的主要内容。大家听了之后，觉得彭真和北京市委出了问题，应该抓住这个机会，把北大社教运动和国际饭店整风会议的案翻过来。几个人商量后写了题为"宋硕、陆平、彭珮云在文化革命中究竟干些什么？"的大字报，并于25日下午1点钟左右贴在大饭厅的东墙上。大字报抄写了两份，另一份原本打算贴到四院党委办公室院子里去的，由于先贴出的大字报影响很大，另一份便没有贴出，据说后来由国家图书馆收藏了。

大字报一贴出来，便引起了轰动。

半个多世纪后，夏剑豸、高云鹏回忆说："大字报贴出以后，很快就有了反响，支持大字报的比较多，其中很多是哲学系同学写的大字报。这和哲学系同学的政治敏感有关，也和大字报的作者在同学里的影响有关。"[5]

哲学系研究生孙月才也和别人一起写了支持聂元梓的大字报。

---

[5] 夏剑豸、高云鹏：《亲历北大第一张大字报的产生》，载《记忆》第234期（2018年9月15日）。

据他观察，"到 3 点钟，哲学系又贴出了一批批判邓拓的大字报，还有 3 张也是批判宋硕、陆平的。截至晚 6 点，全校大概贴了上千张批判陆平的大字报。但也有两张反批判，说聂元梓的大字报是为邓拓打掩护，是为了转移目标等等。"[6]

几个小时以后，在某些人的组织下，反对的大字报开始占了上风。夏剑豸、高云鹏回忆说："到 5 点钟左右，反对的大字报突然出现了，来势凶猛，还贴了些大标语，显然是有组织的行动。不仅出现了围攻大字报的情况，也出现了围攻大字报作者的情况，校园里的气氛变得非常紧张。"[7]

孙月才晚上参加了哲学系的一个大会，会后发现，"大字报的内容，突然都变成批判聂元梓的反党反社会主义了。这个转变我感到非常突然。"[8]

在这天的下午和晚上，有的大字报作者和支持者还遭到围攻。"高云鹏 5 点多钟到大饭厅去看大字报，被人认出是大字报的作者，不由分说就把他挟持到第二教室楼南边的一间平房教室里，展开了围攻。他们不让高云鹏说话，高一张口他们就喊口号，这显然是有组织的围攻，领头的是一个校团委的干部。赵正义得知这一情况后，马上带领哲学系学生赶去支援。那位团委干部感到情况不妙，连忙下令撤退，随之一哄而散。"[9] 在大饭厅，有人跳到台上，说要揭露聂元梓的大骗局，孙月才上台与之辩论，但讲到中途便被轰了下来，"并有同学气势汹汹大有打的架势"。孙月才在身边一些相识的、不相识的同学保护下，终于上台把话讲完。讲完话后，孙月才又被一群人围上，说到团委去辩论，随后被拥到 30 斋二楼，被纠缠围攻了两个多钟头。[10]

一位校友说，那天下午他有两节课，去教室是从校医院那边走

---

[6] 孙月才：《悲歌一曲：文革十年日记》，香港：中文大学出版社，2012 年，第 26 页。
[7] 夏剑豸、高云鹏：《亲历北大第一张大字报的产生》。
[8] 孙月才：《悲歌一曲：文革十年日记》，第 26 页。
[9] 夏剑豸、高云鹏：《亲历北大第一张大字报的产生》。
[10] 孙月才：《悲歌一曲：文革十年日记》，第 26-27 页。

的，所以直到下课后才听说有人贴了大字报。他赶去看大字报的时候，看到有二十来个学生，在一个干部模样的人的带领下，从化学楼方向走来，一路上还喊着口号。在大字报前，他们举起拳头，像宣誓仪式般对大字报进行声讨。随后，他在学二食堂看到，有二三十人围成圈子，把一个教师模样的人围在中间推来搡去，被围攻的人脸色已经煞白，只是因为始终有人推着才没有倒下。当时听说，这位教师只是说了"你们不要认为这张大字报是不好的"这一句话便遭到围攻。后来知道，他就是历史系党员教师魏纪文。孙月才记述："历史系副系主任被打，衣服撕碎，钢笔、手表被抓，现在住医院。"[11] 数十年之后，这位校友从《炎黄春秋》的一篇文章中获知，围攻魏纪文的那种整人的方法历史悠久，还有个名头，叫做"摇煤球"。不知道这群学生是无师自通，还是有人教唆的。

这天的事情，后来被称作"5.25事件"。

5月26日凌晨两点半，孙月才还冒雨去看大字报，"见到好多摄影师带着镁光灯在拍大字报"。[12] 那个时候，带着镁光灯摄影的都是官方记者，这里面是不是也有《文化革命简报》（由《红旗》杂志和《光明日报》总编室编辑）派出的记者呢？

其实，北大的绝大多数学生，对"社教"内情和高层政治斗争都是一无所知的，无论是支持还是反对，基本上都是盲目的，或者是凭感觉的。有些人因为支持过聂元梓等人的大字报，便口口声声称自己是"反陆平的小将"，这未免有点可笑，因为他们其实什么也不知道。当时也有几份特殊的大字报，暗示了上层的严重斗争，有的甚至点了彭真的名字，但那显然都是高干子弟所写，高层的事情，他们早已知道了。至于那些在他人鼓动之下声讨和围攻大字报的学生，一个星期后就会发现自己上当了。

5月25日晚上，北大党委常委会开会研究聂元梓等人大字报问题，常委会内部出现了分歧。一种意见主张动员聂元梓等人把大字报

---

11 孙月才：《悲歌一曲：文革十年日记》，第27页。
12 孙月才：《悲歌一曲：文革十年日记》，第27页。

揭下来贴到指定地点（即室内）。另一种意见则主张支持群众运动，支持大字报，支持左派。大字报既然贴出来了就不能揭下来。常委崔雄崑要陆平对聂元梓等人大字报明确表态。陆平说："把我和宋硕同志说成黑帮，不能同意。"[13] 笔者重读了这张大字报，其中提到了"反动黑帮""反党反社会主义黑帮"和"邓拓一伙黑帮"，并没有把陆平和宋硕说成是黑帮的词句。

大字报事件也惊动了高层，据李雪峰（当时已被任命为北京市委第一书记，但尚未公布）回忆，高等教育部部长蒋南翔、副部长刘仰峤、国务院外办副主任张彦等人都于当晚赶到北大。李雪峰晚上12点多赶到北大时，他们已开过一次800人的党团员干部会。因为李雪峰的到来，同一批人又开了一次会。李雪峰在会上的讲话内容，后来群众概括为几条：①不提倡写大字报；②大字报要内外有别；③要有领导；④要有步骤；⑤不一定开大会声讨，等等。李雪峰后来说，他是被康生、陈伯达骗去讲话的。而从李雪峰的回忆看，所有高层领导人，包括周恩来、康生、陈伯达，没有人否定大字报的内容，但他们都担心发生上街游行的事情。[14]

夏剑豸、高云鹏回忆说：

> 张彦传达了周总理的指示：贴大字报可以，但是不要贴在外边，要"内外有别"。此后贴大字报的地点就改到31楼后边的第三食堂。食堂里拉了很多绳子，大字报就挂在绳子上，很快食堂里就挂满了大字报。
>
> 当时我们觉得斗争不会很快结束，这个期间我们也不能沉默，于是就决定不断地贴出大字报，把斗争坚持下去。我们的第二张大字报，记得是在宋一秀原来大字报稿的基础上修改而成的。大概是在6月1日，也挂在了第三食堂里。在这张大字报上签名的人就多了，原

---

13 李志伟：《北大百年》，第329页。
14 李雪峰：《我所知道的"文革"发动内情》，载张化、苏采青主编：《回首"文革"——中国十年"文革"分析与反思》，北京：中共党史出版社，2014年第2版。

来同情我们的哲学系的教师们也都纷纷在这张大字报上签上了名。[15]

1966年10月29日，李雪峰在北大作检讨，其中有一段话是这样说的：

> 在六、七月间这一段中犯的方向、路线的错误，市委有责任，我有更多的责任。在犯错误的这一段时期内，我们始终没有信任群众，没有真正放手发动群众。我五月二十五日在你们这里讲话，就是这一思想大暴露。当时批判"三家村"正在高潮时，群众要求进一步转向本单位的斗争，文化革命的风暴一触即发，斗争要全面展开。可是我不相信群众自己可以闹好革命，总是想让群众按我们所设想的所谓"有领导，有计划，有准备，有步骤地开展运动"，"先整司令部，稳住基层"。所以下面一动，我们就怕乱了部署。在这样的精神状态下，当五月二十五日聂元梓等七同志贴出了全国第一张马列主义大字报后，我急急忙忙来到北大，对这样一张北京公社伟大号召，没有说一句支持和赞扬的话，却在所谓"不讲内容，只讲贴的方式"的讲话中，用各种理由，想说服大家，按我们的主观设想办事，说什么"内外有别"，"北大有很多外国人，搞不好客观上就给我们党和国家脸上抹黑"。说什么"不要全校声讨会，出点问题外国人一照相，一报道，就不好了。"说什么"不要发通电表示拥护党中央，这样外国人就会产生一种印象，好像我们国家摇摇欲坠"。甚至强调"党有党纪，国有国法"用组织纪律来压服大家。总之怕乱，怕上街，怕帝国主义、修正主义造谣诬蔑。这篇讲话是给群众大泼冷水，而且被陆平等资产阶级右派分子钻了空子。他们向聂元梓等革命师生进行了反革命反扑。对这样严重的错误，我很长时间不觉悟，曾经还辩解说："我没有反对聂元梓等同志的大字报，只是讲了个贴的地方问题，是技术问题。"其实就是怕群众造反，不让群众起来革命。[16]

其实，中央一线领导人很清楚，陆平和北大党委已经无法继续工

---

15 夏剑豸、高云鹏：《亲历北大第一张大字报的产生》。
16 胡宗式、章铎编：《北京大学文革资料选编》（下），奥斯汀：美国华忆出版社，2020年，第259—261页。

作了。5月29日,刘少奇、周恩来、邓小平等开会研究,决定之一就是由张承先率工作组进驻北大。[17] 派工作组是一种老办法。中央一线领导打算通过工作组,"有领导,有计划,有准备,有步骤地开展运动"。但是,毛泽东迫切需要的,是发动一场自下而上的轰轰烈烈的民众大革命,一场急风暴雨式的群众政治运动。

二、毛泽东批示广播聂元梓等人的大字报

政治局扩大会议开过了,《五一六通知》通过了,张恩慈的上书也批发了,毛泽东在思考,在等待……。

《毛泽东传》的作者写道:

六月一日,在陈伯达率领的工作组主持下,《人民日报》发表了一篇火药味十分浓的社论——《横扫一切牛鬼蛇神》,使已经十分紧张的政治空气变得更加紧张了。

这时,毛泽东正在考虑一个带有根本性的问题。他觉得,单靠发表一些政治批判文章(不管它写得怎样尖锐),单靠采取一些组织措施(不管它牵动到多么高的层面),都还远远不够,许多人对这些仍不那么注意,仍不足以形成一股势不可挡的巨大冲击力量,不足以解决他所深深忧虑的中国出不出"修正主义"的问题。关键是一定要自下而上地把群众放手地、充分地发动起来,揭露旧体制中存在的一切"阴暗面",创造出一个前所未有的、热气腾腾的大风大浪的局面来。而这依靠原有的机构、秩序和一套做法是不行的。

怎样才能做到这一点?它的突破口又在哪里?[18]

就在这一天中午,毛泽东看到了聂元梓等人的大字报。大字报刊登在《红旗》杂志社和《光明日报》总编室所编的《文化革命简报》第13期上,编辑日期是5月27日,送到毛泽东案头,已是6月1

---

17 《毛泽东年谱》(第五卷),第588—589页。
18 中共中央文献研究室编:《毛泽东传(1949—1976)》,北京:中央文献出版社,2003年,第1413—1414页。(以下简称《毛泽东传》)

日中午。看到聂元梓等人的大字报，毛泽东非常兴奋。《毛泽东传》的作者写道：

> 毛泽东觉得，如果公开发表这张大字报，可以成为一个有效的突破口，可以打乱原有的秩序，使群众的手脚放开。他当即写了批示："康生、伯达同志：此文可以由新华社全文广播，在全国各报刊发表，十分必要。北京大学这个反动堡垒，从此可以开始打破。请酌办。毛泽东 六月一日"[19]

批件由机要部门按常规送达北京，是需要时间的，毛泽东等不及，随即给康生、陈伯达打电话，指令当晚就向全国广播。据康生自己说，他接到通知的时间是下午4点。[20] 时间紧迫，这令当时在北京的中央领导人从下午4点一直忙碌到夜里，非常紧张。也是因为时间太紧了，中央人民广播电台当晚播出这张大字报时，只有大字报的内容，没有相配合的评论文字或导语，节目显得突兀，而且显得光秃秃的。不管怎么样，大字报广播后，"北京大学校园内就像开了锅一样，立刻沸腾起来。"[21]

当晚，以张承先为首的工作组进驻北大。相隔不过一周，领导们对待陆平的态度就大变样了。《北大百年》记载：

> 工作组进校后，随即召开中共北京大学委员会会议，由华北局负责人当场宣布：北京大学党委抗拒文化大革命，压制群众，打击左派，包庇右派，北京大学是一个顽固的资产阶级堡垒。
>
> 同时，华北局负责人向陆平等提出警告：必须老老实实地交代自己的罪行，必须停止一切非法活动，同时向北大党委约法三章：一、不许搞特务活动；二、不许搞两面派；三、不许搞阳奉阴违。

6月2日，凌晨零点30分，陆平等在夜幕下陪同华北局工作组在北大办公楼礼堂召开北大党团干部、学生干部大会，宣布华北局决

19《毛泽东传》，第1414页。
20 胡宗式、章铎编：《北京大学文革资料选编》（下），第23页。
21《毛泽东传》，第1414页。

定，派工作组进校，领导北京大学的文化大革命运动。[22]

华北局负责人这番讲话，比聂元梓等人大字报所写的，要厉害得多了。大字报写了些什么，已经不重要了。

参加党团干部、学生干部大会的有1000多人，但普通同学是不知道这些的。6月2日早上起来，听到学校广播台转播中央人民广播电台的报刊摘要节目，人们才知道陆平垮台了。

6月2日，《人民日报》头版在"北京大学七同志一张大字报揭穿了一个大阴谋"的通栏标题下，全文刊登了聂元梓等人的大字报，《人民日报》还发表评论员文章《欢呼北大的一张大字报》，文章指名道姓地批评陆平："你们的'党'不是真共产党，而是假共产党，是修正主义的'党'。你们的'组织'就是反党集团。你们的纪律就是对无产阶级革命派实行残酷无情的打击。"后来，在八届十一中全会期间，毛泽东还为这篇评论员文章加了一条注，其中说："危害革命的错误领导，不应当无条件接受，而应该坚决抵制。"[23] 这天的《人民日报》还发表社论《触及人们灵魂的大革命》。听完早晨的广播，北大是真正地沸腾了。

毛泽东为什么认为北大是一个"反动堡垒"？毛泽东是从什么时候开始有这种看法的？这都有待于未来的学者们来研究。毛泽东对北大的看法，远远超过了当初张磐石调查组的认识和估计。

可以明确的是，陆平党委是被毛泽东和党中央打倒的，不是被聂元梓等人写的那张大字报打倒的。大字报广播后，特别是《人民日报》评论员文章广播后，北大所出现的那种一边倒的群情激奋的景象，主要原因是毛泽东的至高无上的威望和《人民日报》的巨大影响力。北大的学生，其时尚未听到《五一六通知》的传达，也不知道陆平及其党委到底有什么问题，但他们深信，《人民日报》和中央人民广播电台所传播的声音，就是毛泽东和党中央的声音，紧跟毛主席、党中央，是理所当然的事情。

---

22 李志伟：《北大百年》，第331—332页。
23 《毛泽东传》，第1415页。

6月4日《人民日报》发表了新华社的两篇经毛泽东审阅批准的电讯稿。第一篇电讯稿说：中共中央决定由华北局第一书记李雪峰兼任北京市委第一书记，调吉林省委第一书记吴德任北京市委第二书记，对北京市委进行改组。北京市的社会主义文化大革命的工作，由新市委直接领导。第二篇电讯稿说：新改组的北京市委决定：一、派以张承先为首的工作组到北京大学对社会主义文化大革命进行领导；二、撤销北京大学党委书记陆平、副书记彭珮云的一切职务，并对北京大学党委进行改组；三、在北京大学党委改组期间，由工作组代行党委的职权。[24]

这两篇电讯稿信息丰富，而且是向全国、全世界发布的，"内外有别"一类的清规戒律完全被打破了。

6月5日《人民日报》发表题为《做无产阶级革命派，还是做资产阶级保皇派？》的社论，其中写道："陆平等这一小撮保皇党，拼命抵制和破坏社会主义教育运动。……他们对一批积极分子进行的这种残酷斗争，竟长达7个月之久。这是1965年发生的一个极端严重的反革命事件。"

五十多年后回顾往事，在毛泽东的全国文革大棋盘上，北大不过是一枚棋子。聂元梓等人写大字报的初衷，原是借彭真下台为自己在"社教"中的遭遇申诉，以免被打成"反党集团"，但在毛泽东的亲自导演下，这张大字报的作用，就远不是他们当初所想象的那样简单了。大字报在全国范围内引发的轰动效应和连锁反应，是聂元梓等人无论如何也想不到的。

《毛泽东传》的作者写道：

> 这件事在全国引起十分强烈的反响，局面顿时大变。北京各大中学校里，学生纷纷起来"造修正主义的反"，校园里铺天盖地地贴出矛头指向领导干部和教师的大字报，学校党组织陷于瘫痪，乱打乱斗的现象开始出现。毛泽东这时所在的杭州也不例外，浙江大学等校园里一天就贴满了大字报、大标语，一些师生还到省委机关张贴大字

---

24 《毛泽东年谱》（第五卷），第590页。

报，矛头直指省委负责人。[25]

"时间很短，来势很猛，我也没有料到，一张大字报一广播，全国都轰动了。"[26] 毛泽东也认为这有点出乎他的意料，但这是他最乐见的效果。"一阵风雷惊世界，满街红绿走旌旗"，毛泽东很欣赏这样一场大规模群众运动的兴起。6月10日，毛泽东在杭州主持政治局常委扩大会时说，"北大一张大字报，把文化革命的火点燃起来了，这是任何人压制不住的一场革命风暴。"[27]

7月24日，毛泽东召集中央文革小组成员谈话时说，"不发表聂元梓那样的大字报，那才不行哩！"[28]

8月1日，八届十一中全会开幕。毛泽东决心改变刘少奇的接班人位置，在8月5日写下了一段令人震惊的文字，这就是《炮打司令部——我的一张大字报》。毛泽东一开头就写道，"全国第一张马列主义的大字报和《人民日报》评论员的文章，写得何等好啊！请同志们重读这一篇大字报和这篇评论。"[29] 毛泽东把聂元梓等人的大字报推到"全国第一张马列主义的大字报"的高度，是同他下决心打倒以刘少奇为首的"资产阶级司令部"有关系的。

6月1日，毛泽东给康生打电话时，还说："聂元梓的大字报是二十世纪北京公社宣言，比巴黎公社意义更重大。"[30] 所以，"二十世纪北京公社宣言"是大字报的另一个标签。

三、关于"第一张大字报"产生过程的争论

大字报广播之后，北大学生的注意力转向揭发批判"陆平黑帮"，校园里贴满了大字报，社会各界来看大字报、表示支持北大革命师生

---

25 《毛泽东传》，第1415页。
26 《毛泽东传》，第1417页。
27 《毛泽东年谱》（第五卷），第593页。
28 《毛泽东年谱》（第五卷），第601页。
29 《毛泽东年谱》（第五卷），第607页。
30 王力：《王力反思录》，香港：北星出版社，2001年，第601—602页。

的人群挤满校园。但在当时，还没有人去关注这张大字报是怎样产生的。其实，高层在对大字报产生过程和相关人员的评价上，是有分歧的。这对北大的文革进程产生了深远的影响。

杨克明的上书

七个人中间，唯一出面向高层报告写大字报经过的是杨克明。戚本禹在回忆录中说，杨克明在1966年7月给中央文革写信，报告《北京大学的全国第一张马列主义大字报的产生经过》。一开始，是他和另一位哲学系的教师张恩慈，为写大字报的事去找过曹轶欧，得到了曹轶欧的支持，回去以后就由杨克明执笔写了大字报。杨克明在信上还说，他起草的这张大字报的底稿还在他那里。我们派到北京大学的"快报组"记者回来也跟我说，这张大字报是哲学系杨克明等几个青年教师一起写的。写好后，再请聂元梓等人签名。[31]

杨克明这封信的内容从未披露过。笔者不知道这封信是什么样子的，写信的动机和背景又是什么。推测起来，无非是要表明他才是大字报的第一作者。这封信的内容虽然罕为人知，但效果是看得见的，因为八届十一中全会召开时，聂元梓和杨克明都被邀请列席。会议期间，毛泽东还接见了聂元梓、杨克明和张恩慈三人。

戚本禹的回忆不无疑点，比如《北京大学的全国第一张马列主义大字报的产生经过》这样一个题目。众所周知，"全国第一张马列主义大字报"这种提法，是毛泽东8月5日在《炮打司令部——我的一张大字报》里提出来的，8月7日才作为八届十一中全会文件印发，杨克明7月份的信里不可能有这种提法。再如，张恩慈早已调离北大，大字报产生的时候就在曹轶欧手下工作，1966年7月份正同曹轶欧一起在张承先的工作组里，杨克明在信里怎么还说张恩慈是"哲学系教师"？关于和张恩慈一起见曹轶欧的事，据笔者了解，写大字报的其他人从未听杨克明说过这件事情。而聂元梓回忆说曾和杨克

---

31 戚本禹：《戚本禹回忆录》，香港：中国文革历史出版有限公司，2016年，第417页。

明一起去找曹轶欧，张恩慈在座。聂元梓甚至还能画出图来，说明每个人当时所坐的位置。但杨、张均极力否定有这次面谈。文革史专家余汝信对此也无法下结论。[32] 笔者认为，在毛泽东对张恩慈上书已经做出批示的情况下，曹轶欧肯定会支持写大字报，但作为党内政治斗争老手，曹不会指使他们写什么，也不会去了解他们将要写些什么。在彭真已经被打倒的情况下，大字报的具体内容已经不重要了。

戚本禹的回忆表明，中央文革"快报组"的记者也对大字报的产生过程作过调查，那么，是谁让他们去调查此事的？他们有书面报告吗？

原中央文革小组的王力后来透露了一些不为人知的内幕：

> 曹轶欧不同意把聂元梓捧那么高，康生对聂元梓一贯印象恶劣。毛主席、江青都重视聂元梓，曹轶欧觉得过分，就揭她的底，说大字报她一个字也没有写，主要是杨克明写的。杨写了后，叫哲学系的人签字，聂元梓是哲学系总支书记，叫她签她还不签，说服了好几次才签的。因为她是总支书记，才把她放在第一名。有人说曹轶欧和聂元梓是老乡，大字报是曹轶欧组织的，这一点影子都没有。曹轶欧强调杨克明，十一中全会吸收北大的人参加时，江青提聂元梓，康生提杨克明。曹轶欧和聂元梓势不两立，聂元梓靠拢江青，江青支持聂元梓反曹轶欧。[33]

上述引文中，曹轶欧关于大字报签名经过的说法，并不符合事实。说聂元梓反曹轶欧，也难以成立，因为两人的层级相差太远。但王力提到的高层对聂元梓有不同态度这一点，不乏参考价值。

毛泽东一而再地给大字报以极高的评价，完全是出于发动"文革"、打倒刘少奇的政治需要。至于谁是第一作者，签名者的个人情况如何，并不重要。毛泽东、江青重视聂元梓，是很正常的事情，因为她是大字报的首要责任人。八届十一中全会期间，江青单请聂元梓

---

[32] 余汝信：《写在〈聂元梓回忆录〉出版之际》，2005年3月4日首发于枫华园第492期，2016年7月加注释及附图重发。Blog.sina.com.cn
[33] 王力：《王力反思录》，第603—604页。

吃饭，也是对聂表示支持的一种方式，虽然群众对此一无所知。毛泽东对大字报的高度评价，使聂元梓成为"文革"的标志性人物，也成为聂元梓在"文革"中的护身法宝。北大许多师生一直支持聂元梓，实质上是维护毛泽东对大字报的评价，维护毛泽东的威望。

康生和曹轶欧对聂元梓有看法，且康生对聂"一贯印象恶劣"，什么原因？又始于何时？笔者不得而知。他们不同意把聂元梓捧那么高，要把她拉下来，把杨克明提上去。这大概就是杨克明1966年7月上书的大背景。上书的操作过程和上书内容虽不得而知，但上书的效果是显而易见的。但这并没有解决矛盾。1966年秋发生的要"搬开聂元梓"的风波，是这一矛盾的继续。

关于大字报产生过程的争议

大字报产生的过程受到关注，是"文革"结束后的事情。为了把文革的罪责全部推到林彪、江青、康生一伙身上，为了把康生说成是第一张大字报的主使者、创意者，就出现了一种无视历史事实的"策划指使说"。

中央组织部1980年8月21日在《关于为受所谓全国第一张大字报诬陷的同志平反的通知》中写道：

> 文化大革命一开始，林彪、江青、康生、陈伯达一伙，出于篡党夺权的需要，抛出聂元梓等人的所谓"第一张大字报"，并组织人炮制《人民日报》评论员文章，诬陷北京大学党委和陆平、宋硕、彭珮云同志，这是一起冤案。

1980年10月16日中央批转的中纪委《关于康生问题的审查报告》中指出：康生的反革命罪行之一就是在他的幕后策划下、在他和其妻曹轶欧的指使下炮制了"第一张大字报"。

必须指出，上述文件出台的时候，《关于建国以来党的若干历史问题的决议》还没有诞生（该《决议》在**1981**年**6**月**27**日才由中共十一届六中全会通过），中央文献研究室编撰的《毛泽东传（1949—1976）》和《毛泽东年谱（一九四九——一九七六）》等重要史籍也还没有出版,毛泽东对张恩慈上书作出批示,以及亲自批示和打电话指示广播"第一张大字报"等重大措施的细节还没有披露出来,文件的提法无疑受到当时政治环境的约束。

"文革"后复出的陆平、彭珮云等,或接受采访,或发表文章,坚持"策划指使说"。1981年1月8日《北京日报》发表记者林浩基采访北京大学原校长兼党委书记陆平的文章《北大第一张大字报是怎样出笼的——揭露康生的反革命罪行》。该文发表后,使"策划指使说"广为人知。彭珮云在《也谈"全国第一张马列主义大字报"出笼经过》(载《百年潮》2006年第02期)一文中写道:"我想强调一点,对文化大革命中中央已有明确结论的一些重大问题,决不要违背事实随意发表翻案文章,这无助于人们正确地汲取历史教训。"显然,彭珮云这样说的目的就是要阻止人们去探求历史的真相。

1998年出版、2008年又修订的《北京大学记事》(王学珍、王效挺、黄文一等人主编)的文革部分,就是紧跟上述官方政治导向的典型代表作。它把北大"文革"写成"反聂"与"保聂"的斗争,混淆了"文革"的真正本质,也阻碍了对真相的探究。

"文革"史学者印红标对"策划指使说"提出质疑,他认为:大字报是由聂元梓等人自己发起,受到曹轶欧等人的推动和支持,经毛泽东批准在传媒发表而影响全国。曹轶欧与大字报的关系是"推动"和"支持",而不是"策划"或"指使"。[34] 这种观点被称之为"推动支持说"。

那么真相究竟是什么呢?

夏剑豸、高云鹏谈大字报的产生

《记忆》第234期(2018年9月15日)刊登了大字报两位作者夏剑豸、高云鹏的文章《亲历北大第一张大字报的产生》。文中写道:

酝酿和写作大字报是从5月22日开始的。

---

34 印红标:《曹轶欧与"第一张大字报"关系再考订》,载《文史精华》,2004年第1期。

5月16日中共中央政治局扩大会议通过了《五一六通知》。5月20日下午北大党委向党员干部传达了"五一六通知"。哲学系总支书记聂元梓和副书记赵正义听取了传达。5月22日晚，聂元梓、赵正义、杨克明、宋一秀、夏剑豸、高云鹏在20楼杨克明家聚会，由赵正义根据记录传达了《五一六通知》的主要内容。赵正义一边传达，聂元梓一边做补充。在这之前批判三家村已经如火如荼，"五一"节彭真没有露面，我们已经注意到了。我们听了赵、聂的传达之后，更加确认彭真和北京市委出了大问题，我们应该抓住这个机会，把北大社教运动和国际饭店整风会议的案翻过来，并对市委大学部和北大党委对待文化革命的态度予以揭露和批驳。具体怎么办，采取什么方式？经过讨论，当时提出有几种做法：一是给报社写信，但我们的意见能否及时上报到党中央？我们没有把握；二是写小字报，贴在北大党委办公室的院子（即四院）里，但这样做大家不易看到，影响不大。最后我们一致认为还是写大字报好，可以把大字报贴到校园里，影响大。

聚会上大家确定写大字报以后，又讨论了写什么内容，由谁来执笔的问题。大家认为，大字报的内容应该围绕着文化革命方向的问题。因为市委大学部副部长宋硕，让北大的学生去查阅大量历史资料，以证明海瑞是否平了冤狱。并以此为典型在北大召开现场会加以推广，企图把文化革命引向学术讨论的方向，必须揭露他们的阴谋。关于执笔人，因为在此之前，宋一秀、赵正义曾应解放军报社之邀，写了一篇关于文化革命运动方向的文章，大家就推举宋一秀在那篇文章的基础上，起草大字报。

5月24日晚，仍是六个人在杨克明家里讨论宋一秀写的大字报稿。先是宋一秀把他写的大字报稿读了一遍。大家听后觉得大字报稿篇幅较长，重点不突出，不够尖锐有力。之后就如何修改大字报进行了议论，聂元梓、杨克明等都说了些具体意见，最后大家推举杨克明修改大字报。杨克明说要连夜修改出来，第二天一早去科学院电工所上班前把大字报稿交给高云鹏。

5月25日晨杨克明去电工所上班时，顺路把大字报稿给了住在

24 楼的高云鹏。高云鹏拿到稿子先叫同住 24 楼的宋一秀一同看稿子。这份稿子的内容吸收了宋一秀大字报的内容，和大家讨论的意见也是一致的。但大字报的结构和文字是杨克明重写的。宋一秀和高云鹏觉得这份稿子方向明确、重点突出、简明扼要、战斗力很强，写得很不错。之后他俩就分别通知赵正义、夏剑豸过来，在宋一秀的屋子里讨论杨克明的稿子。四个人一起对大字报稿做了些文字上的修改，内容上没有改动。后来聂元梓来了，她看完稿子在最后加了一段话和三个口号。此后大家又一句一句审核，通过一句夏剑豸和高云鹏就各自抄写在大字报上，也就是同时抄写了两份大字报。之所以要抄写两份，是因为考虑给校党委提意见，就要贴在党委院子里一份，另一份准备贴在大饭厅东墙上。

大字报抄完后，我们就陆续签上了名，第一批签的有赵正义、宋一秀、夏剑豸和高云鹏。第一个位子留给了聂元梓，她当时外出有事，回来之后就在第一位置上签了名。杨克明当时不在，为了能及时把大字报贴出去，高云鹏就在第四的位置替杨克明签上了名。因为大字报是杨克明修改完成的，把他的名字签上去是很自然的事情。当时谁也没有想到他已调到科学院电工所工作，不是北大的人了，签上他的名字或许有所不妥。

大字报抄好并签了名之后，觉得签名的人少了点，但是好多人又都不在学校。后来想到李醒尘就住在 24 楼一楼，他平时是同情和支持我们的，于是就由宋一秀去一楼找李醒尘，当时他正在午睡。把他叫上来，他看了一遍抄好的大字报，欣然同意，并在大字报上签上了自己的名字，大字报的作者最后就成了七个人。接着李醒尘便同赵、宋、夏、高一起去贴大字报了。

当年，除聂元梓、赵正义之外，我们都是普通的年轻教师，对当时中央上层的斗争不清楚，也不可能知晓。我们的大字报在全国广播之后，我们最初想的是，我们这下可以翻身了，再不会被打成"反党集团"，被开除出党了。而大字报被毛泽东利用，进一步在全国掀起文化大革命巨浪，造成十年之久的大动乱，带来极其严重的恶果，这的确是我们无法预料的。

北大第一张大字报的产生一事，已过去了半个多世纪，我们本不想再谈及此事。然而，多年以来流传着一种说法，说聂元梓等七人大字报是中央理论调查组曹轶欧授意的，是康生、曹轶欧幕后策划、"指示泡制出来的"。对这种说法我们只从自己的亲身经历来加以澄清，还历史以本来的面貌。

关于聂元梓和杨克明曾请示曹轶欧之事，文章写道：

在我们写大字报的整个过程中，聂元梓从未透露过她去询问曹轶欧一事。我们还是后来看到她的回忆录时才知道这个情况的。也就是说，我们写大字报没有任何人授意，没受任何人指使，完全是我们对当时形势的估计，根据《五一六通知》精神和北大的实际，自行讨论、决定，并付之行动的，这就是我们亲历写大字报的历史事实。

还有一件事可以作为佐证：大字报贴出的傍晚就遭到有组织的围攻。晚饭前后夏剑豸曾去一院找调查组的张恩慈（张住在一院），向他反映大字报被围攻的情况。张当即批评道："你们为什么让聂元梓第一个签名？！你们不知道树大招风吗？！"这也从另一个侧面说明，中央理论调查组并没有指使聂元梓，让她牵头写大字报。

大字报贴出之后

大字报贴出之后，很快就遭到了有组织的围攻。

5月25日傍晚杨克明从科学院电工所下班回到北大住处时，大字报正遭受围攻，杨克明有点紧张，便责问别人为什么把他的名字签了上去，高云鹏作了解释，并表示他可以发表声明表示杨克明的名字是他代签的，由他负责。不过杨克明没有再坚持，事情就过去了。这也说明杨克明起草大字报一事，并不是张恩慈和曹轶欧指使的，否则杨克明何必紧张呢。

1966年秋，有同学拜访宋一秀。宋一秀的一句话令这位同学记忆深刻，宋说，"我也参加了写大字报，在大字报遭到攻击的时候，我不推卸自己的责任，在大字报受到表彰的时候，我也不争什么功劳。"谁推卸责任了？谁争功劳了？这位同学后来明白，宋说的就是杨克明。要用杨克明取代聂元梓，这在哲学系左派那里就通不过。

康生是当时最了解毛泽东想法的高层官员，毛泽东在外地的许多指示，都由康生向中央其他领导人和书记处传达，中央政治局扩大会议的情况，指定由他向毛泽东汇报。向毛泽东报送《简报》之类材料，是其工作范围之内的事情。但康生没有想到，毛泽东发动文革的矛头是指向刘少奇的。否则，他就不会把妻子曹轶欧派到张承先的工作组里去了。与此相似，刘少奇也没有想到这次运动是针对自己的，所以派夫人王光美参加了清华大学工作组，从而给自己带来了大麻烦。还有一点，在5月的政治局扩大会议上，康生还作过检讨，说过去反对过刘少奇，是错误的。倘若康生看出《五一六通知》是反对刘少奇的，他绝不会在会上做那个检讨。

北京市委机关很早就出现了大字报，但笔者一无所知。就笔者所知，在北京最先贴大字报的，其实是中国科学院哲学社会科学部（简称"学部"）哲学所的吴传启和林聿时。他们在5月23日就贴了"学部"副主任兼政治部主任杨述的大字报，批判杨述的《青春漫语》是"反党反社会主义大毒草"。"学部"党委就此事给上级写了报告。5月26日，康生在报告上作了四点批示："一、贴大字报难道还要批准么？二、林聿时为什么不能贴大字报？三、学部的问题很多。四、哲学所的问题更多。"[35] 在康生批示的支持下，吴传启、林聿时一下子占领了学部造反舞台的制高点，他们从5月31日至6日1日天亮，开了近20小时大会，一举斗垮了哲学所的党支部书记，夺取了哲学所的权力。而这时，聂元梓等人的大字报还在被围攻呢。

"学部"是归康生管的，康生说了算，问题在康生那里就解决了。北大的情况就不同了。北大不是康生的地盘，管的人很多，康生还排不上号。聂元梓等人的大字报一贴出，高层官员纷纷出马要求"内外有别"，并坐视对大字报作者的围攻，虽然他们都知道毛泽东、刘少奇已经批发了张恩慈的上书，知道了毛泽东的态度，但他们还要等毛

---

[35] 孟祥才：《我所知道的关锋、林聿时和吴传启》，载《历史学家茶座》，2011年第2辑。

泽东亲自发话。康生当然是支持大字报的，但他所能做的，就是把刊有大字报的《文化革命简报》报送毛泽东。北大的事情，毛泽东说了才算。

笔者有一个疑问，就是吴传启、林聿时的大字报，《文化革命简报》有没有刊登呢？此前的12期刊登了哪些内容呢？它的报送范围又是怎样的呢？未来的文革史学者，或许有条件探讨一下。

没有北大社教运动的大起大落和反覆，没有"第二次国际饭店会议"对社教积极分子的打击报复，就不可能有这张大字报。没有《五一六通知》，也不可能有这张大字报。没有毛泽东批示广播这张大字报，大字报可能就被压下去了，决不会产生全国性的影响。而大字报所产生的影响，是毛泽东自己都没有预料到的。

附记：关于陆平

陆平是如何被打倒的，这个过程已经很清楚了。

陆平被打倒的时候，北大在校学生对他其实是很不了解的。

陆平，原名刘志贤，汉族，1914年11月15日生于吉林省长春市。

陆平幼时因高烧致一目失明，这在现在是可以申领残疾证的。但笔者当年对此一无所知。直到读到《陆平纪念文集》，才知道他一直是靠一只眼睛工作的，这颇为不易。笔者相信，当年的北大学生，没有几个人知道这一情况。

1934年8月—1937年7月，陆平曾在北大教育系上学。这是后来他选择来北大而不是去外交部的一个重要原因。陆平1933年时已经加入中共，上学期间的主要精力都用在中共的地下工作上了。在抗日战争和解放战争期间，陆平担任过许多职务。从1949年6月起，陆平进入了铁路系统工作，当过哈尔滨铁路管理局的局长和党委书记。在调入北大之前，陆平已经当了三年铁道部副部长，对于铁路的管理，他已经很有经验了。

在利用群众运动大搞阶级斗争、大搞政治斗争甚至在经济建设领域也利用群众运动搞大跃进的路线下，没有人可以当好大学的领导，陆平也不例外。无论是反右补课还是反右倾，他都受到来自高层的巨大压力。"我顶不住。"——这是陆平晚年私下里对子女说过的一句话。他女儿陆莹说，"他真的扛不住，那时候真的很难说话。是全党路线的左，大家都很左，包括我父亲，他有没有左的地方？也有的。你说他当时思想认识有多高，也没多高。"[36]

作为校长，陆平还是想做些事的。北大校园地方太小，陆平要来了昌平的一块地，以建设理科的教学基地。他还增设了新的系和新的学科。他也想抓教学，抓科研，然而，"中央对我父亲是不满意的"，陆莹多年后如是说。

陆莹特别提到了1964年的春节茶话会，"毛主席请了16人，其他都是高层，级别低一点的就蒋南翔和我父亲，一个清华一个北大。'学制要缩短（那时大学学制有的5年有的6年），教育要革命'，教育方面左的东西，都是从这次座谈会开始的。'瓦特没上过大学也发明了电灯'就是那次讲话时讲的。那次清华北大都有一个汇报。毛主席对文科、对北大更感兴趣。他对北大的教育不满意，而且已经明显流露出来了。可父亲绝对没想到在教育文化领域会爆发那么一场他首当其冲的大革命，万没想到会来一场急风暴雨的革命，把那么多人打倒在地。善良的人万想不到政治的残酷能到这样的程度。父亲去过延安，知道过去的一些事，但总的来说不是很了解。"

毛泽东对北大的教育不满意，陆平在1964年2月13日那天就清楚地感受到了。但陆平是如何汇报的，笔者不得而知。毛泽东针对北大的教育又说了哪些不满意的话，陆平没有说。《毛泽东年谱》载有那次毛泽东的谈话内容，那是针对整个教育问题而说的，笔者也没有看出什么"左的东西"。毛泽东对中国的教育有自己独特的看法，是值得研究的。他指出的一些弊端，至今依然存在，好像也没有解决

---

36 陆莹口述、陈洁采写：《父亲是知识分子》，原载《中华读书报》，2008年3月12日。笔者引用的是"爱问共享资料网站"所载《中华读书报》2010年1月20日重刊的文章《陆莹：父亲陆平是知识分子》。

的良方。

教育方面左的东西，其实更早的时候就开始了，但陆平对这次茶话会的印象最为深刻。至于"瓦特没上过大学也发明了电灯"，是口述者的误记，毛泽东不会那样说的。瓦特发明的是蒸汽机，电灯的发明者，当时普遍的说法是爱迪生。毛泽东用这些事例说明一些大道理的话，很早就有了。

陆平在"文革"中历经磨难。到"文革"后期落实政策、解放干部的时候，因为陆平是毛泽东打倒的，没有毛泽东的允准，谁也不敢解放他。谢静宜在《毛泽东身边工作琐忆》一书中写道：

> 大概是1974年下半年，我在清华接到汪东兴转来毛主席的指示信，当时主席在外地。东兴同志用毛笔把主席对我的指示原话写给了我，是通过发文件的形式送来的。
>
> 主席指示大意是：我看了陆平给我的信，态度还好，告诉小谢，也像蒋南翔一样，把他解放吧！
>
> 我看到主席关于陆平的指示后，当天下午正好去市委开常委会。我向吴德报告了此事。因为当时我未首先说清是主席指示，开头一句"吴德同志，把陆平解放了吧……"吴德惊讶地说："陆平？陆平可影响大了，没有老人家发话，谁也不敢解决他的问题。"
>
> 我接着告诉吴德说："就是主席他老人家发话了呀！"随即我把主席的原话报告了吴德及其在座的常委。吴德笑着说"既然主席说了话，那就执行，你先让北大写个意见，市委批一下上报就行了。"
>
> 第二天，我同北大党委书记王连龙一起，在北大找到陆平谈了话，陆平态度诚恳，表示今后好好学习，感谢主席对他的关怀。
>
> 解放后，陆平被中央组织部分配到七机部担任副部长职务。

陆平于2002年11月28日逝世，享年88岁。同他的前任江隆基和隔壁邻居人民大学的孙泱相比，陆平已经是幸运的了。

第五章 "文革"初期的北大工作组

一、以张承先为首的工作组仓促进入北大

1966年6月1日当晚,中共中央华北局、中共北京新市委负责人吴德、苏谦益、池必卿、黄志刚等率领以张承先为组长的华北局派驻北京大学工作组32人进校,并立即召开中共北京大学委员会会议,由华北局负责人宣布:北京大学党委抗拒文化大革命,压制群众,打击左派,包庇右派。北京大学是一个顽固的资产阶级反动堡垒。华北局决定派以张承先为首的工作组进校,放手发动群众,坚决支持革命,把北大的社会主义文化大革命进行到底。会上,华北局负责人向"党内坚决走资本主义道路的当权派"提出警告:必须老老实实彻底交待自己的罪行;必须停止一切非法活动。同时向党委宣布约法三章:不许搞秘密活动;不许搞两面派;不许阳奉阴违。

6月2日凌晨零点30分,华北局工作组在办公楼礼堂召开全校党团员干部、学生干部大会,一千多人出席。会上,宣布华北局决定:派工作组进校领导文化大革命。

向北大派出以张承先为首的工作组的事,是中央决定的。早在5月29日,刘少奇、周恩来、邓小平等中央一线领导人就作出了向北大派出以张承先为首的工作组的决定,并获得在杭州的毛泽东的同意。[1] 在毛泽东还没有见到聂元梓等人大字报的时候,中央一线领导就已经在筹建工作组了。聂元梓等人的大字报即便不广播,工作组也是要派的。

---

[1] 中共中央文献研究室编:《周恩来年谱(1949—1976)》(电子版),第1123页。

数十年后，张承先在 1998 年发表的《"文革"初期的北大工作组》（以下简称"张文"）一文中回忆说：

在极其紧急的情况下，我奉命进入北大担任工作组组长。

1966 年 5 月，我正在北京参加中共中央华北局主持召开的华北地区"文化大革命"工作会议（当时我任河北省委书记处书记）。在会上听了 5 月 18 日林彪在中央政治局扩大会议上的讲话。他在讲话中大讲世界上"政变成风"，并称中国有些人阴谋搞政变，要杀人。会上还传达了彭真、罗瑞卿、陆定一、杨尚昆等的所谓"反党错误"。当时感到气氛很紧张。

在这次会上，还传达、学习了中央决定发动"文革"的《五一六通知》。我对这一通知进行了反复认真的研读。其中对国内政治形势所作的那些极其严重的估计，真使我大吃一惊，心想：情况有这么严重吗？但由于毛主席在我心中的崇高威望，我又不能不相信，也不敢怀疑。当时只是考虑自己要努力学习提高，跟上毛主席的重大战略部署。同时认真对照检查我在河北主管的文教工作，考虑在这方面工作中有无问题。

6 月 1 日下午，我突然接到通知，让我在傍晚到北京饭店向北京新市委第二书记吴德领受任务。吴德对我说：毛主席决定要向全国广播北京大学聂元梓等七人 5 月 25 日贴出的大字报，广播后北大党委可能陷入瘫痪状态，中央决定任你为北大工作组组长，并由你代行北大党委书记职务，要赶在广播前进驻北大，领导那里的"文化大革命"运动。当晚召开了华北局和北京新市委负责人参加的紧急会议，讨论工作组进驻北大后的工作方针和行动计划。然后，吴德和华北局负责人苏谦益、池必卿、黄志刚带领我急忙赶到北大，召开党委会议，宣布了华北局决定。这时中央人民广播电台已于晚八点广播了聂元梓等的大字报。6 月 2 日晨零点三十分，紧急召开了全校党团员、干部和学生干部大会，我讲了话，表示要坚决支持北大的革命运动，

放手发动群众,把北大的"无产阶级文化大革命"进行到底!²

二、在党中央的号召下,北大燃起"文革"烈火

1966年6月1日,《人民日报》发表了社论《横扫一切牛鬼蛇神》。当晚,按照毛泽东的批示和电话指示,广播了聂元梓等人的大字报。

在大字报被广播以前,公开支持和反对大字报的人都是少数,反对大字报的人虽然气势汹汹,但那是表面上的,其中的许多学生是被利用的。大多数师生员工,特别是普通学生和职工,搞不清楚是怎么回事,并没有发声。另外,还有一大批师生在外地参加农村"四清"运动,他们还不知道大字报的事情。大字报广播后,情况就不一样了。

6月2日,《人民日报》头版以《北京大学七同志一张大字报揭穿了一个大阴谋》为题,全文刊登了这张大字报,《人民日报》还发表了社论《触及人们灵魂的大革命》和评论员文章《欢呼北大的一张大字报》。评论员文章宣称:"为陆平、彭珮云等人多年把持的北京大学,是'三家村'黑帮的一个据点,是他们反党反社会主义的顽固堡垒。"

于是,情况发生了根本性的转折,出现了全校师生一致声讨"陆平黑帮"的浪潮。很快,参加外地农村"四清"的师生也回到学校,参加到这一史无前例的浪潮中来。一些参加过围攻聂元梓等人大字报的学生认为自己被欺骗了,他们表现出了更大的愤怒,他们的行动也更为激烈,矛头所向,首先是前几天带领或鼓动他们围攻聂元梓等人大字报的干部和老师。这同后来"六一八事件"的发生,在某种程度上是有因果关系的。

6月4日,《人民日报》发表了经毛泽东审阅批准的两篇新华社电讯。第一篇电讯是关于改组北京市委、成立新市委的,兹不赘引。

---

2 张承先:《"文革"初期的北大工作组》,载《百年潮》1998年第5期。

第二篇电讯宣布了新改组的北京市委的决定：一、派以张承先为首的工作组到北京大学对社会主义文化大革命进行领导；二、撤销北京大学党委书记陆平、副书记彭珮云的一切职务，并对北京大学党委进行改组；三、在北京大学党委改组期间，由工作组代行党委的职权。

消息公布后，北京市群众敲锣打鼓，游行庆祝，欢迎新市委。对于毛主席、党中央的决定，广大人民是热烈拥护的。

事实证明，陆平、彭珮云是中央要打倒的，也是被中央打倒的。

6月5日，《人民日报》又发表社论《做无产阶级革命派，还是做资产阶级保皇派？》，社论说："陆平等这一小撮保皇党，拼命抵制和破坏社会主义教育运动。……他们对一批积极分子进行的这种残酷斗争，竟长达7个月之久。这是1965年发生的一个极端严重的反革命事件。"

这篇社论宣示了中央对北大社教运动的新的评价，在第二次国际饭店会议上遭到围攻、打击的左派们终于获得解放。

听到这篇社论的广播，对北大1964—1965年间那场严重党内斗争一无所知的学生们，深感震惊。总支书记一级的官员们的一些问题，在1964年社教运动中只是在党内被提出来质问，现在被用大字报公布出来了，在工作组主持的群众大会上被批判了。并且，他们都被称为"黑帮"。

当时的北大学生，都是解放后长大的，从小就受到共产党的教育，都认为中央人民广播电台、《人民日报》《解放军报》《红旗》杂志，等等，传播的都是毛主席、党中央的声音，都是真理，只能学习、紧跟，是不容许有丝毫怀疑的。特别是自八届十中全会提出"千万不要忘记阶级斗争"之后，在国际上开展了反对苏联修正主义的斗争，在国内开展了"四清"运动，报刊上早已充斥着种种批判文章，北大学生的头脑中，已经被灌满了阶级斗争和"反修防修"的意识。经过多年的宣传教育，学生中对毛泽东的个人崇拜和个人迷信，也已达到很高的程度。另外，自开展批判《海瑞罢官》和"三家村"的运动以来，火越烧越旺，报刊批判文章的调子越来越高，气势汹汹，咄咄逼人，充满了火药味。因此，在这一系列急风暴雨般的鼓动之下，北大学生一边倒地声讨"陆平黑帮",是非常自然的事情。这也是多年来中国的大学当局对学生进行"以阶级斗争为纲"的政治思想教育的必然结果。北大有上万名年轻学生,中央媒体发表一张大字报,再发表一篇评论员文章,便足以让他们热血沸腾了。

工作组进北大后,很快向全校师生传达了《五一六通知》及其附件,传达时还特别说明,这份文件中的许多段落是毛主席亲自写的,所以,《五一六通知》将来是要收入《毛泽东选集》的。听了传达,师生们无不感到震惊、骇然和气愤,震惊、骇然和气愤之余,便把怒火撒向了"陆平黑帮"。

工作组进校后,首先面临的是全校师生在毛主席、党中央的号召下,群情激愤,批判"陆平黑帮"的火爆场面。毛泽东说:"北大一张大字报,把文化革命的火点燃起来了,这是任何人压制不住的一场革命风暴。"[3] 从6月1日到6月6日,校内共贴出大字报五万多张。每天都有社会各界上万人来北大看大字报和表示声援。仅6月上旬,全市各校、各单位到北大"声援"、串连的就超过30万人。[4] 有一次还来了一大批警察,表示要坚决保护北大的无产阶级革命派。

面对这种情况,以张承先为首的工作组显然没有思想准备。工作组总想把运动完全控制在自己的手里,总想在群众中抓些右派。他们仍然按照过去的老办法,对群众按左、中、右排队,而"左"的标准首先是看出身、是否党团员等等。一些单位在小组讨论会上,积极分子拿小本子记录他人的发言而自己并不积极发言(这显然是在收集证据)。有的工作组整了群众的黑材料,有的没有整,或者说还没有来得及整。他们的这种做法,造成了群众的分裂。张承先在《"文革"初期的北大工作组》一文中对当时情况的描述,颇有失实之处。[5] 这篇文章表明,张承先对文化大革命和北大形势的认识是混乱的,他无

---

3 中共中央文献研究室编:《毛泽东年谱(一九四九——一九七六)》(第五卷),北京:中央文献出版社,2013年,第593页。
4 卜伟华:《砸烂旧世界》,第256页。
5 参见古樟:《文革初期的北大——浅析张承先的〈"文革"初期的北大工作组〉》,载《记忆》第147期。

法站在前面领导这场运动，工作组最终被撤走也就是必然的了。

相对于中央的一系列举措，相对于各大报刊的一篇又一篇社论，相对于北大师生被煽动起来的革命激情，张承先及其工作组无疑远远地落在了后面，这中间的矛盾很快便爆发出来。另外，报刊社论对"陆平黑帮"的问题上纲很高，帽子很大，但工作组领导下的系一级会议上的揭发批判却空洞无物，这也产生了矛盾。这些矛盾的结果之一，便是开始出现了过火的斗争行为。一些"黑帮"或"黑帮爪牙"遭到揪斗，他们被戴上高帽子、挂上黑牌游街，受到推搡、揪头发、坐喷气式、往身上贴大字报，甚至殴打等粗暴的对待。工作组采取了一些劝阻措施，但未能奏效。

有过火行为的北大学生在当时也只是少数，要考证这些过火行为的渊源，其实同聂元梓并没有什么关系（张承先是把这些过火的斗争行为归罪于聂元梓的），倒是和毛泽东的《湖南农民运动考察报告》有点关系，特别是"革命不是请客吃饭，不是做文章，不是绘画绣花，不能那样雅致，那样从容不迫，文质彬彬，那样温良恭俭让。革命是暴动，是一个阶级推翻一个阶级的暴烈的行动。"这段语录。那个年代的学生们都要学习《毛选》，学的最多最熟的，就是《毛选》第一卷开头的几篇文章，学以致用，恰逢文革，就模仿了一下（文革初期，毛泽东的这段语录及《湖南农民运动考察报告》全文，就曾被抄成大字报，张贴于27楼对面马路边的大字报苇席栏上）。另外有重大关系的，是《五一六通知》和一系列社论，"彭、罗、陆、杨"是"反党集团"，陆平党委是"黑帮"，北京大学"是'三家村'黑帮的一个据点，是他们反党反社会主义的顽固堡垒"……这不都属于敌我矛盾吗？他们不都是最危险的敌人吗？对他们，还能那样文质彬彬，那样温良恭俭让吗？多年后，有校友指出，"先有文革当局以煽动幼稚青年为目的的极端野蛮暴力的语言暴力，才有受蒙蔽青年对受害者身体实施的物理暴力。"[6] 回顾历史，不就是这样的吗？

6　杨子浪：《我所目睹的最早的文革暴力——北大"六一八事件"追忆和反思》，载王复兴主编：《回顾暴风雨年代》（第二集），香港，时代文献出版社，2019年。

很快，全国许多地方都燃起了"文革"的烈火。后来连毛泽东都说："我也没有料到，一张大字报一广播，就全国轰动了。"[7] 为什么全国都轰动了？还不是毛泽东、党中央和中央媒体的威望带来的吗？

三、"六一八事件"及工作组报送中央的两个文件

工作组进校半月有余，没有"斗争黑帮"，这引起少数激进学生的不满。6月18日上午，一些学生冲破工作组的限制，自发地起来批斗所谓"牛鬼蛇神"，校园里多个地方出现了乱批乱斗的现象。其中，38楼门口的"斗鬼台"最为显眼，因为该楼东面入口处有个高台阶，东面和南面是一片空地，是集会的好场所（高台阶东面的外墙上贴了"斗鬼台"三个大字标语）。一些人被抓来示众、游街，受到罚跪、戴高帽、坐"喷气式"、用墨汁涂面、拳打脚踢等暴力对待，场面非常混乱。

中文系学生奚学瑶在他的回忆录《青春非常之旅——我的"文革"印迹》[8]（以下简称"奚文"）中写道：

大学生们也不甘落后，以毛泽东《湖南农民考察报告》为思想武器，经常念着这样的语录："革命不是请客吃饭，不能那样文质彬彬，那样温良恭俭让。革命是暴动，是一个阶级推翻另一个阶级的暴烈行动。"也学当初湖南农民的样子，给"黑帮分子"戴上高帽，有的甚至将装便纸的铁丝篓扣在他们的头上。6月18日，一个批斗"牛鬼蛇神"的高潮掀起来了，各系纷纷将本系的"黑帮分子""反动学术权"拉到学生宿舍区批斗，有些学生为了表示自己的革命，采取了激烈的行动。

---

7 中共中央文献研究室编：《毛泽东年谱（1949—1976)》（第六卷），第9—10页。
8 丛璋、亚达、国真编辑整理：《燕园风云录》（一），第101页。

化学系学生唐利在其《我的北大文革记忆》[9]（以下简称"唐文"）中有大体相同的记述：

六月十八日，趁工作组正在开会之机，哲学系带头，不经批准，建立"斗鬼台"，拉来陆平一伙斗争（陆平、彭珮云等人在工作组严密监护之下，是拉不来的——引者），全校不约而同，各单位群体揪斗，既没有请示工作组，又出现了过火行为。

那一天我觉得到处乱哄哄，人群骚动，原来大家决定按《湖南农民运动考察报告》的一段话办事："革命不是请客吃饭，不是绘画绣花，不能那样雅致，那样从容不迫，文质彬彬，那样温良恭俭让，革命是暴动，是一个阶级推翻另一个阶级的暴烈行动。"觉得既要革命，就要像个样子，比如像湖南的泥腿子一样，搞搞戴高帽子，挂黑牌子，上街游行。

"唐文"还写到化学系的乱斗现象："又听到化学系有革命行动，我往那赶，一路上不断看到游街的，有的年长，有的年轻。到化学楼，斗的是党总支委员桂琳琳，……几个女生架着她，头发散乱，面色苍白，双眼紧闭，任凭愤怒的人群七嘴八舌的吼叫。"

"唐文"在评述毛泽东的那一段话时写道："毛的这句话在文革非常著名，是文革中一切过激行动堂而皇之的合理外壳，非法行为有恃无恐的理论。"北大的学生为什么会这样子来应用毛泽东的这段语录呢？这是一个至今仍值得思考和研究的问题。

要复原"六一八事件"的过程，已无可能。上引"奚文"和"唐文"所述，不过是一定距离之外的旁观者的印象，被斗者和斗人者，他们基本上都不认识。马生祥的《文革初期北大见闻录》一文，[10] 指出38楼东门被斗的有历史系20多人，其余是哲学系师生，"马文"还列出了9名被斗者（其中历史系8人，哲学系1人）的姓名和职务。作者是历史系学生，又住在38楼，是距离较近的观察者，所以

---

9 共识网，http://www.21ccom.net/articles/lsjd/lsjj/article_2012022254 193.html 2012-02-22 发布。
10 马生祥：《文革初期北大见闻录》，原载《文史精华》2006年第7期。

认得这些人。"马文"所列出的有姓名的9位被斗者,职务不过是团总支书记、年级党支部书记或辅导员等(其中有调干生),罪名则是"修正主义苗子""推行修正主义教育路线""保皇派"之类。他们之被揪斗,当有多种原因。笔者以为,原因之一,可能是他们在聂元梓等人大字报贴出之后采取了保陆平党委的态度,曾经"误导"过学生。另外,他们生活在学生中间,是当时随手抓得到的人物。

"新北大井冈山公社《批判者》"在1967年7月印行的一份材料中说,哲学系"风雷激"战斗队负责人胡××等人是"六·一八的积极参加者"。[11] 另据"唐文"关于"哲学系带头,不经批准,建立'斗鬼台'……"的说法,胡××等人是否就是38楼东门乱批乱斗的始作俑者呢?

对"六一八事件"的产生起到刺激作用的,还有6月16日的《人民日报》。对此,李雪峰比北大校友记得还清楚:

6月16日《人民日报》发表了《南京大学革命师生揪出反党反社会主义分子匡亚明》的消息和社论《放手发动群众彻底打倒反革命黑帮》。这篇社论无疑给北大的学生点了一把火,因为学生们认为陆平的问题比匡亚明大得多,而且是中央点了名的,但是至今未被斗争过。由于陆平等领导被工作组隔离,他们找不到,于是他们就斗那些能找到的人。[12]

时为北大学生的李海文在其《1966年夏北大见闻》中也有记录:

6月16日《人民日报》发表了南京大学斗校长的消息,并发表社论肯定这种作法。这个消息引起一些同学的不满,他们说南大斗了校长,北大还不斗。何况北大领导是第一张大字报点的名。言外

---

11 "新北大井冈山公社《批判者》":《把颠倒的历史再颠倒过来——北大两条路线第三场大博斗真象兼为井冈山、红联军翻案》,1967年7月。
12 李雪峰:《回忆"文化大革命"初期的"五十天路线错误"——从"6.18"事件到"7.29"大会》,载张化、苏采青主编《回首"文革"——中国十年"文革"分析与反思》,北京:中共党史出版社,2014年,第513页。

意，认为北大工作组太右了。[13]

必须指出，这一天的乱批乱斗，同工作组并不是毫无关系的。中文系学生陈景贵的日记表明，至少中文系这一天的批斗，一开始是经工作组批准，并由工作组领导的。[14]

"六一八事件"是一个自发的群体性事件，参与的人很多，场面非常混乱。工作组对乱斗现象进行制止是对的，但对这一事件的描述和定性显然与实际情况不符。

"六一八事件"当天晚上张承先作了一个广播讲话，讲话的全文无可查考，我们现在所见的，只有当时哲学系学生陈焕仁在日记中记下的一段话。这一段话颇长，兹不赘引。但张承先在这个广播讲话中，确实是把"六一八事件"说成是"一起极端严重的破坏无产阶级文化大革命的反革命事件"，说这是"背着工作组捣鬼，企图借此赶走工作组"。[15]

口头讲话难免有不准确之处，毕竟制止乱斗现象是当务之急。但是，工作组还有一个《北京大学文化革命简报（第九号）》（下文简称《九号简报》）和《关于北京大学二十天文化革命情况的报告》（以下简称《报告》），是报送中央的。这两个文件不同于口头讲话，是严肃的事情，笔者不得不略作探讨。

这两个文件在当时都是秘密的。《九号简报》虽经刘少奇批转全国，但北大群众并不知情。同年7月底，根据毛泽东的意见，中共中央发文宣布撤销这个文件。[16]

《九号简报》称："今天发生的问题，同北大革命运动刚开始时所出现的一些问题，性质根本不同。据初步掌握的材料分析，带头给被斗人戴高帽子、动手打人的主要是坏人有意捣乱，这很有可能是有组织、有计划的阴谋活动。"《九号简报》虽然没有"反革命事件"

---

13 李海文：《1966年夏北大见闻》，见丛璋、亚达、国真编辑整理：《燕园风云录》（一），第47页。
14 陈景贵：《1965—1970那几年我在北大》，香港：香港人民出版社，2019年。
15 陈焕仁：《红卫兵日记》，香港中文大学出版社，2006年，第48页。
16 《毛泽东年谱（1949—1976）》（第五卷），第608页。

的提法，但所作分析给人的印象，就是"反革命事件"。

关于"六一八事件"，《报告》写道："现在初步查明，这完全是校内外敌人结合对我们实行的突然袭击，制造混乱。""我们抓住这场反革命分子制造混乱，破坏文化大革命的事件，召开了全校广播大会进行了揭发，用以教育群众，从中接受教训，……揭露那些有意破坏政策，背着工作组搞秘密活动的别有用心的人，对敌情的重大线索，组织专案结合群众一查到底，把反革命挖出来。"按照《报告》所说，下一步工作就是"把反革命挖出来"。

据张承先回忆，《报告》系曹轶欧签字发出，张并未过目，但张事后仍为此承担了责任。张说："我是工作组组长，报告的指导思想是我的，至于谁批发，那只是个手续问题。"张承先没有说《九号简报》的签发情况，显然是他自己签发的。据笔者了解，《九号简报》同工作组的简报组也没有关系，是工作组领导层自己写的。

关于被揪斗的人员身份和人数，《九号简报》说是"斗了四十多人。在这些被斗的人当中，有重点人，也有些有问题的党团干部和教师，还有两个反动学生。"张承先的回忆说："前后有六十多人被揪斗，多是一般干部。"被揪斗的人员里并没有陆平、彭珮云等人，也没有各系的一把手，"多是一般干部"，"还有两个反动学生"，这正说明这是一起没有组织、没有计划、没有预定目标的"乱斗"行动。有的人可能正好从附近路过，被揪来批斗。

关于乱批乱斗的情况，《九号简报》写道："斗争时，发生了在脸上抹黑、戴高帽子、罚跪、少数人被扭打的现象。当时情况比较混乱。"这一描述是符合实际的。张承先的回忆所述，与此相同，只增加了"还发生了多起污辱女同志的流氓行为"一句。

《九号简报》点了4个"坏人"的名字，列举了他们的"恶劣行为"。张承先手里大概保存有《九号简报》，所以在多年后写文章时仍然引用了其中的内容。我们无法核查这些情况的准确程度，但其中所说的东语系一同学的情况，则明显与事实不符。据询东语系校友，当时张承先在大会上点了一同学的名字，但系里同学认为，该同学并不是张承先所说的那样的"坏人"，并未将其当作"坏人"对待。至于指该同学"有流氓习气，人称'小阿飞'"，则完全是无中生有，是《简报》作者的刀笔手法。东语系是培养小语种外语人才的，招生时的政治条件就颇严格，对于犯错误的学生，处分起来是很严厉的，故系里的风气一向较好，绝无"流氓习气"和"小阿飞"存在的空间。该同学实际上是一个不错的人，毕业后为某大军区录用，在军队工作到退休。张承先在数十年后的回忆录里重复当年无中生有的诬陷之词，毫无反省之意，实在是遗憾的事情。

张承先在"六一八事件"的当晚作了广播讲话后，学生们连续三天进行讨论，对照、检讨，参与乱揪乱斗的人更是个个要作检讨。作检讨的人数应该在一百以上，大多是一、二年级的学生。于是，北大校园恢复"平静"或"冷冷清清"。白天，学生们关起门来学习报刊。到晚上，则有"积极分子"组成的巡逻队打着手电四处巡逻。"奚文"回忆道：

当晚，北大工作组组长张承先发表了一个声色俱厉的广播讲话，强烈谴责师生们当天的行动，认定这是一个有预谋的、内外勾结的反革命事件。此事被工作组写成简报，上呈当时刘少奇主持的党中央，又由党中央转发全国各地。与此同时，工作组在校内追查反革命，给一些参与6月18日的积极分子以很大的压力，我们班的一位干部子弟便曾为此不思茶饭。这么一来，北大便出现了冷冰冰的局面，似与初期的火热大相径庭。

"唐文"写道：

我们各班文革小组是层层追查的最低端，扮演了不光彩的角色，被要求彻查6.18那天所有同学的表现，哪些人有异常，参加了过火事件，大家都要反思，批判出轨行为，深刻认识阶级斗争新动向。我们自己当然是左派，出身不好，表现"落后"的同学成了追查的重点。运动搞到了学生头上，一时间，风云骤变，人人自危。文革会不会又是一次引蛇出洞，疑云四布。

6.18是北大运动的急转弯，大方向从批黑帮批反动学术权威转到了整学生，学校里笼罩着肃杀冷清的气氛。

工作组急急忙忙上报了《九号简报》和《关于北京大学二十天文化革命情况的报告》，但并没有作进一步的调查研究，对于这两份文件中的一些纯属推测的不实的内容，没有进行核实和修正。相反，他们开始把矛头指向学生。

以张承先为首的工作组是要整群众的，他们也确确实实这样做了。他们进入北大以后，按照以往搞运动的路子，把群众分成左、中、右，又借"六一八事件"整群众的黑材料。工作组指使一些学生暗中整同学的材料，而被整的学生还浑然无知。最后，因为形势发生变化，工作组匆忙撤离，这些整学生、整群众的事未能搞成。这样的事情有多少，恐怕永远是一个谜。其中只有极少数的例子，因为后来整人者内部发生了矛盾和分裂，才被揭露出来，但那已经是很晚的事了。可以想象，倘若工作组继续搞下去，1957年反右派的情景一定会重现。

《九号简报》带来的后果极为严重。据李雪峰回忆，6月19日，刘少奇以中央名义加上批语转发了这份简报，20日就下发全国了。刘少奇的批语说："现将《北京大学文化革命简报》（第9号）发给你们。中央认为北大工作组处理乱斗现象的办法是正确的、及时的。各单位如果发生这种现象，都可以参照北大的办法处理。"《九号简报》转发后，北京各高校开始大抓"游鱼"，矛头完全指向群众，使人感到"反右斗争又来了"。李雪峰写道："刘少奇认为牛鬼蛇神出动了，和毛主席的看法有分歧。"[17] 刘少奇没有发现，《九号简报》对敌情的估计是错误的，是建立在推测想象之上的，缺乏证据，是经不起推敲的。直到数十年后张承先写回忆文章，也没有拿出《九号简报》中所称的"六一八事件"是"内外勾结、有组织、有计划的阴谋活动"的证据。《简报》中被点名的几个人，也够不上"牛鬼蛇神"。刘少奇赞同《九号简报》，"认为牛鬼蛇神出动了"，匆匆忙忙将其批转全国，后来成为"资产阶级反动路线"的源头。不久，当张春桥把

---

17 李雪峰：《回忆"文化大革命"初期的"五十天路线错误"——从"6.18"事件到"7.29"大会》。

刘少奇批转《九号简报》所写的批语送给毛泽东看后，毛泽东说，怪不得到处镇压群众，现在才明白有一个资产阶级司令部。[18] 这也是促使毛泽东写出《炮打司令部》那篇著名文字的动因之一。

　　数十年后的文革史学者也指出，北大工作组处理"六一八事件"时"上纲过高"，"结果不仅压而不服，而且授人以柄"。[19]

　　据杜钧福《李雪峰北大讲话的罗生门》一文[20]，在毛泽东回到北京之前，在 6 月 23 日李雪峰"反干扰"讲话，到 7 月 12 日陈必陶等人大字报发表之前的十几天里，北京新市委李雪峰、吴德等领导人对北大"文革"的立场和对"六一八事件"的看法已经发生了显著改变，中央文革康生、陈伯达的态度也有了转变，但发生这种变化的动因，以及这段历史的细节，尚待研究。

　　张承先工作组进北大时，是受到全校师生欢迎的。那时候谁也想不到会有一条"资产阶级反动路线"，但工作组对"六一八事件"的处理，让许多学生感到压抑，有些工作队员在参加学生班级活动中表现出来的对抓"右派学生"的兴趣，已经引起了矛盾。人们对工作组开始有了看法。

　　把"六一八事件"定性为"反革命事件"是不对的，但后来因为政治需要将其誉为"革命事件"，其负面影响也是深远的。

四、陈必陶等人写大字报给工作组提意见

　　1966 年 7 月 12 日下午，地球物理系陈必陶等五名同学贴出了《把运动推向更高阶段》的大字报。[21] 大字报在"对当前运动的几点估计与意见"一段中写道：

18　中共中央文献研究室编：《毛泽东传（1949—1976)》，中央文献出版社，2003 年，第 1422 页。
19　王年一：《大动乱的年代》，北京：人民出版社，2009 年，第 34 页。
20　杜钧福：《李雪峰北大讲话的罗生门》，2014 年 1 月 22 日发布于共识网，http://www.21ccom.net/articles/lsjd/lsjj/article_2014012299470.html
21　陈必陶等：《把运动推向更高阶段！》，见胡宗式、章铎主编：《北京大学文革资料选编》（上），奥斯汀：美国华忆出版社，2020 年。

运动在当前发展较慢，几乎停止不前。

现在我们就是既不运也不动。每天早晨 7：30—11：30 是坐在宿舍里，下午 2：30—4：30 是坐在宿舍里，晚上还是坐在宿舍里，几乎没有什么串联，班与班，年级与年级，系与系，学校与学校互不通气，甚至同层楼也是"鸡犬之声相闻，老死不相往来"。整天在宿舍里，东拉西扯，没有讨论出什么东西。……早晚 7：30、下午 2：30 到宿舍的规定，很多同学感到被卡得死死的，憋得慌，满腔热情，一身干劲不能充分发挥。

核心小组还未充分发挥作用，有些干部每天开会太多，脱离群众，核心小组是上头有什么布置就往下传，下头有什么情况就向上反映，一件事做完就要指示，不来就等，没有一点主动性，创造性，说难听点只起传声筒的作用。

陈必陶等人认为：当前运动"工作组要放手发动群众"，"不要卡得太死，不要搞清规戒律，要让群众的积极性充分发挥出来"。"要搞运动就不要怕乱，不搞运动当然也就不'乱'。要在乱中求不乱，有点'乱子'才好呢，这样每个人都要接受检验，人们就会分化，各派队伍就会分明起来。左、中、右分明了，我们看，这就比'一锅粥'好搞"。

五、张承先对陈必陶等人大字报态度的转变过程

陈必陶等人的大字报可能是全校第一份给工作组提意见的大字报，写这样的大字报，是要有勇气的。这张大字报打破了北大运动死气沉沉的局面，引起了各方面不同的反响。

"张文"说：

1966 年 7 月 12 日下午，地球物理系陈必陶等五名同学贴出了《把运动推向更高阶段》的大字报，批评了工作组在运动中不敢放手发动群众。工作组领导小组决定通过这张大字报，进一步贯彻"放"的方针，把运动搞活。

这是多年后张承先写回忆文章时的说法，而当初的事实并非如此。张承先及其工作组，一开始并没有这样的认识。

"唐文"写道：

7月12日，地球物理系的陈必陶五人，首先贴出了批判工作组的大字报"把运动推向更高阶段"，石破天惊。张承先回应，这是打着红旗反红旗，向工作组夺领导权。……在北京新市委吴德的一再强压下，张承先硬着头皮，做了几次检查。一时间，批工作组大字报纷纷上墙，只是调门不一。

陈焕仁所著《红卫兵日记》也记载了工作组对陈必陶五人大字报的反应：

7月17日 星期日 雨

天下着瓢泼大雨，我们冒雨来到大饭厅，听张承先同志的紧急报告。陈必陶大字报在北大引起极大混乱，对工作组持不同观点的群众，一直盼着工作组对陈必陶大字报明确表态，听到通知，纷纷冒雨来到大饭厅。

"同志们，我今天的报告题目是，'高举毛泽东思想红旗，把运动推向更高阶段'，张承先在报告中，首先总结了前段运动，然后布置了今后的工作，点名批判了陈必陶等5人大字报，他用了很长时间，对陈必陶大字报罗列的工作组"五大罪状"，一一地予以批驳，说陈必陶等人的大字报完全是别有用心，北大的运动只能在工作组的领导之下，坚定不移地按照中央部署和要求进行，决不能让少数别有用心的人去左右，从而走偏方向。

7月18日 星期一 晴

……学校的大喇叭突然响了，校广播站宣布，张承先又要向全校发表紧急讲话。

张承先在广播讲话中，突然来了一百八十度的大转弯，昨天他说陈必陶大字报完全是别有用心，今天突然又说陈必陶的大字报是"革命的大字报"。张承先还在报告中承认，前段工作组的确依靠和发动群众不够，压制了群众的积极性，张承先代表校工作组，热诚地欢迎全校师生，对工作组的工作提出批评。

我们全都让张承先搞糊涂了。同是陈必陶那张大字报，他昨天定性为"别有用心"，今天竟然又说它是"革命大字报"，无论是拥护还是反对陈必陶大字报的人，听了都大骂张承先简直在开玩笑。

张承先态度的转变，是新市委领导李雪峰和吴德一再做工作的结果。

面对陈必陶等人的大字报和北大文革"冷冷清清"的局面，吴德和李雪峰先后对"六一八事件"定性的问题提出了质疑，他们似乎感觉到了这件事情有点问题。据杜钧福的文章，吴德7月15日曾到北大听取汇报，明确说："现在正确处理陈必陶这张大字报，是把运动搞活的关键。"吴德还说了"这个问题搞不好，就会变成过去北大党委那样的性质"。[22] 吴德的这句话已经说得很重了。吴德的指示，使工作组无法再把大字报说成"打着红旗反红旗"，更不可能对大字报的作者进行批判整肃了。吴德还说："六一八事件中好人是多数，坏人极少，但好人也做了检讨，好处是警惕性提高了，副作用是对工作组的意见不敢提了。加上工作组控制得比较紧了些，运动死巴了。"

北京新市委领导人急于扭转"冷冷清清"的局面。据"张文"，吴德在7月17日凌晨一点半给张承先打电话，传达李雪峰的指示，说对"六一八事件"要重新进行估计。凌晨一点半打电话，可见其刻不容缓的紧急之状。当天早上8时，吴德又召见了张承先，话很严厉："你的立场哪里去了，你的党性哪里去了，竟然如此地顽固不化，如不改正，你是要栽大跟斗的！"[23]

次日（18日）上午，李雪峰在北京市委书记处会议上，对北大工作组领导小组进行了批评。李雪峰说：对"六一八事件"估计错了，这件事是万人革命的行动，估计这个事件是反革命事件是错误的，估

---

22 杜钧福：《李雪峰北大讲话的罗生门》。
23 杜钧福：《李雪峰北大讲话的罗生门》。

计错了就应当进行自我批评。北大的文化大革命十八天"轰轰烈烈"，一个月"冷冷清清"，跟这件事有很大关系。

张承先工作组并没有原原本本地向北大师生传达李雪峰和吴德的指示。对于李雪峰和吴德的一再批评，张承先及其工作组始终都是抵触甚至抵制的，最后才很不情愿地、有保留地在全校广播大会上作了一个检查报告。"张文"对这一过程有详细记述，兹不赘引。

按照"张文"的说法，"工作组引火烧身的行动，在全校引起很大反响"。校园里出现了许多大字报，开始了有关工作组实行了一条什么路线的辩论。

校园里批评工作组和拥护工作组的大字报都很多。拥护工作组的著名大字报，如《爱护工作组，保卫工作组》《批评工作组，拥护工作组》等，都是高干子弟写的。也有高干子弟贴出大字报，批评工作组是"保姆"，提出不要"保姆"。

张承先工作组受到新市委李雪峰、吴德等人的制约，在北大工作中没有犯清华工作组那样严重的错误，引起的反弹也小一些，但工作组的《九号简报》被刘少奇批转全国，引起毛泽东的愤怒。在北大，如果一定要划一条线区分是保工作组还是反工作组，那就是：认为工作组犯了路线错误，就是反工作组；说工作组犯了错误，但不是路线错误，就是保工作组。双方对垒并不鲜明，时间也不长，矛盾没有激化，没有产生领军人物。有人曾提出"踢开工作组，自己闹革命"，但没有产生足够的影响。工作组是要在学生中抓"右派"的，但他们没有来得及。

六、聂元梓7.19讲话引起的风波

在陈必陶五人大字报引发的辩论过程中，7月19日晚上，一些哲学系的学生在38楼前征询了聂元梓的看法，聂元梓说"工作组犯了方向、路线错误"，又说"北大的文化革命处在一个关键时刻"。随后，学生们又通过大饭厅舞台上的广播（可能还有大字报）将聂的讲话进行了传播。据孙月才日记，聂元梓的讲话"影响极大"，"历史系同学写了一封给党中央毛主席的公开信，批评工作组的错误路线。"[24] 次日，孙月才等 8 人贴出《张承先同志，如果你不革命，我们就不要你领导》的大字报，说工作组犯了右倾路线错误。[25]

从 7 月 12 日陈必陶等人大字报贴出，到 7 月 19 日聂元梓发表讲话，在一周的时间里，北大同学围绕工作组问题展开了辩论。当时，认为工作组犯了"右倾"错误的大字报已经很多，聂元梓因为身份特殊，尤其在学生中有影响力，她的讲话无疑起了推波助澜的作用。

对于聂元梓的讲话，张承先及其工作组做出了很强烈的反应。张承先连夜召开了领导小组紧急会议，"张文"写道：

大家对聂元梓的做法非常气愤，说聂曾任领导小组办公室主任，工作组所有工作情况她是清楚的，处理'六一八事件'时她也是表示同意了的，为什么又跳出来反对工作组。

那么，聂元梓当过"领导小组办公室主任"吗？

为了弄清楚这个问题，笔者先后询问了聂元梓、王茂湘和李清崑等人。

聂元梓说："我又不是工作组成员，说我是工作组办公室主任，我的办公室在哪儿？"笔者问："那个时间你在哪里上班呢？"她说："我一直在哲学系总支办公室"。

王茂湘说："工作组进校后，从各系抽调了十个人进入工作组。经济系是我，哲学系有李清崑，没有聂元梓。好像工作组对聂的印象不大好，说她陷入'两派'太深。"

2020 年初，90 岁高龄的李清崑老师将他写的一篇短文《聂元梓当过张承先工作组办公室主任吗？》发给笔者。文中写道：

聂元梓当过张承先工作组办公室主任吗？关于这一问题，有两种不同的答案：王学珍等人主编的《北京大学纪事》和个别北大校友

---

24 孙月才：《悲歌一曲：文革十年日记》，香港中文大学出版社，2012 年，第 59 页。
25 孙月才：《悲歌一曲：文革十年日记》，第 59 页。

认定聂元梓曾任过此职；而聂元梓本人则断然否定。

……

我在简报组有一特殊待遇：可以作为工作人员列席旁听领导小组会议，因而了解情况较多。工作组领导小组组长是张承先，副组长有多位，其中最为显眼的是第一副组长曹轶欧，她是康生的夫人。由于曹的这一背景，她实际上成为工作组的太上皇。张承先对她十分尊敬，每次会议讨论和决定的问题，张承先最后都很谦恭地问曹："大姐，你看怎样"，"大姐，你还有什么意见"。曹一般都说："可以"，"就这样吧"。有时曹也讲点具体意见。

在我的记忆里，领导小组曾研究决定要聂元梓当工作组办公室主任，杨克明任办公室副主任。但过了一两天，曹在领导小组会上传达了康生的意见，说康老的意思是要聂元梓等写大字报的人到群众中去，发挥更大的作用，不必在工作组担任职务了。大家都知道，当时康生是毛主席最信任和倚重的领导人，领导小组成员一致表示：同意康老的意见。这样，对聂元梓、杨克明的任命就作罢，亦未下达。

我所在的简报组有权参加工作组核心组的会议，负责做记录。组长任小凤，是河北省委文教部的一个处长。据我所知，工作组办公室主任和副主任都是张承先从河北带来的。主任是李芳林，原河北省委文教部长，据说是十级的老干部。副主任刘寄久，也是十三级高干；任小凤也是副主任。我在工作组期间，从始至终均同以上三位主任、副主任打交道，从未见过聂元梓来办公室办公。

我的结论是：聂元梓从未担任过工作组办公室主任这一职务。

显然，聂元梓这个"办公室主任"，就是"被当的"，仅仅在工作组刚进校时出现于某次会议记录上，或者只是在口头上提起过，从未下达任命，聂元梓不知道此事，更未在"领导小组办公室"上过班。否则，拿聂元梓在"办公室主任"任内的表现说事，岂不可以大做文章？然而，这样的文章似乎并未出现。聂元梓当然出席过张承先召集的会议，但其身份，应该是哲学系的负责人，而非"办公室主任"。

聂元梓等人的大字报被用来打破北大这个"反动堡垒"，但曹轶欧、张恩慈都是工作组的成员,他们对聂元梓是有看法的,这决定了工作组不会信任聂元梓,不会把"办公室主任"的要职交给她。何况,张承先来北大时是带了自己的一班人马来的,"办公室主任",当然要用自己熟悉的人。

正因为聂元梓并未当过工作组的"办公室主任",相对超脱一些,自由一些,可以有自己的观察和看法,所以才会发表"工作组犯了方向、路线错误"的讲话。

"张文"说,"处理'六一八事件'时,她(聂元梓)也是表示同意的",但没有作具体的说明。王年一的《大动乱的年代》却有一相反的说法:张承先在6月18日晚作了讲话后,"绝大多数师生员工同意工作组的看法,聂元梓则认为'六一八事件'是革命行动"。[26] 但作者也没有提供这一说法的来源。

聂元梓7.19讲话后,工作组如临大敌,张承先在20日晨便赶往市委找李雪峰作了汇报。李雪峰的见识远在张承先之上,他说:你们不能把聂元梓的讲话简单看成是违犯组织纪律问题,要从政治上考虑问题,要考虑工作组本身工作上有什么问题。他要工作组听取聂元梓的意见,并广泛听取群众意见,多做自我批评,争取主动。[27] 张承先接受了李雪峰的意见,但留给工作组的时间已经不多了。

七、毛泽东回到北京,决定撤销工作组

7月16日,毛泽东在武汉畅游长江,场面非常壮观,"跟着毛主席在大风大浪里前进!"的口号响彻大江南北。官方媒体在7月25日报道了这一活动,广大群众深受鼓舞。《毛泽东传》的作者写道:"这是一次万众瞩目的富有象征意义的活动。'跟着毛主席在大风大浪里前进!'很快成为全国家喻户晓的政治口号。"[28]

7月18日,毛泽东回到北京。

---

26 王年一:《大动乱的年代》,第31页。
27 张承先:《"文革"初期的北大工作组》。
28 《毛泽东传》,第1421页。

毛泽东回到北京后，中央上层有多次会议，对运动形势和工作组问题进行了讨论。毛泽东说："回到北京后感到很难过，冷冷清清，有些学校大门都关起来了，甚至有人镇压学生运动。"[29]

7月19日，毛泽东决定撤销工作组。[30]

7月23日，毛泽东说："我考虑了一个星期，感到北京的运动搞得冷冷清清，我认为派工作组是错误的。现在工作组起了什么作用？起了阻碍作用。"[31]

7月24日上午，毛泽东召集中央常委和中央文革小组成员开会，批评了刘少奇、邓小平，做出了撤销工作组的决定。7月25日，毛泽东在接见中央文革小组成员并有各大区第一书记参加的会上说："我到北京一个星期，前四天倾向于保张承先的，后来不赞成了。"[32]

7月26日，中央政治局召开扩大会议，决定撤销工作组。[33]

中央高层的这些事情，群众是不了解的。现在来看，事情就清楚得多了。中央文革在北大召集的7.25、7.26两次群众大会，目的就是贯彻毛泽东撤销工作组的决定，主持人的倾向非常明显，辩论不过是个形式，结论是毛泽东和中央已经定了的。

八、中央文革在北大召集大会批判工作组，李雪峰宣布撤销工作组

既然毛泽东做出了撤销工作组的决定，中央文革就走向前台，来落实毛泽东的决定。

据江青1966年7月26日大会讲话，她21日就来过北大了。江青听取了聂元梓和东语系郭兴福的意见，随后又听取了31位干部子

---

29 王年一：《大动乱的年代》，第35页。
30 《毛泽东年谱（一九四九——一九七六）》（第五卷），第600页。
31 《毛泽东年谱（一九四九——一九七六）》（第五卷），第601页。
32 席宣、金春明：《"文化大革命"简史》，北京：中共党史出版社2006年版，第95页。
33 《毛泽东传》，第1424页。

弟的 5 名代表的意见。22 日和 23 日，江青、陈伯达来北大看大字报并开座谈会，了解运动情况，为召开全校大会做准备。参与了这一活动的一些学生由此了解到江青等人对工作组的态度。江青、陈伯达 7 月 22 日的公开讲话只有几句话，而 7 月 23 日的讲话略多，肯定了北大同学的革命热情，陈伯达还表示把"六一八事件"说成反革命事件是不对的，错误的。[34] 江青、陈伯达这两天的讲话，传播不广，至于座谈会的情况，广大师生是不了解的。

7 月 25 日晚 9 时半，在北大东操场召开了全校辩论大会，辩论工作组问题。中央文革在京成员和李雪峰出席了大会。据孙月才日记，有四五位同学发了言，揭露张承先执行的右倾机会主义路线。[35] 江青主持会议，没有单独讲话。康生作了一个简略的讲话，他说："有人把北京新市委派来的工作组说成是党中央派来的，毛主席派来的。你们别听那一套，毛主席一个工作组也没派。""文化大革命你们是主人，不是我们，也不是工作组。这正是毛主席首先叫我告诉你们的重要任务。"[36] 数十年后，张承先在回忆文章中说"多数发言者不赞成说工作组犯了路线错误"，是不符合事实的。自 7 月 12 日陈必陶的大字报以来，北大关于工作组问题的辩论，已经进行了多日，形势已经明朗。时至 7 月 25 日，认为工作组犯了方向、路线错误，已经成为多数人的共识。张承先还忘掉了一个基本事实：7.25 大会是江青主持的，她能让保工作组的发言占上风吗？事实上，几个主要的批判工作组的发言，发言者几天前已经见过江青了。

7 月 26 日，张承先参加了市委召开的工作组组长会议。会上李雪峰讲了话，并传达了毛泽东 24、25 两日在中央政治局扩大会议上的讲话。关于会议内容，张承先在回忆文章中有详细记述。对于工作组将被撤销的问题，他已经很清楚了。

---

34 胡宗式、章铎编：《北京大学文革资料选编》（下），美国华忆出版社，2020 年，第 10—12 页。
35 孙月才：《悲歌一曲：文革十年日记》，第 62 页。
36 胡宗式、章铎编：《北京大学文革资料选编》（下），第 14 页。

7月26日晚7时半，在东操场继续召开全校辩论大会。中央文革小组的成员，除三人有工作未来外，全都来了。新市委李雪峰、吴德等人也出席了。大会仍由江青主持。

这次大会的突出之处是中文系学生李扬扬作了一个维护工作组的发言，发言末尾宣读的她所代表的高干子弟的名单，竟然有31名（或29名）之多。据孙月才记载，李扬扬发言时，"会场上不时鼓掌，说明支持张承先的同学还是不少。"[37]

针对李扬扬的发言，江青讲话说：

21号我到了北大，找了聂元梓、郭兴福（东语系朝鲜科）谈了一个钟头，有五个同学在外面听着，后来这五个要找我谈话，说聂元梓、郭兴福不能在座。我说，刚才他们讲话，你们听了，现在你们讲不让他们听，这民主吗？最后聂元梓、郭兴福二同志只好退席。他们代表31人就是今天李扬扬代表的29人。20日张承先给他们开了会。我觉得他们是受欺骗、受蒙蔽。还以为张承先是代表党中央和毛主席的。他们是上了当。……那天谈话的五位同志贺晓明、雷渝平，我讲得对不对？[38]

这些学生跨系联名发表意见，是张承先给他们开会的结果。北大学生跨系串联，这大概是第一例。他们的五名代表，也是在大会前几天就见过江青，申述过他们的看法了。张承先给他们开会的事情，大概是他们自己告诉江青的。但是，从20日到26日，高层对工作组问题的看法，已经发生了转折，而这些学生并不知道，还在按20日开会的调子发言，于是就碰了钉子。

李扬扬宣读的名单中，竟然有张少华（毛岸青之妻）的名字。这使江青大为光火，于是说了一段既同家务事有关，又同当前政治斗争大局有关的话。

现在人们可以对江青和她的关于家务事的一段讲话大张挞伐，但当时是没有人敢公开说三道四的。至少，平民家庭出身的学生是不

---

37 孙月才：《悲歌一曲：文革十年日记》，第63页。
38 胡宗式、章铎编：《北京大学文革资料选编》（下），第327—328页。

会说什么的。"唐文"描述道:"所有人都愣了,傻了,一片寂静,谁也不敢多想,谁也不敢多说。"因为这牵涉到中国第一家庭的内部事务,江青口口声声"我们"如何如何,是把毛泽东也包括在内的,北大的大多数师生既无从了解真相,又何能判别是非,只能姑妄听之了。

江青这段讲话中涉及到的与毛家有关的人物中,只有李讷还健在,其他人都不在了。笔者不想探讨已故的这些人的事,清官难断家务事,何况这是毛家的家务事。但我们当初是听得清清楚楚的。至于江青说某某人"是一个全国通报的政治骗子手",是否有过"全国通报",是可以核查的。

笔者以为,江青当时批评支持工作组的那些高干子弟,甚至不惜在万人大会上把家庭内部的事也抖搂出来,其动因和目的,主要是政治上的。批判工作组、撤销工作组,是一场严重的政治斗争,在这样的政治斗争中,一个与毛家有特殊关系的小辈,居然站在对立派的阵营里,出现在万人大会上发表反对意见的一些人的名单里,江青怎么能容忍呢?

陈伯达代表中央文革小组讲话。关于工作组,他说:"这个工作组是一个障碍同志们进行文化大革命的工作组……要撤掉这个障碍物……实际上这个工作组是压制同学们革命的盖子,我们建议新市委把这个盖子揭开。"关于"六一八事件",陈伯达作了进一步表态:"应该说,'六一八'是群众的革命事件。"陈伯达还代表中央文革提出了通过选举成立文化革命委员会的建议。[39]

李雪峰的讲话,笔者无文本可考。据陈景贵日记,李雪峰承认犯了官僚主义、迷信旧框框的错误。但有同学认为他话里有话,好像不太甘心。[40] 据张承先的回忆文章,陈伯达讲话后,"李雪峰即代表北京市委宣布撤销工作组"。看来,对于工作组的去留问题,张承先比我们记得清楚。

---

39 胡宗式、章铎编:《北京大学文革资料选编》(下),第15—16页。
40 陈景贵:《1965—1970那几年我在北大》。

7月28日，中共北京市委发出《关于撤销各大专学校工作组的决定》。7月29日，在人民大会堂召开"北京大专院校和中等学校师生文化革命积极分子大会"。会上，李雪峰宣读了这个《决定》，刘少奇、周恩来、邓小平等领导人讲话，对派工作组一事承担了责任，并且说这是"老革命遇到了新问题"。大会结束时，毛泽东出现在主席台上，表示他对这个决定的肯定和支持。

8月1日，在毛泽东主持下，中共八届十一中全会在北京开幕。同一天，毛泽东给反对工作组的清华大学附中红卫兵写了一封信，赞扬他们的"革命造反精神"。8月4日，毛泽东召集中央政治局常委扩大会议，对在一线主持工作的中央领导人提出了更加尖锐的批评。[41] 这些情况，北大师生当时并不了解，但这是8月4日第三次全校大会的历史背景。

8月4日，在北大东操场召开了第三次全校大会，朱德委员长也到场了。这次会议就是批判张承先的会议了。

江青、康生在讲话中对张承先工作组的路线进行了严厉的批判，指其是"反党反社会主义走资本主义的右倾机会主义路线"，对顽固执行这条路线的张承先等人"应当斗倒、斗臭，批倒、批臭。""他们是不革命的，是来镇压你们革命的。"康生特别批判了工作组的两个文件即《九号简报》和《关于北京大学二十天文化革命情况的报告》，指其"是镇压革命的文件，是反革命的文件，是代表资产阶级的文件"。[42] 比起他们上纲上线的水平，北大学生真正是望尘莫及。

至于工作队成员，江青、康生都说对他们要采取一分为二的态度，他们不是坏人，大多数是好人。[43]

由聂元梓于7月27日发起，在市委大学文化革命委员会派出的观察员的协助下，北大迅速成立了校文化革命委员会的筹备委员会，康生在讲话中对此表示祝贺。

---

41 《毛泽东传》，第1426—1428页。
42 胡宗式、章铎编：《北京大学文革资料选编》（下），第21—29页。
43 胡宗式、章铎编：《北京大学文革资料选编》（下），第21—29页。

有同学递条子询问建立干部工农子弟协会的事,江青、康生都表示反对。他们指出,阶级组织是共产党和共青团,"不要另外搞一套","别上人家的当","现在的任务不是成立贫协,而是成立文化革命委员会,这是党中央和毛主席的指示。"[44]

李扬扬等人作了检讨,江青、康生都表示欢迎,指出是张承先"利用了他们,欺骗了他们","这责任都要张承先负责,不要同学们负责。"[45]

九、工作组顺利撤出北大

张承先工作组从6月1日进驻北大,到7月26日李雪峰代表北京市委口头宣布撤销工作组,再到8月13日工作组全部撤出北大,前后也就两个月左右的时间。

应该说,北大工作组的撤离是很顺利的,并未受到阻拦。究其原因,一是暗地里被整的同学,自己还蒙在鼓里,不知道已经被工作组整了黑材料,没有人出来为难工作组。另外,刚成立的北大文革筹委会主任聂元梓的态度也起了重要作用。

1966年8月5日,聂元梓作了一个广播讲话。她指出,"工作组是犯了路线错误,但属于人民内部矛盾;工作组所犯错误的责任由组长张承先和副组长张德华来承担,大多数的组员要和他们区别开来。"[46] 聂元梓当时有很大的影响力,所以,工作组办完必要的移交工作后,迅速撤出了北大。

张承先工作组早早撤离了北大,这是他们的幸运。否则,等到批判"资产阶级反动路线"的风暴刮起,麻烦就要大得多了。张承先在其回忆文章中还提到1967年初被揪回北大,并在学生宿舍被软禁了半年的事情。从张承先的回忆看,此事事出有因,并非北大故意同他

---

44 胡宗式、章铎编:《北京大学文革资料选编》(下),第21—29页。
45 胡宗式、章铎编:《北京大学文革资料选编》(下),第21—29页。
46《聂元梓1966年8月5日的广播讲话》,见胡宗式、章铎编:《北京大学文革资料选编》(上),第10—17页。

过不去，也没有特别为难他。笔者当年是北大学生，从未听说此事，毫无印象，可见这件事是做得非常秘密的。如果大张旗鼓地搞，后果就很难说了。

张承先工作组自进入北大起，就陷入了两条路线斗争的漩涡之中，并且成了推行"资产阶级反动路线"的发源地之一。但这一点，人们还要过一段时间才能明白。

第六章　北大校文革筹委会和校文革的头两个月

在 7 月 26 日晚上的大会上，江青建议：北京大学"成立文化革命委员会或文化革命代表大会，作为文化革命运动的权力机构，自己起来闹革命。"1966 年 7 月底中央宣布撤销工作组之后，中央文革根据毛泽东的指示，委派聂元梓组建文革筹委会（准备选举）。在中共八届十一中全会期间，毛泽东接见聂元梓、杨克明、张恩慈时，也说过要聂元梓负责成立北大文化革命委员会筹委会的工作。可以说，筹建校文革是毛泽东当面交给聂元梓的任务。

一、聂元梓的"8.5 讲话"

8 月 5 日，作为校文革筹委会负责人，聂元梓代表筹委会作了《对当前工作的几点建议》的广播讲话。[1] 讲话全文 6000 多字，第一部分是关于正确贯彻党的政策的有关建议，主要是谈对待工作组、工作组领导、工作组组员，以及师生中的积极分子应该具体分析区别对待的问题；第二部分是关于当前工作安排的建议。50 多年后重读这篇讲话，笔者认为，聂元梓和筹委会还是比较温和、比较讲政策的。

关于工作组的问题，聂元梓说：

以张承先为首的北大工作组的错误是路线性的错误，是右倾机会主义路线错误，已经给北大的革命运动带来严重的后果，造成了很大损失。对于这些错误，我们必须以认真严肃的态度进行清算，以便

---

[1] 该讲话已收入胡宗式、章铎编：《北京大学文革资料选编》（上），奥斯汀：美国华忆出版社，2020 年。

从中吸取经验教训，使北大的运动真正沿着毛主席、党中央所指出的正确方向发展。但是，在清算工作组的错误时，我们应该看到，在各单位的工作组和广大工作组员的错误，虽然和张承先右倾机会主义错误有联系，但也有很大区别。绝不能把各单位工作组的错误和张承先的错误等同起来，更不能把工作组和张承先的错误等量齐观。我们对工作组员和各单位工作组都应该具体分析区别对待。

关于工作组组员的问题，聂元梓说：

我们相信工作组的绝大多数的同志是好的，他们当中有一些是社教运动的工作队员（64年北大社教），这些同志曾是或是比较好的和北大革命左派并肩战斗；这次他们参加文化大革命，又是根据北大革命左派的要求，调回来参加文化大革命的。比如：政治系工作组长冯毅同志，哲学系工作组长冀增同志，机关二总支工作组长周长春同志，生物系工作组长张学义同志，等等。他们在一九六四年北大社教运动中都是和北大革命派亲密地站在一起的。这次组员中还有解放军同志，他们为北大的安全保卫工作做了大量的工作，其他同志也绝大多数是好的或是比较好的，他们到北大是和我们一起闹革命的。但是受张承先和张德华右倾机会主义路线的影响和蒙蔽，也犯了一些错误。我们应当认真地清理这些影响和错误，吸取经验教训。但是，我们不能，也不应该让他们人人在群众中检查，搞人人过关。当然，对于那些错误严重的，性质恶劣的，群众意见大的极个别少数工作组组员，也应该在群众中彻底的揭发、批判。但是，这样的人是个别的。

关于系、教研室、年级或班的文化革命领导小组的成员和积极分子的问题，聂元梓说：

过去，在前一阶段运动开展后，所建立起来的各系、各单位、教研室、年级、班文化革命领导小组成员和积极分子，他们之中大部分是好的或比较好的同志。但前一阶段运动中对工作组的错误的问题上，他们之中很多人是从相信工作组、维护党的利益出发，但因为缺乏政治斗争经验，又没有很好地学习主席著作因而受了张承先、张德华的蒙蔽欺骗，说了些错话，跟着做了一些错事。我们大家对这些同志都应该严肃、积极热情地帮助他们认识和改正。只要他们明确表示，而且在行动上是拥护中央文革小组领导同志的讲话和北京市委关于撤销工作组的决定，那么，对于他们的错误就应该既往不咎，不要搞人人过关，叫他们自己不断地来检查。更不应当这样揪住不放，或给他们扣上保皇派、右派，是一条新的黑线等大帽子。有一些革命左派思想认识没有很好地跟上文化大革命形势的发展，但只要他们现在思想认识提高了，我们就应该欢迎。决不能因为他们在前一段认识问题上一时跟不上革命形势的发展，就连他们是不是左派也不能够承认了，或者是把对工作组的认识当作划分革命和不革命的分水岭，这都是不对的。要知道，关于划分革命、不革命及左、中、右这些看法时，决不能只凭一时一事的表现，而是要全面地看一贯的表现。至于个别人或是别有用心的人企图想借清理工作组的错误时把真正革命左派一棍子打死，这样我们就必须坚决的反对，和这样的错误行为进行坚决的斗争。

聂元梓的这次讲话，后来成为反对派指责聂元梓执行"资产阶级反动路线"的一条理由，是"方向性错误"。经济系教师杨勋在10月6日的大字报中就指责聂元梓的讲话"具有方向性错误"，"它的基础是右倾保守的，改良主义的，折中主义的，调和主义的"。[2]

聂元梓认为和工作组的矛盾是人民内部矛盾，她请示过康生，康生也肯定说工作组是人民内部矛盾，因此，北大就没有揪住工作组不放。笔者认为，在毛泽东和中央已经决定撤销工作组的情况下，应该让工作组尽快撤走。揪住工作组不放，把工作组拖住，甚至重新挑起在工作组问题上曾经有不同意见的两部分群众的矛盾，是不符合中央精神的。

2　杨勋：《北大文化革命又处在关键时刻——兼评聂元梓同志八月五日的广播讲话》，原载《新北大》，1966年10月8日。已收入胡宗式、章铎编：《北京大学文革资料选编》（上）。

聂元梓在作"8.5讲话"时，想不到毛泽东就在这一天写了一篇惊天动地的文字，想不到会有红卫兵运动和一波又一波的全国大串连，想不到工作组的路线会被批为"资产阶级反动路线"……因此，她在讲话中提出的某些想法和建议，后来未能得到实行。

由于毛泽东批示发表了聂元梓等人的大字报，大部分师生都支持聂元梓等"社教左派"，北大有了一支骨干力量。在工作组问题上，又因为中央迅速介入，北大没有出现其他高校那样的激烈争斗。中央一表态，绝大多数师生表示拥护，便没有形成在工作组问题上对立的两派——这是北大和清华等院校的不同之处。这本来是一种优势或有利条件，但某些人却认为这是北大的"先天不足"，因而北大还应该"大乱"。

在向校文革筹委会办理移交后，工作组于8月13日撤离北大。应聂元梓的请求，负责保卫工作的海军干部留了下来，晚些时候才撤走。

二、按照毛泽东的指示和"十六条"，北大选举成立了校文革

北大师生选举成立校文化革命委员会

校文革筹委会成立后，要做的事情非常多。比如从工作组手里把管理全校的事务接管过来，就是一件繁杂的工作。

文化大革命的形势发展很快。8月1日，中共八届十一中全会开幕。8月8日，全会通过《关于无产阶级文化大革命的决定》（通常称"十六条"）。8月12日，全会闭幕并发表了"公报"。学习"十六条"和"公报"，是当时北大师生的重要活动。

八届十一中全会期间，毛泽东于8月4日对在中央一线主持工作的领导人提出了尖锐批评，8月5日写了《炮打司令部——我的一张大字报》，8月12日又改选了中央政治局常委。对于这两件大事，北大多数师生当时是不了解、不敏感的。

8月10日晚7时15分，毛泽东来到中共中央群众接待站，对大家说："你们要关心国家大事，要把无产阶级文化大革命进行到底！"群众接待站是党中央接待群众、联系群众的地方，毛泽东亲自到这里会见群众，向全国人民发出号召，是非同寻常的做法，这也推动了北大师生的热情。

北大当时最重要的事是选举校文革，"十六条"专有一条"文化革命小组、文化革命委员会、文化革命代表大会"，关于选举方法，"十六条"规定"要像巴黎公社那样，必须实行全面的选举制。候选名单，要由革命群众充分酝酿提出来，在经过群众反复讨论后进行选举。"

聂元梓和筹委会是努力按照"十六条"的要求来做的。各系先推举候选人，以后按一人一票的原则选举产生文化革命委员会。在推举候选人的时候，大家对候选人在社教中的表现和对第一张大字报的态度看得比较重。有的人提出以对工作组的态度划界，聂元梓不同意这样的看法（有些老左派，如戈华、崔雄昆、杨克明、王茂湘等曾为工作组吸收为成员，但工作组的路线错误，不应由他们承担责任）。在当时的历史条件下，在推选代表和候选人时更看重家庭出身。如物理系推选的五年级学生聂孟民，家庭出身很好，后来被选为校文革副主任，还曾登上天安门城楼代表北大师生讲话。

在筹办校文革选举的过程中，聂元梓遇到的最大困扰是大批学生外出串连。这是一个事先没有料到的而且无论怎么做都会受到指责的问题。

8月18日，毛泽东身着军装、佩戴红卫兵袖章，在天安门城楼接见百万群众和红卫兵，表示对红卫兵运动的支持。随着红卫兵运动的兴起，开始了全国大串连。对于聂元梓来说，选举校文革是毛泽东交给的任务，也是"十六条"的要求，她希望大家都留在学校参加选举，因此她不可能鼓励学生外出串连。为了留住学生，她向王任重、陶铸请示，但谁也无法给出切实可行的指示。她想请陈毅外长来北大作报告，吸引学生留在学校，但陈毅太忙，来不了[3]。

许多学生说走就走了，她无法阻拦后来，"反对串连"成了聂元梓执行"资产阶级反动路线"的一条罪状。反对者一方面指责聂元梓"反对串连"，同时又指责聂元梓"在三千多人外出串连的情况下，进行所谓'巴黎公社'式的'全面'选举。"为了反聂，逻辑上的自相矛盾也就顾不得了。

8月30日，北京大学文化革命代表大会召开。中央文革副组长王任重出席。9月9日，全校设四个投票站，两个流动票箱，师生员工投票选举校文化革命委员会。全校应有选举权人数是13835人。因外出串连等原因，实际参加投票选举的9609人。其中有效票数是9566张，废票43张。选举有效。选举结果：聂元梓、孔繁、戴新民、聂孟民、白晨曦、杨克明、孙蓬一、赵正义、李志刚、徐运朴、邓朴方（以得票多少为序）等42位同志当选为北京大学文化革命委员会的正式委员，10位同志当选为候补委员。[4] 9月11日，选举产生校文革常委会委员和正、副主任。聂元梓任校文革主任，孔繁任第一副主任。校文革选举结束后，又有大批学生外出串连。

各系、各单位也通过选举成立了自己的文化革命委员会。

这一期间，北大还有几件不可不提的事情。

关于8.15"斗黑帮"大会

张承先工作组的错误之一是"不斗黑帮"，所以校文革筹委会就安排了"斗黑帮"的大会。8月15日，北大在工人体育场召开十万人大会，批斗陆平等"黑帮"，史称"8.15大会"。按照"十六条""要文斗，不要武斗"的规定，聂元梓提出了五条"不准"：不准挂牌子，不准"坐飞机"，不准罚站，不准戴高帽，不准不让被批斗的

---

3 聂元梓：《聂元梓回忆录》，香港：时代国际出版有限公司，2005年，第162页。另据知情人告知：校文革筹委会曾组织红卫兵代表持聂元梓亲笔邀请信到外交部请陈毅来北大作报告，外交部政治部主任王平接待了他们。后来是中桥办主任廖承志来北大做的报告，他在报告中第一次公开"朝修"的提法，事后听说朝鲜大使馆提出外交抗议，周总理批评了廖。
4 《北京大学文化革命代表大会公报》，载于1966年9月13日《新北大》。

人反驳。在大会上,让陆平坐着接受批判,还允许他讲话,允许他分辩。每批完一个问题,就问陆平,是不是这样?他在当时情况下,迫于形势,有许多问题就认可了。[5]

聂元梓和筹委会担心外边来的人太多,北大的会场容不下,怕出事,因而选择在工人体育场开,相信自己能够控制局面。[6]

"斗黑帮"的大会开过了,没有出什么意外事故,算是给北大师生(特别是学生)一个交代。但是,在这个大会的幕后,却有着很大的分歧。

对于开大会"斗黑帮",王任重是反对的。他先后派杨克明、秘书吕乃强、联络员刘道玉传达他的指示,一而再、再而三地表示他反对开大会的意见。由于遭到筹委会和多数左派的抵制,以及群众的强烈呼声,到8月14日下午,王任重终于表示同意。但王任重没有出席大会,表示他不同意开这个会的态度。

据聂元梓回忆,江青在会前对聂元梓说过,"你们这个会是要登报的,一定要开好。"[7]但是会后却没有任何媒体予以报道。1967年1月3日,江青、陈伯达等接见北大代表时,江青又说,"你们8.15开的斗争陆平大会,当时我们不知道,第二天我们知道后,我们说这个大会开得好。""可是王任重却硬说8.15大会开得不好。"[8]

高层的说辞,笔者无从判别其真伪是非。笔者也不知道中央文革内部发生了什么分歧,这有待于学者们研究。但大会没有媒体予以报道,是大家看得见的。显然,这种文斗的方式不被中央文革认可。这也可能是江青后来说"你们北大太温了"的原因之一。可资比较的是,8月13日,在工人体育场召开批斗"小流氓"大会,中央文革副组长王任重亲自出席,"小流氓"遭到殴打。文革史学者杨继绳由此感慨说:"首都的批斗会上打人者向公众表明:'十六条'以及报

---

5 聂元梓:《我在文革漩涡中》,香港:中国文革历史出版有限公司,2017年,第64页。
6 聂元梓:《我在文革漩涡中》,第64页。
7 聂元梓:《我在文革漩涡中》,第64页。
8 胡宗式、章铎编:《北京大学文革资料选编》(下),第40页。

刊上的'要文斗，不要武斗'的政策，仅仅是纸面文章，对群众中的武斗没有约束力。"[9] 杨继绳在书中用了一节的篇幅，对当时"红色恐怖升级"的惨烈状况作了介绍。[10] 北京新市委第二书记吴德后来的回忆表明，为了发动群众，中央文革小组甚至不同意北京市发布一个制止打死人的通告。[11] 北大的文斗大会不被高层认可，是自然而然的事情。

"8.15大会"后来被一些人说成"文斗变成温斗"，成为聂元梓执行"资产阶级反动路线"的一个例证。假设一下，如果聂元梓等人听了王任重的话，突然宣布已经准备多日、连入场卷都已经发出去了的"8.15大会"停开，不知道会有什么后果。到了10月份"批判资产阶级反动路线"高潮兴起，在"反聂人士"眼中，聂元梓唯王任重之命是从，那就是铁定的"资产阶级反动路线"和"保护黑帮"了。

毛泽东为北大校刊题写刊名

8月17日，毛泽东为校刊题写了刊名"新北大"。实际上，这是毛泽东的第二次题字。第一次题字送到北大后，最先看到的几个人大吃一惊，因为"北"字多写了一笔。这可怎么办？于是又以审核校样的名义送回毛泽东处。这件事在当时是严格保密的。毛重写了一份，并附一短信致聂元梓，其中说"如不好，仍可再写"。这封短信是公开的。第二次题字送到北大后，北大还举行了庆祝活动。后来，有的人为了反聂，竟写大字报对毛的短信进行曲解，说毛的意思是：如果你聂元梓干得不好，就可以把你撤了，校刊名称可以再写一次。对毛泽东的话作想当然的曲解，是很荒唐的，但这样的大字报就贴在校园里。

---

9 杨继绳：《天地翻覆——中国文化大革命史》，香港：天地图书有限公司，2016年，第266页。
10 杨继绳：《天地翻覆——中国文化大革命史》，第265—271页。
11 朱元石等访谈、整理：《吴德口述：十年风雨纪事——我在北京工作的一些经历》，北京：当代中国出版社，2013年，第20—21页。

毛泽东的《炮打司令部——我的一张大字报》被抄成大字报公布出来

8月23日晚,有人把毛泽东的《炮打司令部——我的一张大字报》抄成大字报贴在了大饭厅东墙。陈伯达和曹轶欧夜里赶到北大,陈伯达讲了一段话,大意是说,毛主席的文字,只有新华社、《人民日报》才能发表,这样贴出来是不合适的。但陈的讲话实际上证明这篇文字是真的,他的话也不起作用,到次日早晨,校园里已有多处贴出了转抄的大字报。毛泽东的这篇文字,很快传播到全国各地。

对乔兼武大字报的批判

8月30日,北大东语系学生乔兼武等二人贴出了题为《造三个大反》的大字报,立即引起了轰动。大字报提出了"取缔党团组织形式,代之以革命委员会""党政合一为革命委员会"和"砸烂从中央到地方的一切办公室"等三个建议。[12] 大字报所表达的思想,后人可以有不同的看法。但在当时,对于许多同学来说,这张大字报的三个建议,特别是"取缔党团组织""砸烂从中央到地方的一切办公室"这样的提法,都是不可接受的。同学们贴出了许多反驳的大字报,有的认为这是"反党反社会主义反毛泽东思想的大毒草"。当时,北京大学文化革命代表大会刚刚召开,校文革筹委会十分紧张,反应过头,召开了一次对乔兼武的批判会(另据孙月才日记,[13] 这是哲学系组织的全校辩论会)。开批判会显然不妥,但校文革并没有限制乔的人身自由,校文革大字报组编印的《大字报选》中也仍然称其为"同志"。到了10月份,这次批判会又被人提出来,算是聂元梓执行"资产阶级反动路线"的一个例证。

笔者很久后才知道,王任重是反对开批判会的,但聂元梓没有听

---

12 该大字报已收入胡宗式、章铎编:《北京大学文革资料选编》(上),美国华忆出版社,2020年。
13 孙月才:《悲歌一曲:文革十年日记》,香港:香港中文大学出版社,2012年,第76页。

从。倘若聂元梓听从了王任重的指示，对这张大字报视若无睹，没有反应，日后也一定会遭到批判，成为执行"王任重的资产阶级反动路线"的一个例证。

乔兼武等二人在大字报上的署名都是当时"跟风"改的新潮名字。乔有奇思，文字则好作惊人之语。因为聂元梓要组织校文革选举，不鼓励大家出去串连，这使乔兼武非常愤怒，8月24日，他贴出一张题为《聂元梓想存，想亡？！！》的大字报，就串连问题对聂元梓大张挞伐。[14] 且不说大字报内容胡乱上纲上线，其标题就有点耸人听闻，算得上是当年的"标题党"了。

早在8月上中旬，乔兼武就贴出大字报倡议建立"工人、贫下中农、'革干''革军'子弟协会"，署名十三级干部子弟乔兼武，这在北大几乎成为笑柄，大字报上"批满了各种尖刻的评语，极尽取笑和挖苦之能事。"[15]

尽管受到批判，乔仍享有完全的人身自由，所以后来又和社会上的一些人如清华的李文博及农大附中的伊林、涤西等人建立了广泛的联系，自己也写了一张反对林彪的大字报（未及贴出），从而给自己带来了麻烦。这是后话。

自8月18日之后，毛泽东又在8月31日、9月15日接见了数十万红卫兵，10月1日是国庆节，这些活动都有北大的队伍参加，校文革有组织之责，也牵涉了许多精力。

三、王任重"主抓"北大运动和哲学系左派的分裂

1966年8、9两月，时间很短，但发生的事情对于北大"文革"的进程关系重大。明面上的事情是成立了"校文革"，这是大家看得见的。暗里的事情是哲学系的左派发生了分裂，这是广大师生看不到

---

14 乔兼武：《聂元梓想存，想亡？！》，载胡宗式、章铎编：《北京大学文革资料选编》（上）。

15 杨子浪：《乔兼武的"造三个大反"》，载王复兴主编：《回顾暴风雨年代——北大文革亲历者文集》，香港：时代文献出版社，2019年。

的。笔者当年也是浑然无知,数十年后才了解到大致的情况。

哲学系的左派刚刚翻身,刚刚掌握了领导北大"文革"的权力,校文革的选举还在筹办之中,却又迅速发生了分裂,这不仅是左派们的悲哀,也是"文革"必将失败的一种预兆。

哲学系左派的分裂,有其内在的原因,而王任重的一些做法,又加剧了这种分裂。

王任重和他的北大联络组

王任重曾经是毛泽东欣赏的一位省委第一书记,"文革"开始时是中央文革副组长,排名在江青之后。他还负责领导北京市的运动,并为此设有办事机构。[16]

据刘道玉回忆,八届十一中全会期间,王任重打电话给湖北省委,说毛主席要他主抓北大、清华的运动,请省委给他抽调几个人当联络员。湖北派出了五个人,于8月12日到达北京。武汉大学副教务长刘道玉成为北大联络组组长(8月15日持中央文革小组介绍信到北大)。在刘道玉手下,还有从军队调来的20名团职干部(8月20日到达)。王任重秘书刘文西对他们说:"任重同志交待,你们的任务就是联络,不是领导,不负责解决任何问题,只看不说,只听不表态,不支持任何一派。汇报情况用口头方式,不打电话,也不搞书面汇报材料,一般三天汇报一次,紧急重要情况,随时发现随时回来汇报。"[17] 这是一种非常奇怪的做法,连刘道玉自己在心中也暗自琢磨:"这种身份竟有几分像是中国电影中的特务、苏联电影中的克格勃。"[18]

但是,这个联络组在9月底又突然撤走了。刘文西说:"任重同志的意思是联络组尽快撤出来,可以回武汉过国庆节了。"[19]

为什么要联络组"尽快撤出来"?这件事有什么背景?

---

16 穆欣:《劫后长忆——十年动乱记事》,香港:新天出版社,1997年,第277—278页。
17 刘道玉:《一个大学校长的自白》,武汉:长江文艺出版社,2005年,第99—100页。
18 野莽:《刘道玉传》,北京:华文出版社,2013年,第126页。
19 刘道玉:《一个大学校长的自白》,第102页。

据聂元梓回忆，1966年9月（可能是9月底，也可能是10月初——引者），她曾去找王任重，没有见到，王的秘书的态度也很冷淡，此后，聂和王任重再无联系。[20] 聂元梓这次找王任重碰了壁，显然，王任重已经不想见她或不能见她了。这和联络组的撤走应该有着共同的背景，但聂元梓还蒙在鼓里。

联络组的撤走表明，王任重已经不需要这批耳目了，换言之，中央已经不让王任重过问北大的事了。聂元梓被拒见，也就不奇怪了。

为什么会这样？发生了什么事？

王任重和联络组对聂元梓的看法是有保留的

聂元梓、筹委会和校文革的所言所行，都在21人联络组的监视之下，不知道这个联络组向王任重汇报了什么，但以这些人的认知水平，能做出正确的、实事求是的汇报吗？至少刘道玉在回忆录中对北大两派和群众组织的叙述，就完全是胡扯和笑话（他把1967年的道听途说来的事情安到1966年了）。因此，我们不能低估联络组的带有偏见的汇报所起的负面作用。

聂元梓对王任重是很尊重、很信任的，甚至被江青指责为"同王任重打得火热"。[21] 作为筹委会主任，聂元梓和王任重联系很多，但聂元梓对王任重的指示，并不一概接受，有时还要抵制，甚至抗命。聂元梓等人"不听话，自行其是"，这让王任重很是不爽。王任重多年任湖北省第一把手，一言九鼎，没有人敢违背他的指示。但这次不同了，他碰上了北大和聂元梓。王任重表面上对聂元梓是很热情的，为校文革选举提出了一些具体建议，但他对聂元梓显然是不满的。刘道玉后来说，"至于对聂元梓，王任重同志和我对她是有保留的，更谈不上背后支持她的问题。"[22]

---

20 聂元梓：《聂元梓回忆录》，第158页。
21 聂元梓：《聂元梓回忆录》，第157页。另一种说法是江青于1967年9月16日指责聂元梓说："你和王任重，你跟着他走……"，见胡宗式、章铎编：《北京大学文革资料选编》（下），第203页。
22 刘道玉：《一个大学校长的自白》，第108—109页。

组建"临时党委"或"党组"的谜团

王任重虽然是中央文革的副组长，但他对毛泽东"文革"思想的认识，却有着很大的差距。

1966年8月中旬，当毛泽东正在鼓动"天下大乱"，要自下而上发动群众运动，甩开正常组织机构、制度、纪律的束缚，冲击"走资派"和"资产阶级司令部"的时候，当北大刚开始筹办选举"校文革"的时候，王任重却提出了在北大组建"临时党委"或"党组"的设想。

王任重提出这种设想有何背景？是否受到了什么人的影响？或许，这只是他自己的想法。但从当时的"文革"形势来看，这完全是不合时宜的。

围绕组建"临时党委"或"党组"的问题，发生了一些扑朔迷离的事情。作为学生，笔者当年是一无所知的。

1967年6—8月，聂元梓、校文革因为反对关锋、吴传启团伙而受到严重打压，形势岌岌可危。正在这个时候，1967年8月18日，一份落款为"丛中笑"的题为《揭开孔杨问题de黑幕》的大字报贴了出来，并且很快获得"七一干部串连会"的一些干部的支持。

笔者当年没有看到这份大字报，半个多世纪后才看到该大字报的油印材料。该大字报是为孔繁、杨克明二人辩护的，透露了一些只有孔、杨自己知道的内情。这些情况不无参考价值，也可以证明大字报的背后就是孔、杨本人。

"丛中笑"的大字报说：

早在酝酿选举校文革之前，即去年8月11日，王任重就对聂元梓说："党组（其性质与临时党委完全一样，只是名称不同罢了——引者）的选举，提个名单，由上级党委批准。委员中和代表中的党员要服从党组的领导。运动中党的领导通过党组来实现，要求党员起作用，通过组织生活来实现。"随后，便任命聂元梓为党组书记。

这一段话的内容如果属实，应该是孔繁向大字报作者提供的，而孔繁是听聂元梓传达的。

1966年8月11日是个什么时间节点？八届十一中全会已经开过，次日就要闭幕；陶铸已成为中共第四号人物；王任重也已成为驻京的中央文革副组长，全家都搬进了钓鱼台； 8月3日，王任重给清华大学附中红卫兵看了毛泽东给他们写的信，红卫兵运动迅速发展起来……而在北大，校文革筹委会正在筹办选举和"斗黑帮"的大会。

在这个时候，王任重和聂元梓彼此还很不了解，但聂对王无疑是尊重和信任的。王向聂提出了筹建"党组"的设想，而聂元梓也不加思索地接受了这个任务。据"丛中笑"的大字报，聂向孔繁作了传达，当面说让孔繁当副书记，并责成孔繁在几天之内帮助她提出党组成员名单。这一情况如果属实，那末也是孔繁向"丛中笑"提供的。北大成立校文革，还要大张旗鼓搞选举，党组书记和副书记的职务岂可私相授受？但在那个狂飙突进的非常时期，好像谁也没有想起这一点。

随后，在"8.15大会"和批判乔兼武大字报等问题上，聂元梓和哲学系多数左派，坚持己见，"不听话"，给联络组和王任重留下了很深刻的、不好的印象。王任重起初反对"8.15大会"的指示，是杨克明传达的（"丛中笑"的大字报承认这是错误的），在反复争议的过程中，只有杨克明始终支持王任重的指示，这给联络组和王任重的秘书都留下了很好的印象。

聂元梓对孔繁、杨克明是很信任的，聂"8.5讲话"提出的"保护左派"，是包括孔繁、杨克明在内的，但孔繁对聂元梓有看法。"丛中笑"写道：

在筹备党组的过程中，孔繁觉得聂元梓思想不好，不适宜担任第一把手，于是写信向王任重反映对聂的意见，提出不同意聂担任党组书记，并要求中央派得力干部来北大担任党的领导工作。王任重收到孔的信后，于九月初把孔繁、杨克明找去，表示改变决定，并假冒主席的名义，说："主席说在北大可以成立临时党委"，王认为，临时党委可以多吸收一些成员，并说聂元梓做文革主任，参加临时党委，但可以不兼党委书记。王任重叫孔繁回校组织"临时党委",并叫杨克明帮助孔在哲学系左派同志中征求意见。孔、杨回校后,向聂元梓、孙蓬一等人谈了王任重的意见,并向哲学系部分左派征求了意见,遭到聂、孙等人的反对。聂写信给王任重,表示要请长期病假。王看到聂不满意,接着便又写信给聂、孔、杨、孙,表示收回叫孔繁组织"临时党委"的意见。要他们重新协商一个关于临时党委的一致名单来,并表示欢迎聂元梓等人集体到他那里开座谈会。收到王的这个意见之后,孔、杨便向陈葆华宣布,以后他不再搞"临时党委"了。

孔繁上书王任重的事情,只有他自己知道。因此,上述情况显然是孔繁向"丛中笑"提供的。"丛中笑"为什么在这个时候将此事公布出来,大概是觉得聂元梓马上就要垮台了,公布出来可以表明孔繁有先见之明。然而聂元梓没有垮台,孔、杨就只好"上山"了。

读到上引"丛中笑"的文字,笔者印象最深的,是王任重态度的"多变",出尔反尔,朝令夕改。笔者以为,王任重关于成立党组的主意,并没有经过中央文革小组研究,更没有经毛泽东同意。王任重对孔、杨二人所说的"主席说在北大可以成立临时党委"云云,连"丛中笑"都说是"假冒主席的名义"。所谓成立党组,大概率是王任重自作主张,所以他没有底气,碰到问题就只能一变再变了。管北大的事情,恐怕比管一个省还要麻烦,王任重显然没有这个思想准备。

孔繁写信"要求中央派得力干部来北大担任党的领导工作",说明他对形势一点也不明白,毛泽东正在发动全国人民起来"造反",以达成"天下大乱"的局面,决不会有成立党组的部署,全国各级领导干部都面临着群众运动的冲击,又从哪里给你派"得力干部"?中央以前给北大派过陆平和张承先,陆平刚刚被毛泽东打倒,张承先工作组刚刚被毛泽东撤销,怎么可能马上再派人来呢?

孔繁给王任重写信的时间应该在8月底9月初,正是北大校文革成立前的几天。孔繁这封信一写,就在思想上、心理上同聂元梓作了切割,分道扬镳了。这封信是哲学系左派分裂的起始点。作为校文革第一副主任,他还会出力协助聂元梓工作吗?而校文革工作中的种种缺陷，其责任都将落到聂元梓一个人头上。

王任重本来就对聂元梓有了看法，因而对孔繁的信十分重视，很快（9月初）便在办公室召见孔繁、杨克明。王任重改变原先的决定，要孔、杨二人出面组建北大党组，让孔繁当第一把手，让杨克明当第二把手。

孔繁的上书给王任重挖了一个坑，而王任重重用孔、杨之举也给孔、杨二人带来了麻烦，这是后话。

孔、杨高估了王任重的权威，又缺乏自知之明，欣然接受了这个任务。孔繁前几天刚刚写信"要求中央派得力干部来北大担任党的领导工作"，怎么突然自信心爆棚，又敢于当第一把手了呢？

事情很不顺利。孔、杨找了许多人个别谈话，以贯彻王任重的主张，但哲学系的老左派们没有一个人支持这一做法，其他系的几个左派也表示反对，孔、杨反而孤立了。孔、杨二人兴头了没几天，王任重的意见却又变了，"表示收回叫孔繁组织'临时党委'的意见"，这让孔、杨陷入极为尴尬、被动的境地，最后不得不宣布甩手不干了。但他们好像又不太甘心。"丛中笑"的大字报透露，9月23日（可能正是聂元梓生病住院的时候——引者），孔繁还携同白晨曦、聂孟民、杨学琪（均为校文革副主任，前者为干部，后二人为学生）去见王任重。谈话的内容未见公布，但孔繁要让他们说一些对聂元梓的意见，是显而易见的。10月初校园里掀起了"搬开聂元梓"的风潮之后，两位学生副主任也贴出大字报，揭发校文革的"内幕"，批评聂元梓。他们的这种做法，同王任重的召见有没有关系呢？

据"丛中笑"的大字报，孔繁最后一次见王任重是在9月23日，之后再无联系。联络组撤走了，联络渠道中断，是失联的重要原因。孔繁是聪明人，不会不明白联络组撤走意味着什么。这下，孔、杨应该是目瞪口呆了。

王任重那里发生了什么？

数十年后，笔者从谢甲林的回忆录里，似乎找到了答案。

谢甲林当时任北大校文革保卫组副组长，是中央组织部1966年6月从最高检察院调来的。他过去曾在北大任教，和孔、杨等人同为政治理论课教师，关系很好。他写道：

> 1966年10月初（对比"丛中笑"的大字报，应为9月初——引者）的一天晚上，杨克明亲自到校文革保卫组燕南园63号办公室找我，给我谈了："昨天，王任重同志找孔繁和我到他的办公室，单独和我们谈了组建'北大党组'的事。王任重同志的意见是让孔繁当第一把手，让我当第二把手，协助他做好工作。对此，先给几个老同志通通气，知道您白天工作忙，才晚上来找您，听听意见。"我听完后对他说，让我考虑考虑，没有当面表示可否，又谈了些别的事情后，他就离开了。我深感事关重大，果真按王任重的意见组建北大党组，必然造成北大老左派分裂。我不能置之不理，但拿不定主意，故给保卫组组长蔡润田同志汇报汇报，听听他的意见，看看应该怎么办。蔡是海军保卫部副部长，"三八"式老干部，我是保卫组副组长，抗战末期的干部，两人的工作关系好。他同意我的想法，事关重大，不能不管。怎么管？他的想法是，让我回到最高检察院给黄火星副检察长（军事检察院检察长，解放军中将，因跟他搞过"四清"，故关系不错）说说，请他给无产阶级司令部反映反映。第二天一早，蔡润田派海军保卫部用北大保卫组的摩托车把我送到高检院，先给我的顶头上司、一厅厅长王战平汇报后，他领我到副检察长办公室，把全部情况向黄火星副检察长一五一十地作了汇报。我和王战平厅长一起，请求黄火星副检察长通过军事系统向毛主席、党中央反映反映。他答应后，我就乘原摩托车回北大，把在高检院的一切，都给蔡润田作了汇报，我们俩皆大欢喜。此事，在北大我们二人从未给第三人透露过一丝一毫。但是，我们预料，围绕建北大党组，从党内到党外，特别是在老左派党员中，必然发生矛盾，引起造反派的分化。[23]

黄火星副检察长向毛主席、党中央反映的情况有没有效果，无从查考。笔者推测，这条渠道是畅通的、高效的。

笔者推测，高层领导原来不知道王任重在北大做了些什么，接到

---

23 谢甲林：《谢甲林法学文集》，北京：北京时代弄潮文化发展公司，2013年，第38—第39页。

报告后就要问一问是怎么回事，王任重就要做一番解释，于是当着江青的面讲了孔繁、杨克明很多好话，讲了聂元梓很多坏话。王任重说这些话的时间，很可能已经是9月底了。至于王任重讲了哪些"好话"、哪些"坏话"，无从了解。可以肯定的是，"坏话"不足以把聂元梓拉下来，"好话"也不足以把孔、杨抬上去。

高层领导干预的结果，就是不让王任重再过问北大的事了。于是，联络组撤走了，蒙在鼓里的聂元梓求见王任重，也吃了闭门羹。

聂元梓等人和北大师生对中央文革内部发生的事情一无所知，直到1967年1月16日，聂元梓、孙蓬一才听陈伯达说了这件事情。[24]

王任重"主抓北大"的结果，除了成立了缺乏权威的校文革之外，还促成了哲学系左派队伍的分裂。王任重不管北大的事情了，但他的影响依然存在，并为某些人所利用。

王任重仍然是中央文革的副组长。据周良霄、顾菊英编著的《十年文革大事记》电子版，王任重于9月23日批发了《首都红卫兵纠察队西城分队几个政策性通令》，于10月7日接见了华中师范学院七名工农学员。另据刘道玉，王任重被中央文革公开批判并打倒，是1966年12月中、下旬的事情。[25]

"新北大井冈山公社《批判者》"1967年7月的一份材料中说孔繁、杨克明与王任重"关系甚密"，但没有提供具体内容，不知道有什么依据。这份材料还披露，1966年10月后的北大"井冈山"和"红联军"在批判聂元梓、校文革的同时，还加紧对王任重进行调查。他们"曾经派人和武汉驻京联络站联系，并取得了一部分王任重的材料。"[26] 王任重在武汉和湖北的事情，同聂元梓又有何相干呢？

陶铸、王任重被打倒后，聂元梓便有了新罪名。反对派指称：1966年8月至9月，校文革在陶、王操纵下，"不折不扣地执行了陶、王

---

24 胡宗式、章铎编：《北京大学文革资料选编》（下），第42页。
25 刘道玉：《一个大学校长的自白》，第105页。
26 "新北大井冈山公社《批判者》"：《把颠倒的历史再颠倒过来——北大两条路线第三场大博斗真象兼为井冈山、红联军翻案》，1967年7月。

的资产阶级反动路线"。这种指责毫无根据，且主要方面与事实正好相反。聂元梓曾就学生外出串连影响校文革选举的问题请示陶铸，陶于1966年8月27日复信聂元梓和北大校文革筹委会。这封信现已收入胡宗式、章铎编选的《北京大学文革资料选编》上册，有兴趣的读者可以查阅。就这么一个请示和一封回信，聂元梓和校文革就"不折不扣地执行了陶铸的资产阶级反动路线"了？

为了寻找聂元梓的罪证，1967年1月下旬，北大有些人还到武汉把刘道玉揪回了北大。刘道玉回忆："到了北大以后，我被关在38楼一楼的一间屋子，一个'井冈山'（应是1966年成立的'井冈山'——引者）红卫兵监管我。他们规定我的任务是交待联络组的问题，揭发王任重如何插手北大的运动，如何在背后支持聂元梓的。其实，联络组在北大根本就没有错误，我们没有讲过一次话，没有召开过一次会议，更没有镇压群众运动。至于对聂元梓，王任重同志和我对她是有保留的，更谈不上背后支持她的问题。"[27] 由于揪回刘道玉的行动是某些人偷偷摸摸干的，要瞒着校文革，所以不可能也没有开批判大会，刘道玉也未受皮肉之苦。因为刘生病且春节（2月8日）临近，刘道玉获释，于春节的前3天回到武汉家里。

把刘道玉"揪回"北大的这些人，显然是原"井冈山"的人，他们这件事做得非常隐秘，竟然没有被别人发现。但是，他们找到聂元梓和校文革"不折不扣地执行了王任重的资产阶级反动路线"的证据了吗？刘道玉的证言正好提供了相反的证据，他们为什么不把刘道玉的话公布出来呢？

据聂元梓回忆，1966年11月13日下午，李讷第二次到北大找聂元梓谈话时，曾说："主席还叫我问问你，关于你和王任重的关系问题，要不要他为你说几句话，保你一下。" 聂元梓回答："我同王任重的关系没有什么问题，他对我的指示都是关于北大运动和成立校文革的，没有什么错误。谢谢主席！现在不需要主席为我说什

---

[27] 刘道玉：《一个大学校长的自白》，第108—第109页。

么，等将来我若有重大错误的时候，再请主席保我吧。"[28]

聂元梓过于自信了，让毛泽东说几句好话，有什么不好呢？倘若毛泽东说上几句话，还有谁可以喋喋不休地说她"不折不扣地执行了王任重的资产阶级反动路线"呢？那会省了多少麻烦？

半个多世纪后回望，如果王任重的设想没有遭到抵制，孔、杨当上了"党组"的第一、第二把手，北大会怎么样呢？而他们又能维持多久呢？

四、在"破四旧"的浪潮中，校文革号召保护文物

1966年8月1日，毛泽东给反对工作组的清华大学附中红卫兵写了一封信，赞扬他们的"革命造反精神"。这封信并未寄出，但作为八届十一中全会文件印发了，印发时还附上了清华附中红卫兵的两份大字报。[29]

8月3日，王任重把清华附中红卫兵请到钓鱼台，让他们看了这封信。[30] 毛泽东的这封信迅速在社会上传播开来，红卫兵组织也在中学里普遍成立起来。在8月18日天安门广场举行百万人大会的时候，笔者站在北大的队伍里，远远地看到天安门城楼下出现了许多红卫兵的旗帜，随后又看到红卫兵的大旗上了天安门城楼。实际上，那天戴着红袖章的红卫兵有数万名之多。"在天安门城楼上，在东西两侧的观礼台上，站满了红卫兵的代表。天安门城楼、天安门广场和广场两侧的东西长安街，都由红卫兵维持秩序。"[31] 这些细节，笔者当时是不了解的。那么多的红袖章和旗帜，不是一两天制作得出来的，还需要钱和布票。显然，准备工作至少已经做了两个星期了。

---

28 聂元梓：《聂元梓回忆录》，第174页。
29 这两份大字报是6月24日的《无产阶级的革命造反精神万岁》和7月4日的《再论无产阶级的革命造反精神万岁》。7月27日，又写出《三论无产阶级的革命造反精神万岁》。《红旗》杂志1966年第11期发表了这三篇大字报。
30 王年一：《大动乱的年代》，北京：人民出版社，2009年，第40页。
31 《毛泽东传（1949—1976）》，第1434页。

在这次大会上，毛泽东身着军装出现在群众面前，这个举动也是富有象征意义的。在天安门城楼上，师大女附中学生宋彬彬向毛泽东献上了红卫兵袖章，毛泽东询问了她的名字后说"要武嘛！"这件事情也登上了报纸，产生了很大的影响。

在8.18大会后，红卫兵便冲出校园，走上街头，开始了声势浩大的"破四旧"运动，并迅速蔓延全国。8月22日，中央人民广播电台播出红卫兵大破四旧的消息。8月23日，全国各大报纸均以"新华社22日讯"的形式在头版刊登题为《无产阶级文化大革命的浪潮席卷首都街道，红卫兵猛烈冲击资产阶级的风俗习惯》的文章。《人民日报》还在第一版发表《好得很》和《工农兵要支持革命学生》两篇社论，对红卫兵的行动给予高度评价。

红卫兵运动初起之时，笔者以为只是中学生的事情，与大学无关。当校园里出现红卫兵组织时，笔者以为那是"红五类"们的事情，与自己无关。红卫兵运动从一开始就有着严重的暴力倾向，有许多暴力行为，但住在北大校园里的普通学生，对于北京城区胡同里发生的事情，是不了解的。他们的信息来源只有官方报纸和校广播站转播的中央人民广播电台的新闻节目。北大许多学生是靠助学金生活的，除去伙食费后，剩余的三四元钱是无法支持他们到城里乱转的。在红卫兵运动兴起之前，北京的中学里已经发生了学生打死老师的恶性事件，而在"红八月"中，以干部子弟为核心的早期中学红卫兵，从强制改变风俗文化发展到日益疯狂的暴力行动：抄家、打人（甚至打死老师）、驱逐所谓"牛鬼蛇神"离开北京，造成对文化、以及人民生命财产和公私财产的骇人听闻的破坏，制造了严重的"红色恐怖"。但所有这些，笔者都不了解。直到1966年年末，笔者从传单上看到有关陈伯达去某中学视察的报道，才知道居然还有刑讯的地方，居然还有人用人血在墙上写下"红色恐怖万岁"标语这样的事情。而关于这一运动中的更多的恶行，笔者要到多年后才能有所了解。[32]

---

[32] 据王年一引用的材料，1966年8、9月，北京市打死1000多人；自8月27日至9月1日，大兴县有"四类分子"及其家属325人被杀害；1966年8、

很快,"红卫兵"也开始涌进北京高校,走上大学的政治舞台。8月23日,北京体育学院"八一八"红卫兵一帮人来到颐和园,砸碎了佛香阁里的佛像。8月24日晚上,清华大学二校门题有"清华园"三字的牌楼被推倒、砸毁。几天之内,北京市文物保护单位圣安寺、昌平汉城遗址、延寿寺铜佛被毁殆尽。北京市1958年第一次文物普查中保存下来的6843处文物古迹中,竟有4922处被毁掉,其中大多数被毁于1966年8、9月间。[33]

"破四旧"中发生的严重情况,领导层是知道的。吴德多年后回忆说:

"破四旧"超越了常规。在它的名义下,抄家、伤人、打死人的情况出现了。到处破坏,甚至破坏到了中南海里头。……堂堂的国务院也在劫难逃。……

1966年"破四旧"后,一天,毛主席找我去汇报"破四旧"的情况。当时,林彪等人也在场。我在汇报前的想法是想向毛主席反映一些真实的情况,刹一刹这股风。我汇报说市委没有力量控制局面,解决不了'破四旧'产生的混乱局面。

我的期望落空。雄才大略的毛泽东,以他超乎常人的思维方式缓缓说:北京几个朝代的遗老没人动过,这次"破四旧"动了,这样也好。林彪也说:这是个伟大的运动,只要掌握一条,不要打死人。[34]

但当时已经出现了打死人的事件。吴德很紧张,寝食不安。他去找公安部长谢富治商议。他们都认为要制止这种情况。谢富治说:由公安系统、市委分别发出通知,要求不准打死人。但是,当天夜里两点钟,谢富治打电话把吴德找去并告诉吴德:公安系统拟的稿子送给毛主席了,毛主席批评了。大意说:你们还是想压制群众,文化大革

9月,北京市有85198人被轰回原籍,有33695户被抄家。见王年一:《大动乱的年代》,第53—54页。
33 转引自王年一:《大动乱的年代》,第54页。
34 朱元石等访谈、整理:《吴德口述:十年风雨纪事——我在北京工作的一些经历》,第20—21页。

命刚开始发动，你们不能像消防队救火一样。[35]

不断传来打死人的消息令吴德发愁。10月份，吴德又找中央文革小组，提出是不是可以发一个通告，制止打死人等无法无天的行为。中央文革小组不同意，还是说，这样会约束群众的革命活动，影响发动群众。[36]

多年后获知这些内幕，北大8.15"斗黑帮"大会不被报道的原因，就可以明白了。

吴德所说，应该是1966年8、9、10三个月的事。吴德说的市委，是以李雪峰为首的新市委，谢富治还是公安部长。到1967年，新市委就被夺权了，代之以北京市革命委员会，谢富治兼任革委会主任。

这些事情，都不是北大师生所能了解的。北大管不了社会上的事情，但校园里的文物还是要保护的。

8月下旬的一天，一群中学生红卫兵在颐和园破坏了一些文物后，扬言要来北大，要砸掉西校门门口的一对石狮子和校园里的华表。得到消息后，聂元梓在广播里号召全校师生员工迅速到西校门集合，去保护这些文物。这些中学生看到北大人多势众，就悄悄撤走了。北大的文物在文革中没有遭到破坏，这是北大师生员工集体努力的结果。

东语系二年级王明美等人以"新北大红卫兵"的名义写了一份保护文物的《最最紧急呼呼书》，北大印刷厂将其印成8000份传单。这些传单通过串连的学生分头带到全国各地散发。[37] 无法知道这些传单有没有发挥作用，但创议者的本意值得肯定。

1968年北大学生毕业离校前，会收到图书馆催促还书的通知单，

---

35 朱元石等访谈、整理：《吴德口述：十年风雨纪事——我在北京工作的一些经历》，第21页。
36 朱元石等访谈、整理：《吴德口述：十年风雨纪事——我在北京工作的一些经历》，第21页。
37 王明美：《文革中亲历的几个小故事》，载王复兴主编《回顾暴风雨年代——北大文革亲历者文集》，香港：红色中国出版社，2018年3月，第196—198页。

还不上书的要赔钱。一位熟识的同学就是赔了钱的,虽然书的丢失并不是他个人的责任。

北大的普通物理实验室,是理科各系学生都要使用的重点实验室。在文革期间,普通物理实验室保护完好。英国专门到各国大学考察教学实验室的专家组,来北大考察后,惊叹不已,说:"从未见过这么完整充实的普物实验室"。[38]

北大校文革的选举工作于9月11日结束。大概在下旬的时候,聂元梓就生病住院了,期间,校文革的工作由第一副主任孔繁主持。聂元梓出院返回学校,见到的就是"搬开聂元梓,北大才能乱"的大字报。

在8、9两个月里,聂元梓、筹委会和校文革做了许多工作,除组织选举外,他们要把整个学校的事情管起来,要维持学校的日常运转,水、电、食堂以及工资、助学金的发放,等等,都必须保障。而且,北大又迎来了一个来自全国各地的串连者到北大串连的新高潮。

据不完全统计,从1966年7月29日到8月28日的一个月当中,到北大串连的共达212.4万多人次,其中仅8月12日一天就达17.96万人次。[39] 接待工作和校园的安全保卫工作都很繁重。在这一段时间里,北大的一些"黑帮"和"权威"被送到分校劳动,以脱离乱纷纷的校园。笔者没有参与此事,但认为这种安排是可以理解的。

新成立的校文革是缺乏权威的,内部也不一致。谨举一例:

自8月18日毛泽东接见红卫兵之后,北大也出现了许多红卫兵组织,笔者认为那是"红五类"们的游戏,未曾关注。实际上,红卫兵组织成立后,在校内外进行了大量的"横扫四旧",抄家没收家产、文物、书籍等活动。据不完全统计,校内被抄家的有536户(教授53%、中层干部80%以上均被抄家,有的外籍教师也被抄家)。[40] 这些

---

38 《陆平纪念文集》编委会编著:《陆平纪念文集》,北京:北京大学出版社,2007年,第69页。
39 卜伟华:《砸烂旧世界》,第256页。
40 王学珍等主编:《北京大学纪事(1898—1997)》,北京:北京大学出版社,2008年,第766页。

事情，住在宿舍里的普通同学是不知道的。至于以反"四旧"为名，更改校内小区和建筑的名称，虽然众所周知，已经算不上什么事了。

校文革成立后，聂元梓希望把这些红卫兵组织整合起来，并委托孙蓬一做这件工作。孙蓬一努力的结果，是在 9 月 21 日成立了"北大红卫兵统一工作委员会"，21 日的《会议通报》宣布统一工作委员会的决定：该委员会代行北大红卫兵统一组织的领导职权；接管北大红卫兵联络站的工作；建议统一后的名称定为"北京大学红卫兵"或"新北大红卫兵"等。[41]

校文革没有权威，统一红卫兵组织的努力是完全失败的。"北大毛泽东主义红卫兵"和"北大毛泽东思想红卫兵总部"发布《关于红卫兵统一问题的联合声明》，声称统一工作委员会的"五点决定"是错误的，保留抨击的权利。

杨克明负责的《新北大》9 月 27 日刊登了上述两家红卫兵组织的"联合声明"，这是给孙蓬一的工作补台呢还是拆台呢？

不知道这些红卫兵组织里都有些什么人。这些组织一哄而起，但活动的时间并不长，10 月份以后关于校文革执行了什么路线的大辩论和新一波大串连开始后，这些组织便基本上从北大的"文革"舞台上消失了。

聂元梓、筹委会和校文革的工作诚然有许多缺点甚至错误，但若将其上纲为"资产阶级反动路线"，是不符合事实的。不看实际情况，不实事求是，一开始就把聂元梓和校文革定性为"资产阶级反动路线"的那些人，实际上是给自己挖了个坑。

---

[41] 王学珍等主编：《北京大学纪事（1898—1997）》，第 765 页。

第七章　1966年关于校文革执行了什么路线的大辩论

王任重不再管北大的事情了,但聂元梓不知道,她上门求见王任重遭拒见,还蒙在鼓里不知是何原因。王任重让孔繁、杨克明负责筹建北大"党组"的事情虽然刚开始就夭折了,但王仍是中央文革副组长,这件事情的影响依然存在,至少,哲学系的左派已经分裂,孔、杨同聂的合作基础已不复存在。但是,广大师生对这些事情一无所知。10月初,聂元梓从医院出来回到学校,就遇上了《搬开聂元梓,北大才能乱》的大字报。聂元梓陷于上下夹攻之中,而且,她失去了同上级的联系,只能独立应对北大出现的新的乱局。

这场乱局自1966年10月开始,延续到12月。在这三个月里,北大就校文革是不是执行了"资产阶级反动路线"的问题进行了一场大辩论。北大发生了严重的分裂,最后,坚持认为聂元梓、筹委会和校文革执行了"资产阶级反动路线"的少数人遭到失败。

这场乱局的出现,同《红旗》第13期社论有直接的关系。

必须指出,这场大辩论刚开始没有几天,就发生了一波新的外出串连高潮。大多数人串连去了,只有少数人从头至尾参加了这场辩论。几个主要的群众组织,留校成员多的有数十人,少的只有十来个人,甚至只有两三人。10月初贴过大字报的许多战斗队,很快就销声匿迹,校园里再未见到他们的大字报。

8月18日毛泽东接见红卫兵以后,北京高校也成立了许多红卫兵组织,并先后组建了三个高校红卫兵司令部——"一司""二司"和"三司"。北大曾出现过数十支红卫兵组织,其中"毛泽东主义红卫兵"参加了"一司","毛泽东思想红卫兵"参加了"二司","北京大学红卫兵"没有参加任何"司令部"。但是,这些组织在校内并没有留下多少活动痕迹。

一、《红旗》第 13 期社论提出批判资产阶级反动路线

1966 年 10 月 1 日,林彪在国庆十七周年大会上发表讲话指出:"在无产阶级文化大革命中,以毛主席为代表的无产阶级革命路线,同资产阶级反对革命路线的斗争还在继续。"

10 月 2 日,《人民日报》发表了《红旗》杂志第 13 期社论,社论提出:"要不要批判资产阶级反动路线,是能不能贯彻文化革命的十六条,能不能正确地进行广泛的斗批改的关键。"社论还号召"对资产阶级反动路线,必须彻底批判。"

"资产阶级反动路线"是毛泽东定下的一个新的提法,[1] 并没有经政治局或政治局常委会讨论通过。实际上,在中央高层,对于这个新的提法,是有不同看法的,如周恩来就没有真正接受。1967 年 2 月 16 日,周恩来还责问过康生:这么大的事情,你为什么不叫我们看看。[2] 张春桥将此事报告给毛泽东时,毛泽东说:"党章上没有这一条,党报党刊社论要常委审查!"[3]

若干年后,《毛泽东传》的作者作了这样的评述:

> 这篇社论中第一次出现"资产阶级反动路线"这个提法,指明它的主要表现是"压制群众",并且强调"两条路线的斗争并未就此结束,有些地方,有些单位,两条路线的斗争还是很尖锐的,很复杂的"。这就把批判"资产阶级反动路线"放到继续推进"文化大革命"的关键地位,并且要扩大到地方和许多单位去。这一来,对运动中出现的任何过激和不法行为都不能加以约束,否则就是"压制群众",就是"顽固坚持资产阶级反动路线"。整个混乱局面就更难收拾了。[4]

回顾北大 1966 年 10 月后的乱局,不就是这样的吗?

---

1 中共中央文献研究室编:《毛泽东传(1949—1976)》,北京:中央文献出版社,2003 年,第 1446 页。
2 高文谦:《晚年周恩来》,明镜出版社,2003 年,第 201 页。
3 《毛泽东传(1949—1976)》,第 1482 页。
4 《毛泽东传(1949—1976)》,第 1446 页。

按照笔者和许多同学当时的理解，"资产阶级反动路线"指的是派遣工作组并且在群众中抓右派的路线，批判这条路线，主要应该批判提出这条路线的人和负有重大责任的高级官员，这种批判不应该扩大化，不应揪住不放，而且应该遵守"要文斗，不要武斗"的原则。北大部分群众1966年秋批判李雪峰，就是这样做的。

撤销工作组是毛泽东和党中央的决策。但是，在工作组撤出前后，许多单位成立了文革委员会或筹委会，它们实行的仍然是工作组的路线，做法也是工作组的那一套。在后来批判"资产阶级反动路线"时，这些机构都受到了冲击。但北大的情况不同，校文革是由群众投票选举产生的，是毛泽东肯定的左派聂元梓领导的。

但是，有些人不这样看。他们不实事求是，不能客观地看待北大的实际情况，而是站在更"左"的立场上，把批判"资产阶级反动路线"扩大到了刚成立一个多月的校文革头上。在他们眼里，校文革执行了"资产阶级反动路线"已经是板上钉钉的事情，不可辩驳。你若辩驳，就是"压制群众"，而"压制群众"，就是"资产阶级反动路线"。为了反对"资产阶级反动路线"，打、砸、抢等暴力行为都是合理的。这就是他们的逻辑。

校外有些人也不能客观地看待北大的实际情况，一听"校文革"，就将其当成和"筹委会"一样的事物，予以反对。一听说某组织是"造反"的，不作调查就予以支持、接纳。北大"井冈山红卫兵"能加入"三司"，大概也基于这一逻辑。中央文革的王力后来解释说，北大"井冈山红卫兵"加入"三司"时，"三司主要领导人都不知道，据说只有一个组织组就糊里糊涂搞进去了。"[5]

《红旗》第13期社论突破了刚刚通过的"十六条"，一场批判"资产阶级反动路线"的风暴迅速刮遍全国。"彻底批判资产阶级反动路线"的口号，比"打倒走资本主义道路当权派"的口号更加厉害，更加好用，因为后者需要事实依据，需要调查研究，前者就容易多

5　胡宗式、章铎编：《北京大学文革资料选编》（下），奥斯汀：美国华忆出版社，2020年，第39页。

了，只要提出一些似是而非的指控和难以做到的要求，你若不接受，那就是对群众的态度有问题，就是"压制群众"，就是"资产阶级反动路线"。于是，造反就有理了。在这个口号下，冲击领导机关和领导干部成为时髦，运动的打击面更宽，势头更猛。为了把"批判资产阶级反动路线"推向全国，首都高校的一些红卫兵组织起了很大作用，名噪全国，北大没有什么组织能与之相比。北大的"造反派"只关心批判聂元梓和校文革的"资产阶级反动路线"，其行动一直延续到 1968 年 8 月"工宣队"进校。

在"彻底批判资产阶级反动路线"风暴的冲击下，"文革"运动离开了"十六条"确定的轨道，"十六条"提出的"斗、批、改"的任务也就无法进行。后来指责学生群众组织"一不斗、二不批"，是没有道理的。

多年后，文革史学者王年一指出，"如果说发起红卫兵运动和支持大串连是八届十一中全会以后第一个关系全局的重大错误，那么，提出'彻底批判资产阶级反动路线'就是八届十一中全会以后第二个关系全局的重大错误。"[6]

二、反对派的出现，其观点和组织

1966 年 10 月 6 日，物理系二年级学生路远、周闯贴出题为《搬开聂元梓，北大才能乱》的大字报，[7] 打响了北大两条路线斗争辩论的第一枪。这张大字报认为，聂元梓在上台以后的两个多月来，有 7 个方面的错误。笔者现摘录其要点并在括号中略作点评：

（1）"筹委会斗陆平，完全是为了给北大贴金（实则抹黑），当时就是特别注意文斗为全国立个样子来。结果文斗成了温斗，后果不佳。"（按：大字报作者是否认为对陆平应该实施武斗？）

（2）关于选举前有大批人外出串连，"那么多人发了紧急呼吁，要聂元梓等注意。可是她们却置之不理，不抓事物苗头，忙于事务。

---

[6] 王年一：《大动乱的年代》，北京：人民出版社，2009 年，第 72 页。
[7] 大字报全文已收入胡宗式、章铎编：《北京大学文革资料选编》（上）。

三千人跑了，陶铸同志的信才来。"（按：大字报作者似乎是反对学生离校串连、支持聂元梓搞选举的，问题是聂元梓能强行阻止学生离校吗？）

（3）"红五类早在 8.18 以前就提出组织起来，在红五类子弟的大会上，聂元梓同志讲话时支支吾吾，避开组织问题，一再强调团结绝大多数同学。真是胆小鬼！"（按：显然，大字报作者是主张建立红五类子弟组织的。）

（4）文革展览会，一没有突出毛泽东思想，二没有突出革命群众。（按：这种指责的产生，无非是因为展会上聂元梓的照片多了些，这是很容易改正的，不能因此就要"搬开聂元梓"。）

（5）"当初批判工作组，你认为是人民内部矛盾。"（按：显然，大字报作者认为工作年组的问题属于敌我矛盾。）

（6）"自吹自擂选举校文革是什么巴黎公社全面选举。真的如此吗?学生占多数吗？"（按：这是 9609 人投票选举的结果，其中学生当然占多数。作者提出"学生占多数吗？"的问题，是否认为校文革领导班子里学生应该占多数？这现实吗？）

（7）"《红旗》发表社论，各校辩论两条路线轰轰烈烈，可是北大学生下乡，仍是冷冷清清，这是为什么？"（按：北大学生上万人，有少数人下乡并不奇怪。这张大字报于 10 月 6 日贴出，证明大字报作者并未下乡。笔者也没有下乡。另据孙月才日记，哲学系一二年级及研究生于 10 月 5 日下乡参加秋收，因学校里再次发生大辩论而于 9 日提前返回。[8]）

大字报说，"在每一个关头，必然有两派意见，聂元梓却总是压抑了一派反对的意见，起了捂盖子的作用。有聂元梓在上面压，北大的矛盾就露不出来。"群众中意见各种各样，聂元梓阐述自己的意见，就是"压抑"不同意见吗？就是"捂盖子"吗？这种指责是不能成立的。

8　孙月才：《悲歌一曲：文革十年日记》，香港：香港中文大学出版社，2012年，第 83—84 页。

大字报没有明说聂元梓执行了"资产阶级反动路线",但劝告聂元梓"自动退位"。这是聂元梓自己能决定的吗?

无论从当时来看,还是从现在来看,这张大字报提出的七个问题,都是站不住脚的,但是,它表现出了一种更"左"的思潮和无政府主义的倾向,目的是要北大"乱"起来。让谁"乱"呢?"走资派"已经垮台,工作组已经撤离,显然,大字报希望"乱"的,是北大师生队伍。

笔者不了解这张大字报有什么背景,但从客观效果看,它显然继续了王任重已经失败的要搬开聂元梓的打算。

不仅学生中有这种思潮,教师中也有。

同日(10月6日),经济系教员杨勋贴出题为《北大文化革命又处在关键时刻——兼评聂元梓同志八月五日的广播讲话》的大字报。作为曾经的筹委会委员,杨勋指责"全校运动几乎处于停滞状态",第一次提出校筹委、校文革"执行了一条右倾保守的改良主义的错误路线",在清除张承先反动路线在北大运动影响"这个关键问题上","采取了走过场的做法"。她说:"八月五日,聂元梓同志代表筹委会作了《对当前工作的几点建议》的广播讲话,"是具有方向性错误的","它的基础是右倾保守的,改良主义的,折衷主义的,调和主义的。"她还提出了一连串质问:"群众真正发动起来了吗?革命的队伍真正形成了吗?陆平、彭珮云黑帮斗倒斗臭了吗?校文革真的符合十六条中提出的巴黎公社原则吗?运动真正触及灵魂了吗?活学活用主席著作的群众运动形成了吗?"另外,还有展览馆突出了什么,批判乔兼武一事是否违反了十六条,红卫兵统一等等问题。[9]

杨勋的大字报是一篇认为聂元梓为首的筹委会、校文革执行了错误路线的代表作。10月8日的《新北大》登载了这篇大字报。夏天兵写了反驳杨勋的文章《论机会主义的真面目——兼评杨勋十月六日的大字报》,刊于11月5日《新北大》第二十期。

---

9 杨勋:《北大文化革命又处在关键时刻——兼评聂元梓同志八月五日的广播讲话》,原载《新北大》,1966年10月8日。已收入胡宗式、章铎编:《北京大学文革资料选编》(上)。

50多年后，重读杨勋大字报的全文，可以看出，她是从经济系的内部矛盾出发来看待问题的，她要利用清算工作组的问题把矛头指向经济系的"老左派"，她的主张没有被聂元梓采纳，在经济系也遭到许多人的反对，她很孤立，校文革委员也未能选上，因此对聂元梓很有意见。意见可以提，但上纲为"右倾保守的改良主义的错误路线"，是不符合事实的。

反对聂元梓、校文革的人提出了种种论据，其中不乏自相矛盾和逻辑不通之处，难以服人。

这股更"左"的思潮不为北大多数师生接受，做不到"搬开聂元梓"，但足以把一些人的思想搞乱。北大学生因不同观点而成立了多个组织。

北大有几个学生支持蒯大富并参加了"清华井冈山"，成为"清华井冈山"的一个支队。他们回到北大，最初的名称就叫"清华井冈山北大支队"。1966年10月9日，他们成立了新北大"井冈山红卫兵"（下文简称"井"或"井冈山"），其主要负责人是马洪路（历史系学生）、魏秀芬（地球物理系学生）等人。该组织于11月初加入"三司"，1967年1月下旬被"三司"开除（该组织在12月下旬已经瓦解）。笔者不知道该组织有多少人，印象中也没有见过该组织署名的有影响的大字报。该组织自称有二百人，但出头露面的似乎就是魏秀芬一个人。

1966年10月15日，新北大"红色造反联军"（下文简称"红"或"红联军"）成立。这是由多个单位组成的联络站性质的组织，设有联络总部，主要负责人是张志握、俞启义、赵丰田（均为哲学系学生）等。在"红联军"内起主导作用的，是哲学系的人，尤其是"风雷激"战斗队。在许多成员外出串连的情况下，"红联军"为哲学系的少数人所操控，所谓"红联军总部发言人"尤为突出。

反对派中很有名的"虎山行"，其主要成员也是"井""红"成员。

"井""红"有没有共同的领导班子，不详。

和"井""红"一起活动的，还有"毛泽东主义红卫兵"和"新北大红卫兵革命造反委员会"，笔者不了解这两个组织有几个人，也没有见到它们有什么代表作。它们似乎是"井""红"的附庸。

回顾历史，可以看到北大出现了一股势力，这股势力以青年学生为主，其中有些人是"6.18事件"的积极参与者。这股势力的一个特点是极力抬高对"6.18事件"的评价，写成于1967年7月的一份材料作了如下描述：

> 光辉的"六·一八"，这是一个多么难忘的伟大的日子！这一天，我们北大革命小将冲决了张承先工作组的罗网，吼声震天，把潜伏在各个阴暗角落里的陆平黑帮揪出来斗争！"斗鬼台"上，革命小将将道貌岸然的不可一时的牛鬼蛇神踩在脚下，燕园各处，群情激昂，义愤填膺。革命的风暴，迅猛地席卷了燕园，荡涤着旧北大的污泥浊水，牛鬼蛇神心惊胆战，威风扫地以尽！革命小将扬眉吐气，威风凛凛！光辉的"六·一八"，它是革命小将向工作组资产阶级反动路线的巨大冲击。[10]

且不论这段描述是否符合历史事实，但这股势力确实要以此作为自己的政治资本。文章继续写道：

> "六·一八"也向人们宣布这样一个真理：北大革命造反的先锋旗帜已经从×××（指聂元梓——引者）同志等老左派手里转到基层受压抑的革命群众，一向的无名小卒、革命的青少年手里了。他们有魄力、有智慧，敢想、敢说、敢干，成为北大文化大革命的急先锋。
>
> 七月十二日大字报（指陈必陶等人大字报——引者）以及以后批判工作组的斗争，都更充分地、更雄辩地证明了这一点，证明了北大革命造反的先锋旗帜已转到革命小将手里了。

这股势力人数不多，缺乏政治斗争经验，却极其自信，以"急先

---

10 "新北大井冈山公社《批判者》"：《把颠倒的历史再颠倒过来——北大两条路线第三场大博斗真象兼为井冈山、红联军翻案》，1967年7月。这是一份铅印的材料，疑为在校外势力支持下印制并用于上报和在支持者中散发的，但作者还不敢指名道姓地说聂元梓，而用×××来代替。已收入胡宗式、章铎编：《北京大学文革资料选编》（上）。

锋"和"革命小将"自居，自以为"有魄力、有智慧，敢想、敢说、敢干"；这股势力自我膨胀，认为"北大革命造反的先锋旗帜"已经转到他们手里了；他们学了一点理论，能写出长篇大字报来，但缺乏实事求是的精神，哗众取宠，自以为是，不明大势，一意孤行；他们颇有能力，却争强斗狠，把能力用在打砸抢上，以为靠暴力行动能达到目的。

这股势力是不是打算以"6.18"的暴力方式推进北大的"文革"呢？不好说，可以推测的是，他们将首先把矛头指向曾经跟着工作组的同学、教师，甚至社教左派。但是，他们没有获得这样做的机会，聂元梓、筹委会和校文革成了他们的障碍。在批判"资产阶级反动路线"大潮到来时，他们觉得"搬开聂元梓"，由他们掌权的机会来了。

北大若让他们来掌权，会是什么样子？

但是，"天时"和"人和"都不在他们那一边，所以最后失败了。

1964年北大的"社教运动"，斗争最激烈的是哲学系党内两派。1966年10月开始的三个月大辩论，争论双方仍然是哲学系党内两派——不过是左派分裂后的两派罢了。参与这场大辩论的学生，其核心力量也是哲学系的。参与这场辩论的其他系的学生，不过是在边上呐喊助威而已，反对派的总人数，在北大学生总数中只占极小的比例。

三、支持聂元梓和校文革的组织及其观点

支持聂元梓和校文革的人很多，但真正参加群众组织的人并不多。观点最为鲜明的，如哲学系孙月才等九人于10月10日贴出的大字报《绝不允许炮打无产阶级司令部》。大字报指出："一小撮别有用心的人，乘彻底肃清资产阶级反动路线之际，跳将出来，企图浑水摸鱼，炮打无产阶级司令部。"[11] 后来，反对派中的少数几个人，果然走上了"炮打无产阶级司令部"的道路。

---

11 见新北大东风兵团编印：《新北大无产阶级文化大革命大事记——十月初—十一月底》（初稿），1966年12月。以下简称东风兵团编《大事记》。该《大事记》已收入胡宗式、章铎编：《北京大学文革资料选编》（上）。

孙月才等人的大字报遭到许多大字报的反对，被扣上了"新保皇派势力""反革命宣言书"等许多帽子。10月13日，孙月才等人又贴出大字报《北大无产阶级文化大革命中两条道路斗争的形势和特点》。大字报贴出后，"立即有人来支持我们"，孙月才在日记中写道，"他们把我们的《绝不允许炮打无产阶级司令部》说成是革命宣言书，是革命大字报，好得很，并代替我们驳斥了别人的诬蔑。"[12]笔者注意到，"北京公社"07支队红岩战斗队编写的《大事记》，是支持孙月才10月10日大字报的，并认为"事实证明了这张大字报的预见性"。[13]

人们在思考，一些比较积极的人按照自己的认识参加了不同的组织。不同于什么"子弟协会"和已经出现的几个红卫兵组织，新出现的群众组织没有家庭出身的门槛，吸引了许多家庭出身一般的同学（他们大多比较平和，不是很"左"）。

支持聂元梓和校文革的群众组织，比较有名的是"红旗兵团""北京公社""东风兵团"和"红教工兵团"。

据悉，"红旗兵团"是按照大字报上的观点串连组成的，观点鲜明，比较有力量。由于多数同学外出串连，"红旗兵团"在校的也不过数十人而已，留下记载的有哲学系的"伏虎团"和"岿然不动"，中文系的"起宏图""顶风船"和"东方红"战斗小组，等等。"红旗兵团"11月8日贴出题为《决战的五个月，胜利的五个月》的大字报，系统地阐述了北大五个月来两条路线的大搏斗，认为以毛主席为代表的革命路线取得很大胜利，资产阶级反动路线走向失败。

"北京公社"以发起"如何挽救这场大辩论的方向"的串联会而登上北大政治舞台，吸引了一批持中间观点的同学。但在打出了旗号并从校文革要到一间办公室之后，其发起人就外出串连去了。留校学生不过10人左右，有好几个系的学生，他们经过讨论，明确认为校

---

[12] 孙月才：《悲歌一曲：文革十年日记》，第84—86页。
[13] "北京公社"07支队红岩战斗队编：《北京大学两条路线斗争大事记（1966.10.1—12.24）》，已收入胡宗式、章铎编：《北京大学文革资料选编》（上）。

文革执行的是毛泽东的路线。《人民日报》1966 年 10 月 22 日发表《红卫兵不怕远征难》的社论后，他们组织了一支小队伍，步行"长征"去了，校内仅留下两三个人。"北京公社长征队"和其他外出串连人员，大约要到 12 月中、下旬才回来，其时校内大辩论的形势已经明朗，大局已定。

"东风兵团"是 11 月 14 日成立的，负责人是历史系学生李炳煌，他曾是"新北大捍卫毛泽东路线联络站"的负责人之一。"东风兵团"编有《新北大无产阶级文化大革命大事记——十月初—十一月底》（初稿）。

"红教工兵团"是由几个系的年轻教师和部分后勤工人组成的。历史系和经济系各有一个"延安"战斗队。

四、聂元梓和校文革的态度及对策

校文革的选举结束后，聂元梓便因病住院（具体时间不详，似应在 9 月下旬），国庆节后才出院。刚刚出院，就遇到了要"搬开聂元梓"的局面。

聂元梓是抗日战争时期参加革命的干部，经历过延安整风审干，在"第二次国际饭店会议"上经历过数十次批判会，有足够的抗打击经验。聂元梓心里有底，她在过去两个月里所做的，是符合毛泽东的路线的。王任重让孔繁、杨克明出面筹办"党组"的目的，聂元梓也很清楚。但这不是王任重说了算的。事实上，很快被"搬开"的不是聂元梓，而是谋划"搬开聂元梓"的人。必须指出，孔繁、杨克明出面筹办"党组"一事，广大师生是不知情的。孔、杨在筹办"党组"期间，特别是在《红旗》第 13 期社论发表之后，在学生中，特别是在哲学系学生中有何活动，不详。他们在北大发生了"搬开聂元梓"的风潮之后，很快便一走了之，串连去了。

面对北大群众，聂元梓表态欢迎这场大辩论，欢迎批评。她肯定了路远、周闯的大字报"是革命的"。10 月 10 日，她参加了"北京公社"发起的的串联会并讲了话。她说："如果这条路线反映在我身上就批判我,(校)文革执行了就批判(校)文革,……希望大家大力宣传这场辩论的意义。"会上,大多数人认为"关键不在于搬开聂元梓,要害问题是向资产阶级反动路线开火。"会后,发表了会议纪要《扭转当前辩论的大方向》,指出:"在聂元梓罢官问题上纠缠不清是庸人的观点",并提出"上揪下扫"(上揪李雪峰、追刘、邓;下扫陆平黑帮、张承先坏工作组的余毒及影响)才是今后辩论的大方向。[14]

在当时形势下,聂元梓和校文革表现得十分低调,他们不想给人予"压制群众"的印象。他们深知,北大的问题不等于校园内闹腾的那些事,也不等于聂元梓和校文革工作中的问题,在某种程度上,这是上面的问题。现在需要的,是观察和等待。

"井""红"等反对派咄咄逼人,气壮如牛,表现得很凶,但聂元梓和校文革表现得非常软弱,他们并没有指使支持自己的群众组织去做什么,在物资供应上,校文革对反对派也是一视同仁。

五、聂元梓的两项行动:贴邓小平大字报和奉命去上海串连

聂元梓并不仅仅是北大校文革主任,她还是毛泽东的石头和棋子。在校内遭到反对派围攻的情况下,聂元梓在1966年的最后两个月内,还做了两件事:贴邓小平的大字报和去上海串连。

11月8日,由聂元梓、孙蓬一等十一人署名,贴出了《邓小平是党内走资本主义道路的当权派》的大字报。大字报说:"我国党内头号走资本主义道路的当权派是刘少奇,二号人物就是邓小平。"大字报的主要内容是揭发邓小平1965年在北大社教运动中的问题。

北大反对派不能理解这件事,一个执行"资产阶级反动路线"的人怎么可能写出这样"造反"的大字报?他们觉得不可思议,更不明白这件事显示出来的信息。据说,他们还有人责问聂元梓,要她交代

---

[14] "北京公社" 07 支队红岩战斗队编:《北京大学两条路线斗争大事记(1966.10.1—12.24)》。

写大字报的"背景"。

"背景"当然是有的。10月9日至28日,中共中央召开了工作会议。很快,中央工作会议上陈伯达的报告,以及刘少奇和邓小平的检讨,就都传达下来了。有北大同学以为,这就是大字报的背景。但他们不知道,其实还有更深的背景。多年后,聂元梓回忆说:"毛主席说,反对刘少奇的大字报很多,还没有反对邓小平的大字报呢。"[15] 大字报就是根据这个精神写的。聂元梓当时以为,这是响应中央的号召。至于这个"精神"是如何传达下来的,为何传达给了执行"资产阶级反动路线"的聂元梓而没有传达给"井""红"的小将们,已不可考。

小将们不甘落后。后来,北大"井冈山兵团"专门成立了"批邓纵队",他们四出调查,于1968年8月印出了一本277页的书(书名就不提了),对邓小平的家庭出身和邓小平直至"文革"为止的全部革命生涯,进行了全面系统的批判。[16]

1966年11月19日,聂元梓、孙蓬一等人以北大群众组织的名义到达上海串连。他们对上海造反派表示支持,参加了对曹荻秋、常溪萍等人的批斗大会,起了煽风点火的作用。12月16日聂元梓先返回北京,孙蓬一稍后于1967年1月7日回到北大。

聂元梓去上海串连是奉命而为,不是她自己想去就能去的。

关于聂元梓去上海串连一事,原中央文革成员王力在《王力反思录》里有较为详细的记载,其小标题为:"聂元梓去上海的一段公案"。[17] 此不赘引。

智晴先生所写《文革初期聂元梓赴上海串连大有来头》[18] 一文对毛泽东女儿李讷如何转达毛泽东的旨意让聂去上海串连,有详细说明,此处不再赘述。按王力的说法,毛此举是为了"把北京和上海连

---

15 聂元梓:《聂元梓回忆录》,香港:时代国际出版有限公司,2005年,第483页。
16 新北大井冈山兵团大批判办公室编印,1968年8月。
17 王力:《王力反思录》,香港:北星出版社,2001年,第758—759页。
18 该文载《记忆》第174期,2016年11月15日。

成一片"。聂从上海回到北京不到一个月,毛便在上海发动了"一月夺权风暴",进而由上海影响华东,由华东影响全国。

北大反对派同样不能理解这件事。一个执行"资产阶级反动路线"的人怎么可以去上海"造反"呢?于是,他们也出动了一帮人赶往上海,揭发批判聂元梓的"资产阶级反动路线",以抵消聂元梓的影响。他们贴大字报、印传单,揭露"聂元梓为什么现在来上海?"[19] 他们认为自己才有资格批判上海市委,并以"新北大红色造反联军、新北大红卫兵革命委员会"的名义印行了一册《评上海市委的资产阶级反动路线》,包括"一评"到"九评"的九篇文章。这是笔者见到的,没有见到的可能还有不少。

聂元梓等四人赴上海的软卧车票是中央文革办事组代购的。据知情人披露:聂元梓等人自沪返京后,中央文革办事组通知北大校文革办公室:尽快将办事组垫付的聂元梓等人赴沪的四张软卧车票款送还他们,以便结账。校文革办公室负责人回答说:这四张软卧车票是你们给买的,北大无法报销,理应由你们负责。对方很快回话,说聂元梓等四人的编制不在中央文革而在北大,只能归北大报销,并连连催促北大报销后尽快还钱。北大校文革办公室要他们写一个证明:四张软卧车票系中央文革办事组给买的,可以报销。但对方予以拒绝。根据当时的财务制度,只有行政13级以上的干部方能乘坐软卧。聂元梓是12级,报销不成问题。但其他三人皆为普通教师和干部,只能按硬卧报销。差额如何处理就成了问题。彼时中央文革办事组又频频催促还款,于是,聂元梓便自掏腰包补齐差额,还钱了事。

聂元梓到上海串连,结果是各个方面都不满意,江青不满意,张春桥也不满意,连他们在上海使用的"毛泽东思想捍卫团"这个名字,也受到了批评。[20] 到1983年,这次串连还被当时的法庭认定为"积极参与江青反革命集团夺取上海市领导权的阴谋活动"。查查1967年1、2月间中央和上海的报刊,查查毛泽东当时的讲话和以中

---

19 新北大井冈山红卫兵战斗团"打落水狗"战斗队:《聂元梓为什么现在来上海?》,1966年11月30日。
20 聂元梓:《聂元梓回忆录》,第180—191页

央名义公开发布的文件,真的是这样的吗?

六、大辩论的继续和"井""红"问题

"井""红"是批判聂元梓和校文革"资产阶级反动路线"的主力,当时大部分人离校串连去了,"井""红"留在学校的也不过几十个人。这些人心高气傲,自负得很。他们不关注全国的形势,不关心中央的精神,无视北大的实际,也从来不把其他群众组织放在眼里,一心要和聂元梓、校文革较量一番,一门心思要把聂元梓、校文革打成"资产阶级反动路线",为自己争一顶响当当的"造反派"桂冠。他们的想法是建筑在沙滩上的。倘若他们梦想成真,他们能领导北大吗?他们对北大的现实不屑一顾,对中央文革某人的一句话却奉若圣旨。最后,当中央文革某人说了一句话——"聂元梓是左派,你们要和她合作"(大意),[21] 他们在精神上就彻底崩溃了。

但是,在10月中旬,辩论还在继续。

红联军"风雷激"战斗队的大字报及其后来的反思

1966年10月12日,"红联军"的哲学系"风雷激"战斗队贴出题为《要彻底革命,不要改良派》的大字报。[22] 大字报认为:"校文革是改良派"。其主要表现为"不高举毛泽东思想伟大红旗""'怕'字当头""对红卫兵、革命串联这样的新生事物,不敏感、不觉察""不抓阶级斗争""有许多单位,除了几个固定化的左派以外,左中右不分明,仍然是糊里糊涂一锅粥"等等。大字报指出:"如果这条改良主义路线继续统治北大,势必斗也斗不下去,批也批不下去,改也改不出一个真正的社会主义新北大来。不要多久,修正主义就又会

---

[21] 中央文革小组1967年1月3日接见北大代表时,王力有一段讲话,可资参考。王力说:"有人说,聂元梓搞刘邓,你们北大井冈山应与她合作,这个传说不对。聂元梓同志是坚定的革命左派,第一张马列主义大字报的作者。我是讲要革命的同志和她合作。"见胡宗式、章铎编:《北京大学文革资料选编》(下),第39页。
[22] 该大字报已收入胡宗式、章铎编:《北京大学文革资料选编》(上)。

在北大复辟。""我们要彻底革命，不要改良派！" 10月25日，该战斗队又贴出了《再论要彻底革命，不要改良派》的大字报。

这些大字报是"井""红"一派的代表作。10月27日，"红联军"总部将其翻印成传单广为散发。10月29日和11月25日，哲三"岿然不动"战斗队两次贴出长篇大字报对"风雷激"的大字报进行反驳。

实际上，"风雷激"的大字报只有空洞的指责，没有提出可行的办法，不能解决问题。这些空头理论家能领导北大吗？后来，他们发表了一份声明，自己作了反思。

1966年12月22日，红联军哲学系纵队"风雷激"战斗队发表造反声明。《声明》写道：

"红联军"自成立至今，大方向一直是错误的，就现有材料看，"红联军"总部犯有以下严重错误：

1. 正当全国吹响了向刘邓为代表的资产阶级反动路线猛烈开火的号角的时候，"红联军"却死揪住聂元梓同志为首的校文革不放，把矛头指向了无产阶级革命路线，起了保护资产阶级反动路线的作用。

2. "六一"是毛泽东思想胜利的光辉日子，也是新北大诞生的日子，"红联军""井冈山"等单位，却借纪念"六一"为名，于十一月一日召开大会，批判以聂元梓同志为首的校文革的所谓资产阶级反动路线，起了阻碍批判北京市以李雪峰为代表的资产阶级反动路线的作用。

3. 十一月份，在"红联军"大部分同学外出串联期间，赵丰田等人，砸烂了"新北大"校刊临时编辑部，这是粗暴践踏我们伟大领袖毛主席题字的严重政治错误。

4. "红色造反台"自成立以来，大方向就是错的，特别是在12月12日日晚上，不加批判地广播了"虎山行"的反革命大字报，充当了资产阶级反动路线的喉舌，为资产阶级反动路线的新反扑张目。这是严重的政治立场错误。

5. "红联军"组织严重不纯，混进了一小撮坏家伙。

鉴于上述情况，我们特此郑重声明，坚决造"红联军"总部的反，自即日起，退出"红联军"，亦退出"新北大红卫兵"。

我们坚决地支持聂元梓同志，企图把革命左派一棍子打死的阴谋，必须充分揭露，打退敌人的猖狂进攻。[23]

笔者认为，这份"声明"表明他们对错误有了初步认识。"声明"中提到的几件事，下文再议。

赵丰田的大字报及其后来的反思

10月16日，哲学系学生赵丰田贴出《拨开迷雾万千重，试看庐山真面目》的大字报。大字报说："6.1""8.4"中央发表意见太早，北大群众锻炼得不够，给北大运动的曲折埋下了"伏线"，"先天不足"；加上左派"绝大部分"成了工作组和右倾机会主义路线的忠诚执行者，他们"害怕群众"，"害怕清理"，"清理工作组走了过场"，是"折衷主义"。这样，必不可免的，以聂元梓为首的校文革执行的是一条反动路线。

赵丰田是哲学系四年级学生，已经学了不少理论，算得上是反对派的理论家，这张大字报是反对派意见的典型作品。这张大字报同样有着很大的片面性。[24]

赵丰田的大字报后来遭到反驳，"北京公社"09支队的同学于11月19日贴出《拨开迷雾万千重，再看庐山真面目》的大字报，驳斥赵丰田的观点。[25]

赵丰田是"红联军"负责人之一，12月23日，他发表声明，宣布退出红联军。[26] 声明全文如下：

---

23 此声明已收入胡宗式、章铎编：《北京大学文革资料选编》（上）。
24 此大字报已收入胡宗式、章铎编：《北京大学文革资料选编》（上）。
25 新北大东风兵团编印：《新北大无产阶级文化大革命大事记——十月初一十一月底》（初稿）。
26 此声明已收入胡宗式、章铎编：《北京大学文革资料选编》（上）。

最近我带着北大以聂元梓为首的校文革的路线问题，重新学习毛主席著作和十六条，学习了红旗杂志和人民日报社论，初步了解和分析了从中央到地方两条路线斗争的情况。重新审查了我对校文革路线的看法，认识到我以前的大字报和发言中的观点是错误的，北大以聂元梓同志为首的校文革，尽管有缺点，有错误，有的错误是严重的，但还不是方向错误，还不是路线错误。我宣布承认错误，改变观点，并宣布退出红联军。我诚恳地欢迎同志们对我进行批评和帮助。同时希望全体红联军的革命同志和所有持这种观点的同志，以国家全局为重，进一步认识从中央到地方两条路线斗争，重新学习毛主席著作和十六条，重新分析北大校文革的错误，重新审查自己的观点，早日认识错误，改正错误，和其他革命同志一起，积极地投入批判以刘邓为代表的资产阶级反动路线的斗争中去，捍卫以毛主席为代表的无产阶级革命路线。

哲四（1）赵丰田
66.12.23

有新的认识是好的，但赵丰田是"红联军"的负责人和理论家，他还应该为"井""红"的行为负责。

七、"井""红"一意孤行，矛盾不断激化

"井""红"如果只是贴贴大字报也就罢了，但他们并不满足于此，他们还要采取更激烈的行动。然而，高层的风向变了。

1966年10月31日晚上，王力、关锋等来到北大。王力对聂元梓说："在中央文革我们是同王任重有斗争的。听说王任重利用孔繁、杨克明反你，我们是同情你的，支持你的。听说张恩慈也从中活动。你把这方面的情况谈谈，王任重到底在北大都搞了些什么鬼？"聂元梓介绍了这方面的情况，并说明天还有两个群众大会，一个是"红联军""井冈山"召开的会，另一个是"红旗兵团"等组织召开的，我应当持什么态度？关锋说："不能参加'红联军''井冈山'召开的大

会，那些组织中有王任重搞的势力在继续活动。"[27]

这次谈话说明：第一，在中央文革内部的斗争中，王任重已经失败；第二，张恩慈已经被抛弃，中央文革正在对他进行调查；第三，中央文革是支持聂元梓的。关于上层斗争的内幕，以及张恩慈到底做了些什么，笔者至今都没有搞明白。可以推测的是：在王任重面前搬弄是非、说聂元梓坏话并推荐孔繁、杨克明的，大概就是张恩慈。至于关锋说的"那些组织中有王任重搞的势力在继续活动"，不知道指的是什么人，又有什么根据。不过，"井""红"们的主张，客观上同王任重的做法是互相配合的。"井""红"和孔、杨，也是互为支持者的关系。哲学系的"红联军"有没有受到孔、杨直接的误导，待考。但"红联军总部发言人"的角色值得研究。该发言人不仅在各项活动中表现突出，从其 1966 年 12 月 1 日的长篇讲话来看，他对于杨克明主持校刊编辑部时期的情况，摆出了很了解内情的样子。显然，他和杨克明有过密切的交往。

王力、关锋的谈话内容是保密的，只有聂元梓等少数几个人知道，广大师生都被蒙在鼓里。不管怎样，碾压聂元梓的那副磨子，上面的那扇磨盘被搬开了。聂元梓可以挺起腰杆说硬话了。

"井""红"的领导人是不看大方向的，他们的眼睛只盯着聂元梓。他们或者被误导，或者自以为是地把聂元梓和校文革判定为"资产阶级反动路线"，然后戴着这副有色眼镜来观察一切，觉得聂元梓无论干什么都是"资产阶级反动路线"。上面的风向变了，他们还在一意孤行。

11月1日的两个大会，"井""红"挑起矛盾

面对反对派的猛烈攻击，校文革不为所动，坚守岗位，保障北大的日常运转。在校文革支持下，"新北大捍卫毛泽东路线联络站"为批判北京市以李雪峰为代表的资产阶级反动路线做了许多工作，并

---

[27] 聂元梓：《我在文革漩涡中》，香港：中国文革历史出版有限公司，2017 年，第 324 页。

于 10 月 29 日在北大举行了一次批判大会。这是符合当时的大方向的,所以市委领导吴德、刘建勋出席了大会,李雪峰到会做了检查。笔者重读李雪峰在大会上的讲话,[28] 觉得他的态度还是很诚恳的。

11 月 1 日下午,为纪念毛泽东批示"第一张马列主义大字报"发表五周月,"新北大捍卫毛泽东路线联络站"等单位在东操场召开大会,继续批判以李雪峰为代表的资产阶级反动路线。聂元梓在会上讲了话。在大会上的正式讲话,聂元梓是有一份讲话稿的,但是,由于会议受到来自"井""红"的干扰,她临时脱稿讲了一些话。后来,"井""红"们便大吵大闹起来,硬说聂元梓在讲话中把他们打成反革命了。

"井""红"并没有指派专门人员来监听和记录聂元梓的讲话,换言之,它们的领导人并没有直接听到聂元梓说了些什么,但他们为什么非要说聂元梓在讲话中把他们打成反革命了呢?

"新北大井冈山公社《批判者》"在 1967 年 7 月编写的一份材料《把颠倒的历史再颠倒过来——北大两条路线第三场大博斗真象兼为井冈山、红联军翻案》中说:"十一月一日,×××做了把'井''红'大会打成'资产阶级讲坛'的发言。"

聂元梓讲话中有一段话同"井""红"的大会有关,并且刊登在《新北大》上。聂元梓说的是:

> 今天,当我们在这里开会的时候,有的同志在召开"纪念'六·一'五周月大会","批判北京市以李雪峰为代表的资产阶级反动路线",但是他们的大会主要是"批判北大以聂元梓为代表的资产阶级反动路线"。我们给他们的大会提供了必要的条件,但不能去参加他们的会,因为我们是执行无产阶级革命路线的。我们在工作中有缺点和错误,欢迎同志们提出严格的批评,但我们决不能作为"资产阶级反动路线的代表人物"登上被批判的讲台。[29]

这段话语句连贯,逻辑清晰,是讲话稿中原有的文字。但聂元梓

---

28 该讲话已收入胡宗式、章铎编:《北京大学文革资料选编》(下)。
29 胡宗式、章铎编:《北京大学文革资料选编》(上),第 72 页。

也说了一句"要站在这个无产阶级讲台上讲话",但这句话是在聂讲话受到干扰,主席台上发生"争论和混乱"的情况下讲的。

11月1日下午,"井""红""毛泽东主义红卫兵"和"新北大红卫兵革命造反委员会"等组织在五四运动场召开大会,"中心是批判李雪峰为代表的北京市委资产阶级反动路线和以聂元梓为首的北大校文革的资产阶级反动路线"。[30] 实际上,他们批判的重点是聂元梓和校文革,称他们执行了"一条新的隐蔽的资产阶级反动路线"。

聂元梓在东操场讲话,"井""红"们在五四运动场开会,互不相干。但是,"井""红"们要挑起事端,他们派了两个人过来,一定要聂元梓跟他们到五四运动场去听取批判发言,实际上就是要让聂元梓作为"资产阶级反动路线的代表人物"站在台上,使"聂元梓被批斗"成为既成事实。这理所当然地被大会主席团拒绝了。当时参加大会的人,大多数是外地来的串连人员,聂元梓倘若去了,"聂元梓被批斗"的消息将迅速传向四面八方,产生某种政治影响将是不言而喻的。

"井""红"派出的两个人来到东操场大会主席台上时,聂元梓正在讲话,主席台上出现了混乱,聂的讲话也受到了干扰。

大会主办单位的负责人李炳煌(历史系学生)就在主席台上,目睹了事情经过,后来他发起成立了"东风兵团",他们编写的《大事记》记载了当时的情景:

> 会议中途,由于"五四"广场各地革命师生往东操场过来,"五四"会场主席团派来两个人,不经过主席团就要拉聂元梓过去。会议出现了争论和混乱现象。聂元梓说,过不过去要经过大会主席团,说要站在这个无产阶级讲台上讲话。[31]

聂元梓说"要站在这个无产阶级讲台上讲话",是在主席台上的

---

30 "红联军"总部发言人1966年12月1日的讲话,该讲话已收入胡宗式、章铎编:《北京大学文革资料选编》(上)。

31 新北大东风兵团编印:《新北大无产阶级文化大革命大事记——十月初—十一月底》(初稿)。已收入胡宗式、章铎编:《北京大学文革资料选编》(上)。

"争论和混乱"过程中说的，不是大会讲话稿里的内容。如果对这句话进行分析和引申，那对方就是"资产阶级讲台"了。所谓聂元梓把对方的会议打成"资产阶级讲坛"，显然是"井""红"们自己的分析和引申。

话说回来，即便是聂元梓说了"资产阶级讲坛"这样的话，比起"井""红"加给聂元梓的"资产阶级反动路线"的罪名，又算得了什么，聂元梓至少还没有使用"反动"两个字吧？

必须指出，对于"井""红"的大会，校文革提供了必要的条件，但"井""红"们从来不提。

还应指出，聂元梓也没有透露头一天王力、关锋讲话的信息。倘若透露一二，不知会有什么结果。聂元梓应该明确告诉他们：遵照中央文革指示，我不能参加你们的大会。

11月5日出版的《新北大》二十期报道了11月1日两个大会的情况，并刊登了聂元梓的讲话。

半个多世纪后，笔者向《新北大》当时的一位编辑王青苏（1963级学生）核查当时的情况，王青苏回复说："聂元梓的讲话，是根据她的讲话稿，而不是录音。发表前聂元梓看没看过，我记不清楚了。"[32]

校刊发表聂元梓的讲话和报道两个大会，是严肃的事情。对于"井""红"挑起事端导致的东操场大会主席台上发生的"争论和混乱"，以及聂元梓临时脱稿讲的话，当然不能报道。校刊不仅仅在校内发行，在社会上也有影响，编辑部谨慎的做法并没有错。对将要发表的文字进行文字加工和修改，是编辑部的权力和职责所在，是一种很正常的做法。高层领导人的讲话，在公开发表时还要修改好多遍呢。这是一个常识问题。8月下旬大串连爆发，北大学生带到外地去的"首长在北大的讲话"，都是经过首长"审修"的版本。

聂元梓的讲话稿中，当然没有她脱稿讲的那番话，但这些话在录音带里还有，于是，"井""红"们觉得机会来了。

---

32 王青苏致胡宗式的电子邮件，2021年3月8日。

录音带引起的风波

由于 11 月 1 日东操场的大会受到干扰，大会主席台上发生了"争论和混乱"的情况，聂元梓又脱稿讲了一番话，特别是表示不能去"井""红"会场的那番话，因为她不可能预先知道"井""红"会派人来拉她去"井""红"的会场。

在这种情况下，为谨慎起见，聂元梓在临湖轩召集校文革常委们审听讲话录音。这不是一件什么机密的事情，物理系学生陶一飞、胡宗式二人去临湖轩办事，也被邀一起听了听。当时在场的约 20 人，发言者（包括后来成为"井冈山兵团"领导成员的人）都认为没有什么问题，没有人提出不同意见。发言中有一段毛泽东语录——"凡是反动的东西，你不打，它就不倒，这也和扫地一样，扫帚不到，灰尘照例不会跑掉。"，大家认为，这段语录的使用也没有问题。

但是，聂自己不放心，后来叫人删去了这段语录。这真是多此一举，自找麻烦。

为大会录音是广播台的工作，保管原始录音带是他们的责任。作为大会主办单位的负责人，李炳煌拿到一份讲话录音，这只能是一份复制品。后来，"井冈山红卫兵"有人从李炳煌手中将录音带借走，一借不还。"东风兵团"编《大事记》载：

十一月六日，《新北大捍卫毛泽东思想联络站》对十一月一日东操场大会录音带磁带问题发表声明，提出井冈山等久借录音带不还，多次交涉无效，种种建议遭到拒绝，令人怀疑它失去了原始意义，由此产生的一切后果由他们负责。

看来，李炳煌手头的录音带在 11 月 6 日之前好几天就被"借"走了。"借"走录音带的人就是魏秀芬，因为李炳煌曾约胡宗式一起去魏处讨要，魏拒不交还。直到 12 月中下旬，"井""红"即将垮台或已经垮台的时候，魏不得不把录音带交了出来，还给李炳煌。[33] 李

---

[33] 曾是"红联军"负责人之一的俞启义于 2020 年 2 月 14 日病逝于武汉，网上发表了俞的遗作《我与北大红联军》。文章中有一段提及录音带一事："12

炳煌请了三位同学作为见证人，一起去接收。他们共同对录音进行审听，每人一份讲话油印稿，对照审听，审听中凡听到有接头的"喀嗒"声，都在油印稿上作了标记。

按照胡宗式后来的调查，录音带只删掉了一段语录，那么除首尾外，录音中间应该只有两处"喀嗒"声才对。但是，审听时听到了多处"喀嗒"声，那么，多出来的那些"喀嗒"声是怎么来的呢？这还是原来那盘录音带吗？

同李炳煌一起参加审听的同学之中，有一位同学为此困惑多年。如果这些"喀嗒"声都是删节讲话内容时留下的，那么这篇讲话将变得支离破碎，上下文不能衔接。但当时听的录音，内容是完整而流畅的。

魏秀芬对李炳煌等人说，她曾去中央人民广播电台找人咨询，问录音带上删节的内容能否恢复。人家讲了一通，她没有听懂。广播电台用的是专业的机器、专业的磁带，还有专业的复制剪辑技术，同学校里用的不是一回事，她当然听不懂了。人家也不可能请她去参观录音机房，因为那属于机要重地。作为一个理科学生，她本来应该明白她拿到的是一盘复制带。

既然发现录音带有可疑的痕迹，魏本来应该将录音带及时归还李炳煌，并指出问题所在，一起追查原始录音（当时可能还保存着）。但是，她没有这样做，录音带就一直控制在她手里。她还将录音带提供给了"红联军"。

"红联军"总部发言人在12月1日的串联会上专门谈了录音带的事，说他们找校文革要录音带，没有要到。发言人说，"后来我们得到了一盘录音磁带"，他没有讲是如何得到的，但显然就是魏秀芬从李炳煌那里"借"去的那一盘录音带。"红联军"总部发言人说，

日，新北大井冈山红卫兵由马洪路、魏秀芬带领，到校刊临时编辑部查找被涂改的聂讲话录音带，据魏秀芬后来说：'我们没有砸抢任何东西，我们找到了录音带，发现确实有涂改的地方。'"由此可见，俞终其一生，也不知道录音带是魏秀芬从李炳煌手里"借"来的。

他们听了这盘录音带，认为是经过篡改的复制品。[34]

"井""红"既然听了这盘录音带，并且认为"是经过篡改的复制品"，那他们为什么不去找广播台，不去找那个修改录音的人，不去找原始录音带呢？

数十年后读到"东风兵团"所编《大事记》后，上述那位困惑多年的同学认为，鉴于大会主席台上出现了"争论和混乱"的场面，那就只有在台上一角操作录音机的工作人员才能了解原始录音的状况。他认为，胡宗式等人后来的调查不够深入，缺乏细节，尤其是没有找到原始录音。这位同学推测，聂的讲话不是一气讲完的，中途受到了干扰，操作录音机的人不能让磁带空转，就摁下了停止键，等干扰结束聂继续讲话时再开机，这就使原始录音里有了"喀嗒"的声音。原始录音里可能还有几处争吵的声音。对聂元梓的讲话录音进行整理，只能通过复制的办法。在复制时，把那些争吵的杂音删去了，这就增加了复制带里"喀嗒"声的数量。另外还有一种可能，就是工作人员在复制时，是听一小段复制一小段的，这也增加了"喀嗒"声的数量，而有些"喀嗒"声，确实出现在段落和段落连接的地方。这位同学遗憾的是，这份材料没有保存下来，而当时也没有将其同校刊发表的文字进行比对。

聂元梓只让人删去了一段语录，而在"争论和混乱"之中脱离稿子讲的一些话并没有被删去，聂元梓不认为这些话有什么问题，但"井""红"们听起来，这就是"把柄"。他们认为抓到了"把柄"，"聂元梓这下可跑不了了"，于是就大吵大闹起来。

那么，他们从录音里发现了什么呢？

"红联军"总部发言人在12月1日的串联会上，提到了聂元梓几段讲话，现照录如下：

（1）我不能登他们的讲台，我要在这个无产阶级革命的讲台上讲话。

---

34 "红联军"总部发言人的这篇讲话已收入胡宗式、章铎编：《北京大学文革资料选编》（上）。

（2）五个月的革命斗争是尖锐的，激烈的，在我们北京大学，这一场阶级斗争是十分激烈的，刚才的情况都看到了（指请她去'五·四'一事），革命的实践一再证明毛主席的伟大教导：敌人是不会自行消灭的，无论是中国的反动派还是美帝国主义在中国的侵略势力，都不会自行退出历史舞台。

（3）但是作为另一种所谓对文化革命委员会和我所进行的批判是完全错误的，我们不能同意他们说我们是执行一条资产阶级反动路线。那些混淆是非、颠倒黑白，这样一些人，是企图蒙蔽一些没有弄清是非的一些革命同志，但是这一些少数人，他们的枪口不对准真正的敌人，而是对着执行无产阶级革命路线的同志，他们的目的，将来一定会被广大群众认识清楚。

"红联军"总部发言人对这些话加以引申和分析，认为这些话的矛头都是指向他们的，这是"挑动群众斗群众"，"是以聂元梓为首的校文革资产阶级反动路线的大暴露"，等等。

引文（1）的一句话，显然是大会主席台上发生了"争论和混乱"的时候讲的。笔者认为，聂元梓并没有说错，而刊登在校刊上的那一段讲话，讲得更为清楚。

引文（2）同聂元梓讲稿中的一段话基本相同，因为主席台上发生的"争论和混乱"使参加大会的群众大为不解，聂在干扰过后继续讲话，插入了"刚才的情况都看到了"一句。"刚才的情况"确实证明了"阶级斗争是激烈的"。

引文（3）中聂元梓的讲话并没有错，其指向是"少数人"。到12月中下旬，"少数人"就都暴露出来了。"风雷激"战斗队12月22日的声明不也承认"'红联军'组织严重不纯，混进了一小撮坏家伙"吗？

发言人还指称聂元梓有一段关于陆平的讲话是指向他们的。笔者认为，如果确有这段话，其指向并非"井""红"，而是另有其人。

过去一个月里一直小心翼翼、软弱无能的聂元梓为什么突然变得强硬起来了？支持聂元梓的人认为聂元梓本来就应该理直气壮一些，应该强硬一些。但是，"井""红"们想不通这一点，而是认为聂元梓的"资产阶级反动路线"终于"大暴露"了。

"井""红"们很希望能在《新北大》上找到"资产阶级讲坛"之类的话，可以作为"资产阶级反动路线"的证据，把聂元梓打倒。当时还有署名"红野牛"的贴出了题为"上诉书"的大字报。"东风兵团"编《大事记》指出，该大字报"反映了'红联军'等（组织）的处境和心理，总想找出一个像样的聂元梓'挑动群众斗群众'的例子，想有人把他们打成'反革命'。"

"井""红"的领导人利用"借"来的录音带，终于找到了"证据"，他们大喜过望，不再提录音带"是经过篡改的复制品"，而是说校刊编辑部"篡改"了聂元梓的讲话，并借此大做文章。

11月7日，"红联军"的"浪滔天"战斗队发表《可耻的行径，卑劣的勾当》，说校刊篡改了聂的讲话。随后，"井冈山"等组织召开串联会，发表《告北大和全国革命同志书》，并印成传单，大量散发，并扬言要砸烂《新北大》临时编辑部。这是他们为打砸校刊编辑部做的舆论准备。

11月12日，他们真的打砸了校刊编辑部办公室。

"井""红"打砸校刊临时编辑部的真实原因是什么？

为什么要砸校刊编辑部呢？上引"新北大井冈山公社《批判者》"1967年7月的那份材料是这样解释的：

"井""红"在校人员为了抢得×××讲话的原稿（她的讲话篡改后登在新北大第二十期上，"井""红"的同志当时考虑×××讲话的原稿可能在临时编辑部那里），为了严惩校刊临时编辑部的弄虚作假而又死不检查的恶劣行为，为了严惩它站在资产阶级立场上，故意歪曲报道情况的卑鄙手法，砸了这个御用的临时编辑部。

数十年后，笔者才读到这种解释。

这段解释的作者，其思想方法是有问题的，他不了解当时会场上的情况，对校刊编辑部的工作程序更是一无所知。在他的想象中，聂元梓有一份无所不包的讲话稿，聂元梓的全部讲话内容都在这份稿子里，而编辑部对讲话稿作了篡改。只要找到讲话原稿，"篡改"的证据就拿到手了。笔者认为，这种解释与事实不符，是作者编造出来的理由。

解释的前半句——为了抢聂元梓的讲话原稿，是真的吗？当时编辑部里只有一位编辑王青苏，他们向王青苏询问过讲话原稿的事吗？没有！至少没有这样的记载。他们还切断了电话线，这和抢讲话原稿有关吗？他们要找讲话稿，为什么要砸门窗、玻璃、桌椅呢？上引那段话的后几句表明，他们对校刊临时编辑部有着极大的仇恨，他们要发泄这种仇恨，这才是真正的原因。他们为什么不同编辑部的人员进行交流，追查讲话原稿，而要在编辑部只有一个人的时候去打砸不会说话的门窗桌椅呢？一句话，他们就是要挑起事端。

"东风兵团"编《大事记》记录了"井""红"打砸校刊办公室的情况：

下午五时许，《红联军》《井冈山》等单位二十来人破窗砸门，闯入校刊临时编辑部，毫不讲理，非法禁闭工作人员，截断电话线，翻箱倒柜，撕碎公共书籍，档案材料撒了一地，校刊十九、二十期乱扔一地，任人践踏……最后还抢走公章和钥匙和私人的来访日记和钥匙。由于混乱把"毛主席万岁"的标语贴在沙发上，在挂有主席像的墙上写着"造反有理"，"打倒奴隶主义"等口号。

50多年后，当时唯一在场的见证人王青苏回忆说：

就在报纸印出的第二天下午，我正在编辑部。这时来了一帮人，把我关在一个房间里，然后噼哩啪啦地砸了编辑部，把新出版的那期校刊扔了一地，有的被撕毁，有的被扔进了卫生间，弄得一塌糊涂，然后扬长而去。……那期校刊上印有毛主席的像，而报纸被撕毁被污损。[35]

---

[35] 王青苏：《昨夜西风凋碧树》，载王复兴主编：《回顾暴风雨年代》（第二集），香港：时代文献出版社，2019年。

在一番打砸之后，"井""红"们并没有找到什么讲话原稿。

这是北大第一起用武力打砸办公室、肆意破坏公共财物的严重事件。他们还编造了一套"打砸有理"的理论。但"井""红"并没有因此为自己争得更多的支持，反而引起了公愤，大失人心。许多同学察看了一片狼藉的打砸现场后，对"井""红"的野蛮行为都表示了极大的愤慨。

而最凑巧的是，李讷奉毛泽东之命，正好在那天来北大找聂元梓谈话。"井""红"穷凶极恶地打砸校刊编辑部的景象，正好被她看到。

据《聂元梓回忆录》记载，"李讷到窗前看了情况，表示很气愤。她对我说，你太软弱了，这是反革命行动（当晚，李讷派中央文革办事组人员调查现场，指示我们要抓人）。"[36]

11月13日下午，李讷又来北大找聂元梓，并传达了毛泽东同意聂元梓去上海串连的指示。

11月14日下午，王力、关锋在政协礼堂小会议室接见了聂元梓、孙蓬一等人，了解砸校刊编辑部的情况。会议开始时王力说："昨天晚上听了肖力讲北大砸校刊的情况。中央文革听了，很气愤，也很关心，我们今天在这里开会，听听你们介绍情况。"会后，王力吩咐北大写一份简报。回校后由简报组组长杨文娴起草简报，聂元梓等看过就上报了。[37] 简报送上去了，上层有没有批示，不详。

11月14日晚上，中央文革领导层获得了"可靠情报"，说"聂元梓目前处境很危险，有人要暗害她"，下令把聂元梓送到中央文革记者站保护起来。[38] 倒是聂元梓不识抬举，不领情，坚持认为自己没有任何危险，不配合，还怀疑人家的动机，拖到第二天才被接往中央文革记者站。

谁要暗害聂元梓？"可靠情报"又来自哪里？这是一个谜。

---

36 聂元梓：《聂元梓回忆录》，第173页。
37 智晴：《文革初期聂元梓赴沪大有来头》，载《记忆》第174期，2016年11月15日。
38 王广宇：《关于〈聂元梓回忆录〉中的若干史实问题》，载阎长贵、王广宇：《问史求信集》，北京：红旗出版社，2009年。

凑巧的是，那几天正是"井""红"到处找聂元梓的时候。红联军总部发言人在 12 月 1 日串联会上说："前后三四天，到处找，就是找不着。这究竟是为什么？"[39] 笔者的疑问是，他们连续三四天到处找聂元梓，想要干什么？

这些内幕情况，笔者和广大师生当时都一无所知。聂元梓当时也没有公布这些情况，大吹大擂地宣称"中央文革支持我们！""红旗兵团""北京公社""红教工兵团"等组织除了发布声明对打砸事件表示抗议外，没有任何反击行动。师生们只能根据自己的观察和认知，决定自己的态度。这也是对人的一种考验。11 月 14 日，"东风兵团"宣告成立，对聂元梓、校文革表示坚决支持。

后来揭发的事实表明，打砸校刊编辑部的主意是杨作森（后来"虎山行"的头头）首先向"井冈山"头头魏秀芬提出来的，随后得到"红联军"头头尹火、赵丰田等人的赞同，他们先派人进行侦察，又开了四次会议进行策划，准备了工具，准备好了砸校刊后散发的《声明》和《告北大和全国革命同志书》等传单，总之，这是一起有计划、有准备的暴力行动。

打砸了校刊编辑部后，"井""红"们又去了广播台，要求广播台立即广播他们砸校刊的《声明》，而且不许审稿。这当然遭到广播台工作人员的拒绝，要求他们先送编辑部审稿。赵丰田和杨作森还想强行进入播音间，被工作人员阻止……最后，因为有大批同学赶到，他们才不得不撤走。

"井""红"为什么打砸校刊编辑部而不打砸广播台

上文所引"新北大井冈山公社《批判者》" 1967 年 7 月的那份材料中有一段文字声称，"井""红"打砸校刊编辑部的目的是想找到聂元梓讲话的原稿。

他们的这个目的达到了吗？没有。这是他们真正的目的吗？否。这只是一个借口，真正的原因，是他们对校刊临时编辑部及其所出版

---

[39] 胡宗式、章铎编：《北京大学文革资料选编》（上），第 127 页。

的三期《新北大》的不满和仇恨。

不管怎么样，聂元梓修改录音带的做法是错误的，后来整肃魏秀芬的做法更是错误的。魏秀芬实际上是被哲学系"红联军"那些人利用了。同聂元梓、校文革唱对台戏的那股力量，"王任重搞的势力在继续活动"的那股力量，其核心就在哲学系。

"井""红"打砸校刊编辑部的真正目的是向校文革示威，是要争夺《新北大》的版面，刊登他们的文章。校刊在外地也有发行，携带、寄送更无限制，而广播台的影响只限于北大校园，他们当然想先控制校刊了。

毛泽东为校刊题写刊头后，杨克明被委任为校刊《新北大》的主编。杨克明"能写"（一位前哲学系教师的评语），主管校刊也算是发挥他的专长。但是，他对聂元梓有看法（这是他后来承认的），又受到王任重的影响，在学校两条路线斗争大辩论开始后，他主管的校刊，同时刊登针锋相对的两派意见，这种貌似"公允平正"的态度，实际上放弃了校文革的领导，而给反对派制造了一种幻象，起了误导的作用。杨的做法引起了一部分校文革委员的不满和抗议，于是，杨克明要出去串连了。几位同学去校刊编辑部拜访，想听听他对学校形势的看法，杨正在收拾东西，说是要出去串连。杨气哼哼地说："不就是打打笔仗吗？死不了人的。"这给其中一位同学留下了深刻的印象，至今记忆犹新。

据"东风兵团"编《大事记》，校文革在10月下旬决定由一些系串联起来组成临时编辑部，由校文革委派委员领导。至11月5日，临时编辑部出版了三期报纸。

笔者不了解杨克明和"井""红"间有什么联系，从"红联军"总部发言人12月1日的发言来看，这位发言人同杨克明的关系是很密切的。至少，杨克明是否主管校刊，对"井""红"发表文章有着很大的影响，杨克明事实上成了"井""红"的代理人。所以，杨克明一走，临时编辑部刚出版了三期报纸，就引起了反对派的仇恨。

据"东风兵团"编《大事记》，11月12日，"井冈山"等五个单位便发表了《告北大和全国革命同志书》，要砸烂《新北大》临时编辑部。他们提出了校刊的三大罪状：

（1）"完全违背毛泽东思想"，"压制我们革命造反派的意见"，"成了校文革贯彻资产阶级反动路线的御用工具"；

（2）说二十期刊登聂元梓讲话是经过"精心删改的伪造品"，去掉了聂元梓"挑动群众斗群众"，"把群众打成反革命的恶毒词句"，是聂元梓执行反动路线的"遮羞布"；

（3）"坚持种种罪恶行为"，"死不悔改"。

临时编辑部成立没有几天，只出了三期报纸，就被冠上了"坚持种种罪恶行为"的罪名，不知道"井冈山"们是怎么计算的。"种种罪恶行为"，有事实吗？"井冈山"们颠倒黑白，硬把"资产阶级反动路线"的帽子扣到聂元梓头上，还要拉她去接受批判，聂元梓在大会主席团支持下据理力争，表明立场，怎么就成了"挑动群众斗群众"？

至于刊登的聂元梓讲话，任何一家报纸，任何一家刊物，对于自己要发表的文字，都有审查修改的权力，这是一种常识。

除校刊外，校文革还编有铅印的《大字报选》，对于反对派的大字报，也是尽量收入印发的，例如经济系教师李志远 10 月 30 日的大字报和"红联军"总部发言人 12 月 1 日的讲话，篇幅都非常长，《大字报选》都是全文刊登了的。李志远的大字报一万多字，贴了一大片，且富有"理论性"，那时天气已经转冷，有几个人能站在那里仔细阅读如此长篇大论呢？

"井""红"大吵大闹的目的，就是他们要夺取掌控校刊的权力。他们觉得自己非常了不起，他们写的文章，就应该登上校刊，不登他们的文章，或者他们那一派的观点遭到批驳，你就是"压制我们革命造反派的意见"。

这就是"井""红"们所宣称的"无产阶级革命路线"的真实面目。

"井""红"的无理要求和校文革的应对

"井""红"们并没有满足于打砸校刊编辑部，他们利令智昏，以为校文革会被他们的打砸行为吓倒，11月14日晚上，他们又得寸进尺，气势汹汹地向校文革常委会提出了一系列无理要求。笔者虽然不了解要求的全文，但从随后校文革的答复中可以知道大概情况。

据"东风兵团"编《大事记》，11月21日晚，校文革广播了对"井冈山""红联军"等五个组织向校文革常委会提出的一些要求的答复（17日常委会通过）。答复内容如下：

（1）砸《新北大》临时编辑部的行为，是极端错误的，是违反十六条的，是践踏我们伟大领袖毛主席题字的政治错误。

（2）《新北大》十八至二十期，大方向是正确的，它有力地配合校文革宣传了毛泽东思想，配合了当前的实际斗争。

（3）"井冈山"等单位11月14日晚上向常委会提出的一些要求，有的已经答复，有的像广播台单独为他们广播，什么《新北大》在复刊时（事实上校刊并没停刊），每期出刊前要给他们协商等，这是不合理的。

（4）"物资供应"，对待各路红卫兵、战斗队，我们从来都是一视同仁的。过去是这样，将来仍然是这样，少数派也不例外。而且，以前我们对少数派还作了适当的照顾，这是有目共睹的。

（5）乘砸《新北大》临时编辑部之机，抢走了部分资料、《新北大》编辑部公章、公家和私人的钥匙、私人的笔记本等物，这是极端错误的。"井冈山"等主要负责人必须立即送还原物，并派人与校文革有关方面人员，一起清理档案。

（6）"井冈山"等主要负责人，必须对这件事，向全校师生员工公开检讨，并保证不再发生类似事件。否则，由此产生的一切严重后果，均由他们负责。

从这份答复来看，尽管中央文革对砸《新北大》编辑部很是气愤，并且指示抓人。但校文革的处理是克制的，是有理有节的，既没有给"井""红"扣什么"反动组织"一类的政治帽子，更没有抓人。聂元梓和校文革相信广大师生自会作出正确的判断。

另外，聂元梓奉命去上海串连，正忙着做准备工作，根本没有时间考虑"井""红"的问题。

校文革没有及时反击，被"井""红"们认为软弱可欺。他们看不到大形势早已发生变化，还在错误的道路上狂奔。

11月26日，属于"红联军"的经济系"新北大红卫兵尖刀连"白天封了经济系文革办公室档案，至深夜又私自破门而入，抢去部分档案及一些"黑材料"。砸档案室时，经济系彭澎闻声出来要保护档案，受到斥骂、拖拉和限制人身自由。有一个同志还被他们反锁在屋子里出不来。次日，经济系彭澎、肖必凡等对"尖刀连"昨晚粗暴违反中共中央国务院关于文化革命中保护国家档案和机密的规定的行动，对限制他们人身自由的做法表示严重抗议，彭澎同时揭露了事情的经过。对"尖刀连"的上述行为，经济系"延安"战斗团和"红旗兵团""北京公社""东风兵团"等提出了强烈抗议。

由于哲学楼前和五四操场有广播喇叭和变压器被盗，11月27日晚，校广播台对此事发表通告。紧接着"红色造反广播台"播出了"红色尖刀连"的声明，说抢的都是黑材料，并扬言要公开这些材料；声明还称广播器材就是他们偷的，不准别人拆走。

最后一跳：红联军总部发言人的12.1讲话

12月1日，红联军总部发言人在串联会上作了题为"聂元梓为首校文革执行资产阶级反动路线的新发展"的长篇讲话，[40] 为他们的一系列打砸抢行为进行辩解。

"红联军"来日无多，发言人却还在狮子大开口。

"关于11月12日砸烂《新北大》临时编辑部"，发言人说：

《新北大》临时编辑部是校文革扼杀大辩论、压制不同意见的工具、是个彻头彻尾的冒牌货。……为了维护无产阶级文化大革命的利益，最迅速地向毛主席、党中央和全国人民揭露这个冒牌货的欺骗，为了捍卫毛主席的声誉，为了再一次搅乱北大一潭死水，再次唤醒北

---

40 载北京大学文化革命委员会大字报组编写的《大字报选增刊十八》，1966年12月25日。

大，为了促进北大无产阶级文化大革命的发展以实现毛主席对北京大学的期望，我们认为应当砸！

我们知道，这样一来，我们会被某些人骂为暴徒，骂为不道德者，这样一来，会有好些同志因看到国家的财物受到了一些损坏而埋怨我们过火。但毛主席一向教导我们，要一切从无产阶级革命利益出发，列宁说："我们说，我们的道德完全服从无产阶级阶级斗争的利益，我们的道德是从无产阶级阶级斗争的利益中引申出来的。"

在这种情况下，在他们的逼迫下，反，就是对的，是符合无产阶级利益的，至于有些同志一时不理解，那可以做工作，而且相信绝大多数同志会逐步透过现象看到本质，从本质上看这个问题。这时候，我们认为，对于我们来说，再沉默、再迟疑就是对革命犯罪。于是，我们毅然决然地采取行动。11月12日下午4点30分，派我们一部分同志砸烂了这个顶着毛主席题字招摇撞骗多月的冒牌货——所谓《新北大》临时编辑部，同时，我们派三位同志找到正在一院开会的常委和聂元梓同志，向他们宣读了我们的"告北大和全国同志书"，宣布我们对他们这个御用工具的惩罚！

"关于11月13日的谈判"，发言人说：

为了再度向聂元梓和常委们说明他们所犯错误的严重性，为了再次申明我们的希望和要求，在11月13日下午我们红联军派自己的代表到一院找聂元梓和常委，听说他们四点钟开会，我们于4：30到了临湖轩。当时他们还没有开会。……这时我们发现他们饮水碗上有特殊妖里妖气的花卉，一看下面写着"大清光绪年间制"。如此四旧仍在临湖轩使用，今日不扫，更待何时！我们要查封，那个工友开初不让，说革委会招待外宾要用。……我们向工友讲明这是四旧，无论如何不能再用这些东西招待外宾了，聂元梓和文革常委们也万不该坐在高级软沙发上用"大清光绪年间制"奇花茶碗用水。经工友同意，我们查封了这种碗几十个，大清烟碟几十个，解放前燕京大学"教职员"给"司徒老太太（司徒雷登老婆的那条老母狗）"祝寿的大盘一个。这次虽然谈判未成，但也算有一点收获吧！

"关于广播器材盗窃案和我们的红色造反广播台",发言人说:

聂元梓同志对校刊和广播台的选稿问题的回答是:广播台是校文革的广播台,校刊是校文革的校刊,要贯彻校文革的精神(他们不提要贯彻党中央和十六条精神),反面观点需要时也要广播和刊登,不需要的就不刊登和广播。我们认为,他们对十六条的理解是抽象肯定,具体否定。……在十六条面前聂元梓为首的校文革被迫承认我们有广播权,但她说广播台不能拨给我们时间,他们说可以给我们安装一个小广播台,聂元梓签了字。我们把这张支票拿到校广播台,广播台不答应,说"没有东西,不能安装。"怎么办?我们不能这样任人欺负,只许州官放火,不许百姓点灯是不行的——丢掉幻想,自力更生,这就是结论。

于是,经过几天的努力我们就有了个小小的广播台。这时候,他们对自己践踏十六条的罪恶勾当,只字不提,反倒大叫大嚷他们丢了广播器材,说我们是盗窃者。……我们红联军总部认为,真正的盗窃者,不是我们,而是以聂元梓为首的校文革,正是他们不看现在学校存在两派的现实,把全部广播器材窃为他们一派所有,正是这个校文革无理盗窃我们广播自己观点的神圣权力;正是他们经常无理地窃用全体革命师生的名誉。他们的这些盗窃行为不是很清楚吗?以聂元梓为首的校文革是真正的盗窃者,关于我们,只不过是通过自力更生,取回了一部分自己的权力。

"关于十一月十四日的谈判",发言人说:

我们提出要一辆宣传车,他们先说学校车少,没有车,但我们提出经常发现有车在那儿停着这一事实时,他们又说:"车子停着是事实,那是因为学校里缺乏汽油,上个月已经超用二千多斤汽油,所以没法开车"。我们这时提出:"那么拨给我们一辆车,没有汽油我们自己解决,搞不到汽油我们就用人拉。"聂元梓和常委们坚决不答应。这个问题以我们用车的前一天告诉他们,他们尽力安排,不再阻挠为结果。

那天只有个别问题得到了答复,比如我们要录音机,他们最后答复把广播台的录音机分一半给我们,聂元梓还签了字。……广播台只有4台录音机,两架好的,两架坏的。广播台只答应给两台坏的。聂元梓同志签字的一张白纸只是空头支票而已。

"关于红色尖刀连最近抢黑材料的问题",发言人说:

总部认为他们抢黑材料是被迫的。在重重压制面前只会嘟囔"我们受了窝囊气",而不起来反抗,是算不得革命造反派的。尖刀连的行动是革命的,好得很。他们最近的活动,表明他们最好地实践了总部提出的"充分发挥主观能动性,队自为战,人自为战主动出击,夺取胜利"的原则。总部对红色尖刀连给予表扬,并希望其他各路红卫兵,各战斗队向他们学习。总部对红色尖刀连的全部战士和负责同志表示慰问。

发言人最后说:

总部认为,尽管前面还有许多艰难险阻,但黑暗即将过去,曙光就在前头,胜利必定属于北大的革命造反派。北大广大革命师生员工,透过层层伪装,看清这条资产阶级反动路线之日,就是以聂元梓为首的校文革资产阶级反动路线破产之时!

红联军总部发言人12月1日的讲话,以及他们11月14日晚上向校文革常委会提出的无理要求,其真实目的,就是以暴力相威胁,要和校文革平起平坐,分庭抗礼,并获取校刊和广播台的舆论阵地。发言人的口气大得很,满口歪理和强盗逻辑却振振有词,显示出来的他们的野心也大得很。不过,说大话的日子快到头了。

笔者注意到,红联军总部发言人12月1日的讲话根本没有提到他们的盟友"井冈山",令人不解。"井冈山"的人都赶往上海去了?

八、1966年12月:"井""红"的失败和瓦解

1966年12月是一个重要的月份,在这个月份,北大关于校文革执行了什么路线的大辩论有了结果,认为聂元梓、校文革执行了"资

产阶级反动路线"的"井""红"及其盟友们遭到全面失败，他们的队伍发生分化，最终瓦解。

"井""红"们的失败是必然的，因为他们最初赖以起家的那些理由都是不能成立的，他们要把聂元梓、校文革打成"资产阶级反动路线"，但这与事实不符，北大多数师生不认可，中央文革不认可。他们的大厦是建立在沙滩上的，必垮无疑。

在多数成员外出串连的情况下，"井""红"少数领导人一意孤行，甚至采取暴力行动。在聂元梓贴出揭发邓小平大字报的时候，在聂元梓奉命去上海串连的时候，他们已经陷入了尴尬之中，但他们无视这种明显的迹象，没有反思，没有调整自己的路线，反而越滑越远。沿着这条路线一直走下去，他们中间少数几个比较极端的成员（如"虎山行"），必然会走向同中央文革对立，从而给整个这一派带来灾难。

外部形势发生了对"井""红"极为不利的变化

正当"红联军"发言人气势汹汹地要和校文革分庭抗礼的时候，外部形势发生了新的变化，这种变化对"井""红"极为不利。

1966年11月15日，北京农业大学附中学生伊林、涤西贴出大字报《致林彪同志的一封公开信》，对林彪9月18日在军事学院的讲话提出尖锐批判（按：这是军队内部的事，与中学生何干？）。11月下旬至12月上旬，北京若干地方出现了矛头直指中央文革小组的大字报，指责中央文革推行了"资产阶级反动路线"。

中央文革认为，这种把矛头指向中央文革和林彪的言行，是一小撮别有用心的人，刮起的一股为资产阶级反动路线辩护和翻案的妖风（俗称"十二月黑风"），必须迎头痛击。按照中央文革的指示，12月4日首都"三司"在天安门广场召开反击大会，广场四周贴满"向资产阶级反动路线猛烈开火""打垮阶级敌人的新反扑""坚决拥护中央文革的正确领导"等口号，宣传车在全市呼号，对所谓"十二月黑风"进行反击。

北大校文革于12月7日深夜广播了《紧急呼吁》，号召全校师生"行动起来,迎头痛击资产阶级反动路线的新反扑!"北京大学红卫兵、东风兵团、红旗兵团、北京公社等组织纷纷行动起来,贴出了反击"十二月黑风"的大标语。

"井""红"之中的"井"是"三司"的,"红"显然不是,"井"自称执行了"三司"的指令,为"保卫中央文革"做了很多事。但是,他们在北大却依然陷入了尴尬的境地。

"井""红"的尴尬之一:"虎山行"

"虎山行"是一个只有四五个人的组织,"新北大井冈山公社《批判者》" 1967 年 7 月的那份材料是这样介绍的:

> 虎山行是由杨作森(北京大学红卫兵总部人员)秘密纠集四个"井""红"一般成员组成的,它的成员与罪恶活动与"井、红"总部没有任何关系。他们的大字报出来三天之后,"井""红"的主要负责人才听说虎山行里有几个"井""红"一般成员,他们已经自行退出"井""红",参加了杨作森的"虎山行"。

文章作者极力为"井""红"领导人撇清责任,但不得不承认"虎山行"的成员原先就是"井""红"的成员。所谓四个"一般成员",原先号称"红野牛",后经"红联军"要员尹火和"井冈山"领导人魏秀芬登门邀请而先后成为这两个组织共同的成员。至于杨作森,他原本就位列"井""红"领导层之中,打砸校刊编辑部就是他首先向魏秀芬提议的。他与北京大学红卫兵总部有何关系,不详。由"红联军"办起来的"红色造反台"就设在"虎山行"成员卞××的宿舍里,"虎山行"另两名成员刘××任编辑,王××任播音员。这一切,"井""红"的领导人岂能不知?后来揭发出来的事实证明,他们本来就是一伙的。"虎山行"当时十分活跃,其极端观点尤其引人瞩目。由于"虎山行"的大字报中有明显的逻辑上的毛病,"北京公社"留校人员曾贴过好几份大字报予以驳斥。

12 月 10 日(一说是 9 日),"虎山行"贴出了两份大字报:《毛主席的大民主万岁!》和《第一把火》。《毛主席的大民主万岁!》里说:

目前在许多单位展开的关于中央文革小组的辩论，就绝不是资产阶级反动路线的新反扑，炮轰中央文革小组是运动发展到今天的必然，是运动发展的关键之关键！……为什么.中央文革小组就批评不得？老虎屁股摸不得？一摸就"砸狗头"？！！……如果说，当前有资产阶级反动路线的新反扑的话，那么，这种反扑，在北大就更明显，北大文革常委会的莫名其妙的紧急呼吁，北京大学红卫兵组织的示威游行，几个组织联合召开的声讨誓师大会，以及井冈山的"砸狗头""混蛋"的叫骂声和"上海市的保皇派滚蛋"的岂有此理的大标语，不是把矛头指向群众，挑动群众斗群众的资产阶级反动路线又是什么？你们不相信群众，把自己当成"诸葛亮"，把群众当成阿斗，运动不明真相、毫无思想准备的群众，不是资产阶级反动路线又是什么？令人遗憾的是，以反对聂元梓为首的校文革执行的资产阶级反动路线而挨骂最多的井冈山红卫兵及所属战斗团也极尽挑动群众斗群众之能事，变本加厉地执行从三司批发来的资产阶级反动路线，这的确是发人深思的，每个革命者应从中吸取教训。

多么热闹！"虎山行"竟然骂起北大"井冈山"和"三司"来了。"虎山行"的大字报贴出之后至少3天的时间里，"井""红"领导人采取过什么措施吗？他们什么也没有做。实际上，这份大字报的写作，同"红联军"的领导人并非毫无关系。随后，让他们更加被动的事发生了：12月12日，由"红联军"控制的广播台广播了"虎山行"的《毛主席的大民主万岁！》。

"新北大井冈山公社《批判者》" 1967年7月的那份材料说：

十二月十二日晚，"虎山行"一行人闯入"井、红"的广播台，强行要广播他们的大字报"毛主席的大民主万岁"。在场的编辑、机务人员坚决反对，双方争吵起来。广播台负责人尹×跑去和总部商量，总部负责人俞××表示"一定不能广播"。尹×回去以后，在"虎山行"的压力下，放弃了原则，同意加按语后由"虎山行"自己广播。这是个严重的政治错误。

这也是为"红联军"领导人开脱的说词，广播台本来就是"虎山行"几个女生成员的宿舍，谈何"闯入"？不过该材料总算承认"是个严重的政治错误"。广播台发生此等事情，总部负责人俞××为什么不亲自去处理呢？显然，他并没有把这件事情放在心上。说他当时就有了"官僚主义"，似乎有点可笑。结果是："虎山行"的大字报广播之后，引起了北大师生的愤怒。

12月13日，北大"毛林陈之兵"、"红老虎"又贴出题为《把运动推向更高阶段——从炮轰中央文革谈起》的大字报。尽管"井""红"也对他们的大字报进行了批判，但这两个组织原先和"井""红"同属一个阵营，"井""红"不觉得被动吗？

12月20日，《人民日报》发表社论《坚决反击资产阶级反动路线的进攻》，北大校园里贴满了"彻底击退十二月黑风"的大字报。

这时，外出串连的学生也纷纷回来了。局势已经明朗，"井""红"非常被动，要把聂元梓、校文革打成"资产阶级反动路线"的图谋已完全失败，他们再也无法气壮如牛地批判聂元梓、校文革的"资产阶级反动路线"了。12月21日凌晨，刚刚串连回来的"北京公社"部分成员摘掉了"井""红"广播台的全部喇叭。[41] 这就是"井""红"偷喇叭、办广播台的结局。

"井""红"的尴尬之二：乔兼武、杨炳章、杨勋被公安部拘押

"井""红"面临的尴尬接踵而来，很快使它们陷入了困境。

首先是乔兼武。乔因为写了《造三个大反》的大字报遭到批判，这件事被反对派作为聂元梓"资产阶级反动路线"的一条罪证。乔是有完全人身自由的，所以又和伊林、涤西建立了联系，伊林、涤西被抓以后，必然会牵涉到乔。恰恰在这个时候，1966年12月18日，乔又亲自写了一份把矛头指向林彪的大字报。大字报已经抄好，就等贴出了。结果是：大字报还未及贴出，乔兼武和他的大字报便被堵在

---

41 "北京公社" 07 支队"红岩"战斗队：《北京大学两条路线斗争大事记（1966.10.1.—12.24）》，1966年12月25日。

了宿舍里。当晚，乔和他的大字报及原稿一起被送往公安部门，乔被拘押。

或许，人们当时都不应该那么做，应该让乔把大字报贴出去。如果乔把大字报贴了出去，再吸引几个人跟风贴大字报，一定会引发一场轩然大波，后果会更严重。

乔的大字报未能贴出，没有造成影响。据"北京公社"资料，乔所写大字报题为《谈"致林彪的一封公开信"》（这显然是对伊林、涤西大字报表示支持的），其原稿题为《触及林彪同志的灵魂》，[42] 但全文始终没有流传出来。

乔兼武被公安部门收押后，"红旗兵团""北京公社""东风兵团"和"红教工兵团"联名在广播台发表"通告"，公告此事。

第二个被抓的是杨炳章。他是杨勋的弟弟，文革前在北大经济系旁听。1966年12月19日晚，有群众组织召开批判"虎山行"的大会，杨炳章上台为"虎山行"辩护，当场被大会主席团扣下并送往公安部门。随后，又查到了杨写的日记及"《红旗》十五期摘评""致毛主席的一封信"等文稿，这在当时都被认为是"反动"的。

第三个被抓的是杨勋，这是中央领导下令抓的。

杨勋是不是"井""红"的领导成员，不详。但她在"井""红"这股势力中拥有很高的地位，是确定无疑的。据"东风兵团"编《大事记》，11月1日"井""红"举办的大会上，杨勋就坐在主席台中央。11月8日，她还主持了"井冈山"等组织的串联会。

杨勋是经济系教师，社教左派，曾被选为校文革筹委会委员。她想利用批判工作组的机会把经济系某些人整下去，但未获聂元梓支持，在经济系则受到许多人的反对，也未被选为校文革委员。她对聂元梓有看法，贴过多份大字报，指责聂元梓"执行了一条右倾保守的改良主义的错误路线"。她所说的受到"将近两个月有组织、有计划、有领导的围攻"，其实是经济系内部的问题。杨勋大约于11月中旬

---

[42] "北京公社"07支队"红岩"战斗队：《北京大学两条路线斗争大事记（1966.10.1.—12.24）》。

外出串连，12月22日回到北京，次日凌晨被抓。

据聂元梓回忆，抓杨勋是康生让聂元梓办的，实际上是周恩来的指示。聂元梓照办之后，康生还把聂叫去，当着聂的面给周恩来打电话报告"杨勋已经被抓了"。按周恩来指示，康生又打电话询问公安部长谢富治，确认"收到了"以后又报告了周恩来。[43] 显然，在高层领导眼里，抓杨勋是一件重要的事情。

聂元梓并不知道高层为什么要抓杨勋，群众则以为杨勋是因为包庇她弟弟杨炳章被抓的。

究竟是什么大事，竟然惊动了周、康、谢三位中央要人？

数十年后，我们才从杨勋写的文章里了解到事情的起因。

1966年7月26日，杨勋和杨炳章去了中南海的中央文革接待站，登记后由戚本禹接到了钓鱼台，见到了江青。随后发生的情况，是我们这些学生做梦也想不到的。杨勋写道：

> 杨炳章迫不及待地要求见毛主席，江青说毛主席很忙，今天不能见，有什么问题可以跟她讲，她会转达毛主席。杨炳章无视江青，坚持要见毛主席，还说有些材料和信件要交给毛主席。江青说："信和材料可以交她代转"。杨炳章不肯，还是坚持要亲自交给毛主席。最后，真有些僵了。江青的脸色变了，不高兴地说："你这个要求太高了吧！" 杨炳章只好勉强地把他的信和材料交给了江青。信的内容非常简单，好像只有几行字，主要是建议毛主席不要让江青出来领导文化大革命，并说江青出来领导文化大革命将会给毛主席老人家带来麻烦等。
>
> 我没有仔细去看那信，只见他最后的署名是"杨勋、杨炳章（杨勋弟）"。我们把信留下就离开了钓鱼台，回了家，根本没有想到这件事会引出什么后果。[44]

若不是杨勋自己所写，北大的学生怎么想得到会有这样的事情。若不是杨勋自己所写，又有谁能相信？

---

43 聂元梓：《我在文革漩涡中》，第73—74页。
44 杨勋：《我经历的北大文革》，www.360doc.com

杨勋姐弟见江青之时，确实是毛泽东、江青都非常繁忙的时候，他们顾不上管这件小事。到12月中下旬，时机成熟了。那封信上的署名，杨勋在前，而且她是党员教师，追究起来，第一个就是她。

杨炳章所为还不止于此，他自己说：

> 我先后十几次给毛主席写信告康生，每封信的信封上都写着"中共中央办公厅速交毛泽东主席亲启"。其中从1966年6月到8月，我写信的频率更是一周一封。[45]

中央有关部门每周都会收到杨炳章内容相同的信件，总共达十几封，他们会如何看待呢？

在短短的几天之内，乔兼武、杨炳章、杨勋相继被抓，这让北大师生感到震惊，也让"井""红"非常被动。12月21日，"井"和"红色尖刀连"草草开了一个批判杨炳章的会，他们又没有能力把杨炳章拉来当面批斗，有什么用呢？

"井""红"的结局

"井""红"的结局来得很快，兵败如山倒，出人意料。

12月22日，"红联军"哲学系纵队"风雷激"战斗队发表造反声明。"风雷激"可是"红联军"第一等的核心战斗队啊！"风雷激"都造反了，"红联军"还剩下什么呢？

12月22日，"井冈山"自己查封了"毛泽东主义红卫兵"。为什么要查封？这是个什么组织？做了些什么？

12月23日，哲学系赵丰田发表声明，宣布退出红联军。赵是"红联军"负责人之一，也是"红联军"的理论家和发言人，他一退出，"红联军"也就"脑死亡"了。

12月23日晚，"北京公社"等组织查封了新北大"井冈山"红

---

45 杨炳章：《我在北大的"文革"经历》，载张从等主编：《燕园沉思录——北京大学文革回忆与反思》，香港：时代文献出版社，2018年。

卫兵总部。"北京公社""红旗兵团"等查封了"红联军"总部。[46]

"红旗兵团""北京公社""东风兵团"和"红教工兵团"等数十个群众组织联名向"三司"发出照会，要求其开除"北大井冈山红卫兵"。

1967年1月22日，三司开除"北大井冈山红卫兵"。

1967年2月8日，"北京公社"贴出题为《树欲静而风不止——谈北京大学两条路线的第三次大搏斗》的大字报，批判李志远、赵丰田的观点，批判"井""红"。

九、大辩论的尾声和对"井""红"的清算

在《红旗》1967年元旦社论"全国全面展开阶级斗争"的号召声中，在"上海一月风暴"开启的全国范围的"夺权"风暴中，北大关于路线问题的斗争进入了尾声，胜利者对失败者开始进行清算。

聂元梓、筹委会和校文革做了两个月的工作，却引来了三个月的争论，造成了严重的后果。这场争论的根子，就是《红旗》十三期社论引起的思想混乱。北大的少数人和一小股势力，站在更"左"的立场上看待北大的事情，他们指责聂元梓、筹委会和校文革执行了"资产阶级反动路线"，企图将他们一棍子打死，自己取而代之。他们要在北大挑起一场大分裂，但北大的大部分师生不支持他们，中央文革也不支持他们，这股势力失败了，北大的大分裂被推迟了。

折腾了两三个月，这股势力非要在北大找出"资产阶级反动路线"的代理人来不可，那么好吧，江青发话了。

江青指示批判孔繁、杨克明

1967年1月3日，陈伯达、江青、康生和杨成武等领导人接见了北大代表聂元梓等人。江青说："你们学校刘邓路线具体表现在孔繁、杨克明身上"。1月16日江青、陈伯达接见聂元梓等人时又说：

---

46 "北京公社"07支队"红岩"战斗队：《北京大学两条路线斗争大事记（1966.10.1.—12.24）》。

"孔繁到哪里去了,你们要揪他!"还说:"北大的风格不是'过'了,而是太温了。"

江青说"你们学校刘邓路线具体表现在孔繁、杨克明身上",这是她根据上层斗争作出的结论。王任重、张恩慈、孔繁、杨克明要"搬开"聂元梓,这是江青看得很清楚的。"井""红"们大吵大闹,折腾了两三个月,目的是同孔、杨一样的,结果却给孔、杨挖了一个坑。

孔繁、杨克明究竟做了些什么,有什么错误,北大普通师生是不了解的,但校文革的人多少知道一些。1966年10月17日,校文革常委徐运朴等四人就贴出大字报《孔繁,你企图把大辩论引向何方?》,指出杨勋的背后有孔繁撑腰。但这张大字报没有引起应有的重视。直到12月21日,"大喇叭兵团"贴出大字报《孔繁、杨克明与张承先、王任重的关系》,揭发了他们之间不寻常的关系。[47] 这时,师生们才有点明白过来,原来这场路线之争不单纯是"井冈山""红联军"一些学生的问题,还牵涉到上层。随后,"揪回王任重,回校作检查""揪回孔繁、杨克明回校作检查"的标语就出现了。

孔繁串连回来了。1967年1月25日下午,孔繁做了检查。检查内容现无文本可考。1月28日和1月31日,召开了两次批判孔繁的大会。据陈景贵日记,1月26日大饭厅也有批孔繁大会,后因大连海运学院一些人到北大闹事而中止。1月31日下午召开批判孔繁的大会,人很少,中文系更少,都辩论去了。[48]

杨克明于1967年2月中旬回到学校。据《动态报》,2月27日下午,杨克明贴出大字报,检讨"自己在两条路线的尖锐斗争中迷失了大方向","我的错误集中到一点就是几个月来对待聂元梓同志的态度和关系问题"。大字报全文无考。批判杨克明的大会是3月初举行的。

聂元梓这一次为什么不站出来"保护左派"了呢?聂元梓是不

---

47 "北京公社"07支队"红岩"战斗队:《北京大学两条路线斗争大事记(1966.10.1.—12.24)》。
48 陈景贵:《1965—1970那几年我在北大》,香港:香港人民出版社,2019年,第537—542页。

是可以把批判限定在校文革内部，不开批判大会呢？

聂元梓的"8.5讲话"用了很长一段话解释为什么要"保护左派"，可是，聂的讲话遭到杨勋等人的批判，被指为"执行了一条右倾保守的改良主义的错误路线"。这次，孔、杨受到江青的点名批评，江青的这两次讲话是公开传达的，聂元梓还能像"8.5讲话"那样公开保他们吗？

聂元梓倘若再站出来为他们说话，会不会招来一顶"对抗中央文革"的帽子呢？会不会再一次招来一顶"右倾保守的改良主义"的帽子呢？

但是，对孔、杨的批判没有做到实事求是，做法也很过分。后来，孙蓬一对这一错误作了检查：

> 六七年初，江青同志对北大问题作了指示后，我们没有认真研究领会。没有把斗争的矛头主要指向王任重和张承先，而是指向了自己的战友孔繁、杨克明同志。而且在批判孔繁、杨克明同志的错误时，又不是遵照主席的教导，着重于对产生错误的环境、内容、社会、历史、思想根源的分析，藉以达到既要弄清思想又要团结同志的目的，而是过分看重对同志个人责任的追究。
>
> 在改组校文革时，不仅撤掉了孔繁、杨克明同志，还把支持或仅仅同意过他们某些意见的常委也给撤换了。这种过火的组织处理，还影响到一些系，有些系，当时也批判了所谓孔杨式的人物。严重地损害了同志间的团结。[49]

对孔繁、杨克明过分的批判与处理，其中固然有江青讲话的因素，但聂元梓、孙蓬一仍应负主要的责任。倘若他们想保护一下孔、杨，总是有办法的，但他们没有这样做。这引起一些人的不满。不久，同为哲学系老左派的郭罗基贴大字报向聂元梓发难。说来说去，根子还是哲学系那些中共党员内部在闹矛盾。他们互相争斗，意气用事，误导了不了解内幕的师生。

---

[49] 胡宗式 章铎：北京大学文革资料续编（中） 美国 华忆出版社 2020年 第273、274页

"虎山行""井""红"等遭到清算

1967年1、2月间，在批判孔繁、杨克明的同时，北大的反对派也遭到清算。首当其冲的是"虎山行"，其次是"井""红"的头头，特别是策划打砸校刊编辑部的头头和"红色造反台"的负责人。

"虎山行"的成员，全部遭到批斗，头头杨作森被捕。

清算波及到了"井""红"的许多成员，一种说法是被批判的人数达200人左右，还有一说声称有255人被批斗，且是"不完全统计"。[50] 笔者因为忙于办《动态报》，完全没有参加当时校内的会议，没有感性认识，无法对这些数字作出判断。这些数字是谁统计的？标准又是什么？无从得知。根据笔者在1966年秋冬时节的观察，当时"井""红"在校的人马，全部加起来也没有这么多。打砸校刊编辑部是他们一项最重大的行动，参加者也不过十几二十个人。把这个数字翻一番，不过四五十人。遭到全校大会批斗的人物，是有据可查的。至于班级里面对某个"井""红"成员进行批评，要求他划清界限，检举揭发，是可以想见的，但这种情况无法统计。笔者今天确实知道的，是中文系的陈景贵同学，他参加"红联军"后就外出串连了，没有参加实际活动，他并没有受到追查，而且是"新北大公社"第一批成员。[51]

据陈景贵日记，批判"虎山行"的大会开了两次。1967年2月2日下午的会上，被揪上台批斗的是"虎山行"全体成员：杨作森、刘××、吴×、卞××、张××、王××。"会后要求全逮捕。没成，要给他们出路。"2月5日晚上的大会，被拉上台的除"虎山行"的6人外，还有魏秀芬、俞××、尹×、赵××、张××、陈××等6人。他们在台上被责令弯腰，魏秀芬被"坐飞机"。[52]

这些被批斗的人中，只有魏秀芬是"井冈山"的，俞、尹、赵、

---

50 "新北大井冈山公社《批判者》"：《把颠倒的历史再颠倒过来——北大两条路线第三场大博斗真象兼为井冈山、红联军翻案》，1967年7月。
51 陈景贵：《1965—1970那几年我在北大》，第557页。
52 陈景贵：《1965—1970那几年我在北大》，第546—551页。

张、陈等五人都是"红联军"且都是哲学系的。这几个人被拉上台批斗，当与他们同"虎山行"的关系及打砸校刊编辑部、偷广播喇叭、办"红色造反台"等事件有关。

没有召开过专门批判"井""红"的大会。

《新北大》1967年2月1日发表了一篇批判"虎山行"的长文，其中被点名的有："虎山行"6人：杨作森、刘××、吴×、卞××、张××、王××；与"红色造反台"相关3人：俞××、尹×、吕××；参加偷广播喇叭2人：陈××、沈××（系别不详）；"毛林陈之兵"及"红老虎"成员1人：王××；此外还有乔兼武。

《新北大》1967年2月7日发表了一篇批判"井""红"头头的长文，其中被点名的"井冈山"头头实际上只有魏秀芬一人，"红联军"的头头有俞××、尹×、赵××、张××、陈××，另外就是"虎山行"的杨作森、卞××、刘××、王××等人。

遭大会批斗并被校刊点名批判的北大学生，就是这么十几个人。参加打砸校刊编辑部的人，只有头头们被拉上台批斗。"红联军"被批斗的，就是哲学系那几个人。被捕的只有杨作森、魏秀芬二人，时间大概在1月底。杨、魏二人据称是砸校刊编辑部的始作俑者，杨还是"虎山行"的头头。

笔者注意到，在被点名、被批判的人中间，除魏秀芬外，并没有"井冈山"的其他人物。1966年的秋冬之际，"井冈山"究竟有几个人在学校？他们贴过几份有份量的大字报？"井冈山"还有其他领导人吗？魏秀芬一个人连累了整个"井冈山"？为什么没有人出来说明情况呢？不管怎么样，在对魏秀芬的批判中，把"篡改录音带诬陷左派"作为她的一项"罪行"，是完全错误的。聂元梓1966年11月1日的讲话本没有错，《新北大》编辑部编发该讲话，是根据她的讲话稿，编辑过程中如有文字加工，也没有错。修改录音带是没有必要的，但聂元梓自己不出来说明情况，不及时阻止对魏秀芬的诬陷行为，是一个绝大的错误。

笔者不了解各系的情况。据"新北大井冈山公社《批判者》"1967年7月的那份材料，哲学系有"井""红"成员67人。如果这67人全部遭到清算，那末全校的清算活动，主要集中在哲学系。该材料描述了"疯狂的血腥镇压"场景，但所举例子，只是哲学系对张××、赵××、俞××、胡××等4人的批斗。该材料承认"队伍中出了几个坏人反中央文革"，也承认"红联军广播台负责人尹×犯有严重错误"，但"井""红"自称是坚决反对"虎山行"的，故"疯狂的血腥镇压"中并不包括对"虎山行"成员的批斗。

对反对派的清算无疑是过火的，这种做法有着悠久的历史。文革前的历次运动，哪一次没有过火斗争呢？而文化大革命，本身就是一次最大规模的过火斗争。而对北大反对派的过火斗争，当时还有一件新的武器，那就是中共中央、国务院1967年1月13日下发的《关于在无产阶级文化大革命中加强公安工作的若干规定》，简称"公安六条"。这是经中央政治局会议通过，毛泽东批准的。其中第二条规定："攻击污蔑伟大领袖毛主席和他的亲密战友林副主席的，都是现行反革命行为，应当依法惩办。"第五条规定："不得利用大民主或其他手段散布反动言论"。"公安六条"就是在1966年11月、12月出现反对"无产阶级司令部"的思潮的背景下起草的。在一次会议上，周恩来讲了要"誓死保卫毛主席，誓死保卫中央文革，誓死保卫江青同志"，江青插话："还有誓死保卫周总理。"这些在当时都是共识。

据笔者的观察，用武斗的方式来进行批判，正是由"6.18事件"开启，而由1966年12月份批斗"彭、罗、陆、杨"大会的示范效应得到了加强。罗瑞卿跳楼骨折，竟然被用箩筐抬着去批斗。由高层批准的大会都不讲政策，那还有什么不可以做的呢？

据说哲学系"风雷激"战斗队于10月末—12月外出串连，赴武汉炮打王任重去了，没有参加砸校刊事件，同"虎山行"也没有关系，其负责人胡××虽未受到全校大会批判，但受到两次系里大会和班级的批斗。但是，他不正是"6.18事件"的积极参加者吗？[53] 何谓"积极参加"？不就是抓人、打人吗？

---

53 "新北大井冈山公社《批判者》"：《把颠倒的历史再颠倒过来——北大两条路线第三场大博斗真象兼为井冈山、红联军翻案》。该文提到"风雷激"时明确指出："他们是六·一八的积极参加者"。

据陈景贵日记，1967年2月20日，"传达聂讲政策，对一些基层干部、学生的错误要正确对待。对反动学生要斗，但不宜长期。现在发现打击面有些宽。要文斗。"[54] 孙蓬一在一份检查中也说，"尽管聂元梓同志也讲过几次，反中央文革以上的才能批判，反她和反校文革的不能追究，但总未认真贯彻、执行。"[55]

聂元梓在校文革会议上讲的话没得到贯彻、执行，公开出面强调要讲政策，却为时已晚，她应该在一开始就像斗陆平时那样，强调"五不准"才对。但是，不正是"井""红"们指责聂元梓批判陆平是"温斗"，是"资产阶级反动路线"吗？

对"井""红"的批判有过头的地方。在以后的日子里，被批判的"井""红"们日思夜想的，就是如何为自己翻案。1967年6月5日陈伯达讲话后，机会终于来了。这是后话。

一场迁延4个月的"路线斗争"，反对派的真正目的是要"搬开聂元梓"，所谓"反动路线"，所谓11月1日讲话，不过是借口而已。意料之外的是，高层要"搬开聂元梓"的人，自己先被搬开了，而底层的追随者还蒙在鼓里，还在鼓噪向前。其过程，并非"打打笔仗"那么轻松；其结局，也不是"死不了人的"那么简单。

一段插曲：樊立勤企图再次挑起路线问题大辩论

1966年12月份和1967年1月份，还有一段插曲，这就是樊立勤企图再次挑起一场路线问题的大辩论，结果却走上了"炮打康生"的道路。

樊立勤是生物系63级学生，口才很好，毛泽东语录背得很熟。1966年7月22日江青等人来北大调查时，他主动求见江青等人并发表了对运动的看法，为江青看重并指定他在大会上发言。后来在7.25全校大会上，他发言反对工作组，展示了他的口才。他后来说："（1966年）7月25日和8月4日这两场大辩论，我都是第一个发言的人，

---

54 陈景贵：《1965—1970那几年我在北大》，第575页。
55 胡宗式 章铎：北京大学文革资料续编（中） 美国 华忆出版社 2020年 第274页。

而且是主讲。这一安排是江青亲自做出并当面对我交待的,我起的作用可想而知。不过我讲话的内容和调子完全是我自己决定的,与江青无关,与中央文革任何人无关。"[56]

樊立勤是一个特立独行的人,他对北大的文革运动并无兴趣,工作组撤离北大后,他就外出串连、游山玩水去了,到年底才返回北京。

尽管好几个月不在学校,什么活动也没有参加,樊立勤却以教师爷自居,下车伊始,就要指手划脚,哇啦哇啦。这是令许多北大同学反感的。

1967年1月6日晚,樊立勤在校文革主持的辩论会上作了长篇发言。[57]他对前些天发生的事表了态:

杨勋等一小撮牛鬼蛇神刮起了一阵妖风,借无产阶级文化大革命的时候,向我们敬爱的毛主席,向以毛主席为代表的党中央,向我们敬爱的中央文革发起了猖狂的进攻,对于这股歪风,必须给它打下去,给他打下十八层地狱,踏上一只脚,叫他们永世不得翻身,我们说应该逮捕应该镇压。

斗争乔兼武、杨勋、杨炳章,我认为符合十六条,应该斗,应该把他们斗倒、斗垮、斗臭!

"虎山行"和"毛林陈之兵"写了反动的大字报,炮轰了中央文革,这他们犯了方向性的错误,立场性的错误,应该彻底地批判,他们应该彻底的检查。

上述几件事的定性已经很明确,樊立勤无法公开表示反对。但他的表态只是虚晃一枪,实际上重点还是关于校文革到底执行了什么路线的问题。他企图再次挑起一场路线问题的大争论。

1月13日,樊立勤发表《严正声明》,一方面说:"我认为以聂

---

56 樊立勤:"《我和邓朴方暨中国政争》选段之二",源于网络。
57 载北京大学文化革命委员会大字报组编:《大字报选增刊(二十之一)》,1967年1月24日。胡宗式、章铎所编《北京大学文革资料选编》(上)收录了这篇发言。

元梓同志为首的北大校文革执行的是一条不折不扣的资产阶级反动路线",另一方面又说:"必须立即揪回孔繁、杨克明,让他们老实交代,并彻底批判。"[58] 樊立勤的这两点,是自相矛盾、互相否定的。

樊立勤指责校文革的观点没有得到广大师生的支持,反对者众多,应者寥寥。他只聚集了很少几个人。最早的有西语系几位女教师,她们因为同系文革有矛盾而受到打击,便投向了樊立勤,以为樊能帮助她们摆脱困境,结果很快被樊带偏方向——她们被带进了"反康生"的泥淖。几个女教师本来只是反对西语系文革主任周××,因为聂元梓不支持她们,也不管西语系的事,于是又把矛头指向了聂元梓。在樊的引导下,这个小圈子里的人认为聂元梓搬不动,是因为有康生支持。他们认为"康生扶植聂元梓,支持聂元梓,谁反对,他就发话打反革命。"[59] 他们认为,要搬倒聂元梓,必须先搬倒康生。

樊立勤对高层的情况并不了解,康生从一开始就是对聂元梓有看法的,支持聂元梓的其实是毛泽东。樊立勤的看法是建立在沙滩上的,他的基本判断是错误的,而基本判断一错,就会影响据此所制定的方略。在那个时候,即使对康生有怀疑,只可以留意观察,贴大字报是不行的。所以,樊立勤的第一脚,就踢到了铁板上。

1967年1月17日,清华大学的叶志江、刘泉等人贴出了第一张炮打康生的大字报,1月19日又贴出第二张大字报。两张大字报引起了连锁反应。于是,樊立勤们觉得机会来了。

1967年1月20日,樊立勤贴出《康生你是什么人——这是我给康生同志的第一张大字报》。1月22日,樊立勤又贴出《康生为什么与江青、陈伯达同志唱反调——这是我给康生的第二张大字报》。

就在樊立勤贴出第二张大字报之前,风向已经变了。1月22日凌晨2点50分,中央文革做出了反应,强力制止了反康生的活动。

1月22日,"红旗兵团"和"北京公社"发表了《联合紧急声

---

58 载北京大学文化革命委员会大字报组编:《大字报选增刊(二十之一)》,1967年1月24日。
59 颜品忠:《一个北大哲学系普通教师的动乱劫难》(遗作),载丛璋、亚达、国真编辑整理:《燕园风云录》(二),自印本,2013年9月。

明》。同日，北京大学红卫兵总部发表《关于康生同志问题的紧急声明》，声明说："在这资产阶级反动路线的又一次反扑中樊立勤充当了急先锋，我们必须坚决粉碎樊立勤之流的猖狂进攻。" [60]

樊立勤们立即陷入了被动的局面：

> 这时我们内部也在清华进行了认真的讨论，讨论进行了整整一天，多数人认为，我们也应表态，承认"无政府主义思潮""破坏了毛主席的伟大战略部署""攻击了无产阶级司令部"；我最初不以为然，但由于几位教师坚持认为，只有这样表态，紧跟中央、中央文革才会主动，否则纠缠起来涉及学校太多，对人牵扯面太广，问题严重。最后我让步了。由大家讨论、起草，由我个人承担责任的声明发表了。[61]

在几位教师的坚持下，为了争取主动，樊立勤1月27日贴出大字报，承认攻击康生"客观上起了很坏的作用，帮了敌人的忙。"尽管樊立勤声明由他个人承担责任，但他们那一小伙人还是暴露了，无人可以幸免。他们没有在大字报上签名，但都承认自己反康生，于是受到了批判。

从牛气烘烘地发起辩论会到贴反康生大字报，再到贴大字报检讨，不过半个多月时间，角色的转换也太快了。少数几个人把自己和樊立勤绑在一起，后果是立竿见影的。这对其他人是一个教训，许多人认识到樊立勤是个不靠谱的人，开始对他保持警惕，因为谁也不知道他下一步会干出什么出人意料的事情来。

2月份，樊立勤因反康生受到批判，但人身自由并未受到限制。樊很快逃离北大，潜伏到外校并在校外一些势力的支持下转入地下活动，把那几个秘密联系的人组织为"东方红公社"。这种地下活动的做派又把某个参加进去的人吓着了，这是后话。

---

60 载北京大学文化革命委员会大字报组编：《大字报选增刊（二十之一）》，1967年1月24日。
61 樊立勤致邓榕的信，来自网络。

2007年初，樊立勤在网上发表了他给邓榕的一封信，信中有这样一段话：

> 我在清华召开了各系被整学生座谈会。会上，多数人都说，北大的事情没法办，聂元梓是毛主席支持的，这个后台谁也不能不承认。我最后决定毛主席也没说把学生打成反革命。毛主席是她的后台，也是咱们的后台，更是全国人民的总后台，文化革命不是毛主席让搞的嘛。康生支持她，支持她写大字报，又支持抓人，那就认定康生是她的后台，我拍板，就打康生。包括中央党校在内的16所高校反康生运动就这么打响了。[62]

数十年后，樊立勤还想把自己打扮成"反康生运动"的领头人，好给自己贴金。但是，清华大学最早贴康生大字报的叶志江指出，16所高校反康生运动并不是因为樊某人的"拍板"而打响的，樊的这段回忆有违历史事实。[63]

陈一谘[64] 在其回忆录中对樊立勤有一段评论：

> 我原来和他并不熟，因他坚决反工作组、反聂元梓，我对他的硬骨头很钦佩。……但我对他许多过于极端的痞子想法和厚黑作法并不苟同。后来，几个熟知他的朋友都说他是"中国最后一个红卫兵"。其实，我何尝不知，他贴康生大字报，是认为康生左的还不够；他还很欣赏林彪"不说假话成不了大事"的鬼话。"六四"后，他为谄谀邓家，竟丧失做人的基本道德底线，昧心地对我进行攻击，让人恶心

---

62 樊立勤致邓榕的信，来自网络。
63 叶志江：《我提出打倒康生之后》（2），中华网社区，2009年2月10日。
64 陈一谘，1940年生，陕西三原县人，1959年加入中国共产党。1959年起先后就读于北京大学物理系和中文系；因写了一篇三万字的《给党和政府工作提的一点意见》，被打成"反革命分子"，于1965年10底受到批判。1969年—1978年下放农村劳动改造，期间，对中国的经济、教育、社会问题做了大量调查研究。上世纪80年代，陈一谘是中国改革开放事业的积极支持者，组建并主持了中国农村发展问题研究组，后任中国经济体制改革研究所所长、中国改革开放基金会中方主席、中国政治体制改革研究会副会长等职，为中国改革开放事业做出了贡献。1989年"六四"事件后，他离开了中国。

地看到了极权制度下的痞子嘴脸和人性扭曲。[65]

陈一谘没有具体介绍樊有哪些"过于极端的痞子想法和厚黑作法",是怎样一副"痞子嘴脸",其人性又如何"扭曲",否则,人们对樊会有更加全面的了解。

十、军训和新北大公社成立

1966年8月中学红卫兵运动兴起时,许多北大学生并未予以重视,觉得那是中学生的游戏。后来,校园里也出现了红卫兵,家庭出身不好或一般的同学认为那是红五类子弟的组织,对其敬而远之。直到10月份大辩论开始,才出现了不问出身的群众组织,如"红旗兵团""北京公社""红联军",等等。另外,各种战斗队如雨后春笋一样,令人眼花缭乱。北大曾有人提出要成立"红五类子弟协会",聂元梓未予支持,没有搞成。还有一些活动,是以串联会或者联络站的形式出现的,这些活动基本上是群众自发组织的。一些大的活动,如批判陆平的大会、接待外地串连的群众等,一般由校文革出面组织。

1966年12月,中央发出通知,停止全国大串连,要求大中专院校的师生一律回本校,复课闹革命。中央还决定要派解放军到学校,帮助搞军训,以加强组织纪律性。

1967年1月8日, 63军和装甲兵1000多人组成的军训团进入北大,受到广大师生的热烈欢迎。在军训解放军的帮助下,1967年2月15日成立了新北大公社。新北大公社由"红旗兵团""北京公社""东风兵团""红教工兵团"和其它一些组织合并而成,并按原有行政系统重新组成各个战斗团。新北大公社是校文革领导下的一个群众组织,大部分学生和教工都参加了这个组织。新北大公社成立时还向毛主席发了致敬信。

新北大公社人数很多,又是按系组成战斗团的,其中包含有许多

---

65 陈一谘:《陈一谘回忆录》,香港:新世纪出版及传媒有限公司,2013年5月,第111页、第113页。

具有不同意见的成分，这是其"杂"的一面，因此，在复杂的环境下（领导层不可能把掌握的情况全部公之于众，许多群众不明真相），一碰到大的风浪（如陈伯达 1967.6.5 讲话），局部的分裂是不可避免的。

附：《新北大》刊登的聂元梓 1966 年 11 月 1 日的讲话

同志们，革命的战友们：

今天是六月一日的五周月。"六·一"是一个光辉的日子，是一个有伟大历史意义的革命节日。五个月前的今天，我们最最敬爱的伟大领袖毛主席对北大贴出的全国第一张马列主义大字报给以极高的评价，并向全国全世界公布了这张革命的大字报，点燃了无产阶级文化大革命的熊熊烈火。

"六·一"是毛泽东思想胜利的日子，是以毛主席为代表的无产阶级革命路线胜利的日子，也是新北大诞生的日子。

我向全体革命师生员工提议：将"六·一"这个光辉的日子定为我校校庆纪念日。每年的这一天，我们要重温由毛主席亲自发动的北京大学无产阶级文化大革命的斗争历史，永远高举毛泽东思想伟大红旗，继续发扬无产阶级彻底革命精神，跟毛主席干一辈子革命。

五个月的革命斗争是尖锐的，复杂的，激烈的。革命实践一再证实毛主席的教导，敌人是不会自行消灭的，他们决不会自动退出历史舞台。文化革命既然是革命，就不可避免有阻力。这种阻力，主要来自那些混进党内的走资本主义道路的当权派，同时也来自旧的习惯势力。

《红旗》十三期社论指出："要不要批判资产阶级反动路线，是能不能贯彻执行文化革命的十六条，能不能正确进行广泛的斗批改的关键。"我们要坚决响应林彪同志号召，高举毛泽东思想伟大红旗，坚决按照十六条和林彪同志在庆祝我国国庆十七周年大会上的讲话的精神，向资产阶级反动路线开火，彻底批判以李雪峰为代表的资产阶级反动路线的影响。在当前如果不是把斗争的矛头指向这个目标，都是不正确的，而且会影响文化大革命的胜利进行。

我郑重宣布：北京大学校文化革命委员会是在与资产阶级反动路线斗争中诞生的，它是以毛主席为代表的无产阶级革命路线战胜资产阶级反动路线的产物。北京大学校文革执行的是以毛主席为代表的无产阶级革命路线。我们在工作中也有缺点和错误，但这些缺点和错误，即便有些缺点和错误是严重的，也是在革命前进道路上所产生的，是在执行无产阶级革命路线过程中的缺点和错误，是在与资产阶级反动路线斗争中的缺点和错误。毛主席教导我们："因为我们是为人民服务的，所以，我们如果有缺点，就不怕别人批评指出。"因此，我们衷心欢迎同志们对我们工作中的缺点错误进行严格的批评，哪怕是尖锐的、激烈的。

今天，当我们在这里开会的时候，有的同志也在召开"纪念'六·一'五周月大会"，"批判北京市以李雪峰为代表的资产阶级反动路线"，但是他们的大会主要是"批判北大以聂元梓为代表的资产阶级反动路线"。我们给他们的大会提供了必要的条件，但不能去参加他们的会，因为我们是执行无产阶级革命路线的。我们在工作中有缺点和错误，欢迎同志们提出严格的批评，但我们决不能作为"资产阶级反动路线的代表人物"登上被批判的讲台。

在任何时候，我们要坚定地相信毛主席，坚定地相信群众，同时要正确地估计自己。在这场无产阶级文化大革命中，每个革命同志，每个真正的共产党员，要有坚定的无产阶级立场，要坚持原则，要经得起狂风暴雨的考验，遇到暂时的挫折，不消极，不埋怨。我们要有迎着困难前进的勇气，要有坚持斗争取得胜利的信心，在斗争的烈火中经受考验，炼出一副无产阶级钢筋铁骨，炼出一副无产阶级硬骨头。

同志们，战友们，文化革命阻力越大，我们越要斗争。只要毛泽东思想真理在手，任何严峻的阶级斗争我们都不怕。我们敢于向旧世界宣战,敢于向反党反社会主义的修正主义集团进行斗争,敢于向党内走资本主义道路的当权派进行斗争,历史将会宣判他们可耻的下场,这就是历史的真理!

伟大的中国共产党万岁!

伟大的战无不胜的毛泽东思想万岁!

我们伟大的导师、伟大的领袖、伟大的统帅、伟大的舵手毛主席万岁!万万岁!!!

第八章　1967年1、2月间，一条"黑线"暴露出来

进入1967年，大事接踵而来。

第一，《红旗》杂志元旦社论发出了"展开全国全面的阶级斗争"的号召。据说毛泽东的原话是"祝展开全国全面内战！"[1] 如毛泽东所愿，这一年果然陷入了全国全面内战；

第二，中央第四号人物陶铸被打倒，由关锋密友吴传启、林聿时控制的"学部联队"强势崛起，成为关锋、戚本禹等人直接掌控的一支重要力量；

第三，在毛泽东的亲自指挥下，由上海开启的"一月风暴"，迅速发展为全国范围的"夺权"风暴；等等。

当北大在1966年10月后陷于内部纷争时，当北大学生进行军训时，外面的世界已经发生了很大变化。

1967年1月22日下午，聂元梓到人民大会堂参加一个会议。开会之前，陈伯达对聂元梓说了一段表示关切的话，特别强调"不要随便地接触一些人、接触一些组织"，"你要谨慎，不要随便的接触人"，"有什么问题，多同我们联系"。[2]

陈伯达的告诫很早，这种告诫也是有原因的。笔者推测，以陈伯达所处地位和他的政治经验，以及他所能获得的信息，他当然清楚关锋、吴传启、洪涛这伙人纠集在一起要干什么，有什么样的野心，也清楚北大聂元梓这些人有着广泛的社会联系，受到关锋、吴传启打压

---

[1] 王年一：《大动乱的年代》，北京：人民出版社，2009年，第119页。也有说毛泽东的原话是"为开展全国全面的内战干杯！"见阎长贵、王广宇：《问史求信集》，北京：红旗出版社，2009年，第123页。

[2] 聂元梓：《我在文革漩涡中》，香港：中国文革历史出版有限公司，2017年，第313页。

的人会来找聂元梓求助，聂元梓会了解到这个团伙的所作所为，会作出反应。陈伯达提示聂元梓要小心，避免卷入纠纷。但是，他的话已经说晚了，聂元梓也没有真正理解陈的告诫，没有给予重视。北大师生则完全不知道这件事。实际上，要聂元梓不要接触别的组织和人士，实际上是办不到的，聂元梓不可能把自己封闭起来。比如"学部"的宗教研究所，其主要队伍就是从北大哲学系分出去的，这种历史的纽带是割不断的。而宗教所的一些人是反对吴传启的，同吴传启一伙的斗争情况，必然会反映到聂元梓、孙蓬一这里来。再如，聂元梓绝无可能与叛徒为伍，去支持教育部（教育部和高教部在同一个地方，不同资料的提法有些混乱，实际上是一样的）的卢正义和"延安公社"，也不可能去支持抢档案的"学部联队"和洪涛。北大的多数学生，也不会赞同这样做的。

戚本禹同聂元梓说的就更加露骨了。1967年2月（原文误为3月——引者）19日晚至20日凌晨，戚本禹找聂元梓、蒯大富、韩爱晶、谭厚兰、王大宾五人开会，讨论红代会宣言。会议结束后，戚本禹单独对聂说："我们对你是有很大希望的。你对文化大革命有很大贡献。关锋、王力对你都是很好的，你不要对他们有什么误会。在中央文革会议上，我们都是一致主张你作红代会核心组的组长，市革委会成立，还要你担负更大的责任。你们五个人你要团结好，对其他学校、单位的造反派，不能轻易的说人家是叛徒。吴传启、卢正义、洪涛我们是了解的，他们的历史有点复杂，但都没什么问题。吴传启也是经过许多曲折，斗争出来的。他们的组织都是造反组织，你应该支持。"[3]

首都大专院校红代会成立于1967年2月22日。此前，吴传启、卢正义、洪涛这条"黑线"已经暴露出来，已经引起了北大一些学生和聂元梓的警惕。关锋、王力的2.2电话和2.4电话更是暴露了他们自己。这两个电话，在中央文革内部大概也是见不得光的。戚本禹在大学红代会成立前夕对聂元梓说这番话，目的就是要为关锋、王力

3　聂元梓：《我在文革漩涡中》，第324页。

说话，拉拢聂元梓，要她支持吴传启团伙。聂元梓当然不会听从戚本禹的，但她没有由此认识到戚本禹是关锋、吴传启的同伙，没有引起足够的警惕，是她的不足。

陈伯达和戚本禹的谈话，聂元梓有没有向别人传达过，不详，反正笔者毫不知情。

到 3 月初，吴传启团伙在"反二月逆流"狂飙中又作了引人注目的表演。由此，聂元梓和新北大公社对这条"又粗又长的黑线"又有了更深的认识。

一、陶铸被打倒和吴传启团伙的崛起

新年伊始， 1967 年 1 月 4 日，江青、陈伯达发动突然袭击，公开讲话把陶铸打倒了。

陶铸是在中共八届十一中全会上被选为中央政治局常委的，是第四号人物。陶铸的思想跟不上毛泽东"文革"的节拍，处境困难而被动。到 1966 年 12 月，他在中央已经处在靠边站的地位了。而这种状况，给关锋、戚本禹、吴传启、林聿时团伙提供了一个绝好的机会，他们控制的"学部联队"借"批陶"之机打垮了对立面，以一支重要的力量出现在北京"文革"舞台上。

"三人行"由学术合作走向政治投机

在"文革"前，关锋是《红旗》杂志的编委，吴传启是中国科学院哲学社会科学部（简称"学部"）哲学所的学术秘书，林聿时是该所刊物《哲学研究》的负责人。

关锋、吴传启、林聿时很早就有合作，以"撒仁兴"（三人行）的笔名在《哲学研究》《新建设》等刊物上发表了不少文章。他们的文章"口气大而霸气足"（孟祥才语），名气很大。关锋、吴传启、林聿时还是康生手下"哲学反修资料编写组"的核心组成员，同康生熟得很。

几个人合作做学术研究，写学术论文，无可厚非。但是，随着"文革"开始,他们便不再用"撒仁兴"的笔名写文章了,而是拉帮结派,结党营私,开始了政治投机。

关锋的一些文章和观点曾受到毛泽东的赏识,但关锋是一个极左而武断的人。关锋在北京通县搞"四清"时,硬要把一个大队副书记邓××打成"漏划反动富农分子",并通过公安局把邓××抓了起来。关锋还整了8万字的"邓××罪行材料"。[4] 一个大队副书记,问题再多,用得着整8万字的材料吗?关锋的"极左",由此可见一斑。阎长贵后来说:"关的思想'左',越来越'左',直到'文革'走到'左'的顶峰。"[5] 关锋这种"极左",后来愈演愈烈,给毛泽东的"文革"造成极大破坏。

姚文元批判《海瑞罢官》的文章发表后不久,江青在上海秘密召见关锋、戚本禹,向他们交了底,要他们写文章支持姚文元。关锋还亲耳聆听到毛泽东关于《海瑞罢官》的"要害问题是'罢官'"的谈话。关锋听懂了毛的这句话,成为为这句话呐喊得最起劲的人(阎长贵语)。于是,关锋不仅自己写文章,还动员他手下的一些人积极行动起来参加批判。当然,他更不会忘了吴传启。关锋、吴传启署名的批判吴晗的文章先是登上《哲学研究》,1966年3月19日又登上《人民日报》,这成为吴传启的新的政治资本。吴传启不但善于捞取政治资本,而且不择手段。他出版过一本解释《资本论》的书,人们以为他很有学问,后来人们发现,这原来是从苏联学者罗森·塔尔那里剽窃来的。[6]

关锋和他手下的一些人,在批判《海瑞罢官》和"三家村"时纷纷发表批判文章,他们的文章无限上纲,杀气腾腾,由此抢占了政治制高点,成为全国知名的、响当当的"左派"。其中,最有名的是林杰。林杰毕业于北师大历史系,毕业后进入《红旗》杂志,成为关锋的徒弟兼同事。"文革"中,林杰是北师大造反派头头谭厚兰最直接

---

4 阎长贵:《我所知道的关锋》,载《同舟共进》2013年第4、5期。
5 阎长贵:《我所知道的关锋》。
6 孟祥才:《我所知道的关锋、林聿时和吴传启》,原载《历史学家茶座》,济南:山东人民出版社,2011年第2辑。

的幕后操纵者。

随着关锋地位的上升,吴传启、林聿时就可以了解到最新的政治动向了。

1966年5月23日,吴传启、林聿时在"学部"贴出了第一张大字报,批判"学部"政治部主任杨述的《青春漫语》,称其是"反党反社会主义大毒草"。关于这张大字报,"学部"党委给上级有一份报告。5月26日,康生在报告上作了四点批示:"一、贴大字报难道还要批准么?二、林聿时为什么不能贴大字报?三、学部的问题很多。四、哲学所的问题更多。"[7] 学部是归康生管的,康生的批示,使吴传启、林聿时一下子占领了学部造反舞台的制高点。在康生的支持下,吴传启、林聿时等人从5月31日至6日1日天亮,开了近20小时大会,一举斗垮了哲学所的党支部书记,哲学所的大权落到吴、林手中。至于哲学所所长潘梓年,因为关锋事先给他打了招呼,他是支持吴、林的,并得到吴、林的保护,和吴、林一起成为造反派的代表人物,一时红得发紫。

吴传启、林聿时在这个时候出来批判杨述,并非他们对《青春漫语》的问题老早就有了什么认识,作过什么斗争,而是他们得风气之先,有条件搞政治投机而已。在他们贴大字报之前,周英(关锋的妻子)、阎长贵、滕文生、王广宇等人已经就批判《青春漫语》的问题工作多日了,1966年6月7日,《光明日报》刊登了他们写的长篇文章——《揭露"三家村分号"——杨述〈青春漫语〉反动实质》。大字报和文章互相配合,而吴、林由此捞足了政治资本。

随后,吴传启、林聿时一伙一路横扫,将当时"学部"领导和一大批司局级干部打成走资派。到1966年6月下旬,"学部"揪出来的"黑帮分子""走资派""反动学术权威"已有一百多人,他们都遭到了批斗。一百多人戴着高帽子挂着牌子集体接受训话、批斗,其场景之宏大,是北大远不能及的。从孟祥才有关文章所附的照片看,"学部"使用的高帽子,规格统一,且高度确实很高,显然是统一制作的。

---

[7] 孟祥才:《我所知道的关锋、林聿时和吴传启》。

这是北大6.18小将们远不能及的。

1966年6月26日，新任中宣部长陶铸向"学部"派出了工作组。工作组和潘梓年、吴传启、林聿时等人组成七人核心领导小组，一起领导"学部""文革"。后来批判工作组时，吴传启、林聿时翻手为云，覆手为雨，声称他们与工作组之间一直存在"路线斗争"，把自己打扮成反对工作组的英雄。后来揭发出来的事实证明这完全是谎言，[8] 但当时批判工作组的结果，使吴传启、林聿时成了"坚持毛主席革命路线"的"左派"，完全掌握了"学部""文革"的领导权。

1966年8月8日，哲学所的8个年轻人站了出来，写大字报反对吴传启、林聿时，这震动了整个"学部"。8月27日，在吴、林的支持下，"学部"成立了第一个造反派组织——"学部红卫兵联队"，简称"学部联队"或"联队"。随后，反对吴传启的人成立了"学部红卫兵总队"，简称"总队"。

1966年9月12日至17日，"学部"召开了7天的辩论大会，辩论的焦点是吴传启。"总队"从吴传启的文章中摘录了几百句话，抓住吴传启曾经说过"裤子都赔光了，还有什么政治"之类的话，断言吴传启是"三反分子"。

吴传启受到批判，最着急的是关锋。经过关锋的运作，江青亲自向陶铸提出，要陶出面去讲话，宣布吴传启和卢正义是"革命左派"。

陶铸于1966年6月由广东调任中央书记处任常务书记、中央宣传部部长，8月在八届十一中全会上被选为政治局常委，兼任中央文革顾问，在中央常委排第四位。他在许多问题上和中央文革发生分歧，其中对吴传启的评价更是针锋相对。

陶铸命人查了吴传启的档案，发现吴是国民党员，历史上大有问题，坚决不肯去学部宣布吴传启是"革命左派"，为此还和江青发生了直接的、激烈的冲突，江青为此大哭大闹，陶铸由此和江青彻底闹

---

8 孟祥才：《我所知道的关锋、林聿时和吴传启》。

翻了。[9] 陶铸坚决不去"学部",只让刚上任的中宣部副部长熊复于9月20日找两派代表宣读了"四点指示",中心内容是,肯定吴是"革命左派","中央宣传部对他是信任和支持的",但也指明,群众对吴传启的问题可以辩论。拿到陶铸的四点指示,吴传启、林聿时如获至宝,立即印成传单广为散发。[10]

"保"了吴传启的陶铸很快成为他们打击的对象。"打倒陶铸"是关锋、吴传启一伙的新的目标,对于这个团伙的"崛起",有着关键的意义。1966年11月27日,关锋给江青写信,攻击陶铸。他说:"陶铸同志到中央工作以来,就积极支持刘邓路线,并参与了刘邓路线的制定";"陶铸同志的说法,是直接同毛主席的《炮打司令部》唱对台戏"。信中列举陶铸七条"罪名",建议中央"密切注意,加以考察。"江青把这封信转给了毛泽东。[11]

1966年12月,陶铸在中央的地位已经岌岌可危。这一情况,立即为关锋、戚本禹、吴传启、卢正义一伙所利用。在戚本禹的支持下,人民教育出版社的李冠英等人于12月19日贴出批判陶铸的大字报,紧接着,戚本禹写信对他们表示支持。[12] 得到内部消息的吴传启、林聿时也派"学部联队"到中宣部大院贴出"打倒陶铸"的大标语和大字报。12月23日,哲学所周景芳等人也贴出《陶铸在两条路线斗争中到底站在哪一边?》的大字报。

对于陶铸的"四点指示",吴传启们巧舌如簧,说那是"陶铸反革命两面派的阴谋",因为四点指示中有一点是"群众对吴传启的问题可以辩论",这表明,陶铸明里保吴传启,实际上"支持总队继续整吴传启的黑材料"。吴传启们跟风转向变化腾挪的水平和诡辩术实在高超,孙蓬一在1967年4月12日讲话中说,"这一伙,由于他们是政治投机商,他们靠闻出市场行情的味道,经常来一些出人不意的

---

9 曾志:《一个革命的幸存者:曾志回忆实录》,广州:广东人民出版社,1999年,第453—455页。
10 孟祥才:《我所知道的关锋、林聿时和吴传启》。
11 阎长贵:《我所知道的关锋》,载《同舟共进》2013年第4、5期。
12 阎长贵:《一张反对陶铸大字报的出笼经过》,载阎长贵、王广宇:《问史求信集》。

手段，这样使他们在陶铸在的时候，是拥护陶铸的分子，等陶铸有问题的时候，摇身一变成为反陶的英雄，这些人是所谓的永久牌的高手。在我们看来他们是有奶便是娘的投机商。"[13]

不辨风向的"总队"贴出了保陶铸的大标语，1967年1月4日江青、陈伯达公开讲话打倒陶铸以后，他们便陷入了被动之中。借此机会，吴传启、林聿时操纵"联队"，以打、砸、抢、抓、抄的血腥手段，将"总队"打垮，暂时实现了在学部的"一统天下"。[14]

"一统天下"的"学部红卫兵联队"成了一支劲旅和关锋的"亲军"。吴传启等人通过民族研究所的洪涛，可以操控民委统战系统的"文革"运动；通过经济研究所的某些人，可以把手伸向计委、经委和国务院系统；通过周景芳，他们控制了北京市革委会和《北京日报》。在1967年的"大批判"中，"吴、林利用他们与王、关、戚、穆欣、林杰等人的关系，在《人民日报》《光明日报》和《红旗》杂志发表了大量批判刘少奇的文章，出尽了风头。"[15]

吴传启的要害是历史问题。他在解放前的历史十分复杂。他当过国民党反动报纸《正义报》编辑，当过国民党的《大刚报》经济版主编兼社论委员，还参加过多种反共组织。他的国民党员的身份，在武汉的档案馆里有许多记载。吴传启、林聿时还是搞阴谋的高手，林聿时的"政治斗争三原则"让听到的人都心生恐惧。[16] 但是，阴谋团伙都见不得光，孙蓬一1967年4月12日的讲话公开揭露了吴传启的历史问题和这个团伙之后，他们就无所遁形了。

需要说明的是，陶铸在吴传启问题上同江青所发生的激烈冲突，群众是不知道的。人们要到数十年后才有所了解。这场冲突显然会报告到毛泽东那里去，毛泽东有何说法，待考。

---

13 该讲话原载《新北大》1967年4月13日，亦收入胡宗式、章铎编：《北京大学文革资料选编》（上），奥斯汀：美国华忆出版社，2020年。
14 孟祥才：《我所知道的关锋、林聿时和吴传启》。
15 孟祥才：《我所知道的关锋、林聿时和吴传启》。
16 孟祥才：《我所知道的关锋、林聿时和吴传启》。

谭厚兰和"北师大井冈山"

关锋的另一支"亲军",是谭厚兰领导的"北师大井冈山"。谭厚兰是北师大政教系 1961 级的调干生,"文革"开始时已经 29 岁了。"文革"前,谭厚兰被借调到《红旗》杂志社帮忙,由此与林杰相识。据说谭厚兰本人并无主见,一切都是听林杰的。"在北师大,几乎所有的人都知道林杰是中央文革(实际上应是关锋——引者)的传声筒,谭厚兰是按林杰的旨意操作的。"[17] 谭厚兰自己承认:"我们同林杰的接触是很多的,也正因为这样,我们在许多问题都受了他许多影响。"[18]

谭厚兰是属于被蒙骗的,与吴传启之流不同。"北师大井冈山"是大学群众组织,与"学部联队"也不同。

关锋的学生、曾任江青秘书的阎长贵晚年时也说:"关特别支持哲学社会科学部以吴传启、林聿时为首和北京师范大学以谭厚兰为首的造反派组织,即后来属于'地派'的造反派组织,给他们很多指导。"[19] 关锋、戚本禹同这两个组织之间有自己的联系渠道,从来不需要中央文革办事组传达。他们给了这两个组织哪些"指导",是值得研究的。

卢正义和"延安公社"

关锋一伙所支持的,还有教育部的卢正义和"延安公社"。卢正义是该部政治教育司的副司长,1966 年 5 月 26 日在教育部贴了第一张大字报,矛头指向副部长刘季平。卢正义贴大字报,背后有康生插手。贴了大字报后,卢气势汹汹,不可一世,拉起队伍成为"左派"领袖。[20]

---

17 赵惠中:《对北师大文革的几点看法》,载《记忆》第 150 期。
18 参见《谭厚兰的检查》,载黎云编著:《师劫——北京师范大学文革亲历者文集》,香港:时代文献出版社,2019 年。
19 阎长贵:《我所知道的关锋》。
20 丁健:《沧海横流,方显英雄本色——缅怀刘季平同志》,载《南通师专学报》(社会科学版),1998 年,第 14 卷第 3 期。

但是，卢正义也是有历史问题的，他是个叛徒。卢的历史问题很快被揭发出来，他在国民党反省院里写的那些反共诗文也被揭发出来。另外，卢正义写的大字报都是编号的，编到一百多号，"揭发问题"的大字报没有几份，却有大量"启事""更正""通知"一类东西，政治投机的面目一览无余，让许多人非常反感。

迫于江青的压力，陶铸于1966年12月17日接见了教育部赵秀山等二十三人，讲了五点意见，其中第三点的一部分同卢正义有关。陶的讲话肯定了卢正义贴第一张大字报的行动，但没有肯定卢正义的历史。陶铸说，"至于卢正义同志历史上有些问题，不要拿到运动中搞。如果有新材料，将来由组织上审查解决。"[21] 卢正义后来成立的"延安公社"，其中就有好几个叛徒，真是物以类聚。当李冠英等人贴了批判陶铸的大字报之后，卢正义紧接着贴出大字报对李冠英等人表示支持，也闹了个"反陶英雄"的桂冠。吴传启调到"学部"之前，曾经在国务院第八办公室工作过，因此他的住处并不是"学部"的宿舍，而是西便门的国务院宿舍。恰好，卢正义也住在那里。吴、卢应该早就相识。

北大成了吴传启团伙的绊脚石

陶铸被公开打倒，关锋、戚本禹纠集的这股势力获取了新的政治资本。不明真相的众多群众组织也以为打倒陶铸是中央的意思，纷纷表示拥护。林杰、吴传启、卢正义一伙要建立一个"批陶"的组织，把他们的影响力扩大到社会上去。北大"红旗兵团"受邀参加会议。在会议上，林杰、吴传启、谭厚兰等人力图把卢正义捧上台，把卢所在的"延安公社"列为发起单位，这遭到北大"红旗兵团"代表的坚决反对。林杰拍桌子说："凭聂元梓的权威，也不能把卢正义排除在外。"北大同学也拍桌子回击："凭你林杰的权威，也不能把卢正义拉进来。"由于卢正义的历史问题十分明显，大多数组织支持北大的立

---

21 《陶铸对教育部文化大革命的五点意见 1966.12.17》，载胡宗式、章铎编：《北京大学文革资料选编》（下），美国华忆出版社，2020年。

场,林杰一伙的目的未能达到,"延安公社"没能参加第一次"批陶"大会。但是,"批陶"组织从此发生分裂,吴传启、卢正义、谭厚兰等另外组织了一个"批陶"机构,并召开了"批陶大会"。在"学部"大门外的橱窗里,曾展出他们三人在主席台上的照片。这就是这股势力在前台的核心。

北大学生和林杰对拍桌子是一件小事,却有着标志性意义。如果说吴传启一伙此前还想拉拢北大的话,那么这次事件表明,北大是不会同他们同流合污的。这件事情会迅速报告给关锋,在关锋那里,北大就成了眼中钉。

这是一个重要的时间节点,人们很快注意到,一条"又粗又长的黑线"已经形成了。在随后的"一月夺权"和"反二月逆流"的风暴中,这伙人将有令人瞠目的表现。他们的野心暴露之后,也将遭到广大群众和许多群众组织的抵制。1967年北京市"两大派"的内战,其源盖出于此。

在这个时间节点上,北大已经站在了林杰、吴传启、卢正义一伙的对立面,聂元梓领导下的北大,没有成为他们的合作者,而是成为他们的绊脚石了。

二、在"一月夺权"中,北大同关锋、吴传启团伙发生冲突

北大根据周恩来的指示参加"夺权"

"一月革命"风暴刮起的时候,北大正在搞军训,整顿内部。重读中央文革1967年1月3日、1月16日两次接见北大代表的谈话记录,可以看到,中央文革根本没有提"夺权"的事情,聂元梓、孙蓬一也没有提出到校外参与夺权斗争的问题。所以,说陈伯达、江青指示北大到社会上去参加"夺权",完全是子虚乌有之事。

自下而上的"夺权"活动,是从上海开始的。1月4日和5日,上海《文汇报》和《解放日报》的造反派先后宣布接管了这两家报社。

两报造反派的夺权很快得到毛泽东的肯定。毛泽东在 1 月 8 日说："这是一个大革命，是一个阶级推翻另一个阶级的大革命。这件大事对于整个华东、对于全国各省市的无产阶级文化大革命的发展，必将起着巨大的推动作用。"[22] 1 月 16 日，《人民日报》转载《红旗》杂志评论员文章《无产阶级革命派联合起来》，其中有毛泽东的最新指示："从党内一小撮走资本主义当权派手里夺权，是在无产阶级专政条件下，一个阶级推翻一个阶级的革命，即无产阶级消灭资产阶级的革命。"全国各地夺权斗争的展开，实际上都是对毛泽东和中共中央号召的响应。

北大参与社会上的"夺权"，大的背景是毛泽东和中共中央的号召，直接动因是 1967 年 1 月 18 日晚周恩来谈革命造反派夺权的一次讲话。周恩来的讲话，也是贯彻执行毛泽东的决策。周恩来讲话中有这么几句："北京市的一些综合性大学，像北京大学、清华大学、人大、师大等在北京的夺权当中要下大的力量。不是派一小部分人去的问题，也不是就开几个大会的问题，要起主导作用。具体的工作要原单位的人员来做好，我们去督促他们，只许他们好好地工作。"[23] 文革史学者卜伟华对此也有记述："1 月 18 日晚，周恩来、陈伯达、江青等在人民大会堂与北京左派学生、机关干部召开的座谈会上，鼓励学生参加夺权行动。"[24]

周恩来当时的处境很尴尬。决定 1967 年"展开全国全面阶级斗争"大计方针的毛泽东的生日宴会，周并未受邀参加。在上海"夺权"这样的重大问题上，周一直被蒙在鼓里，并没有被通知参加毛泽东表态支持上海夺权的谈话。[25] 周恩来有关夺权的讲话，是他紧跟毛泽

---

22 中共中央文献研究室编：《毛泽东传》（1949—1976），北京：中央文献出版社，2003 年，第 1465 页。
23 新北大公社火车头编辑部编：《毛主席的新北大》，1967 年 11 月，油印本。该材料已收入胡宗式、章铎编：《北京大学文革资料选编》（下）。
24 卜伟华：《中华人民共和国史·第六卷·"砸烂旧世界"——文化大革命的动乱与浩劫（1966—1968）》（以下简称《砸烂旧世界》），香港：香港中文大学当代中国文化研究中心出版，2008 年，第 393 页。
25 高文谦：《晚年周恩来》，明镜出版社，2003 年，第 175—177 页。

东的一种表现。但他的这一讲话,成为北大校文革成立"夺权指挥部"并派人出去参加"夺权"的直接依据。1月19日,北大成立了夺权指挥部,由孙蓬一、徐运朴负责。北大正在军训,也正是周恩来在讲话中要求北大等大学"要下大的力量",负责军训的解放军也参与了北大到外单位的"夺权"活动。

10年后,孙蓬一回忆"夺权"一事时写道:

> 我历来不太赞成去管校外的事,因为我觉得社会上的问题极其复杂,我们没有能力将那么复杂的事情短期内判断清楚,搞不好容易上当。当若干学校积极干预校外问题时,有的人在我面前抱怨北大:如北航、清华说我们"窝囊"。不过,我还是有我的看法。一月份夺权时,若不是总理点了我们的名,我也是不主张我们去参与这种事的。总理指示后,我是坚决响应的,连夜传达、动员、组织,我觉得这是无产阶级司令部的命令,我们责无旁贷。但派人出去后,几乎到处都遇到了矛盾,更证明了你们(指动态组的人——引者)原来的说法是正确的。我的态度是,我们尽量撤出来,不参与其中,可更冷静地观察、分析,以得出准确结论。所以,当一讲了夺权要先解决授权问题,要先开各种代表会后再夺权时,在讨论中,我是主张全部撤回来。当时聂提出,高教部可暂不撤,因为那里发生了原则性的争议。我同意了。结果,发生了高教部事件。[26]

北大虽曾派出多路"夺权"队伍,但真正参与了"夺权"的仅教育部一处。有的地方,如交通部、劳动部、团中央、总工会等一些单位,原来就有北大学生在那里协助清理外来人员,夺权发生时就地加入了那里的夺权活动。去华北局夺权时,只是"宣布夺权","要求全体干部次日早晨八点准时上班"。当中央及时制止华北局的夺权时,北大的人员马上就撤出来了。这受到李雪峰的嘲讽,说"两个小时的政变被粉碎了"。

北大的这些具体行动,事先没有请示中央文革。实际上,中央文

---

26 孙蓬一1977年1月3日致胡宗式、章铎的信。

革中王、关、戚以及他们手下的吴传启一伙对于"夺权"已经有了他们自己的路线图,早有计划,早有准备。在这种情况下,北大出去参加夺权活动,便成了王、关、戚一伙夺权路上的绊脚石。

教育部"夺权"起纷争

事实表明,北大出去参加"夺权"的队伍,处处碰壁,发生矛盾的地方,对手都是"学部联队""北师大井冈山"或"红色联络站",所以北大很快退出了。北大真正参与"夺权"的,只有教育部一处。北大和教育部的群众组织"北京公社"先夺了权,但"北师大井冈山"在关锋、林杰、吴传启一伙策动下支持卢正义和"延安公社"进行反夺权,于是双方发生了冲突。分歧的焦点,是如何看待卢正义的叛徒问题。虽然当时教育部已经没有业务工作,但能不能让卢正义这样的人来夺权掌权,仍然是一个重大原则问题。只要把卢正义的问题查清楚,群众的意见,谁是谁非,马上就明白了,意见也就统一了。但是,中央文革的人马上就出面干预,卢正义的问题是不许追查的。

"清华井冈山"也参加了教育部的"夺权",面对北大和北师大的分歧,在了解情况之后,"清华井冈山"声明退出。[27]

谭厚兰后来承认,关于卢正义的叛徒问题,他们听信林杰的话,

---

27 参见胡宗华口述、嘉仁整理:《我在清华参加文化革命》,载《华夏文摘增刊》2017年7月3日第1086期。胡宗华是清华"井冈山"成员,奉命去高教部处理清华"井冈山"参与夺权的事情。他回忆的情况是:"卢正义解放前在上海被捕,押到了江苏反省院,在反省院里面写了很多的肉麻的吹捧蒋介石的诗,他应该是叛徒,叛变了革命。在他的档案里写的是有变节行为,没有定为叛徒。组织结论定为变节行为,实际上就是叛徒,这是大伙儿都知道的。而且这个组织里面还有另外两个人也有叛徒行为。一个小小的组织,那么多叛徒,我当时就很反感。可是再一看延安公社后面有学部红卫兵吴传启的支持,有北师大谭厚兰的支持,有《红旗》杂志林杰、关锋的支持,根子相当的硬,绝不是清华大学拿了一个教育部夺权委员会头头的章就能领导得了的。晚上和教育部的两派开完会回来,清华学生自己研究怎么办。我说算了吧,我们不搅混水的,要让我支持北京公社,但我明显知道延安公社后面有中央文革作后台,你是惹不起的一拨人。你要是支持延安公社的话,支持一大窝子叛徒当权的组织,我心里实在不甘心,干脆咱们退出去。当天晚上半夜了,清华大学发表声明退出高教部的夺权委员会,不再掺和了。"

不但不接受北大的意见,反而"公开为叛徒卢正义辩护"。[28]

卢正义及其"延安公社"虽然人少叛徒多,却受到关锋、王力、戚本禹、林杰、吴传启和"北师大井冈山"的支持。林杰、吴传启一伙鼓动"北师大井冈山"进行反夺权,双方发生冲突。事件发生后,林杰俨然以中央首长的姿态向师大和"延安公社"下达四点"指示":

1) 我们(师大和延安公社)的行动是革命的行动;
2) 解放军参与这一行动是错误的;(指在北大军训的解放军——引者)
3) 新北大是错误的;
4) 解放军马上撤回去。[29]

谭厚兰后来说,在高教部夺权问题上,"林杰也是无孔不入地发表意见,加剧了矛盾的发展,甚至还去慰问我们被北大打伤了的同学,这样更坚定了我们的一些错误做法。"谭厚兰说,她和吴传启的第一次见面,就是在高教部夺权的时候,但她没有说明详细情况。[30]

在这起夺权事件中,不仅林杰公开拉一派打一派,关锋、王力也不顾其中央文革要员的身份,两次打电话给北大,以一面之辞甚至以"三路进军"之类的谣言对北大进行打压。

关锋、王力在2月2日下午打电话给孙蓬一,根据北师大"井冈山"的一面之辞对北大进行指责,且不容孙蓬一申辩,关锋还说:"你们就不应该去"。北大的队伍于当晚撤回北大。

2月4日关锋、王力再次打电话给孙蓬一,指责北大"要组织人搞三路进军,一路冲钓鱼台抓关锋,一路到《红旗》杂志抓林杰,一路冲北京卫戍区。"关锋发很大的火:"你们来吧!我们等着你们!"孙蓬一说没有这样的事情,关锋厉声说:"我查过了,我们的消息既非来自师大,也不是来自'延安公社',而来自军事机构,很可靠!你们来冲吧!来了我们也不怕!"王力指责说:"你们这是严重错误,

---

28 参见《谭厚兰的检查》。
29 胡宗式、章铎编:《北京大学文革资料选编》(下),第267页。
30 参见《谭厚兰的检查》。

你们要走向反面,你们转了向了。"孙蓬一再要解释,关锋说:"我们不要听了。"[31]

关锋、王力这样做的结果,正好暴露了他们的真实面目。聂元梓、孙蓬一原先对关锋、王力的真实面目还没有切身的体会,但这一次使他们有了新的认识。北大一些同学,也由此对中央文革有了一些看法。这一切,都给北大随后的"文革"进程带来了重要的影响。

关锋既然说他的消息很可靠且来自军事机构,为什么不追查到底呢?如果真有搞"三路进军"那样的事情,至少也得出动上千人吧?那还不好查?然而,1967年5月27日陈伯达、关锋、戚本禹召见聂元梓进行威胁利诱时,聂元梓提起了关锋、王力2月4日的电话,关锋却矢口否认,说根本没有打过那个电话。[32]

聂元梓、孙蓬一当然不会被关锋的打压所吓倒,相反,正是关锋、王力不惜用谣言来进行打压的不正常举动,引起了聂元梓的警觉。聂元梓的"除隐患"的想法,正是产生于1967年2月关锋、王力两次电话之后,其时,新北大公社还未成立。

吴传启、卢正义一伙是有一个计划的,就是说在"夺权"之后,高教部和教育部的第一把交椅就让卢正义来坐。由于北大参与了教育部夺权,这个计划被揭露出来,他们的美梦破灭了。不久,卢正义就失踪了,活不见人,死不见尸。

关锋、王力为什么要死保卢正义呢?康生为什么也要保卢正义呢?原来,卢正义的历史牵涉到张春桥。

据丁健所撰文章,卢正义是张春桥的故交,历史上两次被捕变节。第一次被捕后,神秘逃出到张春桥处,张春桥多次写材料证明卢没问题。至1967年,张不愿再写证明。[33] 在这种情况下,卢正义的潜逃和失踪就不难理解了。总之,绝不能让卢正义落到群众组织手中。

---

31 见胡宗式、章铎编:《北京大学文革资料选编》(下),第270页。
32 聂元梓:《我在文革漩涡中》,第733页。
33 丁健:《沧海横流,方显英雄本色——缅怀刘季平同志》。

现在反思，联想到毛泽东始终不准调查张春桥的态度，北大当时抓住卢正义的历史问题不放，实在是一件风险极大的事情。至此，聂元梓不仅仅是一块绊脚石了，对某些人来说还成了一种潜在的威胁。如果聂元梓要继续追查卢正义，那就是实实在在的威胁了。可以说，"一月夺权"之时，聂元梓已濒临险境，即将成立的新北大公社，必将被视为异己。

半个多世纪后回看，我们是否应该庆幸这种被当作异己的待遇呢？

1.15 抢档案事件和北大的态度

在高教部"夺权"事件发生之前，1967年1月15日，发生了建国以来最严重的抢档案事件，俗称"1.15事件"。这个事件影响之广、影响之深超过了当事人的预计。它是北京两大派分裂的起始点之一，也是人们对谢富治怀疑的源头。

1967年1月15日凌晨1时15分，刘郓（统战部宗教处副处长、国务院宗教局第一副局长）、洪涛（"学部"民族研究所干部、"学部联队"头头）、曹振中（"学部"近代史所干部，"学部联队"队长）等人，调集了"红色联络站"二百余人，把政协全国委员会自建国以来的全部机密档案（包括人事档案）洗劫一空。2时20分，"红色联络站"原班人马又跑到统战部，将统战部1949年以来的全部机密档案一百多柜，以及大批资料、文件抢劫一空。当天，民族学院红卫兵总部（即"民院抗大"）和统战部的部分群众把洪涛、刘郓扭送到公安部。周总理指示：由三方面（中央并公安部为一方，抢档案的为一方，民族学院红卫兵总部为一方）协商追回档案。下午，公安部副部长严佑民、中央办公厅秘书局副局长曹幼明亲临现场。严佑民说："我们来是总理指示的，总理很关心，怕国家机密被弄走。"并指出："这个事件是建国以来最严重的抢档案事件"，"这是严重的政治事件"。但是第二天，刘郓、洪涛却被公安部释放了。

多年后，社科院近代史所研究员张海鹏在其学术自传《学术人生——我的理想与追求》中提到这件事时写道："只是1.15清晨，张德信打来电话，告民族所洪涛和红卫兵联队曹振中组织人抢了统战部和国家民委的档案柜，其中有 15 个柜子无处存放，要求放到近代史所。随后有人开着卡车拉来 15 个铁柜。我让他们把 15 个铁柜分别放到几处屋檐下，没有同意放进屋里。第二天，就有人对铁柜加了封条。"34

张海鹏不让他们把 15 个铁柜放进屋里的做法，是非常明智的。

我们多年来一直说洪涛、刘郢抢档案，其实不完全对。洪涛所在的民族研究所是属于"学部"的，洪涛本人还是"学部联队"的头头。35 曹振中和张德信都是"学部"近代史所的，曹振中还是"学部联队"的队长。张海鹏的回忆证明，"学部联队"直接参与了这起抢档案事件。抢了那么多的档案，甚至要用大卡车来拉，到了凌晨还有 15 个柜子不知道往哪里存放，要临时找存放的地方，这是保护档案吗？如果真是保护档案，为什么不拉到公安部或卫戍区去呢？显然，他们本来是想控制这些档案的，准备用来达到他们不可告人的目的，但是，他们太狂妄了，没有估计到会遭到那么多群众的抵制，几个头头还被抓了起来，事情还惊动了中央。

然而吊诡的是，过了一夜，刘郢、洪涛却被公安部释放了。公安部还印发了一份《公安部某负责人就一月十五日"红色联络站"接管中央统战部档案问题的讲话》，说刘郢、洪涛等人是左派，抓他们是犯法。民族学院红卫兵总部的人到公安部理论，洪涛等人又以冲击公安部和迫害左派为名，将民族学院红卫兵总部的负责人郑仲兵扭送到公安部，公安部竟然收下，并将其关押了 13 天。

这天夜里发生了什么？这中间有什么鬼？有什么黑幕？

据笔者所见新北大公社"独立寒秋战斗队"1967 年 9 月的一份

---

34 中国社会科学网，
http://www.cssn.cn/index/fdxf/201804/t20180402_3894766_1.shtml
35 孟祥才：《追忆"文革"中的学部领导和部分高研（一）》，载《历史学家茶座》第 2 辑，济南：山东人民出版社，2010 年。1967 年 5 月，日本历史学家井上清率学术代表团访华，学部被指定为接待单位，第一次接待活动是座谈会，由学部造反派头头洪涛主持。

调查材料，³⁶ 洪涛、刘郢一开始在公安部是受到讯问的，洪涛承认"这种搞法有严重错误"，刘郢也承认1.15事件是"反革命事件"。

与此同时，他们的后台也在加紧活动。来自于民族歌舞团的一份信息说："1.15事件以后，我们还听说这天晚上吴传启一夜没睡，守着两个电话，看刘郢、洪涛出来了没有；在三月初，我们又听我团文革委员×××同志说：'刘郢、洪涛是通过吴传启、穆欣、关锋（出来的），是关锋打电话叫公安部放的。'"洪涛、刘郢从公安部出来以后，神气活现地在圈内宣扬，说谢富治副总理亲自接见了他们，向他们"道歉"，"表示慰问"，承认他们的行动"是革命行动"，"扣留是非法的"，还说"公安部要发表声明"，而且由洪涛"自己写"，等等。

果然，1月17日，公安部办公厅秘书处印发了3000份《公安部某负责人就一月十五日"红色联络站"接管中央统战部档案问题的讲话》（实际上是洪涛自己写的）。全文如下：

一、《彻底摧毁中央统战部反革命修正主义路线红色联络站》的革命左派同志，为了保护国家档案，于一九六七年一月十五日晨，接管了中央统战部一批档案，并封闭保存，这完全是革命行动，大方向是正确的。

二、中央统战部革命造反团中的一小撮人，盗用公安部的名义，非法绑架、斗争、拘留中国科学院民族研究所洪涛、中央统战部《东方红公社》刘郢、林祉成等革命同志。这是犯法行为、是直接破坏无产阶级文化大革命的行为。

中央民族学院文革临时筹委会材料组，又于一九六七年一月十六日印发传单，伪称"中央民族学院革命造反派红卫兵总部……于一月十五日……把现行反革命分子洪涛等人扭送公安部。公安部已签字拘留。"特郑重声明：洪涛、刘郢等同志是革命左派，大方向是正确的。说"公安部已签字拘留"了他们，这是彻头彻尾的造谣。

三、公安部接待站的个别人于一九六七年一月十五日晚十一时

---

36 这份材料题为《首都高校两派矛盾的由来、发展和关锋、王力有关讲话》，已收入胡宗式、章铎编：《北京大学文革资料选编》（上）。

五十三分，趁接待站来访人员较多，秩序混乱之机，不分是非逮捕了中国科学院民族研究所韦清风同志，是完全错误的，是违法乱纪的。

事后，经我部调查了解，韦清风同志是革命左派，并于一九六七年一月十六日上午宣布释放，公开道歉予以平反。对上述所犯错误的有关人员，我们已责令其作公开检讨，并予处理。

中华人民共和国公安部办公厅秘书处印
一九六七年元月十七日

吴传启团伙的后台果然了得，不但要把洪涛、刘郢等人捞出来，还要借机用公安部文件封他们为"革命左派"，把革命群众保护档案并将洪涛、刘郢扭送到公安部的行为说成是"非法绑架、斗争、拘留"，"是犯法行为，是直接破坏无产阶级文化大革命的行为"，连公安部接待站的工作人员，都受到"违法乱纪"的指责，被责令"公开检讨"，还要"予以处理"。颠倒黑白，以至于此。

吴传启、关锋、谢富治之间如何通电话，谢富治如何接见洪涛、刘郢，说了些什么，这在当时都是机密，只有那个小圈子里的人才能知道。而泄露天机、弄巧成拙的就是这份"讲话"。

这份"讲话"其实是一把双刃剑。一方面，"讲话"印发以后，立即为吴传启团伙所利用。对于维护团伙利益、打击异己而言，该"讲话"起了重要的作用。另一方面，这份不正常的"讲话"也暴露了"公安部某负责人"和坏人勾结的真实面目。看到"讲话"，人们不禁要问："公安部某负责人"究竟是谁？显然，这就是谢富治。没有谢富治同意，是不可能以"中华人民共和国公安部办公厅秘书处"的名义印发这样的文件的。许多群众对谢富治的怀疑，也由此而起。笔者对谢富治有所怀疑，也由这份"讲话"引起。

"1.15事件"是一个大是大非问题，"公安部某负责人讲话"涉及原则问题。对此事件的不同看法造成统战、民委系统群众组织的大分裂，是北京市第一个全系统分裂成两大派的地方。聂元梓、孙蓬一等人由此事件对谢富治有了负面的看法。孙蓬一在4.12讲话中坚定地站在正义的一方，发出了"这到底是为什么？我们不能不问一问，绝对不能做奴隶主义，绝对不能盲从"的呼喊。

关于被抢档案发生外泄的问题，当年是有过传言的，笔者亦有所耳闻。数十年后读到北大计算机专业创始人张世龙的《燕园絮语》，才知道确确实实，真有其事。

张世龙提到了两位燕京大学同学和地下党同志——陈道森和谭大霖，他写道：

> 在"文革"开始，"造反派"冲击中央统战部，很大一部分海外作统战工作同志（主要是港英者）的名单外泄。港英政府据此驱逐一批秘密党员，道森也在其内，并且是商界中的领导人之一。于是回到广州。但是并非作为英雄，相反却以"英国间谍"罪名关入监狱，并多次遭受非刑拷打，最后腿被打折，大脑受损，不但丧失大量记忆，就是语言、思维都有严重障碍。……
>
> "文化大革命"时，我曾被诬为"军统特务"关在机关（二机部九院）。由于我长期作党的组织工作，所以当时"外调"极多，是全机关中最多者。由此才知道英国掌握了中央统战部档案，如同陈道森同志被港英驱逐一样，谭大霖同志也被英国（当时他在伦敦）驱逐出境。而回国后，又以英国间谍关押，吃尽苦头。[37]

陈道森和谭大霖是张世龙熟识的，他们的遭遇令人唏嘘，而张世龙不认识的、因档案外泄而受害的人，还有多少呢？

三、北京市的"夺权"和"北京革命造反公社"

北京市的"夺权"

"一月夺权"，或称"一月革命""一月风暴"，始于上海，最后遍及全国，上上下下，概不能免。这场运动是由毛泽东领导的。1967年1月中旬以后，北京也出现了全面夺权的风潮。最著名的是1月

---

[37] 张世龙：《燕园絮语》，北京：华龄出版社，2005年4月，第26—27页。

13日《解放军报》的夺权，这是军队内部的事情，且得到毛泽东的批准。

据卜伟华所著《砸烂旧世界》一书，[38] 北京市最先夺权的，是北京广播学院"北京公社"联合北京人民广播电台的一些人，于1月12日、14日两次夺了北京人民广播电台的权；1月15日是北京轻工业学院的群众组织到第一轻工业部夺权。令人瞩目的是，1月17日，北京政法学院"政法公社"和北京市公安局的造反派一起夺了公安局的权，且得到了公安部长谢富治的全力支持。"政法公社"虽然夺了权，但并不具备领导北京市公安局工作的能力。此事后来受到周恩来的严厉批评，北京市公安局遂于2月11日实行了军事管制。

1967年1月18日，"首都革命造反派夺权斗争委员会"（简称"夺委会"），就已经夺了北京市政府的大权。网名"万一巨二"的作者在新浪博客上以《疯狂的年代，历史的一页》为题，发表了8篇文字，对"夺委会"的始末有较详细的介绍。[39] "夺委会"得到周恩来的赞许，但中央对其未予承认，也没有否认，而是作为一个过渡的临时政权保留下来了。在北京市各夺权组织中，唯有"夺委会"是实际掌有权力的，执政时间为1967年1月18日至4月20日。

据卜伟华记载，1月22日，北航"红旗"为争得在北京市夺权的有利地位，扣押了北京市委负责人吴德。当天陈伯达、江青给北航"红旗"打电话，除要求立即释放吴德外，还提到"考虑准备北京市工农兵和革命师生代表大会，组织市人民政府"的设想。1月24日，陈伯达接见北大、北航等校造反派时说："建议你们工农兵学商开个临时联席会，筹备一个比较大的范围的工农兵学商的代表会议。"1日26日，陈伯达、江青等接见北京高校造反派时，陈伯达又提出："跟同志们商量一下，搞一个工农代表大会……你们看条件成熟不成熟？"江青的讲话则强调了三个红卫兵司令部的联合，"不要让别人以为三个司令部不起作用了"。

---

38 卜伟华：《砸烂旧世界》，第392—399页。下文引用时将不再注明页码。
39 http://blog.sina.com.cn/s/blog_66973d010100qj60.html

"北京革命造反公社"

"北京革命造反公社"是聂元梓和一些单位联合发起的，联络点设于中央广播事业局。1月27日发表了《北京革命造反公社倡议书》，提出"迅速召开北京市工农兵学商革命造反派代表大会，从走资派及一小撮顽固推行反动路线的家伙手里全面地夺回北京市的领导权。"《倡议书》上列名的发起单位有30个，包括北大校文革、清华井冈山、地质东方红、师大井冈山等大学和若干工厂的群众组织。《倡议书》的内容，同当时类似文告相似，且需发起单位一致通过，并公诸于世，不存在什么阴谋。

至1月下旬，北京市除了"夺委会"外，还有6个大的全市性夺权筹备组织。这些组织，都是紧跟毛泽东的"文革"路线、响应中央号召而产生的。卜伟华指出，"因为北京是首都，谁都不知道具体该怎么样夺权，也一直未得到中央关于北京市夺权的具体指示，暂时还未敢轻举妄动。"所谓"未敢轻举妄动"，就是没有实际的夺权行动。这也是聂元梓在回忆录中所说的"只联合，不夺权"。

1月31日《人民日报》发表了经毛泽东审阅修改的《红旗》杂志社论《论无产阶级革命派的夺权斗争》。《王力反思录》称："这是毛泽东夺权思想的纲领性文件，是根据主席历次在常委会上谈的和个别谈的话整理的。……北京公社宣言，文件中也讲了。而且主席要江青提北京公社的名单。……成立北京公社，名单中提了些什么人，是江青与关锋商量的，总理不在场。他们提由党校李广文负责，文革成员戚本禹参加领导班子，夺北京新市委的权。主席不同意李广文，说要谢富治负责。"[40] 显然，这是1月底的事情。

据卜伟华，2月1日，戚本禹在接见北京高校造反派时说："最近正在考虑成立一个联合组织'北京人民公社'，中央有这个意思，要进行筹备，要按巴黎公社原则选举它。现在中央文革在讨论，由谢副总理负责。谢副总理是各部第一个支持左派的，他首先支持了'政法公社'，他在左派组织中有崇高的威望。傅崇碧、李震来筹备。"这

---

40 王力：《王力反思录》，香港：北星出版社，2001年，第970页。

大概是第一次公开宣布由谢富治来领导北京市夺权，也是第一次公开提出"北京人民公社"这个名称。谢富治出面接见北京各界群众组织并谈北京市大联合和夺权问题，都是从2月份开始的。

2月6日，地质东方红、北师大井冈山等组织宣布退出"北京革命造反公社"。有退出的，也有来合作的。2月7日，"北京革命造反公社"同另外两个夺权组织联合，成立了新的"北京革命造反公社"。7个主要夺权组织中有3个联合起来了，应该说，"北京革命造反公社"在联合方面是有成效的，并且很快同"夺委会"达成了新的协议。

"万一巨二"的博文称，"当时中央是希望聂元梓等组建的北京革命造反公社也合并到夺委会来，相对统一，维持局面，给革委会筹备工作创造一个相对稳定的局面。待革委会成立后即可取而代之。"据该博文，1967年2月上旬某日，谢富治将聂元梓和"夺委会"负责人方臣都叫到了人民大会堂，让他们谈判解决大联合问题，双方最后达成了一致。谢富治听取了他们的谈判汇报后比较满意。博文写道："事后聂也去过夺委会，也参加了夺委会组织的如抓革命促春耕誓师大会等活动。"

3月1日，"北京革命造反公社"等组织发表联合声明，宣告其历史使命已经完成，即将结束活动。3月3日北大《动态报》对此作了报道。

3月7日，"北京革命造反公社"召开大会，这是其最后的活动。1967年3月8日北大《动态报》对此作了报道：

《北京革命造反公社》分系统大联合誓师大会胜利召开

三月七日北京革命造反公社在展览馆剧场举行北京革命造反公社分系统大联合誓师大会，这是一个革命的大会，是一个促进全市无产阶级革命派大联合的大会。姚进同志说：北京造反公社的诞生目的是为了北京市革命造反派分系统的大联合，就是为了促进《北京市工农兵学商革命造反派代表大会》的迅速召开，为从走资本主义道路当权派手里全面夺取北京市的领导权而贡献自己的力量。我们所要促成的是一个巴黎公社式的、自下而上的、工农兵学商各基层单位革命造反派的大联合。北京革命造反公社只是促成这种大联合以前的一种临时性的过渡组织形式……

从以上记载不难看出：第一，"北京革命造反公社"只是响应中央号召、为联合夺权成立的一个临时性的组织，没有夺权的实际行动，没有掌握过任何实际权力；第二，"北京革命造反公社"从成立到结束，都是尽力紧跟中央、按中央的精神去做的，在搞大联合方面还是起了积极作用的。聂元梓"只联合，不夺权"的指导思想是对的，且未受到干扰，没有和任何一方发生过冲突。

谢富治是老革命、副总理兼公安部长，在"文革"中又积极追随毛泽东的"文革"路线，冲锋陷阵，深受毛泽东和中央文革信任。聂元梓开始时对谢富治是支持的。对谢富治有看法，还是后来的事，有一个过程。说聂元梓反对谢富治就是想当北京市革委会主任，那是欲加之罪，无稽之谈。

我们现在回顾这段历史，可以看到，北京市夺权问题的关键和要害，并不是聂元梓想要篡权，更不是聂元梓想要篡夺谢富治的权，而是戚本禹想要攫取这一权力。在中央讨论北京市夺权问题的某个会议上，戚本禹自告奋勇说"我去"（这是江青说的）。据卜伟华书所载，"北师大井冈山"和"学部联队"等组织还在民族文化宫开会，策划夺权事宜。会后，以"北师大井冈山"和"学部联队"的名义，向中央文革小组写了一封建议信，建议迅速成立以戚本禹为总指挥的"北京抓革命促生产指挥部"，来领导北京市的夺权。

"北师大井冈山"和"学部联队"联名上书，是同戚本禹的自告奋勇相配合的。如果戚本禹是个真正的革命家，倒也罢了。群众组织向中央文革联名上书，也无可厚非。但如果他们搞的是秘密活动，且其中有一伙坏人结党营私，借机阴谋夺权，问题就严重了。毛泽东可以不让戚本禹领导夺权，但不会不让戚本禹参与其事，何况谢富治和戚本禹早就勾结在一起了呢。其结果，如吴德晚年在回忆录中所说的：

（北京市革委会）新进来的人大都是王、关、戚支持的学部的那一派，约二十多人。哲学所的造反派头头周景芳担任了市革委会的秘书长，杨远担任了办事组组长。办事组等于是市委的办公厅，一切机要都由杨远控制了。……革委会成立后《北京日报》恢复出版，学部派来的涂武生控制了《北京日报》，实际上，真正控制的是吴传启，吴传启背后操纵涂武生，所有的社论、消息，都要经过吴传启看过。[41]

到底是什么人要夺北京市革委会的权呢？到底是什么人已经夺了北京市革委会的权呢？事实不是很清楚吗？

四、"除隐患"想法的产生与实施

1967年北大"文革"的一个重要问题是聂元梓产生了"除隐患"的想法并将这种想法付诸实施。由于北大的地位和体量，这种想法和行动必然产生不可忽视的影响。聂元梓的这种想法并不是从天上掉下来的，它有一个形成过程。首先引起聂元梓警觉的，是关锋、王力为保护叛徒卢正义，不惜用谣言对北大进行打压的不正常做法。其次，北大的学生，特别是《动态报》的一些学生，对社会上发生的一些事情有了一些看法，并将其报告给了聂元梓、孙蓬一。另外，聂元梓在参与北京市的一些社会活动中，有了一些新的体验。

教育部夺权问题的调查报告：辩诬与揭发

北大参与教育部的夺权活动，对卢正义及其"延安公社"是一个重大打击。此事牵动了某些人最敏感的神经，他们不仅挑唆北师大井冈山于2月2日进行反夺权，挑起冲突，关锋、王力还亲自上阵，两次打电话对北大进行打压。

"2.2事件"以后，北大各路夺权队伍统统撤回。但关锋、王力并不就此罢休，2月4日，他们再次打电话给孙蓬一，指责北大"要

---

[41] 朱元石记录、整理：《吴德口述：十年风雨纪事——我在北京工作的一些经历》，北京：当代中国出版社，2013年，第36—37页。

组织人搞三路进军,一路冲钓鱼台抓关锋,一路到《红旗》杂志抓林杰,一路冲北京卫戍区。"关锋发很大的火:"你们来吧!我们等着你们!"

冲击钓鱼台、《红旗》杂志、北京卫戍区这三个地方是要以反革命罪论处的,关锋的指责是非常严重的。北大学生哪里会干这种事情?这纯粹是造谣啊!但是,北大校文革还是先对内部进行了调查,驻校军训解放军也进行了内部调查。调查表明这完全是莫须有的罪名。调查结束后写了一份调查报告。1967年3月中下旬的一天下午,聂元梓、孙蓬一和原北大人事处的李玉英一起到《解放军报》社找了李讷,把有关教育部事件的调查报告以及关锋、王力两次打电话批评北大的追记稿交给了她。聂元梓回忆说,"李讷当时对我们深表同情,并答应将材料代转到上边去。"[42]

调查报告显然是说明真相、为北大辩诬的,关锋、王力的电话追记稿是对他们的揭发。笔者没有见过这份调查报告,也不知道高层对这份报告有什么看法。不过,卢正义确实从"文革"舞台上消失了,关锋后来也矢口否认他打过2月4日那个电话。但这个电话确确实实引起了聂元梓、孙蓬一的警觉。

中央民族学院的武斗显示了什么?

与北大遭到关锋、王力打压的同时,1967年2月2日和4日,中央民族学院的两派发生了武斗。一派叫"总部红卫兵"(后改称"抗大公社"),另一派叫"造反红卫兵"(后改称"东方红公社")。许多外单位组织到民族学院表态支持"造反红卫兵"。人们惊讶地发现:这些公开支持"造反红卫兵"的组织,同1.15抢档案事件中声明支持洪涛等人的若干组织,以及在教育部夺权问题上公开支持谭厚兰的那些组织,竟然是高度重合的。这些组织同"学部联队"和"北师大井冈山"早已联合在一起了,现在它们又联合起来支持中央民族学院的一派组织。显然,在北大忙于军训和整顿内部的时候,在新北大

---

42 聂元梓:《我在文革漩涡中》,第135页。

公社还没有成立的时候，社会上一派强大的势力已经形成了，已经在统一的指挥下统一行动了，一条"又粗又长的黑线"暴露无遗。

这些情况，包括 1.15 抢档案事件，当然会引起北大《动态报》的同学和聂元梓、孙蓬一的注意。

1967 年 2 月 8 日，聂元梓在同《动态报》胡宗式、刘志菊等人谈话时强调："你们办报要用阶级斗争的观点看待发生的事情"。聂元梓、孙蓬一已经看出，关锋、吴传启一伙在结党营私，是隐藏在革命队伍里的隐患。

有关"学部"吴传启一伙行径的消息传到北大

北大离"学部"的距离颇远，1966 年的时候，北大学生对"学部"的情况是不了解的，但文科教师特别是哲学系教师，应该有所风闻。吴传启、林聿时起先还想拉拢北大，但从北大学生就卢正义问题同林杰对拍桌子那一刻起，双方就分道扬镳了。吴传启一伙和"学部联队"随后的所作所为，特别是他们用血腥手段打垮"总队"的做法，以及吴传启的历史问题，便不可避免地传到了聂元梓、孙蓬一那里，引起了他们的关注。孙蓬一在 1967 年 4 月 12 日的演讲中公开揭露吴传启这个团伙时，就引用了来自"学部"和中宣部的材料。应当指出，对吴传启一伙的行径，侧目者大有人在，决非北大一家。

关锋、王力、戚本禹一伙，以及他们的心腹吴传启、林聿时、谭厚兰等人，在 3 月份掀起"反二月逆流"狂飙时还有疯狂的表演，他们要打倒好几位副总理，把矛头指向周总理，他们还谋划着打倒常委李富春……他们的政治野心太大了，这使新北大公社总部的几个年轻教师和学生深为震惊和忧虑，也使聂元梓、孙蓬一增强了"除隐患"的想法。

聂元梓回忆"除隐患"想法的产生过程

聂元梓回忆这段思想历程时说：

经过高教部夺权等一系列活动，看到群众组织的分裂，我思想上逐渐发生了一些变化。我开始觉得，"文化大革命"叫王力、关锋他们这帮人搞坏了,他们是阴谋家、野心家,他们干扰了毛主席的战略部署,是在破坏"文化大革命",是继续进行"文化大革命"的隐患。在反击二月逆流时,更可以看出,他们要打倒那么多副总理(谢富治除外),最终打倒总理。其目的就是由他们自己的势力夺权掌权,甚至叫叛徒掌权。

从此,我就开始注意他们的言行。一九六七年春天,在准备成立北京市革命委员会和北京市大专院校红卫兵代表大会的时候,我和有关方面的接触渐渐多了起来,王力、关锋、戚本禹支持的学部周景芳,还有林杰的妻子王乃英、关锋的妻子周英等等,都进入了北京市革委会的预选名单。周景芳后来还担任了市革委会秘书长,是核心组成员。那时我以为受命主持北京市革委会筹备工作的谢富治是上当受骗了。我觉得毛主席搞"文化大革命",不应该这么乱,怎么让一帮人这么弄?我认为他们是继续进行"文化大革命"的隐患,要把他们搞清楚。我让孙蓬一找几个可靠的人,在北大成立了"除隐患战斗队",队长是哲学系青年教师赵建文,专门搞吴传启等人的材料。为安全起见,我严令他们不能整王力、关锋的材料。[43]

关锋、戚本禹、吴传启、周景芳团伙在北京市革委会筹办过程中大搞暗箱操作,安插亲信,窃取权力,造成了"**北京市是让一派操纵了**"(毛泽东语)的局面。[44] 对此,聂元梓虽然只有微不足道的一点点见闻和感触,但足以增加她对"隐患"的认识。

组建"除隐患"战斗队

"隐患"已经暴露出来了,重要的事情是进行调查。这需要深入细致地工作,尤其要谨慎,不能让对方抓住把柄。负责这项工作的人必须头脑清醒,有能力而又稳重。聂元梓选中了哲学系青年教师赵建文。当时,新北大公社正在筹建中,聂元梓向赵提出了两个选择:或者到公社总部任职,或者去搞吴传启一伙的调查。赵建文选择了后

---

43 聂元梓:《我在文革漩涡中》,第 134 页。
44 卜伟华:《砸烂旧世界》,第 611 页。

者。后来，就有了新北大公社的"除隐患战斗队"。战斗队的任务，就是做调查，整理调查材料。

按照聂元梓原来的想法，只要把调查搞好，把材料往中央一交，就完事了。但是，孙蓬一这门"大炮"被别人点着了，在1967年4月12日的讲话中公开揭露了吴传启团伙。他说："在我看来，这一股势力的代表，这一股势力的核心不在学校，而是在一些机关，是真正的摘桃派，那是一些什么人？如学部以吴传启为首的一帮子人，如高教部的延安公社，中央统战部红色联络站。"孙蓬一这一讲，聂元梓原来的想法便无法实行。"除隐患战斗队"不得不改变做法，既上报材料，也公布材料，进行公开的揭发。

"除隐患战斗队"由聂元梓、孙蓬一直接领导，不归新北大公社总部管辖。4月下旬，随着有关潘梓年的材料的公布，"除隐患战斗队"才为大家所知。

从公布的材料和大字报来看，"除隐患战斗队"主要就是对潘梓年和吴传启进行了调查，重点是他们的历史，尤其是吴传启的历史。这是这个团伙真正的要害。有关调查在1967年5月就已经完成了。这一情况大概也被关锋等人知悉。陈伯达、关锋、戚本禹于5月27日召见聂元梓，威胁利诱，就是为了阻止北大公布吴传启的材料，但聂元梓拒绝了。1967年6月1日，"除隐患战斗队"贴出了第一份揭发吴传启历史问题的大字报，新北大公社还没有开始用这份材料做宣传，这个团伙就受不了了，迫不及待地要加以镇压了，陈伯达6.5讲话的大棒就打下来了。在陈伯达6.5讲话的高压下，"除隐患战斗队"暂停活动，已经整理好的有关吴传启的材料也不再公布。两个多月后，关锋垮台，吴传启、林聿时、洪涛等多人被捕，他们的问题由中央去审查，"除隐患战斗队"早先整理好的材料便没有必要公布了。

赵建文对"除隐患战斗队"的领导和管理是很到位的，在陈伯达6.5讲话的高压下，没有任何人抓到该战斗队的任何把柄，做到这一点是很不容易的。

附记1：从王广宇回忆中看高教部夺权问题引起的矛盾和关锋的态度

本章写完多时后，笔者才读到王广宇所著《青史难隐》一书（2011年9月自印本）。作为曾经的中央文革办事组工作人员和办事组组长，他的回忆自有他的观察角度和史料价值。该书第66-68页记录了在高教部夺权问题上北大和北师大发生矛盾以后的一些事情，今抄录一部分，并稍作说明，作为本章有关部分的补充。

王广宇写道：

1967年3、4月，北大和北师大因为去高教部夺权发生武斗以后，《红旗》杂志向中央文革报告一条消息，说北大的学生计划上街游行，提出"打倒林杰"的口号，说林杰是清华大学"四一四"的后台，并沿街贴林杰的大字报。获得这条消息后，关锋可能打电话质问了聂元梓。聂元梓说这条消息是造谣，根本没有这么回事。

这段文字中，"3、4月"的说法不确，事情发生在1月底2月初。清华"四一四"是4月14日成立的，北大学生怎么可能在2月初"说林杰是清华大学'四一四'的后台"？

有一点是确实的，即《红旗》杂志向中央文革写了报告，对北大进行了诬告。

关锋确实在2日4日打了电话，指责北大要搞"三路进军"，《红旗》杂志制造的谣言，到关锋这里又被放大了，关锋还说消息"来自军事机构，很可靠！"

王广宇继续写道：

过了一两天，聂元梓给王力、关锋来电话，要求王力、关锋去听取北大红卫兵述说，关于游行、贴大字报"反林杰"的真相。关锋得知聂元梓的报告后，不愿意亲自去参加北大的"澄清事实"会，便派我去听北大红卫兵的意见。关锋给我的任务是去北大听意见，作详细记录，不作任何表态。

笔者第一次知道有这回事。聂元梓居然要求关锋、王力来北大听取事情的真相，胆子不小啊！关锋为什么不来北大听听群众意见，然后发表一番展现"左派""无产阶级革命派"和中央文革要员风采的演说呢？他没有来，也不敢来，他那个2.4电话，是经不起质证的。他放弃了改善自己形象的机会。

王广宇继续写道：

我到北大见了聂元梓和孙蓬一，转达关锋因工作忙不能亲自来听意见。聂元梓对关锋不参加会表示不满，她说我们请关锋同志来看看，我们北大的革命派被北师大的人欺负到什么程度，我们受到了打骂，反而批评我们，造我们的谣。

聂元梓已经召集了有几十人参加的"澄清事实会"。这个会的中心就是北大和北师大两派先后去高教部夺权而发生武斗的经过。参加这个会的除了聂元梓和孙蓬一外，还有几位军代表和部分被打伤的北大学生，他们都是在高教部夺权时武斗的参加者或见证人。我在会上明确表示，我是来听取意见作记录的，我对任何问题没有资格表态和答复，我只能把大家意见原原本本地带回中央文革小组。

这个会实际上是一个对北师大谭厚兰等人的控诉会。他们坚决否认北大贴林杰大字报的事，认为这是诬陷。在会场上，北大学生和军代表群情激愤，声泪俱下，控诉师大的学生如何野蛮殴打北大的军代表和学生，致使几十人不同程度地受伤。在场的北大学生有的头上裹着绷带，有的吊着胳膊，有的鼻青脸肿。在会上一一向我展示他们被殴打致伤的情况。参加会的人叙述了武斗起因，说武斗完全是北师大学生一手制造的，是有预谋的。说北大学生在遭到殴打时如何克制，打不还手，只同他们讲道理，在忍无可忍的情况下采取了一些自我保护正当防卫的措施。他们说，我们是捍卫毛主席革命路线，而去高教部的。北师大的学生仗势欺人，破坏文化大革命。会上，有两位四十岁左右的军代表痛哭流涕地说，我们是去制止武斗的，我们主张双方通过谈判来解决问题，为制止双方武斗，劝说北师大学生而遭到了无理殴打，军代表把他们被打伤的部位叫我看。他们感到这是作为一个革命军人而遭受的最大的侮辱，受了难忍的委屈。最后孙蓬一代表北大革委会（校文革——引者）作了发言，他详尽地叙述了高教部夺权前后，武斗的起因，北师大学生如何挑起武斗，以及北大学生如何克制，军代表对制止武斗所作的努力。以及武斗后对北大学生造成的损失等等，并提出了要求中央文革对北师大谭厚兰等进行批评。

会后，聂元梓还给了我几份有关武斗现场的证明材料和照片，让我转交关锋。我回钓鱼台后，请他看记录和材料，简要向他叙述了会场的气氛和发言。关锋没表态，却让我给陈伯达写一个报告，并把原始记录和证明材料一并送陈伯达看。我写好报告，并把记录和证明材料送陈伯达秘书后，处理结果我就不得而知了。

笔者当年不知道这个会议的情况，王广宇的回忆给笔者提供了重要资讯。王广宇没有说明会议的时间，笔者推测，应该是在2月的6日或7日。

王广宇向关锋汇报后，关锋没有表态，他的2.4电话已经惹事了，他只能把事情推给陈伯达。陈伯达能怎么办呢？他那会儿忙得很，而且很快遭到了毛泽东的批评，差点儿要自杀。至于"处理结果"，连王广宇都不知道，笔者就更不知道了。半个多世纪过去了，王广宇写的报告、记录和证明材料还在吗？

王广宇来过了，但这件事没有结果。聂元梓不得不怀疑这些人是"隐患"了。如果说和林杰对拍桌子是一个学生的行为，那么这一次是聂元梓的行为了。

北大继续作了些调查，后来通过李讷上送了调查报告。看得见的结果，就是人们再也没有看见卢正义。

附记2：关于"秘密绑架老干部"

这一节是顺便写下的。王广宇在《青史难隐》的第68—69页还指责聂元梓在1967年6、7月间派人揪走了马列主义研究院干部马仲扬，要马揭发吴传启的"特务""叛徒"问题。

按照王广宇的说法，这是卫戍区司令员的秘书告诉他的。这位秘书还说：可以转告马仲扬的家属，北大保证马仲扬的人身安全，也不批斗他。生活上和在家里一样，在吃住方面不会亏待他，待他揭发交代完了后，就放他回家。

笔者从未听说过此事。一位参加过"除隐患"战斗队工作的校友，申明从未听说过此事，既未听说过马仲扬这个名字，也未见过马仲扬提供的材料。询问北大一位接近聂元梓且认识马仲扬的老师，他也没有听说过此事。

总之，没有找到任何印迹可以证明发生过这件事情。

按照王广宇的说法，这件事情发生在1967年6、7月间。

北大对吴传启历史问题的调查，5月份就已经结束了。揭发吴传启历史问题的大字报，6月1日就贴出来了。这份大字报打中了要害，立即招来了中央文革的镇压。北大有什么必要在6、7月间"绑架"马仲扬并让他作"揭发"呢？

根据从武汉档案馆查到的原始资料，"除隐患"战斗队整理了一万字的调查报告。"除隐患"战斗队还掌握吴传启在解放后写的自传，并据此整理了一份《吴传启论吴传启》的材料。在陈伯达6.5讲话的打压下，这两份材料都没有公布。北大并不缺乏揭露吴传启的材料，有什么必要非要让马仲扬"揭发"呢？

在陈伯达的6.5讲话之后，聂元梓被指"分裂中央文革"，6、7、8三个月，北大陷于大乱之中（见本书第11章）。在这种高压之下，"除隐患"战斗队在6月5日后便停止了活动，怎么可能再从外单位揪一个人来关押、让他交代问题呢？马仲扬所在的单位是陈伯达直接管的，到那里去抓人，不是自找麻烦吗？北大没有必要冒这种风险。

陈伯达6.5讲话后，只过了两个多月，关锋、吴传启团伙就垮台了，这会儿该没有什么风险了吧？但是，关于马仲扬的事情，既没有片言只语的传闻，也没有一字一句的文字印迹。

据百度信息，马仲扬在抗战胜利后被派往武汉做地下工作，公开身份是联营书店（即三联书店）经理。众所周知，中共地下党的一项重要工作是搜集所在地一切政治、经济、工商、文化、教育各界，乃至黑社会的各种详细资料，以供解放后执政之参考。显然，马仲扬对解放前那几年武汉的情况是很熟悉的，对吴传启也可能有所了解。

反吴传启的人，保吴传启的人，都有可能找马仲扬了解情况。而在 1967 年 6、7 月那个时候，在把北大揭发吴传启的活动打压下去之后，那些想把吴传启保护下来以保护团伙利益的人，更有必要去找马仲扬，以获取对他们有利的材料。关键是马仲扬本人采取什么态度。

谁能保证王广宇获得的信息是真实的、准确的呢？

王广宇和马仲扬是同一个单位的，同事多年，且马仲扬是高寿的（1922—2010），王广宇为什么不引用一下马仲扬本人的说法呢？王广宇问过马仲扬吗？马仲扬会告诉他吗？

第九章　激烈动荡的 1967 年 3 月

一、"反二月逆流"狂飙中的新北大公社

（一）1967 年的 2 月给 3 月准备了什么？

1967 年 2 月，中央高层发生了几件大事，这些事情，群众当时一无所知，但这些事情对整个"文革"的走向产生了极大的影响。50 多年后回看历史，就不能不提及这些事情。

陶铸被打倒后，中央文革小组同国务院及其所属国民经济各部口的矛盾就凸现出来。戚本禹在回忆录中承认："以前陶铸他们在中央文革小组的时候，虽然在小组的内部经常会有意见和争论，但陶铸对外还是维护着文革小组的。所以，他的存在，实际上缓和了中央文革小组和其他中央部门的不少矛盾。陶铸倒台以后，中央文革和一些老干部之间的矛盾进一步加剧，而首当其冲的就是王、关、戚。"[1]

文革中有所谓"新文革、旧政府"的说法，笔者当年是反对这种说法的，现在回看，这种情况确实存在。中央文革沿着极左的路线走下去，必然要同国务院和各部口发生冲撞，这些部门是管国民经济的，容不得大乱。把矛头指向国务院和周恩来，是不得人心的，理所当然地会遭到广大民众的抵制。这也是"文革"最终遭到失败的一个重要原因。

陈伯达、江青受到毛泽东的批评

陈伯达、江青没有报告中央就公开在群众中点名打倒陶铸，这是

---

[1] 戚本禹：《戚本禹回忆录》，香港：中国文革历史出版社，2016 年，第 568 页。

不符合程序、不符合党章的。1967年2月10日,毛泽东在政治局常委扩大会上批评了他们,并要中央文革小组开会批评陈、江二人。2月12日,毛泽东又找张春桥、王力、姚文元、戚本禹谈话,对中央文革提出批评。2月14日,中央文革小组开会批评陈伯达,江青没有参加。² 江青是不会参加的,更不会作检讨。陈伯达则是上演了一出要自杀的闹剧。³ 毛泽东的批评,对中央文革实际上不起作用。中央文革连搞个内部批评都搞不起来,却通过《红旗》杂志发表文章要群众组织"整风",是一件很可笑的事情。

所谓"二月逆流"

借着毛泽东批评陈伯达、江青的"东风",几位老帅和副总理对中央文革小组提出了批评,展开了针锋相对的斗争。这场斗争,有所谓"京西宾馆会议",还有"怀仁堂会议",尤以2月16日第二次"怀仁堂会议"的争论最为激烈。会后,谭震林还给林彪写了一封信,对江青等人进行严厉指责。林彪将这封信转报给了毛泽东。

会议情况被汇报到毛泽东那里,加上谭震林的那封信,引起了毛泽东的雷霆震怒。2月19日凌晨,毛泽东主持召开中央政治局会议,对谭震林、陈毅、徐向前等人16日在怀仁堂碰头会上的言论作了严厉批评,说的话非常重。毛泽东还责令谭震林、陈毅、徐向前三位政治局委员请假检讨。

按照毛泽东的指示,从2月25日到3月18日,在怀仁堂召开了7次所谓"政治局生活会",对谭震林、陈毅、徐向前以及李富春、李先念、叶剑英、聂荣臻进行批评。会上,江青、康生、陈伯达、谢富治等无限上纲,攻击他们是"资产阶级复辟逆流"。老帅和副总理们被迫在会上作检讨,周恩来也作了自我批评。3月21日晚,毛泽东在人民大会堂福建厅召集会议,听取周恩来汇报7次"政治局生

---

2 中共中央文献研究室编:《毛泽东传(1949—1976)》,北京:中央文献出版社,2003年,第1480—1481页。(以下简称《毛泽东传(1949—1976)》)。
3 叶永烈:《陈伯达传》,北京:作家出版社,1993年,第395—398页。

活会"的情况。[4]

这场抗争的结果，是招来了雷霆般的打击。原来由周恩来主持、各副总理及有关负责人参加，处理党和国家大事的中央政治局常委碰头会被取消了，中央政治局停止了活动，实际上被中央文革碰头会取代，中央文革小组由此攫取了中央决策大权。中央文革碰头会虽然仍由周恩来主持，但多数成员是中央文革小组的人，还由江青提议，增加了谢富治。

几位老帅和副总理的抗争，很快被称作"反革命复辟逆流""资产阶级复辟逆流"和"二月逆流"。但对这场高层斗争的内幕，群众是毫不知情的。

关锋、王力、戚本禹、吴传启团伙利用"反二月逆流"结党营私

按照毛泽东的指示，对几位副总理、军委副主席的批判本来是限制在中央内部的小范围内的，但是，中央文革的一些人，却迫不及待地将这一事件捅到社会上去了。

2月27日，陈伯达将一份关于天津小站公社的材料报送给毛泽东，并写道："这是一个闹资本主义复辟的例子。"毛泽东阅后批示："从上至下各级都有这种反革命复辟的现象，值得注意。"[5] 中央文革那些人，立即采取移花接木的手段，加以渲染、歪曲、夸大，造成一种印象，似乎这个指示就是针对几位老帅和副总理的。

据《毛泽东传》，王力、关锋起草了一篇《红旗》杂志社论，题目是《粉碎反革命复辟逆流》，送给毛泽东。他们的用意，显然是要在"打退反革命复辟逆流"的旗号下，掀起新一轮的冲击高潮。毛泽东看了，不同意发表，要江青向文革小组传达，批评了他们。江青在传达时还说："文革小组的正副组长提议印发政治局生活会的材料，

---

4 中共中央文献研究室编：《毛泽东年谱（一九四九——一九七六）》（第六卷），北京：中央文献出版社，2013年，第68页。（以下简称《毛泽东年谱（一九四九——一九七六）》）。
5 《毛泽东传（1949—1976）》，第1483页。

主席给扣了，没同意。"[6] 毛泽东到底是怎么说的，未能查到。

毛泽东没有同意发表这篇社论，也不同意印发政治局生活会的材料，态度已经很明确了。但是，中央文革这些人，还有谢富治，非常积极地照着这篇社论稿的意思采取了实际行动。他们在"粉碎反革命复辟逆流"的口号下，非要掀起一轮冲击副总理们的浪潮不可。而且，由于社论没有发表，政治局生活会的材料也没有印发，群众对高层发生的事情毫不知情，王、关、戚一伙便获得了搞暗箱操作、结党营私的空间。王、关、戚利用由他们控制的"北师大井冈山"和"学部联队"，于3月初突如其来地掀起了所谓"反击全国自上而下的复辟逆流"的浪潮。王、关、戚的这种做法，显然是希望借此机会，让他们那个团伙获取更大的政治资本和政治利益。但是，暗箱操作的结果，使群众组织发生了更大的分裂，产生了所谓"打倒派"和"炮轰派"。"打倒派"一时间气势汹汹，不可一世，但并不得人心，反而使更多的人认识了这个利益团伙的真实面目。

对于社会上掀起的"反击全国自上而下的复辟逆流"的浪潮，毛泽东一清二楚，但他没有出手制止，实际上是默许和支持的。对于王、关、戚的暗箱操作，毛也是默许的。后来北师大发生"9.7事件"时，毛泽东同意采取抓人的办法来平息，就是证明。但是，对于这种暗箱操作会引发群众队伍持久且无法弥合的分裂，毛泽东或许没有估计到。同样，对于王、关、戚在极左道路上越走越远，会给"文革"本身带来严重伤害，毛泽东大概也没有估计到。

毛泽东虽然在气头上说了很重的话，但他并不打算真的把这些元老统统打倒。为缓和关系，1967年4月30日夜，毛泽东请周恩来、李富春、陈毅、叶剑英、徐向前、聂荣臻、谭震林、李先念、余秋里、谷牧到自己家里开了个团结会。[7] 这个会议的情况，广大群众一无所知。在毛泽东同意下，5月1日，被批判为"二月逆流"的老帅和副总理全都登上了天安门城楼参加五一国际劳动节庆祝活

---

6 《毛泽东传（1949—1976）》，第1483页。
7 王年一：《大动乱的年代》，北京：人民出版社，2009年，第157页。

动,他们的名字得以公开见报和广播,这是一个信号,"打倒派"的气势由此受到了一定程度的遏制,"炮轰派"虽然感到松了一口气,但报纸上"还有余秋里同志"这样的提法,仍然让他们感受到巨大的压力。

附记

卜伟华在《砸烂旧世界》第454页用一大段文字叙述了两件事。一件事是:2月24日晚,戚本禹把到人民大会堂开会的谭厚兰找到一边说:"你回去以后,派些人把人民大会堂周围农大红旗贴出的'谭震林是坚定的革命左派'这些大标语覆盖上。"同时暗示谭震林有问题。第二件事是:3月4日下午,戚本禹、谢富治与聂元梓、蒯大富、韩爱晶、谭厚兰、王大宾等人座谈,戚本禹说:"现在从中央到地方都有一股资本主义复辟逆流。听说谭震林镇压造反派很厉害,那里资本主义复辟严重,你们红代会应该表态呀!"等等。

笔者要质疑的是第二件事。如果这件事是真的,那就是戚本禹鼓动大学红代会的"五大领袖"一起去反谭震林。但在北大,聂元梓从未传达过戚本禹的这些话,也没有采取过任何行动。而且,清华、北航、地院也未见有什么行动。当北师大"井冈山"率先掀起"打倒谭震林"的浪潮时,除谭厚兰外的"四大领袖"都是茫然愕然,不知所措的。对于戚本禹提出的要求,"四大领袖"都没有予以理会?都抵制了?

据聂元梓《我在文革漩涡中》一书第324—325页所述,戚本禹同"五大领袖"的谈话,一次在1967年2月初,主要是谈红代会的人员安排;另一次在1967年2月19日晚至20日凌晨,是讨论红代会宣言。笔者推断,所谓3月4日下午座谈一事,并不存在,也不符合王、关、戚搞"暗箱操作"的逻辑。

卜伟华书中这一段文字末尾的脚注说明引自《历史的审判》下册第24页,经查该书相关部分,均没有与戚本禹、谢富治于3月4日下午同"五大领袖"座谈相关的内容。对戚本禹的起诉书中也没有提到这件事情。[8]

（二）1967年的2月给3月还准备了什么？

1967年2月，还有几件事情不得不提。

（1）关锋、王力于2月2日和2月4日给北大负责人打了两次电话，引起了聂元梓、孙蓬一的警觉。

（2）中央决定由谢富治负责北京市的大联合和夺权，北京市的夺权有了路线图。

（3）新北大公社于2月15日宣告成立。

（4）首都大专院校红卫兵代表大会于2月22日成立，周恩来、陈伯达、江青、康生在大会上讲了话。陈伯达在讲话中透露出中央文革受到指责的信息，引起了人们的关注。聂元梓参加了"红代会"的筹备工作，并被指派担任"红代会"核心组组长。

（5）按照中央的精神，聂元梓参与发起的"北京革命造反公社"，于2月7日联合了另外两个夺权组织后，很快同"夺委会"达成了协议，推动了北京市的大联合。3月初，"北京革命造反公社"宣告结束活动。

（6）聂元梓还参加了"北京市抓革命促生产火线指挥部"的工作。

聂元梓受命参加大专院校红代会和北京市革委会的筹备工作，需要付出许多时间和精力，聂元梓为此曾向全校宣布请假三个月，这不能不影响到北大的工作。

（三）新北大公社在"反二月逆流"狂飙中的立场

"反二月逆流"狂飙骤起

新北大公社于2月15日成立，总部班子到3月初才拼凑起来，有些人原先还互不相识。几个年轻教师和学生还不知道该如何展开

---

[8]《历史的审判》编辑组编：《历史的审判：审判林彪、江青反革命集团案犯纪实》（下），北京：群众出版社，2000年，第8—29页。

工作，鉴于各校都在"整风"，有人提议组织一次游行，到其他院校去表示一下友好。这个建议得到了其他人的赞同，聂元梓也说"好啊"。

1967年3月7日，北大五千多名师生，分别去了清华大学、地质学院、石油学院、钢铁学院、政法学院、北航、北师大等多个学校，表示友好。

这一天，动态组还得到了一个惊人的消息："北师大井冈山""学部联队""新人大公社"、石油学院"北京公社"、钢铁学院"919"、民族学院"东方红"这6个群众组织，突然贴出了大量标语："打倒谭震林！""坚决反击资本主义复辟逆流！""揪出谭震林的后台！"，等等，声势非常浩大。动态组立即将此情况电话告知了聂元梓。

新北大公社的艰难抉择：从"炮轰谭震林"到"打倒谭震林"

刚成立的新北大公社总部同农业口没有联系（动态组原先联系农口的同学于2月离开，一时没有安排人顶替），不了解谭震林的情况。这场突如其来的风暴，使新北大公社总部十分震惊。面对风暴，只能先作调查。3月8日后，动态组安排了两位同学专门了解农口的情况。

谭震林是主管农业口的副总理，但这次提出打倒谭震林的6个组织，却没有一个是农业口的，这很不正常。而且，给谭震林扣上"资本主义复辟逆流"这样的大帽子，却没有提出任何新的证据。他们提出的种种"罪名"，都是早已提过的旧事，如指责谭震林在农口支持保守派夺权，等等。这是不能令人信服的。笔者查阅当时的首长讲话，发现江青原先是保过谭震林的，[9] 戚本禹在1月8日的公开讲话

---

9 笔者写作本书时未能查到江青讲话的文本，但江青1968年3月27日在工人体育场的十万人大会上讲话时是承认这一点的。江青在批判谭震林时说："我保过他，现在我要喊，打倒谭震林！"见《中央首长在首都十万人大会上的讲话》（1968年3月27日），北京邮电学院革命委员会、红代会北邮东方红公社主办《北邮东方红》，1968年3月29日。
http://www.71.cn/2012/0410/513796.shtml 2012-04-10 09:14

中也说过"谭震林是毛主席司令部的人",为什么只过了一个多月就有了这么大的反复?许多大学的群众组织,不知道发生了什么事情。对"坚决反击资本主义复辟逆流"这种口号,无不晕头转向。就连反谭最积极的农大东方红也不知所措,3月9日,他们的动态员到北大动态组交流情况时,曾发牢骚说:"师大真不够意思!我们到他那里了解情况,什么都不讲,却说:你们先表态嘛!"

由于这次反谭浪潮来势汹汹,来头很大,众多群众组织在惊诧之余,也感受到了很大的压力。动态组竭尽全力,再三打听,最后只获得一条信息:中央开了会,谭震林说了话。就这么几个字,详情一无所知,更不知道毛泽东说了很重的话。另外,我们还了解到,这次浪潮的矛头所向,下一步还有李富春、李先念、陈毅、余秋里等副总理,最后到周总理。北师大已经贴出标语"坚决揪出谭震林的后台!"他们的最终目标已经清楚地显示出来。

吴传启、谭厚兰等人把农展馆的学大寨展览作为攻击的靶子,于3月8日率领大批人马占领了整个农展馆,并召开了"击退资产阶级反动路线新反扑誓师大会",控诉"谭震林炮制大毒草——全国大寨式农业展览"。

康生曾到农展馆"视察",王、关、戚、谢富治3月10日到农展馆对谭厚兰等人表示慰问,一起高呼"打倒谭震林!"等口号。[10]

动态组把了解到的情况,及时地反映给了聂元梓和公社总部。在北师大"井冈山"等组织发动反谭震林行动之后的最初几天里,一部分校文革委员和公社总部委员经常在"动态报"开会,研究形势的发展。当时聂元梓的态度是:你们再详细调查,总部先不表态,如果他们反总理,我们就反击。

3月11日晚,戚本禹亲自出马,重启农业大学"东方红"批判谭震林的行动。该组织原来是反谭震林的,1月8日戚本禹说了"谭震林是毛主席司令部的人"之后,他们还作过检讨。戚本禹让秘书给

---

[10] 席宣、金春明:《"文化大革命"简史》,北京:中共党史出版社,2006年第三版,第143页。

农大"东方红"打电话,委托他们到农口有关单位收回他 1 月 8 日的讲话录音和记录稿。[11] 戚本禹此举是一个明确的、非常强烈的信号。但这个信息传到北大,还需要一些时间。在 12 日晚上的一个有各战斗团长、战斗队长、动态组、广播台参加的联席会议上,新北大公社总部的态度还是"积极调查,支持揭发"。[12] 大概在这个会议之后,动态组才获悉戚本禹 3 月 11 日晚给农大"东方红"打电话的消息。

获悉戚本禹收回"1.8 讲话"的信息之后,12 日深夜,新北大公社总部发表了"关于目前形势的声明",对谭震林采取了"炮轰"的态度。笔者没有找到声明的全文,但《动态报》刊载了声明的摘要,[13] 这是新北大公社关于谭震林的第 1 号声明。

"打倒谭震林"的风暴越刮越烈,"红代会作战组"于 3 月 13 日下午召开有核心组成员和部分工作人员参加的会议讨论形势。时为"红代会宣传组"负责人的聂树人后来回忆,"对于大街上突然出现的变化,不仅我茫然,就是除谭厚兰以外的'四大领袖'们也感到不解。"与会者请谭厚兰介绍一下他们这样做的"背景",但谭厚兰并没有说出什么"背景",这显然不能令与会者满意,在大家一再追问下,她不得不说:"放心,打谭震林不会错!"谭厚兰还提出,"'反谭'的声势可以造得大一些,红代会应该有所行动。"[14] 核心组成员韩爱晶提议举行一次反击"逆流"的游行,大家赞同。聂元梓给中央文革办事组打电话请示可否这样做,打完电话后,聂告诉大家:"我把红代会的决定告诉给中央文革办事组,办事组没有表示什么不同意见。这就是同意了我们的行动。"[15] 实际上,聂元梓给中央文革办事组打电话请示的时候,得到的回答是:"你才知道啊?!"

---

11 新北大动态报编辑部:《动态报》(以下简称《动态报》),1967 年 3 月 14 日。
12 新北大校内动态编辑部:《校内动态》(以下简称《校内动态》),1967 年 3 月 12 日。
13 《动态报》,1967 年 3 月 14 日。
14 聂树人:《北京天、地两派的争斗》,香港:中国文化传播出版社,2013 年,第 134 页。
15 聂树人:《北京天、地两派的争斗》,第 134 页。

这明显是一种斥责。聂元梓没有在会上直接传达这句话，但这句话传到了新北大公社总部。3月13日新北大公社发表第2号声明，提出"打倒谭震林"。

3月14日"红代会"约10万人，分两路举行反谭震林大游行，东路经农业部，西路经天安门。新北大公社去天安门游行。同日，新北大公社发表第3号声明，号召"全校师生员工积极行动起来与兄弟院校革命造反派并肩战斗，把谭震林打倒，彻底粉碎资本主义复辟逆流。" 3月15日的《动态报》刊登了这份声明的摘要，[16] 3月16日的《新北大》发表了声明的全文。

新北大公社发表"打倒谭震林"的声明，完全是迫于形势。谭震林到底说了什么"犯上"的话，我们一无所知。我们认为，像谭震林这样资历和级别的干部，即便在会上说了些什么，也不能因为几句话就将他打倒。正因为我们并不认为谭震林真的应该打倒，所以，公社动态组仍然接待了农口的左叶、谢文景、李星等人（他们被认为是农业部"保谭"派的主要人物），甚至江一真（农业部代部长、党组书记）的来访。新北大公社总部个别勤务员也见过他们。但此事与聂元梓、孙蓬一等确实没有关系。我们发现，上层到底出了什么情况，连江一真这样级别的高级干部都不知道。

北大物理系和地球物理系的有些同学甚至战斗团领导人，可能早就同农业口的某个或某几个单位有较多的联系，他们对"打倒谭震林"非常积极，在公社总部还没有表态的时候，他们已抢先表态并串联了许多单位，准备大干一番，于是同公社总部之间产生了一些分歧。在公社总部表态"打倒谭震林"之后，矛盾本已解决，但有些人念念不忘，在陈伯达"6.5讲话"后便走向了分裂。这是后话。

新北大公社关于余秋里问题的最初态度：不参与

在掀起"打倒谭震林"浪潮的同时，北师大"井冈山""学部联队"和石油学院"北京公社"从3月12日起开始了对余秋里的攻击，

---

16 《动态报》，1967年3月15日。

提出了"打倒余秋里，解放工交口！"的口号。这几个组织成立了"揪余秋里联络站"，要打倒余秋里，他们的报纸（如"学部联队"的《进军报》）整版整版地刊出了批判余秋里的长篇文章。这是蓄谋已久的行动。他们甚至将矛头指向周总理。周总理说"余秋里是毛主席司令部的人"，第二天师大等单位就开广播车到计委门前狂呼："余秋里决不是毛主席司令部的人"，"说余秋里是毛主席司令部的人是混蛋逻辑"。[17] 3月23日，"学部联队"与北师大某组织召开批判余秋里的万人大会，洪涛在会上说："谭震林、余秋里不是自上而下的反革命逆流的主将和先锋，只是哼哈二将"。[18]

北师大"井冈山"公开摆出同周恩来对着干的架势，背后是戚本禹的支持。北师大的赵惠中回忆说：

> 我清晰地记得在余秋里问题上，周总理亲自出面讲了三次话，大意是余秋里同志是个好同志，是毛主席司令部的人，对他可以"一批、二保"。奇怪的是，每当总理保一次余秋里，戚本禹就会跳出来唱对台戏，不折不扣也是讲了三次，调子一次比一次高，每次都强调，余秋里是刘、邓司令部的黑干将，要坚决打倒！戚本禹讲话后，谭厚兰的追随者就刷大标语、贴大字报，有时还会游行，高呼"不打倒余秋里死不瞑目！""谁包庇余秋里就打倒谁！"[19]

不仅如此，1967年2月，"学部联队"头头王恩宇，还以中央文革的名义，经过谭厚兰从北师大借调了二十几个学生组成调查组，调查中央各口的情况。后来，谭厚兰自己都说："现在看来，这个调查组问题很大。"[20]

真正是图穷匕首见。这股势力企图先打倒几位副总理，再打倒周总理的阴谋已经暴露无遗。这些不正常的情况，动态组和公社总部已

---

17 赵惠中：《谭厚兰是反击"二月逆流"的急先锋》，载黎云编著：《师劫——北京师范大学文革亲历者文集》，香港：时代文献出版社，2019年。
18 "学部红卫兵总队"等组织联合主办：《长城》，1968年1月1日出版。
19 赵惠中：《谭厚兰是反击"二月逆流"的急先锋》。
20 谭厚兰：《谭厚兰的检查》（1967.11.15），载黎云编著：《师劫——北京师范大学文革亲历者文集》。

经有所了解，但是，这些情况是不能开大会向同学们介绍的。

1967年1月26日，周恩来在接见公交系统各单位造反派时说：主席讲过几次，余秋里要保。[21] 在余秋里的问题上，因为"打倒派"把矛头指向周恩来的做法太明显了，北大领导层采取了极为谨慎的态度。石油学院"北京公社"的一个人来到北大动态组，神神秘秘地拿出两三页纸，说是余秋里的材料，动态组派了几个同学和此人聊天，另派了几个人分头把这份材料抄了下来。这份材料是一条一条的，根本不像个材料的样子。但是，新北大公社作战部的一个学生，还是拿了这份材料去了石油学院，找到"大庆公社"一位姓楚的负责人，请他谈谈看法。该负责人对材料中的每一条都作了详细分析，给予解释。北大同学认为他的解释是合情合理的，对余秋里的指责不能成立。这位同学回校向公社总部和聂、孙做了汇报，聂、孙还临时召集校文革常委会讨论，讨论的结果是我们不参与这件事情。

半个月以后，由于中央文革几个大佬公开表态批判余秋里，新北大公社不得不在响应"红代会"声明的名义下发表了一个"炮轰"余秋里的声明。

坚决保卫周总理

面对社会上把矛头指向周恩来的种种表现，新北大公社多次发表声明，表示了坚决保卫周总理的立场。可惜的是，许多资料已经亡佚。以下是3月17日声明中的一段：

3月17日，新北大公社发表声明：必须严格区分是无产阶级司令部还是资产阶级司令部，公社命令，对无产阶级司令部我们就是要保，一保到底！谁反对周总理，就打倒谁！新北大公社社员一律不许参加炮打周总理、李富春副总理的反动逆流，违令者，以炮打无产阶级司令部、破坏无产阶级文化大革命论处。[22]

---

21 《毛泽东年谱（一九四九——一九七六）》（第六卷），第40页。
22 转引自新北大公社"愚公"：《独有英雄驱虎豹，更无豪杰怕熊罴》——新北大公社在反击二月逆流中的严正立场》。

3月18日，聂元梓向全校师生员工作关于形势与任务的讲话时，也强调说：

> 当斗争更深入的时候，一定要认真对待，一方面密切注视敌人的动向，另一方面又不要随便炮轰。例如现在有人贴总理的大标语，贴富春同志的大标语，这是完全错误的，当然逆流表现在那个代表人身上，一定要密切注意，但也要注意有些坏人混淆是非，打乱阵营。[23]

3月27日和5月23日，新北大公社两次发表声明，反复强调保卫周总理的坚定立场。（见下文）

我们并不孤立，"红代会作战组"一些人的立场和我们大致相同。1967年3月18日，他们发出电话通知：

> （1）周总理是毛主席的亲密战友，任何人不能对周总理有半点怀疑，绝对不能贴周总理的大字报，炮打周总理就是炮打无产阶级司令部，就是反革命，必须彻底专政。
> （2）不要贴李富春同志的大字报。
> （3）李先念、余秋里的问题还不清楚，正在调查。[24]

新北大公社总部的年轻人无知且幼稚，他们不清楚中共的历史，不清楚周恩来在党、政、军中的地位是不可撼动的，自以为周恩来受到了威胁，要为周打抱不平，要站出来"保卫"周恩来。其实，以周恩来的历史功绩、地位和能力，毛泽东都离不开他，哪里用得着新北大公社来"保"呢？

洪涛、刘郢给李富春贴大字报，新北大公社予以反击

陶铸被打倒后，吴传启一伙还想打倒李富春。谭厚兰检查她和吴传启的几次见面时说："第三次是二月反二月逆流时，吴传启来到了我们学校，说他们掌握了李富春同志很多材料，他们要先搞谷牧、薛

---

23 《动态报》，1967年3月20日。
24 《动态报》，1967年3月20日。

暮桥,然后再搞李富春。"[25]

李富春是八届十一中全会新选上来的中央政治局常委,不是随便可以"炮轰"的。这一次出面的是洪涛、刘郢,他们在3月13日贴出了大字报《就中央统战部运动中的几个问题和李富春同志大辩论》,指责李富春在中央统战部"打击革命造反派,支持保守派,竭力保护徐冰为首的反革命修正主义司令部"。"学部联队"、石油学院"北京公社"贴了李富春的大标语。民族学院"东方红"等组织于3月13日下午贴出十多篇炮轰李富春的大字报和巨幅标语,但很快又全部覆盖掉了,据说这样做是通过了洪涛的。

新北大公社总部认为李富春是毛主席司令部的人,"1.15事件"抢档案的洪涛、刘郢是在炮打无产阶级司令部。鉴于大字报是以他们个人名义贴出的,不代表群众组织,于是以公社作战部的名义发表了一个声明进行反击（现文本无考）,有的战斗队上街贴出了反击的大标语。新北大公社北斗星纵队3月17日在民族学院贴出了批判洪涛的大字报。

由于遭到广大群众的抵制,吴传启一伙企图把矛头指向李富春的行动没有搞起来。

"炮轰"余秋里、李先念、陈毅,新北大公社完成了对"二月逆流"的表态

1967年3月25日,首都中学红卫兵代表大会召开,许多中央首长出席。利用这个机会,北师大的代表在与中央首长谈话中提出了打倒余秋里的问题,以及他们的《井冈山报》的印刷问题（《大公报》社印刷厂因该小报要打倒余秋里而拒绝印刷）。康生、陈伯达、戚本禹、谢富治都表示余秋里应该批判,戚本禹则表示《井冈山报》可以到《光明日报》去印,"就说我和王力同志叫印的"。

大概是这次谈话的影响,首都大专院校红代会于同日发表了一

---

[25] 谭厚兰:《谭厚兰的检查》（1967.11.15）。

个声明，表示"对余秋里的问题应该炮轰，应该火烧。"[26] 新北大公社于3月27日晚发表声明，表示支持红代会3月25日声明，"必须火烧余秋里，炮轰余秋里，彻底揭发批判余秋里的严重错误"。[27]

3月27日上午，陈伯达、戚本禹到北大来座谈教育革命问题。其间，戚本禹脱离座谈主题，突然说："'炮打某某某，就是炮打无产阶级司令部。'除毛主席、林副主席外，任何人不可随便与无产阶级司令部联系起来。" 戚本禹公开在北大师生面前把周恩来排除在无产阶级司令部之外，居心险恶，这连陈伯达都觉得不妥，出来打岔："可以炮打我嘛！"戚本禹只好说："伯达同志例外"。[28]

针对戚本禹的言论，新北大公社在当天晚上发表的声明中特别强调："我们必须念念不忘阶级斗争，警惕阶级敌人浑水摸鱼，趁火打劫，炮打无产阶级司令部。目前，社会上出现了一股反对周总理的逆流。我们重申：周总理是坚定的无产阶级革命家，谁把矛头指向周总理，谁就是反革命，就坚决镇压。"[29]

对这次座谈会内容的传达也与往常不同。3月28日上午，孙蓬一通过广播传达了27日座谈会的纪要。在下午的一个串联会上，当有人提出重放传达录音时，孙蓬一说："今天传达没有录音，不能放了。以后不能贴大字报公布出去。我们打印了一下，不能发给大家人手一份。每个系发几份，每个人都能看到。"[30]

4月4日，新北大公社总部一连发表了两个声明，分别"炮轰"李先念和陈毅。

至此，新北大公社总部完成了对所谓"二月逆流"的表态。尽管有非常多的迫不得已和无奈，新北大公社还是当了"炮轰派"。地院"东方红"的一个头头、并自称是"三司"头头的聂树人，多年后在书里写道："'炮轰'，实为保护。""他们（指炮轰派——引者）

---

26 《校内动态》，1967年3月27日。
27 《校内动态》，1967年3月28日。
28 胡宗式、章铎编：《北京大学文革资料选编》（下），奥斯汀：美国华忆出版社，2020年，第64页。
29 《校内动态》，1967年3月28日。
30 《校内动态》，1967年3月29日。

公开的口号是：炮轰几个副总理，对谭震林的口号是打倒。但是，实际情况却是，既不炮轰，更不打倒。"[31] 笔者认为，聂树人的这一说法是符合实际的。

作为"炮轰派"，新北大公社"炮轰"的声音非常微弱，又没有实际行动，留下的痕迹微乎其微，以致公社群众和后来的头头们都搞不清楚当时公社总部是如何处理这件事情的。

新北大公社总部该表的态都表了，该站的队也都站了，但这些都是不被承认的，人家一口咬定你是"二月逆流派"。红代会驻东郊联络站负责人、北京机械学院的许维刚——一位友好的人士，也对北大同学说："你们北大这一次站错了队，你们站在总理一边。"

1968年春，新北大公社坚持批判王、关、戚，人家就一口咬定你是"为'二月逆流'翻案"。原因没有别的，就是你已经成了异己。

5月23日，新北大公社又一次声明坚决保卫周总理

在5月下旬，在外事口又出现了攻击周恩来的严重情况。

在第二外国语学院，贴出了一些攻击周总理的大字报。一份《最最紧急呼吁》攻击周总理"制定和执行了资产阶级反动路线"；有的大字报声称，"谁要控制批判陈毅，就让他靠边站！"；甚至出现了对周恩来进行人身攻击的大标语。在北京外国语学院，有人贴出"打到奴隶主义，提倡独立思考——欢呼《周恩来要干什么》大字报"和"炮打周总理绝不是炮打无产阶级司令部"的大标语。[32]

与此同时，两个反周恩来的组织——"首都五一六红卫兵团"和北京外国语学院的"六一六"——正在筹划对周恩来进行进一步的公开攻击。

针对新的动向，新北大公社"外事问题联络站"于5月22日发表严正声明予以谴责。新北大公社总部于5月23日发表声明，痛斥这股反周总理的逆流。声明说：

---

31 聂树人：《北京天、地两派的争斗》，第137—第138页。
32 《动态报》，1967年5月27日。

周总理是毛主席、林副主席的亲密战友,是无产阶级司令部的重要指挥员,是坚定的无产阶级革命家。我们决不允许任何人以任何形式攻击周总理。炮打周总理,就是炮打无产阶级司令部。

必须指出,攻击周总理的这股逆流是由来已久的。广大的无产阶级革命派必须提高警惕,不要上阶级敌人的当,并要把那一小撮别有用心的家伙,那些政治扒手揪出来示众。[33]

后来,"首都五一六红卫兵团"贴出了攻击周恩来的大字报,散发了同样内容的传单,新北大公社得到这些传单后,立即向总理办公室作了汇报。这是后话。

中央文革一再用"二月逆流"的大棒打压新北大公社

中央文革将新北大公社在"反二月逆流"浪潮中的表现视同叛逆,时不时拿"二月逆流"说事,用这根大棒打压北大。例如,1967年5月27日陈伯达在钓鱼台召见聂元梓,关锋在座,关锋警告聂元梓说:"你们要揪出反谭震林的后台,如果是那样,我们就奉陪。你们还要保余秋里,提醒你们,不要再犯错误,再犯大错误就可能爬不起来了。"[34]

新北大公社总部因为不了解事情来由,对于反谭震林的事固然步履维艰,疑虑重重,但还没有愚蠢到说"要揪出反谭震林的后台"这样的话。关于余秋里,新北大公社一个月以前已经发表过"炮轰"声明了,根本不存在"保余秋里"的问题。关锋再次用谣言对北大进行打压,只能进一步暴露自己。历史证明,真正犯大错误爬不起来的是关锋自己。3个月后,关锋垮台了,他写的检查中说:"我犯了小资产阶级盲动主义错误"。[35] 戚本禹1967年9月4日给毛泽东写的检讨里也说:"关锋、王力犯了严重错误,表现形式是左倾盲动。(一)错误地估计全国形势,把斗争过程中的反复现象,看作是全国出现了

---

33 《校内动态》,1967年5月27日。
34 聂元梓:《聂元梓回忆录》,香港:时代国际出版有限公司,2005年,第220页。
35 阎长贵:《我所知道的关锋》,载《同舟共进》2013年第4、5期。

资本主义复辟,看不到革命群众的斗争成果和力量。(二)错误地估计了中国人民解放军,在报纸、电台到处号召抓'军内一小撮'。(三)怀疑一切,随便动摇毛主席司令部的领导。"[36]

关锋、戚本禹等人的检讨都没有公布,群众一无所知。王、关、戚在群众中发动"反二月逆流"风潮的罪恶被掩盖起来,王、关、戚自己承认的"左倾"错误没有得到批判,追随王、关、戚"左倾"路线的人仍然认为自己是正确的,群众中因"反二月逆流"造成的分裂自然也无法弥合。相反,在很长一段时间内,北大的许多师生,都因为支持新北大公社总部在"反二月逆流"浪潮中的态度和立场而感受到很大的精神压力。特别是1968年秋天,工、军宣传队传达了中共八届十二中全会的精神之后,虽然新北大公社已经解散,但人们依然感受到巨大的压力。

八届十二中全会公报写道:

全会严肃地批判了那个反对八届十一中全会决定、反对无产阶级文化大革命、反对以毛主席为首、林副主席为副的无产阶级司令部的一九六七年的"二月逆流"。全会认为,击溃"二月逆流"和今春那股为"二月逆流"翻案的邪风,这是毛主席的无产阶级革命路线粉碎资产阶级反动路线的一个重大的胜利。

这个公报,不仅严厉批判了"二月逆流",还把1968年初,在高校学习班里许多群众组织坚持批判王、关、戚的做法,说成是"今春那股为'二月逆流'翻案的邪风"。在后来的"清查五一六"运动中,"二月逆流"和高校学习班等问题,都是被要求以罪行来交待的。

这种压力直到"9.13事件"之后才得以部分解除。1971年11月14日,毛泽东在接见成都地区座谈会的参加者时说:"你们再不要讲他(叶剑英)'二月逆流'了。'二月逆流'是什么性质?是他们对付林彪、陈伯达、王、关、戚。那个王、关、戚要打倒一切,包括总理、老帅。老帅们就有气嘛,发点牢骚。他们是在党的会议上,公开的,

---

36 阎长贵:《我所知道的关锋》。

大闹怀仁堂嘛!"[37] 1972年1月6日,毛泽东又对前来商谈工作的周恩来、叶剑英说:"'二月逆流'经过时间的考验,根本没有这个事,今后不要再讲'二月逆流'了。请你们去向陈毅同志传达一下。"[38] 但是,当叶剑英匆匆赶到陈毅病床前时,陈已昏迷不省人事,几个小时后便与世长辞了。[39] 毛泽东还专门指示周恩来,谭震林"还是好同志,应当让他回来"。[40]

毛泽东的这些新的表态,普通群众都是不知道的。"二月逆流"被誉为"二月抗争",要到"文革"结束以后。

1967年的3月注定是一个激烈动荡的月份。在中央文革幕后策划和操纵下刮起的"反二月逆流"狂飙,不仅在北京引起了动荡,这股狂飙还刮遍全国,使"文革"真正发生了分裂和内战,毛泽东的"全国全面内战"或"全国全面阶级斗争"的愿望很快变为现实,但也给毛泽东的"文革"造成了巨大且无法修复的伤害。毛泽东在号召夺权后说过,"今年2、3、4月看出眉目,明年这个时候看出结果,或更长一点时间。"[41] 但是,在"反二月逆流"这种极左做法的破坏下,毛泽东的这一设想根本无法实现。

"反二月逆流"的风暴延续了一年后,又在1968年3月掀起了"彻底粉碎'二月逆流'新反扑"的狂潮,大学群众组织均被卷入这一风暴之中,毛泽东不得不动用工人来结束这种乱局。在一次又一次政治风暴的袭击下,群众中的分裂愈演愈烈,任何单位都无法顾及"斗、批、改",后来指责它们"一不斗、二不批、三不改",也是没有道理的。

---

37 张化、苏采青主编:《回首"文革"——中国十年"文革"分析与反思》,北京:中共党史出版社,2014年,第647页。
38 中共中央文献研究室编:《周恩来年谱(1949—1976)》,下卷,北京:中央文献出版社,1998年,第506页。
39 杜易:《大雪压青松:"文革"中的陈毅》,北京:世界知识出版社,1997年,第255页。
40 中共中央文献研究室编:《周恩来书信选集》,北京:中央文献出版社,1988年,第620页。
41 王年一:《大动乱的年代》,第160页。

二、校内整风和再一次分裂的开始

（一）关锋、王力的两个电话在校内引起的反应

关锋、王力2月2日和2月4日给北大打的两个电话，引起了聂元梓和孙蓬一的极大警觉。历史证明，他们当时的认识和警觉是难能可贵的。笔者不知道学校里还有哪些人当时就知道这两个电话的内容，但是侯汉清和徐运朴两个人显然是知道的。徐是北大夺权指挥部的二把手，了解全面情况。他们在"文革"开始时分别是图书馆学系和俄语系的研究生，比一般学生年龄大一些，成熟一些。从他们后来（4月16日）给孙蓬一写的大字报来看，[42] 他们是完全站在关锋、王力一边来看问题的。换言之，他们在2月份就受到了关锋、王力电话的影响。这是他们后来同校文革决裂的一个重要原因。

徐、侯二人的大字报指责聂、孙一直没有在校文革常委会上传达关锋、王力的批评，而且聂、孙对这些批评一直是不满的。大字报指责孙蓬一，"你对待关锋同志的态度，至少应当联系到二月份在高教部夺权的有关问题。"照此逻辑推理，徐、侯二人站在关锋、王力一边，也应当联系到那个时候。

关锋、王力先利用北师大"井冈山"在教育部进行反夺权，同北大学生和军训解放军发生冲突，再用谣言对北大进行打压，从而暴露了他们结党营私的面目。这样的问题，徐、侯二人是看不出来的。聂、孙看出了问题，岂止"不满"，他们还准备进行调查，要"除隐患"。他们不在校文革常委会上传达，是理性的做法。首先是关锋、王力没有、也不会授权聂、孙传达他们的电话内容，因为这是见不得光的（5月27日陈伯达、关锋、戚本禹召见聂元梓时，关锋矢口否认打过2月4日那个电话，就是明证）。没有得到授权是不能传达的。其次，聂、孙深知，如果全文传达这两个电话，肯定会在更大范围内引发对关锋、王力的不满，而这是非常不策略的。如果有人贴了关锋大

---

42 徐运朴、侯汉清：《孙蓬一必须作触及灵魂的检查》，1967年4月16日。此件已收入胡宗式、章铎编：《北京大学文革资料选编》（上）。

报，在当时情况下，会有严重后果。

为了从教育部把学生撤回来，为了调查有没有"三路进军"的问题，曾经向参加夺权活动的学生传达了关锋、王力电话的主要精神，果然，这引起了学生们的不满。徐、侯的大字报写道：

> 二月三日，北大二千多革命师生根据关锋、王力的电话指示，从高教部回来后，有一部分同学表示要打回高教部。二月四日晨，在一部分同学的集会上，出现了"关锋是关锋，中央文革是中央文革""我们要求和关锋辩论""中央文革的指示正确的就执行，不正确的就不执行，要造反"等口号。当时孙蓬一、聂元梓等同志在场，不予驳斥，聂元梓同志说"大家的心情是可以理解的，我把大家的意见反映给中央文革。"

关锋、王力的电话引起了学生的不满，而聂、孙对此事的态度，又引起了徐、侯的不满。可以想见，这些学生后来一定会坚决支持孙蓬一的 4.12 讲话，在陈伯达 6.5 讲话的高压下也不会动摇。而徐、侯二人，虽然他们比学生更了解情况，却很看重关锋、王力的两个电话，不久就公开站到了关锋、王力一边。他们在 4.16 大字报中说，"这次孙蓬一提出要'揪出吴传启的后台'，影射关锋，决不是偶然的。" 孙蓬一 4.12 讲话影射关锋，确实不是偶然的。同样，徐、侯在 4.16 大字报中表现出来的政治倾向，也不是偶然的。

（二）郭罗基的大字报和三月整风

接踵而来的社论

自从毛泽东开启了用中央报刊社论领导"文革"群众运动的模式之后，1967 年 3 月，又迎来了一波社论高潮。

2 月 22 日，中央人民广播电台提前广播了《红旗》第 4 期的社论《必须正确地对待干部》，指出大多数干部是好的，不能认为"只要是当权派，就是不好"。3 月 2 日，《人民日报》又发表社论《革命的"三结合"是夺权斗争胜利的保证》。所以，在进入 3 月的时候，干部问题首先成为北大师生关注的问题。

2月26日,《人民日报》用整整两版的篇幅,提前发表了《红旗》杂志第4期的三篇文章:上海体育战线革命造反司令部鲁迅兵团东方红战斗队的大字报《我们鲁迅兵团向何处去?》,上海《体育战报》评论员的文章《为"东方红"小将的一张大字报叫好》,以及《红旗》杂志第4期的短评《推荐两篇好文章》。《人民日报》还发表了编者按。

此前一天,陈伯达在接见云南地区代表时说:上海发表的《我们鲁迅兵团向何处去?》和上海《体育战报》评论员的文章是毛主席推荐的。陈伯达要求凡是参加夺权的学生都回到本单位搞斗、批、改,好好学习这些文章,在斗、批、改前要总结工作,一边战斗,一边整风。[43] 陈伯达的讲话说得冠冕堂皇,实际上,就在十多天前,因为受到毛泽东的批评,他自己还闹着要自杀呢。

3月10日,《人民日报》又提前发表《红旗》第5期社论《论革命的"三结合"》。

对于北大师生来说,这些社论和评论都是要学习的。对于北大校文革来说,不仅要学习,还要贯彻执行。关于"解放"干部的问题,有些工作已经开始,还有大量工作要做。

这些社论冠冕堂皇,对于即将和已经发生的"反二月逆流"狂飙,却连一个暗示都没有。

3月3日下午,郭罗基贴出了《新北大要整风,聂元梓第一个要整风》的大字报,[44] 在校内引起强烈反响。

郭罗基大字报,是哲学系左派继孔、杨之后再次发生分裂的一个标志,其背景和影响,还有待研究。

据郭罗基大字报所说,他写大字报的背景,就是《红旗》杂志第4期刊载的《我们鲁迅兵团向何处去》的文章。

---

[43]《动态报》,1967年3月3日。
[44] 郭罗基:《新北大要整风,聂元梓第一个要整风》,已收入胡宗式、章铎编:《北京大学文革资料选编》(上)。

关于《我们鲁迅兵团向何处去？》

"上海体育战线革命造反司令部"大概是上海市体委和体育界的一个造反组织，《体育战报》是该组织主办的小报。从文章中看，"鲁迅兵团"是某体育院校运动系的一个造反派组织，"东方红"是"鲁迅兵团"下属的一个战斗队。他们造了"走资派"的反，成为"保卫和执行无产阶级革命路线的急先锋"和"运动系革命造反的骨干力量"，他们"接管了运动系的大印，夺了总支内一小撮走资本主义道路当权派的权"。掌了权的"鲁迅兵团"内部也出现了一些问题，为此，"东方红"战斗队贴了大字报，提出了"我们鲁迅兵团向何处去？"的问题。大字报很长（在《人民日报》第一版占了4栏共50行、还占了整个第三版），其写作过程和背景，无从查考。《体育战报》刊登了这篇大字报，并发表评论员文章为其叫好，其过程和背景也无从查考。大字报和《体育战报》评论员文章的电头都是"新华社上海二十五日电"，而《人民日报》次日即刊出并发表《红旗》杂志短评。联系到陈伯达所说这两篇文章"是毛主席推荐的"，那末，这件事情的运作，恐怕已经有些日子了。

《人民日报》发表这三篇文章之时，上海的"文革"局势已处在张春桥、姚文元的强力掌控之下，"鲁迅兵团"又只是上海某体育院校一个系的造反组织，相关事情涉及的范围很小，层级较低，问题相对比较简单。而北京和各地情况与上海大不相同，用"鲁迅兵团""整风"的办法来指导全国的群众组织，实际上是办不到的。而在当时，中央文革和《红旗》杂志的掌控者们，正在搞暗箱操作，策划掀起"反二月逆流"的狂风恶浪呢。他们说一套做一套，言行不一，将给毛泽东的"文革"带来严重的损害。

看得比较清楚的是吴德。吴德看了报纸后对谢富治说："这些措施，在北京的学生组织内部不会起多大的效果。"[45] 北京的情况比上海复杂得多，因为根本问题在高层，而不在群众组织内部，更不是群众组织通过"整风"所能解决的，群众组织不过是工具而已。10天

---

45 东方直心：《毛泽东大传》第九卷"风雷磅礴"第333章，mzd.szhgh.com

后,"反二月逆流"狂飙刮起,"整风"被刮得无影无踪,结果是更严重的分裂。

"鲁迅兵团"后事如何,笔者无从了解。50多年后回看,在十年多的文革洪流中,《我们鲁迅兵团向何处去?》大概连一个浪花也算不上。但当时郭罗基真把它当回事,并且给北大带来了一场争论。

郭罗基谈第一张大字报的出台经过

笔者多年后向郭罗基求证当年写大字报的情况,得到了郭的答复。《红旗》杂志第4期纸版是3月1日出版的,但郭罗基说他听的是广播。他听了广播以后,联想到北大的状况,认为提出整风很有必要。郭罗基认为"整风"的提法是一个好题目,既可以批评聂元梓的错误,又可以避免"井""红"那样的"反聂"嫌疑。

按照郭罗基的说法,他是3月1日才听到广播的。那三篇文章,早在2月26日就由《人民日报》刊登了,中央人民广播电台也早已广播过了。3月1日之前,郭罗基一直没有见过报纸?没有听过广播?一无所知?这是很难理解的。哲学系二年级"烈火战斗队"在3月19日的大字报中指出,郭的大字报初稿"一个星期前就写好了,就在这一个星期,郭几乎天天到哲二来,进行频频准备活动","到3月2日晚,郭就把大字报稿送来了"。[46] 笔者无法求证"烈火战斗队"大字报内容的真实性,但这张大字报是真的。

郭罗基还提出,在他的大字报之前,非但北大校文革没有开始内部整风,北京的其他学校也没有一家提到整风。这是不符合事实的。

郭罗基的记忆是靠不住的,他当时对社会上的情况也是不了解的。郭罗基当时担负着为某外国王子授课的任务,工作日须去友谊宾馆上班。一些人不了解这一情况,以为郭罗基眼光独到,无所不知,把他当作自己的"文革"导师,结果却是受了他的误导。半个世纪后回顾历史,笔者不能苛求于他,但不能不指出他的不足和失误。

郭罗基是第一个贴大字报要求"整风"的人吗?

---

[46]《动态报》,1967年3月20日。

在首都高校，在不同名义下的整风，实际上早就开始了。北大的军训，就是思想和作风的一种整顿。在地质学院，因为朱成昭的问题，地院东方红实际上早就处于内部整顿的状态之中。清华井冈山因为卷入了反康生事件，多日来也在整风、检讨。

2月26日，北师大井冈山公社总部作出了自即日起开门整风的决定。27日，该组织领导成员贴出大字报，表示响应《我们鲁迅兵团向何处去》的号召，要一边战斗，一边整风。[47] 该组织还到北大贴出"热烈欢迎新北大一切革命师生帮助我兵团整风"的大标语。[48]

北师大井冈山是真的整风吗？恰恰相反，在"整风"的掩护下，他们正在组织力量，准备掀起一场反击"逆流"的惊天巨浪。谭厚兰马上就要成为"反击二月逆流"的急先锋了，还整什么风呢？

笔者以为，《红旗》刊文号召整风，《人民日报》提前发表，不过是摆个样子而已。这是做给那些对"文革"群众运动有意见的高官们看的，是为掀起"反二月逆流"狂飙做的铺垫。

2月26日，北京大学文化革命委员会、新北大公社联合发布了《向上海体育战线革命造反司令部鲁迅兵团东方红战斗队学习，在灵魂深处闹革命》的通告。号召新北大公社社员、全校革命师生员工立即行动起来，学习"东方红"小将的自我革命精神，在斗争中活学活用毛主席著作，展开一场触及灵魂、大灭"私"字的思想革命。通告号召新北大各级领导组织进行开门整风，一边战斗，一边学，切实搞好组织整顿和思想整顿。[49]

据陈焕仁2月26日日记，这天还开了大会：

> 今天上午，校文革在大饭厅召开"整风"动员大会，聂元梓亲自作动员报告。聂元梓在报告中说，在无产阶级文化大革命进入向党内一小撮走资本主义当权派夺权的新阶段的时候，无产阶级革命派内

---

47 《动态报》，1967年2月28日。
48 《动态报》，1967年3月2日。
49 《新北大》第44期，1967年3月1日。

部带有普遍性的、迫切需要解决的、关系革命事业继续前进的极其重要的问题，就是边战斗、边整风，向自己头脑中的私字开火。我们无产阶级革命派，在改造客观世界的同时，也要努力改造自己的主观世界。

聂元梓还就校文革和自己工作、思想、作风上的问题，进行了自我批评。[50]

到3月2日，北大已贴出了一批有关整风的大字报。哲学系"顶风船"战斗队贴出《校文革必须大开门，大整风》的大字报，哲学系"新星火报"战斗队贴出了《新北大向何处去》的大字报。另外还有《北大难道没有风可整吗？》《整风不容忽视》等大字报。[51]

物理系一些同学自发创办了《校内动态》（由《动态报》代为发行），3月3日出版的第一期上除刊登了哲学系、化学系、生物系的整风消息外，也有郭罗基贴出大字报的消息。

2月26日《人民日报》发表关于整风的三篇文章后，新北大公社哲五支队进行了开门整风，3月6日的《校内动态》用一版的篇幅作了报道。

事实证明，郭罗基并不是第一个贴大字报要求"整风"的人，但郭确实是第一个把"整风"矛头指向聂元梓个人的人。

郭罗基是一个很有个性、特立独行的人，显得比较正派倔强，不趋炎附势，一向敢于"抗上"。郭罗基是"老左派"，知道一些内幕，认为聂有小辫子可抓，他对聂元梓不满，不买聂元梓的账，就贴了这么一份大字报。

关于"整风"，当年学生所听闻的，只有神圣而神秘的"延安整风"。中共建国后的历次党内争端，如高、饶，如彭德怀，哪一次是通过"整风"解决的？正在进行的"文革"，与"整风"相距又何止万里。郭罗基是经历过"整风"的，1964年社教运动一开始，陆平

---

50 陈焕仁：《红卫兵日记》（上册），香港：香港中文大学出版社，2010年，第281页。
51 《动态报》，1967年3月3日。

党委不就是派了工作组到哲学系搞"整风"吗？长达七个月、"简报"以百万字计的"第二次国际饭店会议"，不也是在"整风"的名义下进行的吗？哲学系党内两派斗来斗去多年，通过"整风"解决了什么问题？奇怪的是，郭罗基却有着强烈的"整风"情结，而这一次，他要整聂元梓的风了。

略论郭罗基的大字报

郭罗基在大字报开头写道："经过严重的斗争，在新北大，右派势力垮了，反动逆流被打退了。当前迫切要做的事，就是整顿左派队伍，带动广大群众，向着文化大革命的新的高峰前进。"

这段话虽然只有两句，却包括了过去、现在、将来，表达了郭对形势的认识。在他看来，北大过去的斗争取得了胜利，现在迫切的事是"整顿左派队伍"，且"聂元梓第一个要整风"。对于将来，郭氏所说的"文化大革命的新的高峰"，则完全是抽象、笼统和模糊的。

郭罗基对整体形势是不了解的，对当前形势更不了解。所谓"右派势力垮了，反动逆流被打退了"，那都是1966年的事。1967年头两个月里发生了什么？尤其是高层发生了什么？北大当时处在什么境地和关头？郭显然一无所知。关锋、王力用谣言对北大进行打压这种大事，郭罗基也可能一无所知。没有证据表明郭的大字报同关锋、王力的两个电话有没有关系。可以肯定的是，当聂元梓和孙蓬一已经注意到关锋、吴传启团伙的时候，郭罗基还只盯着聂元梓。紧接着，当新北大公社苦苦应对"反二月逆流"狂飙的时候，郭氏对这场严重的斗争似乎毫无反应，还在继续揪着聂元梓不放。再后来，当聂、孙公开发起了反对关锋、吴传启团伙的斗争以后，他挺身而出，站在这个团伙一边，指责"4.11以来，孙蓬一的严重错误使北大的运动，在大方向上一度发生偏离。"[52] 在陈伯达6.5讲话之后，他装出上帝般的怜悯，对新北大公社群众说，"可怜的人们，站起来吧！"[53] 其

---

52 《郭罗基的"4.30讲话"》，已收入胡宗式、章铎编：《北京大学文革资料选编》（上）。
53 郭罗基1967年6月8日在北京公社成立大会上的讲话。

实，谁拜倒在陈伯达 6.5 讲话和王、关、戚、吴传启团伙面前，谁挺身同这个团伙斗争，大家都很清楚。陈伯达、关锋、王力、戚本禹数次召见聂元梓，软硬兼施，威胁利诱，要求聂不要揭发吴传启，为聂断然拒绝。聂元梓诚然有许多缺点错误，但在这个大是大非问题上，聂元梓是对的。当陈伯达和关锋、王力一伙要将聂、孙和新北大公社置之死地而后快的时候，郭罗基成了"井冈山"总部的勤务员。而"井冈山"的宗旨，不就是要取北大校文革而代之吗？

关锋、王力垮台后，作为总部勤务员，郭罗基有没有要求"井冈山"高层开展一次整风呢？有没有贴一张大字报号召"井冈山"的群众整一下头头们的风呢？

联系到郭氏后来一系列的表现，3.3 大字报不过是个起点而已，但他并不知道这个起点会通向何方。

郭的大字报继而用了三段文字，指出聂元梓"对于累积起来的一些缺点和错误没有作过认真的批评和自我批评"，然后又历数哲学系老左派曾多次对聂元梓提出建议和意见，但对聂"震动不大"，这使郭罗基忧心忡忡，认为聂"自我批评的精神差，思想改造的自觉性差，名声却很大，出了问题，就非同小可。"

为了挽救聂元梓，忧心忡忡的郭罗基要痛下针砭了。为此，郭罗基揭发了聂元梓的三大问题：一是聂在国际饭店会议后期做了过头的检讨；二是聂修改了 1966 年 11 月 1 日讲话的录音；三是聂考虑个人荣誉太多。

郭罗基提出的第一个问题，是不够实事求是的，也是不合时宜的，并马上被"一些别有用心的人"（郭罗基自己说的）所利用。郭的第二张大字报对"一些别有用心的人"作了批判，但这不正是郭的第一张大字报引起的吗？

由于高层官员宣称毛泽东说过"陆平是好人犯了一些错误"的话，社教左派们在社教运动后期和第二次国际饭店会议上都作过检讨，这是不能苛责于他们的。聂元梓在 1966 年 8 月 5 日的广播讲话中已经讲过这个问题，本书第五章已经引用过，这里不再重复。

郭罗基应该很清楚，在第二次国际饭店会议上，聂元梓是最主要的重点打击对象，专门批判聂元梓的会议开了好几十次，为了整出打垮聂元梓的材料，会议组织者无所不用其极，聂元梓受到的压力远超其他左派，聂元梓所作的检讨，大量的篇幅是说明情况，为自己辩护。郭罗基对此应该非常清楚。笔者在本书第三章中已经指出，第二次国际饭店会议最后给聂元梓作的"结论"，聂元梓根本没有接受。郭罗基此刻强调聂元梓作了"过头的检讨"，想要达到什么目的呢？

郭罗基提出的第二个问题，推动了侯汉清、陶一飞、胡宗式三人对此事的调查（尽管这个调查不够细致）。3月7日，侯汉清、陶一飞、胡宗式联名贴出大字报，以调查者的身份，证实聂元梓修改了录音带。后来聂元梓在大饭厅的群众大会上作整风检讨，承认了修改录音带的错误。聂检讨了这一错误，大家表示欢迎。胡宗式认为当时形势复杂，大敌当前，聂检讨了就不要揪住不放。许多同学采取了同胡宗式一样的态度。但是，以侯汉清为代表的一些人认为聂不可原谅，从此和她分道扬镳。孙蓬一4.12讲话向关锋、吴传启团伙开炮后，侯汉清就站到了这个团伙一边。

郭本人并没有参加东操场大会，也没有参加临湖轩会议，他是听到了参加临湖轩会议的某位校文革常委的传话。笔者奇怪，聂元梓修改录音带是临湖轩会议以后悄悄干的，很多人都不知道，可见这位常委是深得聂元梓信任的。这种情况，我们虽然可以理解为老左派之间的交流，但却反映了裂痕早已有之。

郭罗基提出的第三个问题是：1966年国庆节前，正住院治病的聂元梓曾请人准备几个讲话稿备用。笔者以为，这算不上是多大的事情。聂如果在国庆节的公开场合讲话出错，不是她个人的问题。郭的这个问题使我们知道：聂元梓在校文革选举结束后就生病住院了。这一期间，校文革的工作有缺陷，不应由聂一个人负责。这正好证明，在1966年10月开始的两条路线斗争中，只"搬开聂元梓"是不能解决问题的。

郭罗基提出的问题并非虚构，对北大师生震动很大，但其产生的影响和事态的发展，就不是他所能左右的了。于是，郭罗基认为有必要作一番解释，便又贴了第二张大字报。

郭罗基的第二张大字报

郭罗基于 3 月 6 日傍晚贴出了第二张大字报，题目是《还有几句话要说》。大字报全文难觅，但笔者找到了大字报的摘要：

（1）《新北大要整风，聂元梓第一个要整风》这张大字报的主要精神是呼吁"要整风"，着重在两个要字上。昨晚聂元梓同志已代表校文革作了关于整风的报告，这就是这张大字报所希望达到的目的。

（2）这张大字报中针对聂元梓同志有所批评都是关于对待自我批评、对待思想改造方面的……有人抓住聂元梓同志在国际饭店后期检讨过头的事实大做文章，说什么立场动摇啦，这都是错误的。最近有一些别有用心的人公布了聂元梓在国际饭店会议上的检讨，把它同叛徒的自白书相提并论，企图证明中央文革、毛主席对聂元梓支持错了，这种打击左派的行为必须坚决反对。

（3）在这次文化大革命中成长起来的左派队伍是什么样子，关系到我们国家未来的无产阶级专政命运、社会主义的命运。整风就是为了组织一支革命化的左派队伍，个人对待整风态度就是对待无产阶级革命化的态度。聂元梓同志对待这次整风，已经在大会上表示了很好的态度。特别认识到不应当害怕群众提意见，否则毛主席树立起来的一面旗帜就会倒，这是一个很重要的进步，希望聂元梓同志在革自己的命，夺私字的权的方面做大家的表率、思想革命化也要成为左派的旗帜。[54]

据上引文（1），郭罗基自己认为，他第一张大字报的目的已经达到了。

据上引文（2），郭罗基已经看到他的第一张大字报被"一些别有用心的人"利用了，他也明白问题的实质是那些"别有用心的人""企图证明中央文革、毛主席对聂元梓支持错了。" 这是一个严重的问题。

---

54 《动态报》，1967 年 3 月 7 日。

据上引文（3），郭罗基肯定聂元梓"已经在大会上表示了很好的态度"。

那末，关于郭的大字报的争论，是否可以停下来了？现实的答案是否定的。

郭罗基写大字报的主观动机是可疑的，客观上则是引起了思想混乱，争议纷起，而且北大校园环境复杂，各种内外势力交错，都在等待有利于他们的时机而加以利用。郭自己都看到了，"一些别有用心的人"已经跳出来了。

无论郭罗基怎么解释，他的大字报引起的争议，无论聂元梓如何检讨，都不可能让所有的人都满意。群众中的不同看法，也不可能通过贴大字报达成一致。郭的第二张大字报并没有起什么作用，而他第一张大字报引起的争论，两种意见针锋相对，久久未能停息。另外，北大的"整风"正好处在"反二月逆流"狂飙和反关、吴团伙的两场大斗争之间，这两场斗争实际上是一场斗争，即反对极左路线和结党营私的阴谋团伙的斗争，把郭的大字报和"整风"放在整个历史大环境中来观察，其负面作用无疑是十分显著的。北大发生内乱，是关锋、吴传启团伙求之不得的事情。

聂元梓的3.5讲话

3月5日，聂元梓代表校文革常委会对全校师生员工做了关于整风问题的讲话。讲话全文无考。

《校内动态》刊登了讲话的5个要点：（1）以毛泽东思想作为整风的指导思想；（2）用毛主席正确处理人民矛盾的方针，团结——批评——团结；（3）一边战斗，一边整风；（4）敢字当头，敢于刺刀见红；（5）对郭罗基大字报表示欢迎。[55]

《动态报》刊登了一篇摘要，现抄录其中两段，聂元梓说：

衷心要求同志们帮我把风整好，同志们严格地要求我，尖锐地批评我就是对我的关心，就是支持我，真正做到"知无不言，言无不

---

[55]《校内动态》，1967年3月6日。

尽"，我则要做到"言则无罪，闻者足戒""有则改之，无则加勉"。应当相信群众，同志们之间也要相互相信。如果同志们这样做，再加上我个人主观上的努力，就可以不成为历史上昙花一现的人物，只有这样才能维护毛主席树立的这面旗帜。

对郭罗基同志的大字报我表示欢迎，本着"有则改之，无则加勉"的精神，很好地考虑他的意见。郭罗基同志在国际饭店会议斗争中表现是好的，斗争中对我有帮助。我愿意听郭罗基同志对我更深刻的批评。[56]

对于聂元梓的讲话，郭罗基在第二份大字报中已经表示了肯定。

校内师生对郭罗基第一张大字报的反应：两种意见针锋相对

郭罗基 3.3 大字报贴出后，马上就出现了两种不同的意见。郭的支持者朱××等三人迅即贴出大字报《为郭罗基同志的革命大字报叫好》，"赤胆"战斗组则认为郭的大字报是不对的，郭是有私心杂念的。[57] 中文系文（二）四班九位同学的大字报指出，郭的大字报是"坏大字报"，"郭罗基在描绘聂元梓的时候使用的语言很有一股气，很有一种味道。很能使人联系起'井冈山''红联军'那些噪音。"[58]

1967 年 3 月 6 日《动态报》刊登了有关郭罗基大字报反应的大字报标题。

支持郭罗基大字报的有：《新北大整风向何处去？》《聂元梓就是第一个要整风》《我们的校文革向何处去——支持郭罗基的大字报》《不要神经过敏》《不许对革命同志挥舞指挥棒》《不平则鸣——必须正确对待郭罗基这张大字报》《拥护聂元梓，支持郭罗基》；

反对的有：《郭罗基大字报是一株大毒草》《郭罗基整风大方向全然错了》《郭罗基大字报必须彻底批判》《郭罗基的要害问题——招摇

---

56 《动态报》，1967 年 3 月 6 日。
57 《动态报》，1967 年 3 月 4 日。
58 《校内动态》，1967 年 3 月 12 日。

整风旗号，行其打击聂元梓之实，替孔杨讲话》《郭罗基的屁股坐到哪里去了》《郭罗基，你到底干什么？》。

群众中是两种意见针锋相对，校文革内部特别是常委内部也出现了两种意见。

3月6日傍晚，徐运朴贴出了《学习郭罗基，帮助聂元梓——也谈整风大方向》的大字报。大字报指出常委对郭罗基大字报的几种错误态度：怕家丑外扬，亲者痛仇者快，不要轻易表态，没有把自己当作群众的一份子。

侯汉清等八人贴出《十问聂元梓》的大字报，要求聂元梓对郭罗基大字报、郭本人和其他等十个问题上明确表态。[59]

徐、侯二人的大字报也引发了争论，有大字报为其叫好，也有大字报指其"转移了正确的整风方向"。

孙蓬一的3.8讲话

3月8日上午，孙蓬一代表校文革向全校发表讲话谈整风问题。讲话全文无考，《校内动态》摘要报道了孙蓬一的几个观点。

孙认为，整风就是普遍的马列主义教育运动，现在说就是普遍的毛泽东思想教育运动。

孙指出，接受意见要贯彻两个原则：第一、要严格要求自己；第二、要实事求是。他说："整风中必须要有敌情观念。如果说大惊小怪是错误的，那末麻木不仁也是错误的。特别是我们边战边整，整风只能有利于我们而决不能有利于敌人。"

关于开门和大开门，孙蓬一说，实际上我们认为，开门就是把重大原则问题交全部同志讨论，用毛主席思想弄清是非，形式可以多种多样。如果对整风问题有正确理解，抱有正确态度，整风是会得到效果的。

有人要校文革常委对郭罗基的大字报表态，孙认为："看来没有必要，也不可能做为常委决议把态表出来。有的贴大字报表态，也希

---

59 《校内动态》，1967年3月6日。

望别的常委用大字报表态。你可以这样理解,为什么别人不可以那样理解呢?各方不要把自己的观点强加给别人。"

孙蓬一表示,他本人态度很明朗:"同意聂元梓同志的态度。(郭罗基的)大字报提出要整风,我支持。批评欢迎,但批评要掌握原则,实事求是。"

孙蓬一最后表示,愿意虚心听取同志们批评意见,并建议"新北大要整风,聂元梓要整风……如果没有分歧就整起来吧。"[60]

对孙蓬一的讲话,校内也出现了赞成和反对两种意见。孙蓬一的讲话比较强硬,于是,在某些人看来,这又是"资产阶级反动路线"。从1966年10月到1967年,"资产阶级反动路线"成了北大反对派手中随时可以祭将起来的法宝。

3月9日晚,校文革分四个地点召开师生员工大会,校文革领导成员分别参加,听取大家对校文革和校文革主要负责人的意见。自然,意见也是各种各样。

3月10日晚,徐运朴和侯汉清联名写了《打倒"私"字,彻底整风——与聂元梓、孙蓬一同志商榷》的大字报。这张大字报同样引起了争议。[61]

3月10日晚,在校文革委员、系文革主任、新北大公社和各战斗团负责人会议上,徐运朴代表校文革宣读工作总结,征求大家意见。会后,常委根据大家的意见进行讨论,因意见针锋相对,无法统一,取消了原定次日下午的总结大会。[62]

整风期间,还出现了各种串联会。如3月10晚,仅数力系就有三个串联会:0161"追穷寇"战斗队发起的讨论"温"和"稳"的串联会,数五同学发起的"结合北大运动情况,学习《红旗》第五期社论"的串联会,以及数力系战斗团"五七支队"发起的关于北大"温"字的表现、根源、克服的方法的串联会。[63]

---

60 《校内动态》,1967年3月8日。
61 《校内动态》,1967年3月11日。
62 《校内动态》,1967年3月11日。
63 《校内动态》,1967年3月11日。

校园里还出现了"整风联络站"。该联络站于3月14晚举行了第4次串联会。《校内动态》报道说:"通过一周来的实践和几次串联会,广大师生员工对整风的认识更深入了。发言中,许多同志指出:整风决不可脱离开两条路线斗争。破私立公必须从两条路线斗争入手,整风本身就是两条路线斗争的一部分。对阶级力量对比,对阶级斗争形势必须有正确的估计,要大讲特讲阶级斗争。""会上许多人指出:郭罗基的大字报,徐运朴、侯汉清二同志的大字报代表着无政府主义思潮,是革命队伍中的大敌。"[64] 随着社会上"反击资本主义复辟逆流"狂飙的掀起,也有人贴出大字报《郭、徐、侯三同志的整风方向迎合了反动逆流的需要》。[65]

3月10日前后, 0363(化学系三年级)陈醒迈等人也多次发起串联会,串联会上批评聂、孙的言词日益激烈。对此,也有大字报提出了尖锐的批评。

聂元梓的3.15检讨和3.18讲话

3月15日晚聂元梓代表校文革常委作工作检查报告。报告全文无考,但《校内动态》和《动态报》都有简要报道。

3月16日晚,全校师生员工分别在五个点召开大会,给校文革常委会的检查总结报告提意见。常委们分别参加了会议。会上发言的同志一致认为报告紧紧抓住了两条路线斗争的纲,触及了灵魂,聂元梓检查的态度是诚恳的,校文革是可信赖的。当然,发言者也提了若干意见。[66]

聂元梓和校文革常委会的检讨报告得到了多数师生员工的认可,这就算通过了。

整风不能无休止地争论下去,否则什么事也做不成。3月18日,聂元梓向全校师生员工做了关于形势与任务的讲话。关于任务,她提

---

64 《校内动态》,1967年3月14日。
65 孙月才:《悲歌一曲:文革十年日记》,香港:香港中文大学出版社,2012年,第129页。
66 《校内动态》,1967年3月17日。

了4点：(1)边战斗边整风。继续以两条路线斗争为纲在校系两级整风基础上展开群众性的整风，认真学习主席指示，活学活用，开展群众性批评与自我批评，不搞人人过关，不搞重点批判。重点打倒无政府主义。时间约一周左右。(2)校系分别召开干部亮相大会，实行革命的三结合。(3)进行斗、批、改的准备工作，提倡成立联络站。(4)组织力量参加社会斗争。[67]

自2月26日《人民日报》发表关于整风的文章以来，北大的整风吵吵了一个月，期间所有具有代表性的大字报和讲话，都引起了严重的意见分歧。在"大民主"的时代条件下，没有人会接受"少数服从多数"的约束。合则留，不合则去。有不同看法，随时可以分裂，随时可以另立山头。因此，分裂是必然的。

实际上，郭罗基大字报的轰动效应维持的时间并不长。由于3月7日突然爆发了"反击资本主义复辟逆流"的浪潮，整个形势出现了令人震惊、令人担忧的动向，许多人的关注重心随之改变，在聂元梓作了检讨之后，多数师生表示认可，讨论整风问题的人越来越少。这一时期，新北大公社用了极大精力应付"反击资本主义复辟逆流"的浪潮，并由此对关锋、吴传启团伙有了更多认识。相反，郭罗基和0363的一些人可以不管这些，他们一拍即合，成为新反对派的潜在主力。在陈伯达6.5讲话之后，他们公开站到了关锋、吴传启团伙一边，为这个团伙搞乱北大起了重要作用。郭罗基最终引导0363走上了分裂之路。这是后话。

(三) 关于"解放干部"

1967年3月，在应付"反二月逆流"狂飙和校内"整风"的同时，校文革还开始了"解放干部"的工作。

"解放干部"本是毛泽东的意思。1967年3月1日《红旗》第四期发表社论《必须正确地对待干部》，指出大多数干部是好的，不能认为"只要是当权派，就是不好"。这篇社论经毛泽东两次审阅修

---

[67] 《动态报》，1967年3月20日。

改，于2月22日提前广播。此外，《人民日报》3月2日发表的社论《革命的"三结合"是夺权斗争胜利的保证》，以及《人民日报》3月10日提前发表的《红旗》第五期社论《论革命的"三结合"》，都强调了"革命干部代表"的重要性。但是，这同毛泽东在生日宴上"全国全面内战"的祝酒词和《红旗》元旦社论"全国全面阶级斗争"的号召是不相协调的。

另外，中央文革，特别是王、关、戚一伙，完全是说一套做一套。他们通过暗箱操作掀起的"反二月逆流"浪潮，同"解放干部"完全背道而驰。他们要打倒几位管经济、外交的副总理（以及大量支持他们的中下层干部），把矛头指向周恩来，企图夺取国务院和各部的实际权力。他们结党营私，企图把他们的同伙，甚至历史上有问题的人，拉入权力机构，以便于他们操控。他们还把"反二月逆流"推向全国，在这样的形势下，群众组织更加分裂，甚至发生大规模武斗，真正意义上的"解放干部"，根本无从谈起。

北大"解放干部"的工作做得不好，原因是多方面的。首先是聂元梓本人对这件事没有足够的重视，聂后来回忆说：

（1967年）《红旗》杂志第四期社论"必须正确对待干部"发表后，我反应迟钝。孙蓬一当时曾提出大批解放干部的观点，没有得到我和大多数常委的支持。我身边的一些同志，曾建议我要注意团结不同意见的人，尤其像老干部戈华、戴新民、张侠等，他们都是社教时期的左派，是很有经验的老干部。我当时头脑发热，没能听取这些善意的建议，这对后来校内的分裂造成了一定影响。现在想起来，我感到十分懊恼。[68]

孙蓬一曾经提出：北大除了报纸上点名的人（指陆平、彭珮云）之外，其他干部都可以"解放"。笔者不了解孙蓬一说这番话的时间和场合，而据《新北大报》的一篇文章，这是孙蓬一在干部座谈会上说的。这是一个难能可贵的大胆的提议。但是，孙蓬一的观点没有得

---

68 聂元梓：《我在文革漩涡中》，香港：中国文革历史出版社，2017年10月，第121页。

到聂元梓和校文革多数常委的支持,后来还受到北大"井冈山"的批判,被指为"从极'左'跳到极右的机会主义",是"老保翻天的信号弹",是"聂、孙们支持老保翻天,为牛鬼蛇神出笼大开绿灯的铁证"。[69] 不久,在陈伯达 6.5 讲话的打压下,干部队伍发生了分化,已经不需要谁来"解放"他们了。到 7 月 1 日,包括已经被校文革"结合"的副校长周培源在内的 134 名干部发表了一个《致革命和要革命的干部的公开信》,说"3 月份以来,校文革犯了方向路线错误"。在这种情况下,这些干部还用得着校文革来"解放"吗?"犯了方向路线错误"的校文革还有资格"解放"干部吗?

在 3 月份讨论"解放干部"问题的时候,聂、孙已经开始了对吴传启一伙的调查工作,这是一场严重的复杂的斗争,风险很大,参与这一工作的只有少数年轻教师和学生。这一工作是不能拿到校文革的会议上来讨论的,聂、孙也不希望干部们牵涉其中,信息不对称引起一些人对聂、孙的误解。当陈伯达 6.5 讲话的大棒抡下来的时候,有些人就成了反对派。

北大校文革首先"解放"并"结合"的原校领导干部是周培源和崔雄崑。

周培源是知名教授,原北大副校长,崔雄崑是教务长,他们在"社教"运动中都是"左派",同陆平有过斗争。他们是北大"解放"干部的样板。文革初期周培源还主持汉中分校的工作,他并未被打倒过。

按当时的程序,被"解放"的干部先要在群众大会上作一个讲话,表明自己对"文革"的认识和态度,作一些检讨,这被叫做"亮相",讲话得到群众认可,该干部就算"解放"了,可以参加领导工作了。

1967 年 3 月 27 日下午,在校文革举办的干部"亮相"大会上,周培源作了讲话。全文颇长,谨摘录有关校内问题的表态:

1966 年 12 月间,我离开北京去 653 工地时,曾给聂元梓同志和

---

[69] 鱼雷、天地转:《聂元梓纵容北大的老保翻天》,载《新北大报》第 19 号,1967 年 11 月 7 日。

校文革常委写了一封公开信，向常委提了意见，要求他们开门整风，以便领导好两条路线的辩论。当时正碰到两条路线斗争十分激烈的时候，资产阶级反动路线正在猖狂反扑。这封公开信被阶级敌人利用，来围攻以聂元梓同志为首的无产阶级司令部，长了资产阶级威风，灭了无产阶级志气，所以起了很坏的作用。

校文革是无产阶级的政权，执行了无产阶级革命路线。学校中资产阶级反动路线的代表人物是孔繁、杨克明。井冈山、红联军等反校文革的斗争，就是一场无产阶级专政条件下，两条路线斗争的大搏斗，就是资产阶级反动路线的猖狂反扑，他们向校文革开火，归根结底为的是进行反革命夺权，他们进而还反中央文革，恶毒攻击我们敬爱的毛主席和林副主席。所以广大革命派与井冈山、红联军等反动组织的矛盾是敌我矛盾。但这些人赤裸裸的向校文革夺权是不行的，所以他们狡猾的披上所谓"造反派"的外衣！

正因为我错误地估计了阶级斗争形势，在这学校两条道路斗争实际上最激烈时刻，提出了校文革工作中的一些缺点，要求他们整风等等，这就完全被阶级敌人所利用，在客观上就成了这些反动组织、反动分子向校文革进攻提供炮弹，给校文革的工作带来困难，给同志们在思想上也造成混乱，给我校运动带来损失。实际上，自己立场没有坚定地站在毛主席革命路线一边，想到这些，心情是很沉痛的。[70]

周培源讲话中还有一点令人印象深刻，他认为"北大学生中没有打出一支像清华井冈山兵团、北航红旗那样旗帜鲜明的左派队伍"，对此他颇感遗憾。陈伯达 6.5 讲话后，他就旗帜鲜明地加入了反对派的队伍，直到坐上了"井冈山"的第一把交椅。周培源是不是认为，北大"井冈山"已经成为"像清华井冈山兵团、北航红旗那样旗帜鲜明的左派队伍"了呢？

原党委常委、教务长崔雄崑先于 3 月 1 日贴出了"亮相"大字报：《永远跟着毛主席，永远同广大革命群众一起干革命》。在这次

---

70 《周培源在 1967 年 3 月 27 日干部亮相大会上的发言》，已收入胡宗式、章铎编：《北京大学文革资料选编》（上）。

干部亮相大会上，崔作了题为"衷心地欢迎革命同志帮助我改正错误"的发言，不赘。

周培源和崔雄崑"亮相"后，都进入了学校的领导班子。4月8日，周培源出任校行政工作委员会主任，崔雄崑出任校文革"斗、批、改委员会"负责人。

周培源同聂元梓、校文革分道扬镳的起因

周培源被校文革"结合"后，很快又对聂元梓、校文革产生了意见。矛盾的起因是什么呢？笔者惑而不解数十年。直到读到谢甲林的回忆文章，才恍然大悟。原来，这是陈伯达的一句话引起来的。

3月27日上午，陈伯达、戚本禹到北大召开关于教育革命的座谈会。会场选用了东语系外文楼二楼西头的会议室。东语系是个小系，所以这个会议室并不大。保卫组组长谢甲林带了两名保卫干部执行警卫任务，始终在场，因此他听到了会议的情况。

周培源出席了这次座谈会，这显然是校文革安排的，因为他原来就是副校长，校文革正要将其"结合"到校领导班子内。

据谢甲林回忆，在座谈过程中，有几个人提出：进行教育改革应当有校长，要求陈伯达同志兼任北大校长。陈伯达便谈：你们不是有副校长周培源，他不比陆平好？让他当校长不行吗？[71]

就因为陈伯达这句话，周培源开始念念不忘地想当校长了。谢甲林写道："之后，周培源要求聂元梓、校文革执行中央文革陈伯达同志的指示。在公开场合，一再讲，中央文革领导的指示是无产阶级司令部的声音，聂元梓、校文革必须执行。"[72]

因为聂元梓、校文革没有执行陈伯达的"指示"让周当校长，周耿耿于怀，非常不满。

聂元梓、校文革哪里有这个权力？聂元梓只能找机会向上面请示。

---

[71] 谢甲林：《谢甲林法学文集》，北京：北京时代弄潮文化发展公司，2013年，第34页。
[72] 谢甲林：《谢甲林法学文集》，第35页。

1967年5月1日，在天安门城楼上，聂元梓向周恩来请示：能否成立北大革命委员会，周恩来说：北大是学校，还是不成立革命委员会，成立校文化革命委员会吧。聂元梓请示校长的问题，周恩来说：你们可以让陈伯达当校长嘛！聂元梓没有听出周恩来的言外之意，没有真正理解这句话。5月3日，聂元梓在传达毛泽东五一节接见她的情况时，也传达了"周总理提议陈伯达做北大校长"。于是校园里就出现了欢迎陈伯达当北大校长的标语。[73] 这使周培源更加不满。

聂元梓也请示了陈伯达，陈说："北大的体制，还要研究。不一定在学校都搞革命委员会，就是文化革命委员会就可以，另设校长制。"[74] 陈伯达没有再说让周培源当校长的话。

陈伯达6.5讲话以后，周培源以为机会来了。他放弃了校文革交给他的工作，公开站到了反对派一边。他先是参加了"静坐"活动，6月16日，又在"北京公社""红旗飘""革造总部"举行的"彻底批判校文革执行的资产阶级反动路线誓师大会"上作了讲话。[75]

周培源把陈伯达6.5讲话当作行动指南，对形势作出了近视的分析："在六·五指示之后情况起了本质的变化，校文革犯了很大的错误是肯定的了。"

近视的形势分析导致了投机的态度和立场，周培源表示："有人说，我已经是北京公社的社员。这对我是个莫大的荣誉。老实说，从主席思想的掌握程度，政治立场、思想水平、斗争的顽强性等方面来考察，我还远远不够具备做一个社员的条件。但是我坚决拥护北京公社的主张：聂元梓同志必须向广大革命群众作触及灵魂的检查，孙蓬

---

73 受此事影响，蒯大富给周总理写了一个条子，问总理提议陈伯达当北大校长是否是真的，如果是真的，请总理当清华的校长。总理批示：当时是我们内部谈而未定的事，当笑话告诉她（聂元梓）的。清华还是实行军代表制，以革命造反派为基础来实现三结合为好。这是我的提议，请井冈山的同志们考虑考虑。
74 聂元梓：《我在文革漩涡中》，第315页
75 《周培源同志六月十六日晚在新北大北京公社、红旗飘、革造总部举行的"彻底批判校文革执行的资产阶级反动路线誓师大会"上的讲话》，打字油印件。

一的错误必须彻底批判,孙蓬一靠边站!"

他在讲话中进行揭发:"我只想谈一个问题。陈伯达和戚本禹同志在三月二十七日来我校举行座谈会,是一件重要的大事。他们是代表毛主席、党中央和中央文革来学校在高等教育界的文化大革命运动中,进行战略部署的工作。他们要我们学校在斗争中国最大的走资本主义道路的当权派刘少奇的总的号召下,紧抓校内的斗批改,提出新的教学改革方案,要新北大为其他学校的斗批改树立一个新榜样。我们可以问:在孙蓬一同志的具体领导下的校文革接受了陈伯达同志的战略部署了没有呢?我看没有,完全没有!"

陈伯达、戚本禹3月27日到北大开座谈会一事的目的是很可疑的。笔者以为,他们的真实目的,是要把王、关、戚一伙"结党营私"的绊脚石——新北大公社——引到另外一条路上去,以利于这个团伙。他们并没有为教育革命提出任何有价值的指导意见,陈伯达说的"中国人学什么汉语"之类的话十分荒唐,师生们大惑不解,讨论了几天后只好不了了之。戚本禹的话则公然把矛头指向周恩来总理。

这一些,本章上文已有叙及,但周培源懂吗?戚本禹的险恶用心,周培源看得出来吗?

周培源大谈"陈伯达同志的战略部署",他真的理解这种"战略部署"吗?他心目中的"战略部署"就是让他当校长吧?周培源是真的关心"校内的斗批改"吗?他有没有提出过什么积极可行的建议或方案呢?他真的是对校文革不抓"校内的斗批改"不满吗?不是的,他念念不忘的是陈伯达让他当校长的话,他真正不满的是聂元梓没有执行陈伯达的话,没有宣布他为"校长"。台上的话冠冕堂皇,但那只是用来忽悠听众的。

1967年7月10日,在陈伯达的"授命"下,北大反对派打砸了校文革保卫组,把抢得的材料拿出来搞展览,其中有周培源的所谓"黑材料"。其实,这是保卫组遵照周恩来指示为重点保护对象制作的警卫档案。周培源说:"他们是个特务机构,就应当彻底砸烂。"

在这种情况下,保卫组负责人谢甲林率人登门向周培源说明情况,予以澄清。谢甲林回忆说:"我带领保卫组分管警卫工作的周俊业和分管办案工作的蓝绍江以及协助警卫、办案工作的校卫队干部肖祖德,亲自到周培源家,予以澄清。当面对他说,我们都参观了'黑材料'展览,牛辉林等人告诉您所谓'黑二组'整了您的'黑材料',是工作组二组为您建立的警卫档案,当时二组组长蔡润田和副组长谢甲林亲自到您家访问明确告知:您是周总理确定的国家级重点保护对象,把二组的住址、电话号码和联系人等都给您写在一张纸上,以后把对您的保护工作,在档案中均作了记录。对此,您竟说:保卫组是个特务机构,就应当彻底砸烂,是有失身份的,望您检讨、道歉。否则,我们就无法保护您了。但是,他仍然念念不忘陈伯达要他当校长。我说:依照法律,北大校长,应当由国务院任命,北大、北京市、中央文革的个人和组织,是没有权力任命您当北大校长的。他不听我们的劝告,进而参加了牛辉林等人发起的群众组织。"[76]

不久,周培源又当上了"井冈山"的核心组组长。

大学校长要由国务院任命,"文革"前就是副校长的周培源不知道吗?但是,周培源太想当校长了。他对聂元梓、校文革不按照陈伯达的说法让他当北大校长耿耿于怀,念念不忘。那么,中央同意吗?

到1968年2月,这件事就有了结果。请见本书第13章。

---

[76] 谢甲林:《谢甲林法学文集》,第35—36页。

第十章　1967年4月和5月，向吴传启团伙开炮

一、1967年的"大方向"——彻底批判刘少奇

为了彻底打倒刘少奇，"文革"领导层一方面通过中央专案组设立专案，力图把刘少奇打成叛徒，另一方面是发动全国规模的"革命大批判"运动，从舆论上把刘少奇"批倒批臭"。在当时，"批刘"被认为是"文革"运动的"大方向"。新北大公社对吴传启一伙的揭发，就被指为"干扰大方向"和"破坏毛主席的伟大战略部署"。

1967年3月16日，中共中央印发了《关于薄一波、刘澜涛、安子文、杨献珍等人的自首叛变问题的初步调查》的文件。抓叛徒的问题在红卫兵小报上嚷嚷已久，但这次是中央下了文件，还以中共中央名义加了按语，意义自然不同寻常，其矛头最终指向刘少奇的"叛党组织路线"和"招降纳叛的组织路线"。

4月1日，《人民日报》发表了戚本禹的长篇文章《爱国主义还是卖国主义？》，给刘少奇加上了许多罪名。该文经毛泽东审阅修改，是批刘的重头文章。接着，中央各报刊发表社论，号召开展"革命大批判"，彻底批判"中国的赫鲁晓夫"。

5月8日，《红旗》和《人民日报》又发表《〈修养〉的要害是背叛无产阶级专政》，批判刘少奇的《论共产党员的修养》一书。此文经中央政治局常委扩大会议讨论通过，以显示文章的合法性和权威性。自此，批判刘少奇的火愈烧愈旺。刘少奇的这本书在1962年再版后，影响很大，北大学生基本上是人手一册。现在的大批判要肃清这本书的影响。

关锋、吴传启这个利益团伙，当然不会放过大批判这个机会。时为学部历史所研究生的孟祥才回忆："所谓大批判开始，吴（传启）、

林（聿时）利用他们与王、关、戚、穆欣、林杰等人的关系，在《人民日报》《光明日报》和《红旗》杂志发表了大量批判刘少奇的文章，出尽了风头。"[1] 实际上，这不是简单的出出风头的问题，真正的目的是为这个团伙实现更大的政治野心制造舆论。

这个团伙并不满足于发发文章，他们还有进一步的布局。据原"学部联队"头头王恩宇揭发，4月1日深夜，关锋、王力在人民大会堂接见吴传启、林聿时，说要把他们调到中央文革的"宣传组"去工作。[2] 此后，由于北大公开对吴传启团伙作了揭发，这件事情没有办成。但中央党校的李广文确实被调至"宣传组"工作。关锋、王力垮台后，李广文被遣回党校。由于康生声称他不知道李广文调动之事，李广文愤而贴大字报对康生进行责问，随后被捕入狱，这是后话。也是在这个时间段，赵易亚被调入《解放军报》任总编辑。8月23日，肖力在《解放军报》贴了赵易亚的大字报，赵遂下台。这件事，在当时被笔者看作是关锋团伙要出问题的一个先兆。

二、新北大公社向吴传启团伙开炮

在"一月夺权"和"反二月逆流"中，北大有许多人清清楚楚地看出了有一个利益团伙、有一条"又粗又长的黑线"在浑水摸鱼，因此，新北大公社在参加"大批判"的同时，对这个团伙继续保持着高度警惕。但是，这个团伙的洪涛等人，为了阻止新北大公社等群众组织参与对"民族工作展览"的批判，利令智昏，不择手段，竟然利用地质学院"东方红"中一些同他们有联系的人，挑动该组织和其他一些组织，挑起针对新北大公社等群众组织的武斗，甚至派出人员和

---

1 孟祥才：《我所知道的关锋、林聿时和吴传启》，原载《历史学家茶座》，2011年第2辑，济南：山东人民出版社。
2 这显然是吴、林自己告诉王恩宇的。王恩宇还谈到一些细节：接见的时候，《人民日报》的人送来报纸大样，要王力审看并签字（王力签字后，报社就可以开机印刷了）。王力看大样时，关锋对报社的人说，你们不是缺文章吗？可以找他们（指吴、林）要嘛。这种细节，王恩宇是编造不出来的，他的揭发是可信的。

广播车闯入北大校园寻衅，这引起了新北大公社的强力反击。其结果，就是关锋、王力、林杰、吴传启、林聿时、卢正义、洪涛、刘郢这个利用"文革"之机结党营私的团伙被揭露了，被暴露于光天化日之下。正在做着进入中央文革宣传组美梦的吴传启和林聿时，以及潘梓年、卢正义等人，不得不化名逃亡。这样的后果，是指挥4.8民族宫武斗的洪涛做梦也想不到的。

导火索之一：4.8 民族宫事件

"民族工作展览"是"文革"前就有了的，地点在民族文化宫。民族宫的一个群众组织"二七兵团"认为这个展览是"反毛泽东思想的大毒草"，很早就想批判这个展览，但遭到了洪涛、刘郢等人控制的"红色联络站"的多方阻挠。在"大批判"浪潮来临之际，"二七兵团"于3月31日晚发表声明，正式提出要批判这个展览。此事得到了新北大公社、中央民族学院"抗大"等组织的支持。19个单位组成了"批展联委会"，于4月4日发布了联合声明。

鉴于批判这个展览只涉及"文革"前的"走资派"，符合"大方向"，新北大公社总部不认为这件事情有什么风险，也没有把这件事情看得有多重要，听说"二七兵团"里工人较多，就派了几个中文系同学去帮助写写批判文章，整个工作当然由"二七兵团"主持，他们是主人。4月5日召开了一个批判大会，新北大公社红一团去了一些人参加大会，他们只是充充场面，开完会就回来了。

新北大公社不了解民族宫在关锋、吴传启团伙中的重要地位和敏感性，没有想到参加了一下"批展"，竟然撬动了这个团伙的基石。数十年后，笔者才知道，民族宫是康生手下"哲学反修资料编写组"的驻地，而关锋、吴传启、林聿时都是这个编写组的核心组成员，民族宫是这伙人的重要活动据点。"一月夺权"时，谭厚兰和吴传启、林聿时等密谋上书中央文革建议戚本禹出掌北京市大权，双方开会的地方就是民族宫。因此，尽管批判"民族工作展览"并不涉及洪涛、刘郢个人，但是，洪、刘和他们的后台是不能容忍的。他们千方百计进行阻挠、破坏，终于在4月8日挑起了一场震惊全市的武斗。关锋、王力垮台后，洪涛也被逮捕。新北大公社曾获得机会审问洪涛，洪涛供认，那天他就在武斗现场指挥。

洪涛一伙最阴险的一招，是利用地质学院"东方红"中一部分同他们有联系的人，挑动地院"东方红"打头，首先除去"批判民族工作展览"的心头之患，同时挑起地院"东方红"和新北大公社的矛盾，进而加剧北京市高校两派的矛盾。他们调动了大批人马，紧紧包围了民委机关的北楼。他们原本希望北大派人解围，可以搞一场大规模武斗，然后嫁祸于聂元梓和新北大公社，拔去这颗眼中钉。但是，新北大公社总部在接到参加"批展"同学向校内告急的消息后，并没有派多少人去民族宫。洪涛一伙及其后台的阴谋没有得逞。

聂元梓会同鲫大富草拟了"红代会两项命令"，并经戚本禹同意。其内容为："（一）红代会所属单位之间发生矛盾，绝对不准武斗，目前双方离开民族宫、民委，不得接触（包括所有双方，而本机关除外）。（二）双方掌握的材料不准转移，不准销毁，暂时保留在持材料者手中。有矛盾由红代会主持协商解决。红代会委员会聂元梓、鲫大富 4月8日下午6点"

地院"东方红"于晚9点发表声明，完全拒绝"红代会两项命令"。他们也拒绝了中央文革派来的代表张××的调解。张××和吴德、聂元梓在民族宫二楼召开会议，向各方代表传达中央文革指示，并要求各方"马上撤出民族宫、民委"，但这也遭到地院"东方红"拒绝。"红代会"派来的代表，他们不但不让进门，还遭到围攻、谩骂。

以地院"东方红"和民院"东方红"为主力的打手们训练有素，他们的行动是有计划、有组织，有分工的。4月8日晚10点半，他们首先割断了电话线，使楼内同外界无法联络。随后，他们的宣传车广播命令："各组织、战斗队注意，按计划进行。"一声令下，大规模武斗开始了。他们用木棒、椅子、石头、消防用的铁钩作武器，砸开门窗，冲入楼内，大打出手。楼内的人都遭到拳打脚踢，有的被从窗户扔出去，有的被拖出去，上衣口袋插有钢笔的，连钢笔也被抢走。在楼外，他们的人排成两排，直到长安街边，从楼内被扔出来和被拖

出来的人，继续遭到推搡、拳打脚踢，被吐唾沫……³

楼内的人全部被赶走了，地院"东方红"和民院"东方红"占领了整个大楼，并抢走了全部批判资料和大字报底稿，对"民族工作展览"的批判遭到扼杀，洪涛们大获全胜。

1967年4月11日出版的地质学院《东方红报》刊登了一条"简讯"，声称"四月八号，我东方红战士与民族文化宫东方红公社，民族学院东方红公社，统战部红色联络站，中国科学院哲学社会科学部红卫兵联队，以及政法公社、农机、林院、工大、邮电东方红等单位的亲密战友在民族文化宫共同战斗，狠狠地痛击了一小撮保皇党的猖狂挑衅""取得了辉煌的胜利"。

吴传启们的"学部联队"也登场了，历史将证明，这就是其走向垮塌的起点。

洪涛是"学部联队"头头中最能惹事的家伙，从1.15抢档案事件中尝到甜头之后，更是骄横不可一世。但这一次情况不同了，他碰上了北大，他自以为得计，却不知道给关锋、吴传启团伙闯下大祸了。

4月10日：聂元梓、孙蓬一向陈伯达、江青进言，揭发关锋、吴传启团伙

在4.8民族宫事件中，地院"东方红"出人出力最多，成功地为洪涛一伙所利用，实际上却给这个团伙帮了一个大大的倒忙。半个世纪后，《王大宾回忆录》说："有部分人违背我们'外单位的事，我们搞不清楚，不要参与干涉'的正确决定，干涉外单位的活动，要为自己支持的一派出头，自认为真理在我。我为地院主要负责人，不能妥善处理摆平事件，是我的无能，是我的错。"⁴ 王大宾把责任揽到了

---

3 《新北大》1967年4月13日刊文《一个蓄谋已久的反革命事件》，已收入胡宗式、章铎编：《北京大学文革资料选编》（上），奥斯汀：美国华忆出版社，2020年。
4 王大宾：《王大宾回忆录》，香港：中国文革历史出版有限公司，2015年，第130页。

自己身上。笔者不想追究谁的责任，倒是很想知道，"有部分人"同洪涛一伙有什么关系？他们是如何策划这次武斗的？

4.8民族宫事件发生之后，双方都发表了抗议声明，签名的单位各有30多家。4月12日，北航"红旗"、清华"井冈山"、矿院"东方红"发表联合声明，似乎表示中立，"没有一句支持新北大公社的话"。[5] 笔者没有见过这个声明。但是，这些都是暂时的表象。

北大的领导层很清楚地院"东方红"只不过是当了别人的工具而已，但这起事件显示了新的动向，正如孙蓬一4.12讲话所说："所谓的民族宫事件本来是微不足道的，这只不过是一个借口而已。目的是他们背后的那些人要实现更大的政治野心、政治阴谋！"

聂元梓、孙蓬一对"背后的那些人"已经观察了一段时间，现在不能再沉默了。于是，就有了聂元梓、孙蓬一4月10日向陈伯达、江青进言的事情。10年后，孙蓬一是这样回忆的：

> 高教部事件后，北大从上到下，都在胸中沉积着一股令人透不过气来的压抑闷气。"五一六"们则得寸进尺，步步紧逼，视我们为软弱可欺，冲突不断发生。我们总是受气，真是到了是可忍、孰不可忍的地步了。不公开起来与王、关、戚对着干，简直要把人气疯、气死了。这伙以"左派"自命的家伙，其篡党祸国的用心，若再容忍下去，则我们是无颜再以无产阶级革命派自居了。四月八日民族宫事件后，我就主张公开反击、指出问题实质。当时李清崑等人建议，为稳妥起见，还是去找江青当面汇报一下，以取得支持。聂同意了。九日写了一封求见信，十日下午她与我就去了钓鱼台。那天正好是清华斗王光美。
>
> 我们去后，在场的有江青、陈伯达、戚本禹。我记得是16号楼（文革办事人员所在的楼）的一层会议室里，江先问了一下清华斗王光美的情况，然后问我们是否找王力、关锋来一起听听。我们异口同

---

[5] 卜伟华：《中华人民共和国史·第六卷·"砸烂旧世界"——文化大革命的动乱与浩劫（1966—1968）》，香港：香港中文大学当代中国文化研究中心出版，2008年，第496页。

声地表示拒绝。戚本禹则以早有先见之明似的说:"我早就知道你们是不会同意的。"为什么我们没有拒绝戚本禹呢?因为当时还认为他与王力、关锋不同,根据是:1.高教部事件他未给我打电话;2.放郑仲宾,是戚根据郑母的请求信下的令;3.他当时反对朱成昭。

我和聂坐在长形桌子的一面,对面是他们三人:中间是江青,右边是陈伯达,左边是戚本禹。我们向他们谈了高教部事件,谈了林杰、周景芳、潘梓年、吴传启及其北京市里那一伙,包括高教部的卢正义、徐非光。指出他们这一伙许多人都有历史问题。我则公开说,我们认为王力、关锋是在搞新的招降纳叛、结党营私。谈话间,江青倒没有怎么反驳我们,给人的印象她是在耐心的听我们的汇报,而唯有戚本禹不断地为王、关辩解。当谈到潘梓年、吴传启时,江青说:不是早就打过招呼不和他们联系吗?(对戚)你把吴传启的档案拿来给我看看。戚本禹答应明天就给她。当说到周景芳时,我说他去市委,是说代表中央文革接管去的,以中央文革代表自居。地院的广播中,更说周景芳是中央文革的新成员。江青指出:他是什么中央文革代表、成员?!他连中央文革来都没有来过!戚本禹此时就插话说:可以说是中央文革委托的。陈伯达则说:这样恐怕不好吧,不能这样说。陈的语气是很平和的。可是不知为什么,这一下子却激怒了戚本禹,当着我们的面就大发其火,把手一拍:这没有什么!我负责!这是经过了主席的么!戚本禹还想发作下去,江则如对三孙子那样,爱抚地拍了一下戚的手臂:嗯……,这才制止了戚。弄得陈伯达十分难堪,羞辱之色,从脖子到脸一下子都染红了。陈最后语调平和但却充满委屈,不解地说:我从来还没有看见你发这么大的脾气呢。这件事给我的印象极深,使我从此认清了戚本禹在江青那里,确是一个宠儿。戚本禹与王力、关锋是一伙的。所以以后,当了解到戚想控制北京市时,我是深信不疑。派周景芳,也显然是戚本禹同王力、关锋一起干的。而陈伯达给我的印象是:他虽是组长,但地位还没有戚本禹来得显赫,戚对他是毫不敬重的。

我说到王、关包庇那一伙,是搞结党营私时,江青说:我们没有那样的感觉,只是感到关锋的性子拗一些。接见我们将结束时,姚文元进来了，我记得随后周总理也来了。於是谈话就结束了。江青送我们到16号楼的门口，还告诉我们，今天谈的事，出去不要讲，特别不要损害了王、关的威信。

这是这次谈话的大致经过。当时给我的印象是，不能反王、关，但是下面的一伙是可以反的，认为江青还是支持我们的。这就更造成了错觉，认为她是代表毛主席的，与王、关、戚是不同的。

四月十日回来后，聂与我向校内一些人转达了接见的大致情况。

本来打算好好部署一下，再对吴传启之流公开宣战。可是十一日晚则有以地质为首的一批人打上门来。我于当晚向部分聚集在大饭厅的群众，第一次断断续续讲了一下冲突的实质所在。第二天晚上，因为他们扬言要砸烂广播台，"血洗北大"，根据校文革常委会的决议，要我作个动员报告，我就讲了。当时也没有稿子，上台是信口说的。但由于蓄之既久，其然也烈。而且台上台下相互影响，我就讲了一通。校刊登的是根据录音整理的。[6]

这次会见最重要的一点，是江青对吴传启的看法有了改变，不再强调吴是"左派"，反而表现出一种和吴传启拉开距离的态度。江青向戚本禹提出要看吴传启的档案，显然是想表明她原先不了解吴传启。而在几个月前，她还曾为吴的问题同陶铸大吵大闹。当谈到潘梓年、吴传启时，江青还说："不是早就打过招呼不和他们联系吗？"此话说明，在中央文革内部，或至少对关锋等人，早已打过招呼不要和吴传启等人联系。这个招呼很可能来自最高层，但关锋等人置若罔闻，继续搞他们的团团伙伙。而他们搞团团伙伙的这些事情，江青并不清楚，这正是江青能耐心地听完聂、孙汇报的重要原因。应该说，江青的态度还是不错的。这使聂、孙产生了"江青与王、关、戚是不同的"这样的错觉。倘若江青坚持过去的立场，说"吴传启不能反"，聂、孙就只能徒唤奈何了。但这次会见也说明，当时江青对关锋、王力一伙结党营私的问题还没有察觉，是缺乏认识的，她表示"我们没有那样的感觉"，还告诫"今天谈的事，出去不要讲，不要损害了

6　孙蓬一1977年1月3日致胡宗式、章铎的信。

王、关的威信"。

这次会见的另一点，是确认了周景芳的身份，他并不是外界传说的中央文革的"代表"或"新成员"。江青说"他是什么中央文革代表、成员？！他连中央文革来都没有来过！"颇有点愤愤然的样子。实际上，周景芳仅仅是受戚本禹的"委托"，其深层次背景，有待研究。

第三点，是在汇报过程中，"戚本禹不断地为王、关辩解"，这使聂、孙对戚本禹有了新的认识："戚本禹与王力、关锋是一伙的"。另外，正因为戚在场，这次谈话的内容，便无密可保，很快为吴传启一伙所知悉。孙蓬一即使不做那个4.12讲话，他们也已经知道了。

4月10日的会见是一件影响北大"文革"进程的重要事件，当时听到聂、孙传达大致情况的只有极少几个人，多数人是不知道的。后来慢慢传出来江青的一句话，大意是："吴传启历史上有问题，政治上同他要划清界限。"新北大公社的同学，有些人辗转听到了这句话（如扬子浪等人）[7]，校外一些组织的领导人，也知道江青的这一句话。[8]

孙蓬一当时的想法，不能公开反关锋、王力，但吴传启一伙是可以反的。他打算好好部署一下，再向吴传启一伙开战。校文革常委会也要孙蓬一作一个动员报告。但是，他们还没有来得及仔细研究，4月11日发生的事情打破了他们的打算。

导火索之二：4.11事件

4.11事件是4.8事件的继续和发展，是一次有组织、有计划的行动。这是一起以地院"东方红"为首的6个院校的群众组织的广播车和大批人员闯进北大校园挑衅的严重事件。

4.8事件后，地院"东方红""有部分人"自以为后台强大，北大软弱可欺，于是得寸进尺，继续扩大事态。为了鼓动不明真相的追

---

[7] 见《记忆》第132期《扬子浪日记》1967年4月14日的记载。
[8] 参见《篡党窃国野心家戚本禹扶植潘吴集团罪行》，载学部红卫兵总队等编辑出版的《长城》第7期（1968年2月27日）。

随者到北大寻衅,他们编造了"4月9日王大宾等人会见聂元梓""4月11日下午王大宾在北大被扣"等谎言,[9] 纠集了邮电学院、农机学院、农业大学、工业大学、民族学院中自己的"小兄弟",出动了6辆广播车,于1967年4月11日傍晚闯入北大校园寻衅。他们高喊"聂元梓无权进入市革委会!""聂元梓从红代会滚出去!""揪出聂元梓当红代会核心组长的后台!""解散红代会,恢复三司"等口号,这种挑衅活动一直持续到晚上9点半钟左右。在忍无可忍的情况下,北大学生扯断了这几辆车的喇叭线,将它们推出了南校门。

4.11事件,不仅仅是6辆广播车闯入北大喊喊口号寻衅的问题。夜里10点,对方又有大批人员从东校门翻墙闯入北大,企图挑起大规模武斗。凌晨一点,中央文革办公室打来电话,传达了中央文革三点指示,命令外单位一律撤离北大,不许武斗。北大广播台再三广播了这三点指示,但对方不予置理。凌晨3时多,他们甚至在北大东操场召开"声讨会",斗争了北大三名学生,对他们拳打脚踢。

中文系一位姓巩的学生(当时还不是新北大公社的成员),不仅遭到殴打,上衣也被撕烂。他随后在大饭厅的集会上控诉了被殴打的经过,展示了被撕烂的衣服。

这6个院校之间是如何谋划的?有什么背景?同关锋、戚本禹、吴传启、周景芳这伙人有什么关系?他们喊出的口号为什么如此嚣张?他们的暴力行动为何如此肆无忌惮?

众所周知,聂元梓进入市革委会以及担任"红代会核心组长",都是高层的决定,同聂氏本人无关。他们到底把矛头指向谁?他们喊口号要"解散红代会,恢复三司",这件事情同北大有什么关系?这种口号应该到中央文革去喊,在北大喊有什么用?

别人都打上门来了,是可忍?孰不可忍?

如何向北大一万多师生解释?这是摆在北大领导者面前的一个紧迫问题。

4.11事件是引发孙蓬一4月12日讲话的第二条导火索。

---

[9] 参见胡宗式:《"4.8民族宫事件"的蝴蝶效应》,载《记忆》第310期。

大炮被点响：孙蓬一的"4.12讲话"

孙蓬一比较鲁莽，容易激动，是有名的"大炮"，这是连李讷都知道的。孙蓬一过去如何"放炮"，笔者不得而知，但1967年4月12日晚上，老孙确实放了一炮。准确地说，是两条导火索点响了这门"大炮"。

孙蓬一发表了讲话。这是一次没有讲稿的即兴演讲。正如孙蓬一多年后回忆所说，"蓄之既久，其然也烈"，整个演讲慷慨激昂，让大家见识了"大炮"的威力。

孙蓬一的这篇讲话，首先把矛头对准了吴传启团伙，堪称是讨伐吴传启团伙的檄文。

孙蓬一指出，社会上已经出现了这样一伙人：

> 他们为了达到他们垄断、独占无产阶级文化大革命胜利果实这一目的，便不择手段，只要是可以被他们利用、为他们服务的，只要是支持他们的，他们不管这些人是什么派，就一律给他们送上一个最美丽的桂冠："革命造反派"。而这样一种力量，采取一种非常不正当的手段，采取拉一伙，打一伙，拉拉扯扯，勾勾搭搭，招摇撞骗，把手伸得很长很长，真正是拉大旗作虎皮，包着自己去吓唬别人，当他们跟别人辩论，他们提不出充足证据的时候，便拿出所谓的王牌，说：某某支持我们。不管什么人，只要你违背了毛泽东思想，他支持了你，那么他也是错误的！

这伙人已经形成了一股强大的势力，形成了一条"又粗又长的黑线"，孙蓬一的讲话对这股势力作了阐述：

> 我有必要再一次阐明我的观点：在我看来，这一股势力的代表，这一股势力的核心不在学校，而是一些机关，是真正的摘桃派，那是一些什么人？如学部以吴传启为首的一帮子人，如高教部的延安公社（对！）中央统战部红色联络站。（对！）至于还有一些单位，他们人数虽然很多，但是，在我看来，那只不过充当了一个打手，充当了一个工具！

孙蓬一首先揭露教育部的"延安公社":

教育部的延安公社,他们里面查明了的叛徒,起码有五个,(高呼口号:打倒叛徒!)有的叛徒是非常恶劣的。例如卢正义,根据现在的材料,表明他不仅仅是个叛徒,而且可能是潜伏在我们内部的一个特务。还有一个东北人,国民党攻占沈阳以后,她叛变了共产党,嫁给了一个国民党军官,当了官太太。1949年,她又混进了北京,混进了党内,现在也成了延安公社的骨干。还有一个女的,她的丈夫过去在河南做地委书记的时候,叛变了革命,出卖了革命同志,聂元梓同志的一个侄子,当时刚刚入党,只有十六岁,就被这个叛徒活活打死了。这是她丈夫干的,而这个女的跟她丈夫是一起的,所以她改名换姓。现在她很恶毒地咒骂聂元梓同志,我们完全有理由说,这不是什么个人对个人,而是阶级对阶级!……

这一伙,由于他们是政治投机商,他们靠闻出市场行情的味道,经常来一些出人不意的手段,这样使他们在陶铸在的时候,是拥护陶铸的分子,等陶铸有问题的时候,摇身一变成为反陶的英雄,这些人是所谓的永久牌的高手。在我们看来他们是有奶便是娘的投机商(对!!长时间的鼓掌)就是这一伙得到了一些人死心塌地的支持。我们不懂,这到底是为什么?就是这帮家伙,做着美梦,他们做了夺权的准备,他们有一个升官图,这个升官图我们已经拿到了。他们做着非常如意的美梦,就是说在夺权之后,高教部教育部的第一把交椅就让卢正义来坐。

孙蓬一揭露了吴传启可疑的历史:

还有一个,就是学部红卫兵联队吴传启们一帮人,吴传启到底是一个什么人?我们有理由怀疑他,他不是什么响当当的左派,而是一个在政治上值得大加审查的人。为什么呢?吴传启在抗战时期当过一个特务组织国民党军统特务报纸的编辑。抗战胜利后,吴传启当国民党的"大刚报"的编辑、记者,为国民党服务。中宣部毛泽东思想红卫兵一同志揭发,吴传启的社会神通广大,当你的东西丢了以后,在两天之内就可以给你找回来。就是这个吴传启过去跟人合作也写过一些比较好的文章，可是我们说，他是不是一个左派，不能仅仅以此为标准。文章写的漂亮，但那是演戏，是做给人看的。有的人说中央文革支持吴传启，我们没有这么一个消息。

关锋、戚本禹、王力曾经切切实实地支持过吴传启、林聿时，并打算重用这两个人，但在孙蓬一这次讲话之后，中央文革再没有人公开支持吴传启了。就是这样一个历史上、政治上本应大加审查的人，在"学部"遭到许多人质疑的家伙，加上同样可疑的林聿时，因为有关锋、康生的支持，就成了"学部""响当当的左派"，操控了一派群众组织"学部联队"，还以打、砸、抢、抄、抓的血腥手段，摧垮了对立派，在学部实现了"一统天下"。随后，他们又把手伸向四面八方。孙蓬一指出：

另外一个单位到处发表他们的文章，到处安排他们的势力，这种现象不正常，是很值得我们考虑的，很值得我们深思的（对！！）有的人在外面甚至造谣讲，原学部的周景芳是中央文革成员，拉大旗做虎皮，包着自己吓唬别人。事实上周景芳根本就不存在这个问题。

孙蓬一所说"另外一个单位"，实际上不止"一个"，说"一些"更符合实际。

周景芳是"学部"哲学所的，"学部联队"成员，他到北京市主持筹建市革委会工作，就是谢富治、戚本禹开的介绍信。[10] 孙蓬一对此当然自有看法，但周景芳即将出任北京市革委会常委、核心组副组长、秘书长、政治组组长，所以孙蓬一在这里并没有更多揭露，仅仅揭穿了一个谎言而已。周景芳也不是孙蓬一要揭露的主要目标。实际上，周景芳利用职权大量安插亲信，掌控了市革委会的大权，以致毛泽东都认为"北京市是让一派操纵了"。[11] 关锋垮台之后，周景芳

---

[10] 1967年2月底，周景芳找到王乃英（林杰妻子），向其出示了谢富治、戚本禹派周到市委工作的介绍信，周并邀王到市革委会工作。参见渔歌子录入、注释：《王乃英关于北京市文革初期活动的交代》，原载《昨天》第67期，部分与北大有关的内容已收入胡宗式、章铎编：《北京大学文革资料选编》（上）。

[11] 卜伟华：《砸烂旧世界》，第611页。

被揪回学部。戚本禹垮台之后，周立即被抓了起来。周景芳在市革委会到底干了些什么坏事？除了吴德晚年语焉不详但很重要的一两段揭露外，[12] 笔者几乎一无所知。对此，还有待未来学者的研究。

孙蓬一指出了洪涛的问题，对1.15抢档案事件提出了质疑：

> 而根据我们所掌握的材料，证明洪涛他们与已经被宣布为反动组织的"湘江风雷"有着极其密切的关系，而且他们与宣布为反动组织的"红旗军"也有秘密联系。但是，出现一个非常奇怪的事情，那就是洪涛一小撮抢劫了国家大量机密的档案，在他们窃取国家机密档案的时候，民族学院红卫兵总部、抗大公社出于对国家利益的负责，制止了他们，把他们扭送到公安机关。而结果怎么样呢？抢档案的人成了革命派，而制止抢档案的人却成了反革命。红卫兵总部的郑仲兵同志被关到监狱十五天。这到底是为什么？我们不能不问一问，绝对不能做奴隶主义，绝对不能盲从。（对！！）

"湘江风雷"（毛泽东主义红卫兵湘江风雷挺进纵队）是湖南省一个跨行业、跨地域的造反派组织，组织庞大（号称有百万之众），内部成分复杂，思想和行为都比较激进。"红旗军"全称"中国人民解放军荣誉、复员、转业、退伍军人红旗军"，观点与"湘江风雷"相同，这样一个由训练有素的前军人组成的全国性组织，当局是绝不能允许其存在的。

1967年2月4日，中央文革发布了著名的"2.4批示"：

> 湖南军区对"湘江风雷""红旗军"的反动头目，应该立即采取

---

12 吴德晚年回忆说："（北京市革委会）新进来的人大都是王、关、戚支持的学部的那一派，约二十多人。哲学所的造反派头头周景芳担任了市革委会的秘书长，杨远担任了办事组组长。办事组等于是市委的办公厅，一切机要都由杨远控制了。……革委会成立后《北京日报》恢复出版，学部派来的涂武生控制了《北京日报》，实际上，真正控制的是吴传启，吴传启背后操纵涂武生，所有的社论、消息，都要经过吴传启看过。"吴德还回忆说，王、关、戚垮台后，周恩来专门找谢富治、吴德、傅崇碧谈话，要求把与王、关、戚有关的人员清理出市革委会。后共清理出去了一百四五十人。见朱元石等访谈整理：《吴德口述：十年风雨记事——我在北京工作的一些经历》，北京：当代中国出版社，2013年，第36—37页、第56页。

专政措施，分化瓦解其中被蒙蔽的群众。

这个意见并电告广州军区。

数十年后获知，这个批示是陈伯达批的，江青、康生等人画了圈。[13] 中央军委2月9日发出的一份通知明确地将"湘江风雷"称为"反动组织"。[14]

"湘江风雷"的头头确实是有问题的。[15] 湖南省军区在审查过程中，意外发现该组织头头在1966年末参与制造了陷害周恩来要搞政变的"007号密令"案件。他们不仅到中央文革上访，对周恩来进行诬陷，[16] 还在当地公开散布有可能发生"政变"的谣言。[17] "湘江风雷"的头头张家政曾经在洪涛控制的民族研究所住过一段时间，并在那里写了一份诬蔑陷害周恩来的材料。戚本禹还派人去那里取走过该材料。孙蓬一指出洪涛同"湘江风雷"关系密切，是有根据的。称"湘江风雷"为"反动组织"，则是中央文革"2.4批示"发布后的流行说法。新北大公社肯定"高司"（长沙市高等院校红卫兵司令部）是革命造反派，认为不能把一个在高校中占多数的红卫兵组织打成"保守派"；同时，新北大公社并不反对支持"湘江风雷"翻案的"工联"（长沙市革命造反派工人联合会），因为该组织的主体是产业工人。新北大公社的态度似乎自相矛盾，实质原因是对涉嫌"007号密令"案件的"湘江风雷"头头持保留看法。

"2.4批示"是中央文革批的，据曾涛，毛泽东在2月5日的中央常委扩大会上批评了这件事。毛泽东拿出这个批示，对陈伯达、江

---

13 阎长贵、王广宇：《"2.4"批示前后》，载《炎黄春秋》，2016年第4期。
14 卜伟华：《砸烂旧世界》，第457页。
15 1967年9月16日中央领导人接见首都大专院校红代会部分组织负责人时，周恩来提到"湘江风雷"时还指出，"他们的头头有坏人"。见胡宗式、章铎编：《北京大学文革资料选编》（下），第194页。
16 这是"湘江风雷"头头自己供认的。
17 "文革"后清算原"湘江风雷"头头叶卫东时，其罪名之一便与此有关。参见《历史的审判》编写组编：《历史的审判：审判林彪、江青反革命集团案纪实》（下），北京：群众出版社，2000年，第426页。

青、康生说，为什么匆忙发出这个指示？也不送给我看。[18]

但是，中央文革没有承担责任并及时采取补救措施，结果把锅甩到了湖南省军区头上。军区在执行"2.4批示"过程中抓人过多，打击面过大，随即引起了强烈的反弹。中央文革支持的一些人又在底下拱火，于是，"湘江风雷"成员及其同情者把矛头指向了湖南省军区和支持军区的群众组织，造成了严重的后果。一些极左派甚至把矛头指向了周恩来。[19]

毛泽东后来严厉批评了"2.4批示"，并说"中央要负主要的责任"。[20] "湘江风雷"由8月10日发布的《中共中央关于湖南问题的若干决定》而获得正式平反。但其最激进的部分及原头头张家政等人又成立了极左的"省无联"（湖南省无产阶级革命派大联合委员会）。1968年1月24日，周恩来、康生、陈伯达、江青等中央高层宣布"省无联"是"反革命的大杂烩。"省无联"迅即瓦解，有的头头被处死刑，张家政获刑20年。

孙蓬一公开对1.15抢档案事件及其处理过程提出质疑，矛头自然指向了这一事件的幕后操纵者（究竟是谁，他们自己心中有数）。

孙蓬一在讲话中没有点王、关、戚的名字，但点出了几件他们所做的事情，他们自然心知肚明。讲话点名揭发了吴传启、卢正义、洪涛等人，以及为他们所控制的"学部联队""延安公社"和"红色联络站"，明确指出"就是这一帮人，他们勾结在一起，凑成了现在北京市存在的最大的下山摘桃派。他们妄想通过一些阴谋手段，来篡夺无产阶级文化大革命的成果。"

孙蓬一指出，北大无产阶级革命派是决不允许他们这样做的，

---

18 曾涛：《正义的抗争——所谓"二月逆流"的前前后后》，载张化、苏采青主编：《回首"文革"——中国十年"文革"分析与反思》，北京：中共党史出版社，2014年。
19 这些极左派同北京的"首都五一六红卫兵团"有稳定的联系，他们毫无根据地把"2.4批示"及其引起的后果栽赃给周恩来，在中央"8.10决定"发布后两天，他们就发出了炮轰周恩来的声明，有的人甚至在中央领导人接见湖南代表的会场上，当着周恩来的面要求只向戚本禹单独汇报，等等。参见杨大庆：《文革中的长沙"红中会"》，载《蒲公英文摘》，www.zhaoqt.net
20 阎长贵、王广宇：《"2.4"批示前后》。

"正因为这样，所以我们变成了他们实现野心的一个障碍，一个眼中钉，所以他们来给我们制造矛盾，挑起斗争。""现在，斗争既然由你挑起，这场斗争将怎样进行，就不以你的主观意图为转移了！""我们可以奉告这样一些人们，的确，从我们这方面来讲，我们一天也不准备打，一次也不准备打，但是你们要把战争强加在我们的头上，我们就坚决地奉陪到底！"

孙蓬一"4.12 讲话"的主要内容，实际上也就是聂、孙 4 月 10 日向江青、陈伯达进言时所反映的问题，只不过"4.12 讲话"没有点关锋、王力的名字而已。

孙蓬一"4.12 讲话"提到的那个杀害聂元梓侄子的叛徒，笔者当时未予重视，亦未求证于聂。50 多年后在网络上读到羊夏的文章，才知道此人名吴蓝田，曾任中共豫北地委组织部长。此人 1940 年投靠日军，出任日伪"灭共工作团"团长，数年间疯狂屠杀共产党和抗日军民，血债累累。抗日战争胜利后，吴又投靠河南省保安第四总队总队长王三祝，成为其参谋长。新中国成立前夕，吴蓝田逃往上海潜藏，1956 年被抓捕归案，1957 年伏法。[21] 聂元梓对叛徒深恶痛绝，因为她深切地知道叛徒给革命和人民带来的伤害。

孙蓬一的讲话提到了人民大学的肖前：

我拿我们的邻居人民大学来说，好像反对肖前就是反对吴传启，反对吴传启就像犯了弥天大罪一样。我今天就要公开表示，我们就是反对一下吴传启。

笔者当时没有关注肖前的事情，50 多年后读到陆伟国的文章，[22] 才大吃一惊。

据陆伟国的介绍，戚本禹很想在人大也拉起一支像"学部联队"那样的队伍。戚本禹曾四次派《红旗》杂志女记者张昭找人民大学的群众组织"人大三红"进行拉拢，并要他们一定要支持一个叫姚中原

---

21 羊夏：《汉奸吴蓝田》，www.gjnews.cn
22 陆伟国：《我在人民大学的文革经历》，载《昨天》2021 年 11 月 30 日第 189 期。

的人，在人大树一个造反典型。[23] 但是，"人大三红"的负责人没有答应。于是，当"新人大公社"（简称"新人大"）成立后，他们就把目光转向了"新人大"和肖前。

肖前是人大哲学系的副主任，同关锋、吴传启等早就是好友。在"学部联队"一些人的鼓励下，肖前于1967年3月2日贴出大字报，表示要"站出来"革命。第二天，戚本禹就跑到人大，对"人大三红"大加批评指责，却称赞成立不到十天的"新人大"为"革命组织"，戚本禹还特别说，"肖前是个好同志"。于是，肖前第二天就表态站在了"新人大"一边，并担任了副社长。同时，肖前也就成了一个不能反对的人。

孙蓬一讲话的矛头，明里指着吴传启，实际上是不是指向了戚本禹？至于那位女记者张昭，笔者怀疑她就是后来被派到北大的张超。

孙蓬一"4.12讲话"的影响

孙蓬一4月12日的讲话产生了广泛而重大的影响。

对于新北大公社师生来说，老孙的演讲振聋发聩，扫清了人们心中多日的疑云，大家明白了：地院"东方红"并不是我们的敌人，制造矛盾，挑起冲突，破坏文化大革命，企图篡夺文化大革命成果的是吴传启等一伙人，这才是我们要反对的。许多同学明白吴传启一伙后面站着关锋，对关锋也有看法，但公社的人不会随便议论，更不会随便贴大字报，这是公社的特点。所以后来反对派如"北京公社"的"小人物"在陈伯达6.5讲话后拼命寻找聂、孙和新北大公社反对关锋、王力的"铁证"，却一无所获。

对于北大反对派的少数人来说，他们从孙蓬一讲话中发现了今后的盟友，"敌人的敌人就是朋友"，只要有利于反对聂、孙和校文革，什么人都可以成为盟友。他们见不到关锋、林杰，却可以见到林

---

[23] 据陆伟国介绍，姚担任过中国留苏学生的党支部书记、人大校团委书记，有思想、很能干，但比较激进。他第一个贴出针对校党委的大字报，被上面的人注意到了。1967年5月，他听了点风声就贴出了反对周恩来的大字报，被作为"五一六"抓了。

杰的妻子王乃英。他们见不到吴传启、林聿时，但王恩宇、洪涛这些人是随时见得到的。这些人和他们掌握的组织，还有其他一些组织，不仅可以出谋划策，还能提供人力、物资支持，并帮他们上报材料。

对于吴传启、林聿时、洪涛等一伙人来说，孙蓬一的讲话无异于一颗重磅炮弹在他们头顶炸响，令他们无比震惊。洪涛把地院"东方红"当作一块石头砸向新北大公社，想把新北大公社砸趴下，不料石头变成炮弹反弹回来，于是引火烧身，闯下大祸。这个团伙是靠一系列不正当手段发达起来的，见不得光。孙蓬一把这个团伙暴露于光天化日之下，他们就无所遁形了。这些情况引起了高层的注意，于是，吴传启、林聿时进入中央文革宣传组的美梦顿时破灭，不久就走上了艰难的、提心吊胆的逃亡之路。但是，他们的后台老板和同伙，一定会进行强有力的反击。

对于关锋来说，孙蓬一的讲话给他带来的不仅是震惊，还有恐惧。关锋、吴传启一伙，自打倒陶铸和"反二月逆流"以来，所向披靡，正在兴头上，孙蓬一的讲话无疑给他们当头浇了一盆冷水。关锋是深受毛泽东赏识和保护的，关锋过去写的杂文，有的也有"影射"之嫌。阎长贵以关锋《从陈贾说起》一文为例指出："按照'文革'实际，用当时惯用的'影射史学'，仅凭关这篇杂文，把他打倒——和其他许多被打倒的人相比，也不为冤枉。"但毛泽东保护了关锋。[24]关锋进入中央文革后，本应谨慎行事，但他越搞越左，还违反上级指示，私下里继续搞团团伙伙，尤其是和吴传启这种历史上大有疑问的人搞在一起。这些事情，同样见不得光，毛泽东知道后是不会高兴的。毛泽东直到去世，都没有原谅和赦免王、关、戚。

最狡猾的是戚本禹，他和吴传启、林聿时没有很深的历史关系，但和"学部联队"王恩宇等人关系密切。聂、孙4月10日进言时戚在场，知道聂、孙的检举，也了解江青的态度，后来，戚就默许了学部的一部分人起来另立一派，反对吴传启、林聿时、潘梓年等人，以争取主动。戚本禹垮台后，这些人颇受戚本禹之累，这是后话。

---

[24] 阎长贵：《我所知道的关锋》，原载《同舟共进》2013年第4、5期。

最感到震惊的应该是江青。4月10日说的事，4月12日就把大部分内容给捅出去了，这肯定让江青在中央文革内部十分被动。江青对孙蓬一十分恼火，这是江青后来说"聂元梓那个助手不好"的真正原因。后来陈伯达、关锋、戚本禹等不止一次召见聂元梓进行打压，但江青并未出面。

以上只是笔者的推测。当孙蓬一4月12日讲话的消息传到中央文革后，诸位大员在内部都有什么反应，未见披露（未来的文革史研究者不妨留意一下），但想必非常热闹。中央文革公开的反应是4月14日讲话，下文再说。

北师大"井冈山"于4月13日发表声明："关于四月十一日、十二日新北大公社和地质东方红等革命组织之间所发生的严重冲突，我师大井冈山公社根本没有参与。"该声明刊于《井冈山》第29期，但当时笔者并不知道（笔者是在电子杂志《记忆》第150期上读到的）。我们不了解北师大"井冈山"发表这份声明的内幕，但显然，他们的后台已经找到了更好的工具，这次不用他们出手了。但他们暗中支持北大反对派的事情，还是做了不少。

孙蓬一的讲话和新北大公社的立场得到了许多兄弟组织的支持。《大庆公社通讯》1967年4月14日第97期报道，大庆公社于4月13日晚召开社员大会，播放了孙蓬一"4.12讲话"的录音。大庆公社广大社员群情激奋，纷纷表示坚决支持新北大公社的革命行动。该报道还提到，人民大学、民族学院、矿业学院等多个大学和单位的群众组织到北大表示支持新北大公社的革命行动。

反应最激烈的是地院"东方红"，见下文。

孙蓬一的4.13讲话和炮打谢富治

4月12日晚，谢富治、傅崇碧曾派代表到北大传达经中央文革批准的紧急通知：

> 革命的同志们，红卫兵战友们：我们是谢富治同志、傅崇碧同志派来的，现在宣布一个经过陈伯达同志、康生同志、江青同志、中央

文革小组批准的,由谢富治同志、傅崇碧同志签署的紧急通知。全文如下:

地质、师大、清华等学校的同学同新北大的争论,要在红代会上解决,不能发动人到北大去。十一日夜间和十二日下午的武斗是完全错误的。希望现在去新北大的同学,一律回到自己的学校。

谢富治　傅崇碧
一九六七年四月十二日下午七时半[25]

按照这个"通知"推测,谢富治还是了解一些情况的,态度也还是公正的,但不知什么原因,到第二天就变了。

4月13日,谢富治召集聂元梓、孙蓬一和地院一派的人开会。名义上说开的是解决北大和地院之间矛盾的会议,但谢富治根本没有采取公平、公正的立场,而是拉一派、打一派。谢在会上不让北大说一句话,却下结论说武斗是北大挑起来的,有意地对北大进行打压。动态组的胡宗式也随同聂元梓、孙蓬一参加了这次接见,他回忆说:

谢一开始说,今天召集红代会核心组开会,解决北大和地质之间的矛盾。先听听别的院校的意见,北大和地质不要发言。地质没有发言,但是其他5所和地质学院同去的院校相继发言,攻击北大。几个人发言之后,聂元梓说:"谢副总理,我讲两句"。谢富治大手一挥,说:"你不要讲,你们两家我谁也不听"。这时我坐在聂元梓的后面,看到她掉了眼泪。一会儿,地质20多人冲入会场。有的人一见屋里这么多人,就说:"不是单独接见我们吗?怎么这么多人?走走!"会议没法开了,谢离开了会场,在另外的房子里接见了地质的人。地质的人回来后围住聂元梓,说:"谢副总理讲了,找你来解决问题。"于是,聂元梓就到那间房子去找谢,我和孙蓬一也离开会场到大厅里。一会儿见聂元梓出来,地质的人又围上来要和她辩论。我们走向门外,他们一直追着骂我们,直到汽车开。车开动以后,孙蓬一问:

---

25 胡宗式、章铎编:《北京大学文革资料选编》(下),第72页。

"怎么样？"聂元梓说："说武斗是我们挑起的"。我和孙听了都很生气。一会儿孙蓬一说："回去以后把接见的情况源源本本地对群众讲。"聂元梓说："不能讲！"我说："讲了会引起炮打谢富治。"我们都很生气，一路无语。

当天晚上，石油学院大庆公社来北大，就"4.11事件"声援北大。在大饭厅，临时来了一些同学，新北大公社的负责人和石油大庆公社负责人在群众会上分别讲话，会场的气氛很热烈。孙蓬一即席讲话，他讲了下午接见的情况和"1.15事件"等情况。他在讲话中说：

"1.15事件"把抢档案的说成英雄、是左派，而把保护档案的人关进监狱。这是什么逻辑？！吴传启之流安插自己的亲信到市革委会、北京日报等部门，他们是些什么人呢？是国民党员、共产党的叛徒、一些投机家。说什么"越是叛徒越是左派""30年代的叛徒60年代的左派"。这是什么混蛋逻辑？他们是"摘桃派"！周景芳自称是中央文革的代表，我现在给辟谣了。今天会议名义上是解决北大和地质矛盾，在会场上，不叫我们说一句话，就下结论，说武斗是我们挑起来的。不是没有调查就没有发言权吗？是他们打到我们家里来的，而不是我们打到他们那里的，是非是如此明显，却视而不见。开会我们去了三个人，比通知多了一个，在门口我们已和会议组织者说明了，同意进去的。会议开始时，谢富治询问为什么多一人。可是地质一下来了二十多人，谢什么都不问，地质的人吵吵嚷嚷："不是单独接见我们吗？怎么这么多人？"。我们不清楚这是为什么？！

谢富治的态度让孙蓬一很是气愤。他的即席讲话引起了新北大公社群众的不满，纷纷要去公安部找谢富治辩论，有些积极的人先跑到前面贴大标语。正在整队的时候，聂元梓和李清崑赶来，制止这样的行动。聂元梓说北京市革委会马上就要成立，就在4月20日，这个时候无论如何不能把矛头指向谢富治。当晚，聂元梓先口头向驻北大的中央文革记者承认错误。随后，写了书面检查，连夜送到中央文革。

新北大公社总部马上派人分几路，把先走的人叫回来，并把贴的大标语盖上（肯定是盖不全的，第三天在天文馆的屋顶上还有"打倒谢富治"的大标语）。

聂元梓的话是对的，大家冷静下来，队伍就解散了。但"炮打谢富治"已经成为事实，在新北大公社成员中也普遍地产生了对谢富治的不满情绪，人们真的产生了怀疑。

在 4 月 14 日中央领导人接见红代会各院校代表的会上，谢富治是这样说的："办事要调查清楚。昨天我事先没调查，情况不大了解，还很急躁，主要地是批评了地院东方红，而且发了脾气，也批评了聂元梓，最后走的时候，也没有和聂元梓打招呼。"[26]

谢富治是"事先没调查"吗？他根本不让我们说话，谈何调查？谢富治自称"主要地是批评了地院东方红，而且发了脾气"，真的吗？聂元梓、孙蓬一、胡宗式三人在场，既没有听到谢有片言只语批评地院，更没有见到他对地院方面的人发脾气。否则，孙蓬一绝对不会有 4.13 那样的讲话。

江青在 4.14 讲话中也提到这件事："谢富治副总理告诉我，昨天搞了一天（指调解北大和地院冲突的事——引者），要一起谈，地院东方红不干；要单独谈，单独谈也崩了。"[27] 看来，谢富治还真的和地院东方红单独谈过，但是谈崩了。

康生在 4.14 讲话中也说了这件事："昨晚谢副总理向我汇报了昨天的情况，准备解决问题，地院东方红没有遵守谢副总理的指示，出了 26 人，这种态度是不对的。谢副总理气量够大的，好些地方冲公安部都没发脾气，气量很大。昨天谢副总理不是退兵 30，而是 50，地院还不谅解，这一点，地院应当自我批评。"[28]

看来，谢富治确实有一些我们不知道的隐情和难处。关于调解的情况，他至少向江青和康生做了汇报。

显然，地院"东方红"在和谢富治"单独谈"的时候提出了某种连谢富治也不能接受的条件，于是"谈崩了"。为什么连谢富治也谈

---

26 胡宗式、章铎编：《北京大学文革资料选编》（下），第 79 页。
27 胡宗式、章铎编：《北京大学文革资料选编》（下），第 74 页。
28 胡宗式、章铎编：《北京大学文革资料选编》（下），第 77 页。

不下来呢？他们向谢富治提出了什么条件？他们这样做的底气又从何而来？

地院"东方红"是得到周景芳支持的，而周景芳和吴传启是一伙的。周景芳已经控制了北京市革委会的多个重要部门，但他还不满足，或者说，是他背后那股势力还不满足，因为他们还不能为所欲为。谢富治对他们多少有点制约，因此，他们对谢富治也多有不满，[29] 甚至对谢富治进行要挟和威胁。周景芳被抓起来之后，谢富治才说出他曾经受到周景芳要挟和威胁的事情。

北大井冈山兵团北斗星简讯编辑部主办的《北斗星简讯》1968年3月26日的增刊刊登了一份《谢副总理在市革委会全体会议上的讲话（1968.3.25下午）》，[30] 谢富治在这个讲话中作了一点自我批评，其中一段与周景芳有关。谢富治说：

> 对一些违背毛泽东思想的错误行为进行原则斗争表现较弱。这同"私"字、"我"字有关。例如去年4、5月间，革命委员会中的坏人周景方，他给我写了一封通牒性的信，说我没有支持他搞派性。当然，我不支持他搞派性，我跟他有斗争，但斗争得很不够，而且没有把这封信给毛主席、林副主席、中央文革伯达、康老、江青等同志看。这不是我个人的事情，是大是大非的问题。

周景芳要搞派性活动，谢富治没有支持他。于是，仗着有后台支持，周景芳竟然给谢富治写了一封"通牒性的信"，进行威胁，可见其眼中根本就没有谢富治。而谢富治竟然忍气吞声，没有把这封信向上级报告。谢富治自己都说"这不是我个人的事情，是大是大非的问题"。那么，到底是什么原因，竟然要让身为副总理、公安部长、北京市革委会主任的谢富治在"大是大非问题"上也要如此地委曲求

---

29 比如，王乃英掌握的北京市革委会动态组整了北大的材料，谢富治不看，命秘书退回。王乃英非常不满，在市革委会工作人员中散布了许多对谢富治的牢骚和不满情绪。参见渔歌子录入、注释：《王乃英关于北京市文革初期活动的交代》。
30 这篇讲话已收入胡宗式、章铎编：《北京大学文革资料选编》（下）。

全、甚至不敢向上级报告呢？如果谢富治把信报告上去，又会有什么结果呢？

谢富治没有披露"通牒性的信"的内容，也没有具体揭发周景芳要搞什么样的派性活动，想必规模很大，后果会很严重，谢不能也不敢支持。周景芳要搞这样一场派性活动的时间，谢说得也模糊，只说"去年4、5月间"。周景芳1967年4、5月间要搞的事，无疑是针对新北大公社的。那么，谁会是周景芳想要利用的呢？

周景芳看好的是地院"东方红"。据聂树人的说法，[31] 周景芳"是官场上的权势人物，他必然要寻求自己的权势基础。当时惟一能与'天派'抗衡的是'地派'。""为了加强与'地派'的联系，也算是一种政治交易，周景芳决定从地院抽调两名常委级的人去市革委会筹备组参加工作。"于是，地院的张海涛和聂树人去市革委会工作了一段时间。

1967年7月，正当北大的反对派大批特批聂元梓"分裂中央文革"的时候，周景芳专程访问了地院。对此，聂树人写道：

1967年7月某日晚饭后，周景芳来到了地院。来前，可能已经和张海涛通了气，我们都到李贵家会齐等他来。他一来就表明态度，只是走走看看，没有什么大事。我们谁心里都清楚，他这样一个政治忙人，一定有什么事。果然，在随便闲谈了几句之后，他就切入正题。他谈到，全国解放后至今，我党曾出现过"五个反对毛主席的圈子"：

第一个圈子是高岗、饶漱石"反党集团"；

第二个圈子是以彭德怀为首的彭、黄、张、周"反党集团"；

第三个圈子是彭、罗、陆、杨"反革命集团"；

第四个圈子是以刘少奇为首的"刘邓资产阶级司令部"；

以上这些反党集团都形成了反党的圈子，他们在形成和发展过程中都集结了相当的势力。但是，在毛主席的英明决策下，他们都失败了。

---

31 聂树人：《北京天、地两派的争斗》，香港：中国文化传播出版社，2013年，第224—226页。

现在，又有一个反毛主席的圈子正在形成和发展中，这个圈子就是以北大聂元梓为首的有金字招牌的人，他们与刘邓司令部的人暗中勾结，听命于他们，到处伸手，网罗势力，准备有朝一日与毛主席摊牌。这个圈子现在人们还没有认识清楚，有很大的欺骗性。但是，终有一天，他们会图穷匕首现的，我们要时刻提高警惕。

周景芳到地院来"一定有什么事"，说的这番话是"正题"，那么周景芳此行的目的是什么呢？是要鼓动他们起来同聂元梓的"反毛的第五个圈子"作斗争吗？

什么叫贼喊捉贼？这就是。关锋、吴传启、周景芳这些人才是一个借"文革"之机结党营私的反党圈子，因为被揭露了，前途不妙，所以还想利用别人来做最后的挣扎。不过，按聂树人的说法，地院的几个人对周景芳的话"感到不可思议"，只是"姑妄听之"，没有当回事。

中央文革 4.14 讲话

在孙蓬一放了两次大炮之后，中央文革大员们不得不出面讲话了，目的是灭火。

1967 年 4 月 14 日，陈伯达、康生、江青等中央文革小组成员和谢富治，在人民大会堂接见了红代会各院校的代表。江青、姚文元、康生、谢富治、陈伯达先后讲话。[32]

高层领导讲话的第一要点是维护中央文革。江青说："我们小组是一致的，……这个一致是表示在主流上的，不要想钻空子，你们要懂得，小心有人钻空子，挑拨离间。"陈伯达则为关锋站台："关锋是文革小组成员，是《红旗》副主编，大家知道，我很官僚，我就请他管常委、编辑，实际是王力和他共同负责，……把我和关锋对立起来是完全错误的，我和王力、关锋同志是一起工作的，不要以为在这里有什么空子可以钻，要走大路，不要走小斜道。"这些表态明显是针对孙蓬一"4.12 讲话"的，但冠冕堂皇的表态并不能掩盖中央文革

---

32 见胡宗式、章铎编：《北京大学文革资料选编》（下）。

内部存在的问题。这些讲话的保质期也太短，四个多月后，他们就不这样说了。不到一年，他们自己都说王、关、戚是"小爬虫""变色龙"了，而周景芳则成了"革命委员会中的坏人"。

陈伯达和姚文元批评了孙蓬一的"摘桃派"理论，但是，对于孙蓬一提出的吴传启、卢正义、洪涛这样一些人的问题，所有领导人都避而不谈，只字未提。谁敢为他们打保票呢？

江青、康生都提到谢富治调停北大和地院冲突的事情（上文已引），对地院"东方红"是有批评的。对于北大发生"炮打谢富治"的事情，他们表面上显得很是宽容大度，江青说："炮打谢副总理是不妥当的，是错误的。但不能全赖在聂元梓同志身上。按她的斗争经验，生活经验应该给你们做出榜样。你（指聂元梓）应该做触及灵魂的检查。但打倒谢副总理，一切都归于聂元梓，我没有证据。你们开了广播车去北大是不妥当的，有意见可以提。"康生也说："孙蓬一不要以为犯了错误就抬不起头来。"

值得一提的是，康生在开会间隙还给聂元梓写了一封短信，要北大参与"抓叛徒"的事情，康生的目的是什么？是拉拢一下北大，安抚一下北大的情绪？还是另有图谋？

50多年后重读这些讲话，感觉这些领导人对聂、孙虽然有批评，但态度还是温和的，更没有上纲上线。但是，有些人不这样看。

地院革委会和"东方红公社"的声明

4月16日，地质学院革委会和东方红公社发表《关于目前北京市无产阶级文化大革命形势的几点声明》。《声明》说：

孙蓬一的两篇讲话，恶毒地挑拨中央文革内部的关系，否定革命小将，扶植保守派，打击革命派，拼命为刘邓反动路线歌功颂德，炮打谢副总理。这是两篇浸透了毒液的反毛泽东思想的大毒草。必须彻底批判，公开消毒。

孙蓬一这个现行反革命分子必须揪出来由全市广大革命造反派揭发、批判、斗争。并揪出孙蓬一讲话的幕后策划者。坚决、彻底、干净、全部地粉碎这股反革命黑风。

地院东方红等革命组织与新北大公社的争端说明北京市两种势力、两条路线、两种命运、两个前途的全面决战开始了。

如果说4.8事件和4.11事件还只是"有部分人"参与的话，那么这次是地质学院整个领导班子出马了。显然，他们对中央文革领导人4月14日的讲话是不满意的，他们要完全地、坚决地站在某个团伙、某股势力一边，为这个团伙或势力冲锋陷阵了。孙蓬一只是揭露了一小伙"摘桃派"，他们却把这件事情上升为"两种势力、两条路线、两种命运、两个前途的全面决战。"或许，他们是对的。孙蓬一4.12讲话虽然只提了几个人的名字，却触动了后面的一整条路线。这条路线对孙蓬一是绝对不能容忍的。

地质学院的这个声明，拉开了在北京市"打倒孙蓬一"的序幕。

徐运朴、侯汉清的大字报

校外有地质学院的《声明》，校内则是徐运朴、侯汉清于4月17日联名贴出了题为《孙蓬一必须作触及灵魂的检查》的大字报。[33] 大字报写道：

> 正当北京市无产阶级革命派大联合，向党内头号走资本主义道路当权派展开总攻击，北京市革命委员会即将成立的时候，在我校曾一度出现了一股反对谢富治、怀疑关锋等同志的歪风。在这个问题上孙蓬一同志负有不可推卸的政治责任。他所犯的错误是严重的，尤其四月十三日孙蓬一同志的讲话，是违反毛泽东思想的，是混淆是非，歪曲事实，制造混乱。大长资产阶级威风，大灭无产阶级造反派的志气，使亲者痛，仇者快，流毒至广，政治影响极其恶劣的。
>
> 孙蓬一同志煽动群众反对谢富治的政治错误，已经众所周知了，孙蓬一煽动群众影射关锋同志，也是有根据的，决不是一时冲动。为了进一步帮助老孙认识错误，有必要提醒你一下，你对待关锋同志的

---

33 大字报落款的时间为4月16日，全文见胡宗式、章铎编：《北京大学文革资料选编》（上）。

态度，至少应当联系到二月份在高教部夺权的有关问题。向中央文革及全校革命师生做深刻检查。

二月三日，北大二千多革命师生根据关锋、王力的电话指示，从高教部回来后，有一部分同学表示要打回高教部。二月四日晨，在一部分同学的集会上，出现了"关锋是关锋，中央文革是中央文革""我们要求和关锋辩论""中央文革的指示正确的就执行，不正确的就不执行，要造反"等口号。当时孙蓬一、聂元梓等同志在场，不予驳斥，聂元梓同志说"大家的心情是可以理解的，我把大家的意见反映给中央文革。"

关锋、王力同志对你们的批评，你们至今在常委会上没有传达，而且你们对这些批评一直是不满的，所以这次孙蓬一提出要"揪出吴传启的后台"，影射关锋，决不是偶然的。

此前，徐、侯二人对聂、孙有意见，主要还是对他们的工作作风、对群众的态度等等方面有意见，还没有涉及大是大非问题。但这张大字报表明，在这场同关锋、吴传启团伙的斗争中，徐、侯二人已下定决心，要同这个团伙站在一起，为维护这个团伙出力了。对于关锋、王力的那两个电话，徐、侯二人本来比普通同学了解的更早，了解的更多，他们明明知道关、王用谣言对北大进行打压的不正常行为，但是，他们现在跟风转向，站出来揭发孙蓬一"对待关锋同志的态度"了。

这份大字报表明，校文革领导层再次发生分裂。徐、侯后来多次拜访"学部联队"头头王恩宇，汇报情况，听取指示。王恩宇是吴传启、林聿时等外逃后"学部联队"的负责人，直接受命于戚本禹，并保持着同吴、林的联系，提供信息和给养（特别是全国粮票）。徐、侯这样做，就把自己绑到了吴传启一伙的战车上。关锋、王力垮台后，徐运朴醒悟过来："保关、王保错了"（据赵建文告），但为时已晚。

走过场的再次"整风"

按照聂元梓本来的想法，只要把对吴传启等人的调查搞好，把材料往中央一送，就完事了。但孙蓬一接连"放炮"惹了祸，加上徐、侯两位校文革常委贴了大字报，于是不得不重启"整风"来应付。4月18日上午，在临湖轩召开校文革委员、系文革主任、战斗团长会议，讨论整风和斗、批、改的问题。

这一期间校内出现了许多大字报。一派是"帮助孙蓬一整风"的大字报，认为孙蓬一犯错误是由于头脑中的私字、无政府主义、小团体主义、对当前阶级斗争形势估计不对而造成的。另一派批评徐、侯二人。还有一派是对双方各打五十大板。

4月29日孙蓬一宣告整风结束。4月30日上午，郭罗基在"0363北京公社"召开的整风串联总结会上作了长篇演讲。[34] 郭罗基引用4月26日《人民日报》社论《打倒无政府主义》中的一段话"在这关键时刻，无政府主义又冒了出来，转移了斗争大方向"，认为"在北大，对于运动的最大干扰，就是以孙蓬一为代表的严重的无政府主义。"他指责孙蓬一"煽动群众把矛头对准谢富治，不是方向性错误吗？"

《人民日报》当时受王力直接控制，已经成了极左路线的工具。当3月份"反二月逆流"狂飙刮起，并把矛头指向周恩来的时候，该报为什么不发表社论批评无政府主义呢？现在，孙蓬一讲话把矛头指向关锋、吴传启团伙还没有几天，该报就急不可待地跳出来要"打倒无政府主义"了。这篇社论，代表的正是这个团伙的利益，代表的是极左路线。

郭罗基向来以敢于"抗上"著称，但是，他对聂元梓、孙蓬一的成见蒙蔽了他的眼睛。他对关锋、吴传启团伙已经暴露出来的问题视而不见，对这个团伙的"上"，他不仅不敢"抗"，还要同他们站在一起。他声称："4.11以来，孙蓬一的严重错误使北大的运动在大方向上一度发生偏离"。按照郭氏的思路，北大应该和关锋、吴传启团

---

34 讲话全文见胡宗式、章铎编：《北京大学文革资料选编》（上）。

伙同流合污，才算是正确的方向。因为王、关、戚还在台上，郭罗基的讲话，当时听起来似乎很有道理，在一个短时间内，似乎也能站得住脚，因而迷惑了不少人。但这是经不起历史检验的，到关、王垮台、吴传启一伙被捕，郭罗基的观点就破产了。毛泽东自己说了，"王、关、戚是破坏文化大革命的，不是好人。"历史证明，孙蓬一在这个问题上并没有错。如果让郭罗基取代聂、孙来领导北大，一定同王、关、戚、吴传启一伙打成一片，沦为他们的工具。

孙蓬一的两次讲话从策略上来看显然有不妥之处，或许可以采取更妥善稳当的方法，但当时面对王、关、戚、谢沆瀣一气，结党营私，大搞极左的严重局面，站出来大喝一声，也是很有必要的。孙蓬一实际上没有错，所谓"整风"只能是走走过场。

在工、军宣传队时期，孙蓬一在一份"检查"中回顾了这一段的思想：

六七年三月初，校内广大革命群众响应中央的号召，要求校文革整风，批评校文革和主要负责人的错误，大方向是完全正确的。可是我对校文革的错误，当时很不认识，甚至觉得我们比起别的单位来，问题少得多，对群众的这一正当要求，开始是漠然置之，后来虽然同意开展整风，但是由于对我们自己的错误缺乏自觉，就对有的大字报的矛头集中一个人而反感，藉口整风运动是"普遍的马克思主义教育运动"的"普遍的"三个字，把一些要求着重整校文革主要负责人的主张，说成是什么"资产阶级整风方针"。三月八日，我在全校大会上，做了一个压制群众革命积极性的讲话，引起了严重的后果。不但大大挫伤了广大群众的积极性，使校文革的错误没有得到很好揭露、批判并从而纠正过来，反而整了一部分群众。

四月十三日，我在谢副总理问题上犯了严重错误。四月十四日中央首长对我作了严肃的批评。在中央首长的指示下，被迫开展了第二次整风。我对这次整风更无诚意。因为我当时对自己错误的严重性根本没有认识，甚至把错误还当成正确坚持。对群众中比较尖锐的批评，不仅听不进去，反而从资产阶级派性的观点看问题，认为这些同志是帮助地派说话。所以这次，只搞了两个星期，就草草收场。

由于两次整风走了过场，压制了群众的意见，O派开始出现了，要求校文革继续整风。我从派性出发，错误地认为O派的观点都是来自地派，对O派广大群众的合理意见不是虚心听取，而是组织支持我们的群众与之对抗，在辩论会上我也亲自登台公开辩论，企图以我们人多势众，把O派压下去。结果是压而不服，反对我们的群众越来越多。在一些机构里，也清洗了所谓O派观点的同志，这就使我们和群众越来越对立。

孙蓬一的检讨是有历史局限性的，但他认为"O派的观点来自地派"的看法是符合实际的。完全按照"O派的观点"去整风，让他们满意，就得放弃对关锋、吴传启一伙的斗争，向这个团伙投降。这是不能接受的，北大多数师生也不会接受。历史很快证明，"O派"就是站在关锋、吴传启团伙一边的，"北京公社""小人物"编写的有关"四月形势图"的材料充分证明了这一点。

三、新北大公社对吴传启团伙的揭发

揭发、批判潘梓年

从1967年4月下旬至5月下旬，新北大公社"除隐患"战斗队陆续发布了揭发潘梓年的几批材料。根据这些材料，一些战斗队写了批判文章，校刊《新北大》也发表了一些批判文章。"除隐患"油印发布的材料，主要有潘早年发表过的反共文章，最后一份是关于潘历史问题的材料，认为其是"叛徒"。这些材料印数很少，现已无从寻觅，但我们可以从第三方的记忆来加以印证。

1967年11月15日晚，谭厚兰在北师大的一次大会上作了一个检讨，其中提到北大和人大"三红"揭发潘梓年的材料："基于卢正义问题的教训，当四月份社会上揪潘、吴时，我没有轻率地发表什么意见，特别是看到北大、三红整理潘梓年的材料，看了潘梓年从二八年到四八年，一味吹捧蒋介石，攻击鲁迅，我当时一看，就认为他和吴晗差不多,是个反共老手。当时社会上也说吴传启历史很复杂,当时我觉得吴传启历史复杂,要搞调查研究,要少和这些人打交道。从那以后,我们就很少主动和学部打交道了。由于自己头脑中的私字派性十足,在以后这一段实际工作中,仍然和王恩宇他们打过一些交道。"[35]

到 1967 年 4 月份,"学部"内部对吴传启、林聿时飞扬跋扈、颐指气使、专断独行不满的人也越来越多,一部分人决定拉出队伍同吴、林对着干。他们也选择潘梓年作突破口,"一是因为他是学部的一号人物,在学部的副主任中级别最高,行政六级,排名仅在郭老之下,打倒他,影响大。二是因为他是吴、林的牌位,打倒他,吴、林就摆脱不了干系。三是他有叛徒的问题。他坐过国民党的监狱,据社会上传来的一些材料,他是叛徒的可能性很大。"[36]

潘梓年是六级高干,他如果不投靠关锋、吴传启、林聿时团伙,"文革"一开始肯定会被吴、林打成"学部"第一号"走资派"和"资产阶级反动学术权威",戴高帽子游街受批斗,肯定是跑不了的,但不至于死在监狱里。而在关、吴、林的庇护下,潘一开始就成了"左派",而且"红得发紫",可以安坐在主席台上,看着对他昔日的同事、原"学部"领导人进行批斗。他还多次发言,指责原先的同事们"执行了修正主义路线"。[37]

受到"学部"内外的揭发批判后,按照上层"龟缩"的指示,潘梓年躲藏到太湖中的一个小岛上。关锋、王力垮台后,潘被抓回投入监狱,1972 年死于狱中。

潘梓年并不是重点。潘受到揭发批判,关锋等人并未出面保护。在"学部","联队"也没有大张旗鼓地为潘辩护,也没有进行猛烈反击。他们要极力保护的是吴传启。

---

35 黎云编著:《师劫——北京师范大学文革亲历者文集》,香港:时代文献出版社,2019 年,第 399 页。
36 孟祥才:《我所知道的关锋、林聿时和吴传启》。
37 孟祥才:《追忆"文革"中的学部领导和部分高研(一)》,原载《历史学家茶座》总第 20 辑,2010 年。

吴传启被安排躲到河南。北师大学生蔡鸣乔等人到河南南阳外调，找一个叫张晓钟的人了解情况。"这个张晓钟见人自来熟，特别能侃。说着说着就说起了吴传启。他说，吴是他的表弟，前些时还来他这儿住了些日子。他问吴怎么来了，吴说，我贴了周总理的大字报，有人要抓我。曹大姐叫我出来躲一躲。他问吴，'曹大姐是谁？'吴答：'是康老的爱人'。"张晓钟提供的书面证明材料，把这件事也写了进去。[38]

看来，指示"学部联队""龟缩"，并让卢正义、吴传启、潘梓年、林聿时到外地躲藏的幕后人物，不止是关锋，可能还有康生。

在揭发吴传启历史问题上的严重斗争

吴传启的问题，在1966年就受到过广泛揭发。最早起来反对吴传启、林聿时的是哲学所的"红旗战斗小组"，由8个年轻人组成。他们反吴传启的行动震动了整个学部。后来的"学部红卫兵总队"从吴传启的文章中摘录了几百句话，断言吴是"三反分子"。但是，吴、林等人得风气之先，抢先贴出了打倒陶铸的大字报和大标语，"总队"领导人不辨文革风向，贴了保陶铸的标语和大字报，于是被看作是"反中央文革"，被勒令解散。

吴传启问题的要害是他复杂的历史。1966年江青和陶铸为吴传启的问题发生争吵，关键也是吴传启曾经是国民党员。按常理说，陶铸和江青都会把这件事情向毛泽东汇报，毛泽东有何表示，未来的学者们不妨加以探寻。

新北大公社"除隐患"战斗队派人到武汉档案馆调查了吴传启的历史，整理出来的《吴传启究竟是个什么东西？》（材料之一），约有1万字。材料的"按语"中指称，"吴传启是一个地地道道的混入党内的阶级异己分子，是一个政治大扒手，是一个善于玩弄阴谋的资产阶级政客"，"吴传启在这次文化大革命中，打着所谓'坚定左派'的旗号，结党营私，招降纳叛，耍弄阴谋花招，把黑手伸向北京市很多

---

[38] 黎云编著：《师劫——北京师范大学文革亲历者文集》，第123—第124页。

部门、单位，制造混乱，拉一派，打一派，分裂革命队伍。吴传启是破坏北京市无产阶级文化大革命的祸包。"[39] 这份材料印数很少，陈伯达6.5讲话后，便没有传播。"除隐患"战斗队关于吴传启的其他材料，也就此被扼杀，未能公布。吴传启在1967年9月被捕后，审查工作自然由中央去管，北大的调查材料不再有什么意义。"除隐患"战斗队没有整理新的材料，也没有公布原先已整理好的材料。《吴传启究竟是个什么东西？》（材料之一），没有重印或重新公布。数十年后，笔者意外地从网上购得了这份材料。

到5月下旬，北大揭批潘梓年的活动接近尾声，关锋等人认为下一步就是公布吴传启的材料了，必须坚决制止。至少，关锋是绝对不能容忍的。关锋未必敢当面同江青去闹，但绝对敢向陈伯达发难，逼迫陈伯达一起向聂元梓施压。于是，就有了陈伯达、关锋、戚本禹于5月27日一起召见聂元梓的事情。对于这次召见，聂元梓回忆说：

1967年5月27日（原书称28日，系记忆有误——引者）中午，我突然接到电话，要我在两点以前到达钓鱼台，陈伯达、关锋、戚本禹找我谈话。

陈伯达说："我们是受江青委托和你谈话的。江青同志本来是要来的，她身体不好，还有别的事情，不能来了。你是有水平的。你是市革委会副主任，又是红代会的，北大文化革命委员会主任。以后有许多事情需要你和我们共同来做。我们非常希望和你合作，你要和我们站在一起。你写的大字报和你在北大校文革的行动，为'文化大革命'立下了汗马功劳，希望以后好好地合作。你不要反对吴传启了，更不要把我们和他联系起来。陶铸反关锋就是从反吴传启开始的。"

我说："就是吴传启在搞两大派，到处伸手，制造分裂。清华、北航直到五月中旬才开串联会搞吴传启。"关锋插话："真的那么晚吗？"接着又说："吴传启已经不在了。你知道吗？两大派你要负责。"

---

39 红代会新北大公社《除隐患》战斗队编：《吴传启究竟是个什么东西？》（材料之一），一九六七年六月三日。这份材料已收入胡宗式、章铎编：《北京大学文革资料选编》（上）。

关锋说："北京分出两大派，你要负责，听说你还要揪出一个大后台，要叫大家吓一跳。"（我说：这都是谣言。）关锋说："你态度不好。"我就没有再解释下去。

在谈到谭震林问题时，关锋说："你们要揪出揪谭震林的后台，如果是那样，我们就奉陪。你们还要保余秋里，[40] 提醒你们，不要再犯错误，再犯大错误就可能爬不起来了。"（我当即解释，这些情况是别人谎报的，不是真的。像二月四日关锋同志批评我们"三路进军"一样，根本没那回事。）关锋矢口否认说："我没有打过那次电话，根本没有。"

戚本禹说："你也有问题，但我们计较了吗？你还说什么六月要血洗北京城。"

我立刻急了，指着陈伯达说："你们听了满耳朵的谣言，根本违背事实真相，今天你们说的这些，我要追查，看是谁给我造谣。"还没等我说完，关锋、戚本禹就走开了，留下陈伯达。我也起身走了。陈伯达在后面追上来，喊："不要生气呀，我们要合作哦！"[41]

这次召见的目的就是向聂元梓提出警告，施加压力，不准反对吴传启。这当然遭到了聂元梓的拒绝。中央文革的组长和两个要员一起出面，还打着江青的旗号，显然是代表中央文革了，但他们讲不出一点可以让聂元梓接受的道理，除了威胁，就是谣言，甚至是非常离奇的谣言，关锋甚至矢口否认他打过2月4日那个电话。这怎么让聂元梓信服并停止揭发吴传启呢？关锋、戚本禹不仅是"极左"，还是恶霸，毛泽东依靠这样的人搞"文革"，怎么能不失败呢？

这次召见有什么内幕或背景？陈伯达、关锋、戚本禹事先是怎样商议的？不得而知。事情当然是有来头的，并且是陈伯达6.5讲话挥舞大棒的前奏。但这三个人实际上是各怀鬼胎。死保吴传启的只有关锋，对聂元梓进行威胁的主要也是关锋。戚本禹暗中支持的学部

---

40 关锋当面造谣！两个月前的3月27日，新北大公社已经发表了"炮轰余秋里"的声明，见上文。
41 聂元梓：《聂元梓回忆录》，第219—第220页。

"大批判指挥部",已经举起了反对吴传启、林聿时的旗帜,"即使打不倒他们,也决不同他们为伍",[42] 北大反对吴传启,对他们是有利的。陈伯达同吴传启没有历史渊源,没有利害关系。所以1967年8月3日陈伯达对聂元梓说:"5月27日的批评,不要当回事。"[43]

5.27召见是安排在某一个会议之前的短暂时间里,训斥完聂元梓之后,关、戚就走了,聂元梓根本没有申辩的机会。聂元梓没有后台给她支招,不懂得"引而不发"的策略,也不懂得先退一步的"缓兵之计",一味"硬顶",于是,揭发吴传启历史问题的大字报在6日1日如期贴出。大字报的文本已不可考(内容可能是《吴传启究竟是个什么东西?》那份材料的简要版),但效果明显。大字报的贴出等于打了关锋的脸,也打了中央文革的脸,他们暴跳如雷,要进行镇压了。这就是陈伯达和王、关、戚团伙在1967年6月至8月对聂、孙和新北大公社进行全方位打压的一个重要因素。

面对陈伯达、关锋、戚本禹的高压,聂元梓是挺直腰杆顶住了的。她不听中央文革的话,立马遭到了王、关、戚和陈伯达的全力打击。2004年北大校友王复兴拜访聂元梓,谈起这次召见,聂说:"江青、陈伯达他们,当年要我'合作',上他们的'船',我不肯。于是就整我,整新北大。"[44]

在吴传启的问题上,关锋等人为什么那么沉不住气呢?群众组织手里的材料毕竟是有限的,打上几炮就没有弹药了,他们既不能代表组织做政治结论,更不能把人抓来关押审查。着什么急呢?显然,他们的面子挂不住了,更主要的,是他们心虚了。

---

[42] 孟祥才:《我所知道的关锋、林聿时和吴传启》。
[43] 聂元梓:《我在文革漩涡中》,第319页。
[44] 王复兴:《抢救记忆——一个北大学生的文革回忆录》,香港:中国文化传播出版社,2016年,第155页。

第十一章 1967年6-8月，
来自关、王、戚团伙的全力打压

5月27日对聂元梓施压没有成功，新北大公社"除隐患"战斗队于6月1日贴出大字报，揭发吴传启的历史问题，这下真正地捅了马蜂窝，中央文革的一些人恼羞成怒，关、王、戚、陈伯达轮番上阵，利用他们的地位和权势，发动了猛烈的反击。

1967年3月，中央文革掀起了"反二月逆流"的狂飙，企图把还在管经济和外交的几个副总理都打倒，并且把矛头指向了周恩来。毛泽东后来虽然向元老们表示了和解的姿态，但周恩来不敢大意，亲笔写信给陈毅、谭震林、李先念、余秋里和李富春，对他们提出严厉警告，以免他们再度惹事闯祸。[1] 陈毅等人自此也谨慎多了，不敢再像以前那样直言无忌了。

"二月逆流"被压下去了，江青又利用"伍豪启事"向周恩来发难，明知事件真相的毛泽东有意不明确表态，反而把有关材料批给文革小组阅存，籍机把周牢牢地掌握在自己手里。[2] 由此，周恩来陷入了极为艰难的处境之中。当然，这些事情，北大师生当时是一无所知的。

中央文革和谢富治对周恩来非常不满，诬蔑周是"老保""救火队长"，在内心中从不把周恩来当作"无产阶级司令部"的人，戚本禹甚至在公开讲话中把周恩来排除在"无产阶级司令部"之外。钢铁学院"首都五一六红卫兵团"准备张贴攻击周恩来的大字报，提前获

---

[1] 高文谦：《晚年周恩来》，明镜出版社，2003年，第216页。
[2] 高文谦：《晚年周恩来》，第217—第224页。

知信息的中央文革和谢富治却采取放纵、纵容的态度。[3] 显然,他们非常乐意看到周恩来被贴大字报,这伙"五一六"分子做了他们想做而不敢做的事。

在这个时候,新北大公社开始了公开揭发潘梓年、吴传启的行动,矛头直指中央文革要员关锋、王力,罪名是性质极其严重的"招降纳叛、结党营私",这个团伙在做了"收缩"的安排后就倾全力进行反击了。这就是 1967 年 6 月北大发生大乱的大背景。这个团伙为了自保,为了维护其团伙的利益,必须把北大搞乱,把反对派扶植起来,把聂元梓、孙蓬一整下去,把新北大公社整垮。

但是,他们的目的能达到吗?

一、来自中央文革关、王、戚、陈伯达的全面打压

(一)山雨欲来

山雨欲来之一

进入 1967 年 6 月,除江青没有出面外,中央文革的其他人都开始对聂元梓、孙蓬一和新北大公社进行公开的全面打压。

6 月 1 日是毛泽东批示公开发表"第一张马列主义大字报"的纪念日。新华社于 5 月 31 日发表了大字报作者聂元梓、宋一秀、夏剑豸、赵正义、高云鹏、李醒尘的文章《大海航行靠舵手》。北大在 6 月 1 日举行了庆祝大会,大会表面上是热烈和隆重的,新华社在当天发表的《各地军民热烈庆祝毛主席亲自决定发表全国第一张马列主义大字报一周年》的综合报道中,也介绍了北大的集会。

但是,"文革"领导层没有一个人出席北大的集会,连办事人员都没有来。这不是一个好的征兆。

而且,《红旗》杂志和《人民日报》在 6 月 1 日联合发表的题为

---

[3] 王广宇:《"五一六"反革命案发生的真相》,见阎长贵、王广宇著:《问史求信集》,北京:红旗出版社,2009 年。

《伟大的战略措施》的社论中，把北大1966年10月在群众串联会上出现的"上揪下扫"的提法，同"带长字的靠边站""矛头向上"等提法相提并论，说这都是缺乏阶级分析的，都是错误的。社论还称，"如果不把斗争矛头指向敌人，而是指向不同意见的群众，在左派组织之间打'内战'，这就转移了大方向，使阶级敌人高兴。"

明眼人在当时就可以看出，这篇社论夹带着私货，是站在关锋、吴传启团伙一边，含沙射影地对聂元梓和新北大公社进行打压的。50多年后回看，社论的立场和目的就更加清楚了。但在当时，此事并没有引起新北大公社群众足够的关注。

也是在6月1日，新北大公社"除隐患"战斗队贴出了揭发吴传启历史问题的大字报。大字报的贴出表明，对于5.27召见时陈伯达、关锋、戚本禹的打压，聂元梓是不会屈从的。这张大字报为当天的纪念活动所淹没，很不起眼，但关锋一伙知道后是要跳脚的，一场激烈的斗争不可避免。

山雨欲来之二

也是在这一天，王、关、戚接见了中宣部工作人员并讲了话。[4]不知道受到接见的有些什么人，但这显然是一个内部的会议，为即将开始的对新北大公社的打压向他们打招呼，同时向中宣部内部反关锋、吴传启的人们提出警告，施加压力。对他们的讲话，限于篇幅，笔者谨摘录几句，并略作评点。

戚本禹：北京市现在两派斗争明显地不是掌握大方向的斗争，不是搞大是大非。很多是造谣，例如说什么中央文革小组分两派。这是流言，是敌人制造的谣言，不能相信。（王力插话：敌人制造的。）没有两派，只有一派。……最近有两个动态值得注意：就是阶级敌人企图从两方面来破坏无产阶级文化大革命，来转移大方向：一种是从极"左"方面，一种是从右的方面。极"左"方面，不是把矛头对准

---

4 《王力、关锋、戚本禹接见中宣部工作人员时的讲话》，已收入胡宗式、章铎编：《北京大学文革资料选编》（下），奥斯汀：美国华忆出版社，2020年。

刘、邓、陶这一小撮走资本主义道路当权派，而是企图用各种流言蜚语打击无产阶级司令部的人，转移斗争矛头，煽动一些人攻击总理，攻击文化革命小组成员。……说中央文革分两派，支持一派，打击一派，搞这一套，那是从右的方面来制造混乱的。过去说文化革命小组分两派还可以，因为有陶铸、王任重。现在的成员都是一起战斗过来的，团结是坚强的、巩固的。

50多年后重读这段讲话，是非对错，一目了然。搞极左、反总理的，不正是你们这个团伙吗？你戚本禹3月27日在北大的讲话，不正是把矛头指向周总理的吗？聂元梓、孙蓬一和新北大公社把矛头对准关锋、吴传启一伙，有什么错呢？你戚本禹在"学部"不也是在幕后支持"大批判指挥部"反对吴传启、林聿时吗？

关锋插话：要坚持原则的话，就搞光明磊落的政治斗争，不要搞这种小动作。

关锋居然也讲"光明磊落"，这真是厚颜无耻到了极点。关锋、吴传启、林聿时这个阴谋小团伙是最没有资格说这四个字的。

值得注意的是王力的一句话：

王力：我们不希望你们两派卷入到北京市说是要爆发还没有爆发的大内战中去。

这句话泄露了天机：王力已经提前知道，北京市即将爆发一场大内战。谁是策划者呢？针对的又是谁呢？事实证明，策划者就是王、关、戚这伙人，目的就是对聂元梓、孙蓬一和新北大公社发动围剿，把他们整垮，以保护他们自己这个团伙。

山雨欲来之三

1967年6月3日晚至次日凌晨，陈伯达、江青、康生等在人民大会堂小礼堂接见外事口的造反派，陈伯达、江青、康生、戚本禹、谢富治讲了话。这个会本来的目的是毛泽东叫中央文革出面批评外事口大专院校少数人把斗争矛头对准周总理、企图打倒周总理的反动思潮。陈伯达却在两次讲话中偏离主题，不点名地对北大进行批评。（这是陈伯达自己承认的，他在 6 月 5 日的讲话中，明明白白地说道："我前天在小礼堂讲话就是批评新北大的。"）

他在第一次讲话中说：

> 最近看了一些材料，有人竟然这样说：还要下决心干，垮了就垮了，不是我们垮，就是他们垮。说这种话的人不是无产阶级的人。这种说法和联动说："活着干，死了算"有什么不一样？……现在流传着念念不忘一个"权"字的，他们无产阶级的权要夺，资产阶级的权也要夺，实际上他们是要夺无产阶级的权，这是不行的。我们是无产阶级专政，要巩固无产阶级专政，谁要想夺无产阶级的权，就要碰得头破血流。[5]

笔者不知道陈伯达看了一些什么材料。可以肯定的是，中央文革收到过不少对北大进行造谣的材料，如教育部夺权时关锋指责北大要"三路进军"冲击中央文革，就是谣言。就在几天前，即 5 月 27 日召见聂元梓的时候，关锋、戚本禹对聂的种种指责，全是谣言。中央文革的这些人，尤其是王、关、戚，都喜欢听谣信谣，还亲自造谣，然后用谣言来打压对方。

在会议即将结束时，陈伯达作了第二次讲话。他说：

> 无产阶级的政治斗争是很严肃的斗争，不是儿戏，不是赌博，不是押宝，不要犯主观主义的错误，不要犯儿戏的错误，要学会毛主席的阶级分析方法对待这个问题。……最近街上有这样的一张标语，反对谢富治同志的标语，这就是"打倒谢富治""谢富治算老几""解放军调查团滚出去"，这个标语贴在××处，要把它盖上。现在谢富治同志是北京市的首长，我投他一票，你们也有一份，你们拥护不拥护他？这种标语是乱来，属于联动一类，什么算老几，无产阶级算什么辈数，讲什么血统论，贴这种标语的可能堕落到联动一样。写这种标语的人算老大吗？老子天下第一，自己来当革委会主任，革委会主

---

5 见胡宗式、章铎编：《北京大学文革资料选编》（下），第 95—104 页。

任不是自己封的，是大家推的，是大家协议选出来的。

念念不忘无产阶级斗争是严肃的斗争，不是儿戏！[6]

陈伯达的上述指责，似乎是针对孙蓬一 4 月 12 日和 4 月 13 日两次讲话的。但陈的指责毫无道理，讲话的逻辑也很混乱。聂元梓、孙蓬一正是把关锋、吴传启一伙的问题看作是"很严肃的斗争"，才在 4 月 10 日向陈伯达、江青当面陈述意见的。孙蓬一 4.12 讲话有失鲁莽，很不策略，但决非"儿戏""赌博""押宝"。陈伯达后来不是把同王、关、戚的斗争说成是文化大革命的"第四个回合"了吗？至于陈讲话中提到的"最近街上"的反谢富治的标语，显然同北大无关。特别是"解放军调查团滚出去"这种标语，更与北大风马牛不相及，北大并没有来过什么"解放军调查团"，此话无从说起。如果陈伯达想把这些标语同北大联系起来，用来指责聂元梓"老子天下第一，自己来当革委会主任"，这本身就是造谣。说谢富治是邓小平老部下，要聂元梓在北京市革委会起监督作用的，不正是你陈伯达吗？

陈伯达 6 月 3 日的指责气势汹汹，不讲道理，只有恫吓，但这没有吓倒聂、孙和北大校文革。6 月 4 日晚在东操场召开的全校大会上，校文革副主任姜同光传达了陈伯达 6 月 3 日的讲话，随后聂元梓在讲话中谈工作安排时，"强调搞吴传启、潘梓年也是完全可以的"。[7]

对聂元梓的打压是全方位的，还有一个地方是大学红代会。于是，一场奇怪的会议召开了。

（二）黑云压城：陈伯达 6.5 讲话抡起大棒

陈伯达 6.5 讲话

6.3 讲话还没有来得及起作用，或许是陈伯达自己觉得意犹未尽，或许是又有人施加了压力，陈伯达在 6 月 5 日又作了一次讲话，这次讲话的最后部分对聂元梓、孙蓬一反对吴传启的行动横加指责，

---

[6] 见胡宗式、章铎编：《北京大学文革资料选编》（下），第 95—104 页。
[7] "革造 15 红浪滔天"编：《大事简记》，油印材料。

严厉批评。这显然是 5.27 召见和 6.3 讲话的延续，5.27 召见是不公开的，6.3 讲话是公开但不点名的，而这一次，陈伯达是公开点名并抡起大棒来了。

1967 年 6 月 5 日晚至次日凌晨，在人民大会堂召开了一次据说是有大学红代会核心组成员、北京市革委会的 15 所高等院校的委员和红代会的工作人员参加的会议。但奇怪的是，红代会核心组组长聂元梓并没有与会，也没有证据表明红代会其他"四大领袖"参加了这次会议。1968 年 3 月 8 日凌晨，陈伯达在回答聂元梓关于这次会议的询问时说："那是关锋强迫我讲的。他把会议布置好了，我正在开会，他把我拉到会场，让我讲那些话。"[8] 聂元梓在一份手稿中（大约写于"清查五一六"时期），对陈伯达这次谈话内容的记述还要详细一些。据该手稿，江青、陈伯达同聂谈话中间，江青出去了一会儿。其间，陈伯达对聂说："你们发现王、关、戚问题还是比较早的，你是有贡献的。在中央文革王、关、戚主要反对的就是江青同志和我。康老和他们的关系还是比较好的。我是支持你的，实际在中央我是为你们说好话的。过去批评你们几次，你不要误会，我应该再次向你解释解释。"陈还说，"1967 年 6 月 5 日那一次本来我是在另一个地方开会，没想参加傅崇碧召开的会。他把我叫去了，叫我批评你。我不了解情况，听了他的意见。后来那两次是王、关、戚搞的，在那种情况下，我不能不批评你，希望你能理解。"

中央文革内部或高层究竟发生了什么？陈伯达的 6.5 讲话到底是关锋让他讲的，还是傅崇碧让他讲的？关锋或傅崇碧为何能够把陈伯达从另一个会场叫来讲话？这次会议到底有什么背景？笔者惑而不解已半个多世纪，祈望未来的学者能够查明真相。

会议由傅崇碧主持，陈伯达作了讲话，谢富治有一些插话，纪录稿约 6000 字。[9]

陈伯达怒气冲冲而来，在讲话中发了很大的脾气。他对群众组织

8　聂元梓：《我在文革漩涡中》，香港：中国文革历史出版有限公司，2017 年，第 242 页。
9　胡宗式、章铎编：《北京大学文革资料选编》（下），第 105—111 页。

不听中央命令，互相之间打架，对广播车扰民，对街上反对谢富治的标语，对大学生干预各省市以及中学和工厂的运动，都作了严厉批评。陈伯达对大学红代会内部地派组织的最新活动，如 6 月 4 日未经核心组讨论就批准了 18 个地派组织加入红代会的事情，以及原三司一些人为夺回《首都红卫兵》报编辑出版权而发布的取缔《首都红卫兵》报的"通告"，也作了严厉批评。（这两件事与北大都没有关系）当谢富治插话说 "他们都各自拉一派，把自己观点相同的一派拉入红代会"时，陈伯达说："你们现在是资产阶级知识分子想夺无产阶级的权。现在苗头就是这样。"

"你们现在是资产阶级知识分子想夺无产阶级的权"是一句很重的话，陈伯达是对所有与会人员说的，但在北大反对派的口中，这句话成了聂、孙的罪状。

最后，陈伯达说了两大段专门批评聂、孙的话。这两段话约占全部讲话的四分之一。显然，陈伯达对聂、孙的不满积蓄已久，不吐不快，这次畅所欲言，一吐为快了。

现将这一部分全文抄录如下：

陈伯达：地质与新北大吵架，别再打了，北大是老大哥，别逞英雄，不要把地质打倒。地质也不要把北大打倒。北大地质各做自我批评。一个学校的事别的学校不要去包办代替。北大有缺点做自我批评，地质也是如此。新北大要做模范。有没有北大的同志在？（答：有。）你们别组织两大派斗争，我前天在小礼堂讲话就是批评新北大的。但是你们其他人回去也不要攻击新北大。我们是希望人家好。北大是一个很有名望的学校，又是出第一张大字报的，它成材不成材，是不是紧跟毛主席的革命路线，还是走别的路线，有这种可能性！这里要引起北大同学们的警惕。别用这些话去贴大字报，去攻击新北大，不准往街上贴新北大的大字报。我们这是内部交心，红代会内部做自我批评，不要把对方当作死对头，用自我批评，只有资产阶级才相互攻击，要爱护新北大，不要损人利己，不要大喊大叫，你们注意，不要打垮新北大，我没有这个野心，我现在作为红代会的一员来说话，我是代表个人，不是代表中央文革小组。我们今天的讲话，就是在这个范围内知道就行了，不准拿出去攻新北大，前两个月我就批评了孙蓬一，地质去攻击新北大是错误的，孙蓬一就发火做了个报告，说我们上上下下万众一心，这没阶级分析，不科学，你们北大就没有资产阶级知识分子？就没有一个小资产阶级？有一个会我是批评新北大孙蓬一的。"不是我们垮，就是他们垮，垮了再干。"这也是新北大一个人说的。孙蓬一有火药味，要有点老大哥的气派嘛，不然你们的名誉就损害了。吴传启算什么东西？吴传启你们说过就算了，提不上日程上。他这个人排不上我们社会的位置。我现在天天想，天天希望这样一件事能够实现，就是广播车都拆掉。吴传启我不认识他，谢富治同志也不认识他。有一种言论，说北京日报、光明日报、新华社、红旗杂志都是吴传启操纵的，这是活见鬼！有人扭住周景芳，他在学部工作。

谢富治：他是好人，是造反派的。

陈伯达：我刚刚认识他，他是戚本禹同志派他去帮助谢富治工作的，是戚本禹推荐的，关锋同志开始还不愿意呢，要把他调到《红旗》，当时我也同意了。这是一个老实人，别冤枉好人。吴传启不可能操纵我们的报纸，渺小的微不足道的人，你们硬把他抬上来，这不是见鬼吗？这不是上坏人的当吗？因为他，就要搞武斗，这是被人在挑拨呀，这是帮助渺小的微不足道的人来篡夺我们的权力。凡是搞垄断把持权的都是替自己造成垮台的条件。你们要用吴传启这个名字来做内战的口实，一定要垮台。吴传启是渺小微不足道的人，你们为什么要抬高他呢？我们两个人一辟谣你们就垮台了。我们两个人都不认识他。你们一定要利用这个口号会自己垮台的，不相信，将来会相信的。北大拿这个借口少数人搞分裂，一两个人，两三个人想利用这个来搞内战，这一两个人就要垮台。他们认为打中了，就可以把北京市革委的权夺过来了，这是想入非非，胡思乱想，这种人一定要垮台。回去跟孙蓬一说一下，我不怕他进攻我，昨天我公开批评了聂元梓同志，我是不愿意点出名来的，对于聂元梓同志我们还是要保护的，你们不要乱攻，不要利用我的讲话去攻聂元梓同志，还是让她当红代会核心组组长，我支持她，不能够开除她。谢富治是代表党代表工人阶级来领导革命委员会的，不能由知识分子来领导无产阶级，你们这些知识分子究竟改造了多少？造革命委员会的反，是什么意思？值得考虑！我信任你们，所以才把心里的话都说出来，我这样严厉地批评你们，是因为我相信你们，你们也相信我们。我刚才发那么大的脾气，不是没有道理的，我是好意的来劝你们的，但一定不要利用我的讲话对某一个组织、某一个单位的批评，去攻击另一个组织，去攻击另一个人。不要去攻击新北大，不要去攻击聂元梓同志。北大同学回去告诉聂元梓同志，叫她不要生气，我这样正是为了她好。

陈伯达这一大篇讲话的要点是什么呢？目的又是什么呢？

要点之一是为周景芳撑腰站台，陈、谢二人一唱一和，称周景芳是"老实人""好人""造反派"，以打压聂、孙，但不小心泄露了天机：周景芳的后台是戚本禹！怪不得周在北京市革委会能够把持一切，为所欲为，连谢富治对他也十分忌惮。

要点之二是诬称聂、孙要夺北京市革委会的权。说聂元梓要夺北京市革委会的权，完全是王、关、戚、吴传启一伙编造出来的谎言，是他们树立的一个靶子，目的就是掩盖他们自己在北京市革委会已经篡夺了很大一部分权力的事实。陈伯达也这样给聂、孙栽赃，实在令人不齿。聂元梓、孙蓬一4.10进言，已经把他们的看法说得清清楚楚，陈伯达也应该听得清清楚楚，聂、孙有一丝一毫夺市革委会权的意思吗？说谢富治是邓小平老部下，要聂在市革委会起监督作用的，恰恰是陈伯达本人。事实证明，破坏北京市革委会威信的是谢富治自己。他把自己变成了王、关、戚的小伙计，把市革委会变成了被王、关、戚、吴传启一伙操控的地方。吴德晚年的回忆录揭示，北京市革委会的许多重要岗位，都被"学部联队"的人甚至吴传启所把持。而且，毛泽东也明白，"北京市是让一派操纵了"。这一切，你陈伯达不清楚吗？

要点之三，也是最重要的一点，是为关锋一伙保驾护航。陈伯达极力贬低吴传启，实际上是公开指责聂、孙反对吴传启是别有用心，暗示聂、孙反对关锋，并威胁聂、孙一定会因为反吴传启而垮台。但是，陈伯达对吴传启也是完全否定的，这肯定会引起关锋一伙不满。关锋一伙一定会加紧对聂、孙的围剿，以实现把吴传启重新捧起来的目的。

陈伯达 6.5 讲话有许多自相矛盾之处，限于篇幅，不再赘述。

6.5 讲话是一系列行动中的一个关键环节，其直接目的，就是要对聂、孙和新北大公社进行打压，煽动起反对聂、孙的浪潮，挑动北大分裂，让北大大乱，阻止进一步揭发吴传启的行动，同时阻止学部内部和社会上已经开始的反对吴传启团伙的活动，稳住这个团伙的阵脚。

尽管陈伯达在讲话中说："我现在作为红代会的一员来说话，我是代表个人，不是代表中央文革小组。"但是，当时的与会者和后来听到传达的群众，任何人都不会认为陈伯达是代表个人讲话的。

这次会议的两个主角陈伯达和谢富治，早已被历史打翻在地，但在当时，陈伯达是中央文革小组组长，谢富治是副总理、公安部长、北京市革委会主任……他们都是权倾朝野、红得发紫的人物，他们的一句话，是可以决定一个人或者一个群众组织的命运的。

6.5 讲话传到北大，立即引起全校大乱。

（三）陈伯达 6.5 讲话立即为关锋、吴传启团伙利用

北京市革委会文教组李冠英迅速传播陈伯达 6.5 讲话

6.5 讲话是如何广为传播的呢？人们后来才知道，这是王、关、戚、吴传启团伙安插在北京市革委会内部的人干的，这个人就是市革委会文教组的李冠英。

李冠英原是人民教育出版社的工作人员，因为贴陶铸大字报而出名，不久便被周景芳拉入市革委会。李冠英搞了三份传达稿，一份给"学部"，一份给《北京日报》，一份革委会内部传达。《北京日报》的某负责人甚至把这个被篡改了的讲话内容，花了几个小时的时间，用长途电话传达到他们远在黑龙江省的一个据点。市革委会内部

传达 6.5 讲话是在 6 月 6 日下午，"学部"显然是连夜传达的。洪涛于清晨五点多钟亲自打电话给民委系统联委会第二联络组（北大动态组）的伍××和唐××，让他们去北大"红旗飘"，把陈伯达的讲话告诉牛辉林，于是该日上午"红旗飘"就传达了。[10] "革造 15 红浪滔天"所编的《大事简记》写道："上午红旗飘从校外开来宣传车，在大饭厅到南校门马路上广播，强烈要求校文革立刻传达 6.6 首长讲话，并喊口号'打倒孙蓬一'，校内空气紧张，人们纷纷交头接耳。"

吴传启团伙控制下的《北京日报》跳了出来

陈伯达 6 月 11 日同北航同学座谈时说，"有人就利用我的讲话，跳出来了。"跳出来的，不仅有李冠英，还有《北京日报》。该报早就被吴传启团伙控制，他们 6 日拿到了陈伯达讲话记录稿，7 日就发表社论《为无产阶级夺好权掌好权》，在冠冕堂皇的题目下，对陈伯达批判吴传启的事一字不提，对揭发吴传启团伙的聂、孙却大加批判。该社论对北大不知情的师生产生了严重的误导作用。7 月 10 日凌晨，有 0 派、飘派学生对陈伯达说，"《北京日报》第二天就把你讲话精神全部写进去了，我们 0 派就是根据这杀出来的。"陈伯达说："我根本不知道这件事。"[11] 看来，陈伯达听到了"学部"对 6.5 讲话的歪曲传达，却没有看到 6 月 7 日的《北京日报》。

《北京日报》的这篇社论约 3600 字，限于篇幅，难以作详细分析。谨摘录两段，说明吴传启团伙控制下的《北京日报》是如何利用公器贩卖私货的。

社论有两段话是明确批判聂、孙和新北大公社的：

现在流传的所谓"念念不忘一个'权'字""关键在于夺权"等等提法，是毫无阶级分析的，是极端错误的。

伟大的无产阶级文化大革命，是一场严肃的政治斗争，绝不是儿戏，绝不是赌博，绝不是押宝。如果有人不择手段，使用资产阶级政

---

10 胡宗式、章铎编：《北京大学文革资料选编》（中），第 26 页。
11 胡宗式、章铎编：《北京大学文革资料选编》（下），第 151 页。

客那一套，为小团体或个人夺权，实际上就是为资产阶级夺权。假使不听劝告，坚持错误，一意孤行，东夺权，西夺权，把矛头指向自己的同志，指向其他革命组织，甚至向无产阶级夺权，从"左"的或右的方面反对无产阶级专政，反对无产阶级司令部，那就大错特错，就一定会碰得头破血流。

什么叫"贼喊捉贼"？这就是。什么叫"颠倒黑白"？这就是。什么叫"威胁"？这就是。50多年后重读这段文字，把它用在王、关、戚、吴传启团伙头上，不是正合适吗？两个多月后，"碰得头破血流"的，不正是这伙人吗？

这篇社论还批评所谓"无政府主义"：

他们根本不顾斗争的大方向，不分敌我友，大搞打、砸、抢、抄、抓，甚至用对付敌人的手段来对付和自己持有不同意见的同志和其他革命组织。

回顾历史，吴传启和"学部联队"不正是靠这种手段起家的吗？被吴传启团伙控制的《北京日报》有什么资格批判"无政府主义"？三个月前，在"反二月逆流"狂飙初起之时，《北京日报》曾发表社论，为煽动"反二月逆流"大喊大叫（该社论极可能是经吴亲自审阅过的）。笔者对那篇社论印象深刻，未来的研究者不妨去查阅一下。

《北京日报》6.7 社论的出笼告诉我们，聂、孙、校文革和新北大公社面临的，是上下左右前后全方位的打压，在这种压力下毫不动摇坚持下来的师生员工，都是不容易的。

陈伯达 6.7 电话和 6.9 电话公布后，谢富治于 6 月 9 日在北京市革委会会议上也说："那一天的批评是同志式的，是好意，完全是善意的。""那天再三说，谈话不能对外公布、写大字报，尤其讲到，不能用这个讲话去压别人，……但是这件事没有按伯达同志指示办，大字报上了街，传达还录了音，传达有些地方有出入，个别是歪曲，很恶劣。"[12] 此后，《北京日报》不得不有所收敛。

---

12 胡宗式、章铎编：《北京大学文革资料选编》（下），第 113 页。

《北京日报》缩了回去，那些在社论的蛊惑下"杀出来"的 0 派学生感觉到了吗？他们还能"杀回去"吗？

林杰也跳了出来：《林杰谈话》和《林杰声明》

在 6.5 讲话后跳出来的，还有林杰。6 月 9 日，林杰同清华"井冈山"的杨××、轻工"红鹰"的余××、石油学院"大庆公社"的张××进行了一次谈话。这次谈话的记录稿《林杰谈话》便传播开来。

林杰为吴传启一伙辩护说："有人讲要揪出潘、吴集团，说什么关锋、林杰、戚本禹与他有关系，我看是没有的。"林杰认为，搞潘梓年、吴传启"大方向错了。硬要搞就搞吧！最后检验对否的是阶级斗争的实践，有些东西是摔了跟斗才能知道的。"

林杰还攻击聂元梓"要夺市革委会的权"，说北大"搞吴传启就是为了夺权"。林杰在谈话中表示同情"0"派和"飘"派。[13]

0 派头头获得了一份《林杰谈话》，以为至宝。谢富治于 6 月 20 日来北大召集校文革、新北大公社负责人和驻校解放军同志座谈会，并作了重要指示。次日，0 派头头用大字报公布了这份《林杰谈话》，以此给自己壮胆，给追随者鼓气，以抵消谢富治指示的影响。

为弄清事实，新北大公社"小学生"战斗队去《红旗》杂志社找林杰交涉。一个自称林杰秘书的人接待了他们，经过北大同学的坚持斗争，这个秘书送来了一份《林杰声明》，内容大致是：我林杰是《红旗》杂志的一个普通工作人员，我不了解北大两派的情况，只知道聂元梓是"全国第一张马列主义大字报"的作者，我是支持聂元梓造反的，北大校园内贴出来的《林杰谈话》决不是我要讲的内容，我也不可能说出那些话来，中央也没有让我去管北大两派的事情。[14]

于是，《林杰声明》就贴在了《林杰谈话》的旁边。《林杰声明》打了《林杰谈话》的脸。那么，是杨××等人造谣吗？

---

13 胡宗式、章铎编：《北京大学文革资料选编》（下），第 278—282 页。
14 赵建文：《我逼迫林杰制造〈声明〉》，载王复兴主编：《回顾暴风雨年代——北大文革亲历者文集》，香港：红色中国出版社，2018 年。

6月27日，杨××、余××、张××来北大向聂元梓反映了有关林杰6月9日谈话的真实情况。杨××说："讲话是实实在在的，公布的这个讲话，没有大的出入。林杰跟我们谈的时间很长，说的话很多，有许多话我们没有加进去。我们不能否定，因为是事实。这个讲话，虽然不是全部，6月9日讲的比这个公布的还要多，但意思保证不错。我们不能收回。"余××说："我们认为应当遵循毛主席的教导：实事求是。'讲话'讲了就是讲了。如果有错误就改正嘛。为什么要一口否定呢？"[15]

显然，林杰也感到他的讲话太露骨了，事情闹大对他不利，他胆怯了，退缩了，不敢承认了。但是，受《林杰谈话》误导的0派群众又该怎么办呢？

（四）6.5讲话被吴传启团伙利用，陈伯达试图"灭火"

陈伯达在6.5讲话中明确说："我们今天的讲话，就是在这个范围内知道就行了，不准拿出去攻新北大"，但是，话音刚落，"渺小的微不足道的"吴传启所操纵的"学部联队"就迫不及待地对讲话加以歪曲并广泛传播，用来攻击聂元梓和新北大公社了。这是陈伯达始料未及的，因而引起了他的警觉。陈伯达通过秘书给北大打了两个电话，到北航参加了一次座谈会，试图消除6.5讲话产生的严重后果。

首先发现问题的，是陈伯达的秘书王文耀。6月8日晨，北大校文革收到了王文耀的电话指示：

伯达同志六月五日讲话时，我是在场的。我刚才听了学部传达陈伯达同志的讲话录音，同伯达同志当时讲话的精神、语气是不对头的。内容也有很多出入，有歪曲。我把学部传达的情况告诉了伯达同志，伯达同志要我向你们说明几句：伯达同志对新北大个别同志的意见是同志式的，是好意，是爱护的，但对吴传启提出的批评是另一回事。伯达同志不了解吴传启。像传达录音那样的搞法，是很恶劣的，他是怀疑的，是不相信他的。对学部的传达，伯达很生气。请大家注

---

15 胡宗式、章铎编：《北京大学文革资料选编》（中），第31页

意，不要被别人利用了。

王文耀　1967年6月7日

这一指示由陈伯达另一位秘书王保春传达，王保春在电话中说："这个意见公布不公布由你们决定，最好是公布。"[16]

北大广播台当即广播了王文耀的电话指示。这个电话指示讲清楚了好几个重要问题，许多同学听明白了。但是，北大的反对派是以反聂为生的，只要对反聂有利，谎言也是宝贝，被人利用也心甘情愿；对聂有利的话，他们是一句也听不进去的。而且，有些人早就和吴传启团伙重要成员王恩宇、洪涛等人建立了密切联系，陈伯达对吴传启的评价，以及对"学部"歪曲传达6.5讲话的批评，并不能使他们有所警醒，北大的乱局愈演愈烈。

在这种情况下，又有了王文耀的第二个电话。[17]

6月9日早晨7时50分，陈伯达秘书王文耀再次给校文革办公室打来电话，传达了陈伯达对聂元梓几个问题的答复。全文如下：

一、陈伯达同志没有讲打倒新北大的谁。

二、听说有人打算斗陆平要孙蓬一陪斗，这样做是错误的。（校文革办公室工作人员当即作了说明：实际上是有人要斗孙蓬一，让陆平陪斗。——引者）。

三、陈伯达同志认为，他自己永远是群众的小学生，也是你们的小学生，有意见总是和群众商量，丝毫没有强加于人的意思，如果有人利用他的话去攻击不同意见的人，他是反对的。

希望你们活学活用毛主席著作，照常工作，把新北大办成一个毛泽东思想大学校。

五、新北大革命师生员工大团结万岁！

王文耀　6月9日上午

据了解，这个电话稿给公社总部也打过，征求意见。第五条中"员

16　胡宗式、章铎编：《北京大学文革资料选编》（下），第112页。
17　胡宗式、章铎编：《北京大学文革资料选编》（下）。第112—113页。

工"二字是公社总部建议加上去的。

陈伯达再次申明了他的态度，但反对派是不会加以理采的，他们已经放弃了理性思考。

正如陈伯达后来在北航所说，"我那天晚上讲话，没想到引起这样的结果，说明了什么？阶级斗争不以人的意志为转移。有人就利用我的讲话，跳出来了。"陈伯达还说，"对你们的批评，当时还好，后来有人幸灾乐祸了。我开始注意了。我就打电话给你们北航，说我对北大同志的意见是好意的，同志式的。对另一些人是不一样。你们懂了吗？（懂了。）他们幸灾乐祸，我打电话，他们就达不到目的了。懂得了吗？（懂了。）"[18]

北航的学生明白了。陈伯达给北大也打了电话，许多人也明白了。对于北大师生员工来说，这是考验他们的时刻，需要自信，需要坚持，需要观察，还需要付出代价。同关锋、吴传启一伙的斗争，是一场严重的、艰巨的、复杂的斗争，不是公布几份材料、贴几张大字报、开几个大会就能解决的，付出代价是必须的。新北大公社的多数成员，相信自己的斗争是正义的，他们在大风大浪的考验中坚持下来了。当然，北大也有一些人不明白，或者不愿意明白。少数人在50多年后也不想弄明白，他们宁可把虚幻当作真实，所以他们从来不提陈伯达的6.5讲话和后来的两个电话，从来不承认他们受了陈伯达6.5讲话的误导。

在6.5讲话中，北航也受到了批评，因为他们的小报发表了批评《北京日报》的文章。谢富治说："你们公开批评《北京日报》，这是对的吗？"

发现自己的讲话被人利用之后，1967年6月11日，陈伯达赶到北航同北航部分同学进行了座谈，算是一种安抚，并对6.5讲话纠偏。陈伯达说："我对你们批评太严厉了。我只是讲了一方面，没想到有人拿我的话垫脚来攻击你们。我说的不一定都对。（韩爱晶：对）

---

18 《陈伯达同志与北航部分同学座谈纪要》（1967年6月11日，地点：北航主楼）。见胡宗式、章铎编：《北京大学文革资料选编》（下）。

不一定都对,一定都对也不好,说话走火……"原来,陈伯达讲话也"走火"了。

谈到6.5讲话的传达录音,陈伯达说:

> 记录的有很多不精确,我听学部就传达了,传达时很多学校去听,我把录音要来听了,我虽然厉害,但语调亲切,但他们语调不对,我就警觉了。我批评的好意却被别人利用了。我感到不对头。比如五号讲话的第一句话:"你们当无产阶级革命家还是当流浪儿。"他们记录说:"你们当无产阶级革命家还是当资产阶级小丑。"我是顺便讲了一下,一进来大家坐不下来,到处乱窜,我随便说了。把"流浪儿"改成"资产阶级小丑",我是亲切的,他们把语调改了,声音我从来没听到过,接受不了。……听了录音,我受了教育,我很奇怪,不是不准录音,不让传达吗?却又传达了,学部本来没有参加,他怎么能知道呢?我就追问怎么得到的。我说也好,好事不仅对你们也对我。对你们可能不高兴(韩:我觉得批评得对。)我在北京,对北京的情况比较了解些。对北京情况不完全了解,我讲话以后,我就懂得了。我讲话以后,对我讲话采取的态度,使我对北京的情况更加了解了。[19]

按照陈伯达在北航的讲话,学部传达6.5讲话的这件事情,给他上了一课,让他"警觉了","受了教育"。他原来以为,"我在北京,对北京的情况比较了解些。"通过这个事件,他明白了他原来"对北京情况不完全了解",而通过这件事,"使我对北京的情况更加了解了"。陈伯达觉得这是一件"好事"。他说:"这次给了我很多教训,可能所受的教训还没完(这是暗示这将是一场漫长的斗争吗?——引者),听懂了吗?我要的教训还没完,我那天晚上讲话,没想到引起这样的结果,说明了什么?阶级斗争不以人的意志为转移。有人就利用我的讲话,跳出来了。以前也跳出来了,但看不清楚为什么偏偏利用我的讲话来整群众,整另一派?整清华、北航呢?我们大家都在阶

---

[19] 《陈伯达同志与北航部分同学座谈纪要》(1967年6月11日,地点:北航主楼)。

级斗争的大风大浪里受教育，我也一样。"

在北航，陈伯达还重申了 6.5 讲话他只代表个人，不代表中央文革的态度，并声明他的 6.5 讲话"是商量性质的，不是训话"，"不是高压"。

陈伯达"说话走火"，并且被人利用了。有人幸灾乐祸，有人火上浇油，而麻烦必须由他自己来解决，所以他一次又一次地一个人出来讲话。但是，陈想凭一己之力来解决北大问题，是办不到的。王、关、戚及其同伙利用了他之后，正在看他的笑话，他们在暗地里煽风点火，利用一切可以利用的力量对聂元梓和新北大公社进行围剿，等着他们垮台。但是，历史的发展是不由人的主观意志为转移的，他们自以为得计，得意忘形，在极左的道路上加速下滑，两个多月后，终于坠入了深渊。

尽管陈伯达很快就明白了他的 6.5 讲话被人利用了，并采取了一些措施试图"灭火"或补救，但均告无效。不管怎么样，陈都必须对 6.5 讲话及其造成的后果负责。陈后来 4 次向聂元梓表示道歉，但祸已酿成，私下的道歉是没有任何意义的。

陈伯达 6.5 讲话成为北大"文革"两派从分歧到撕裂的催化剂和推进器，在北大的"文革"运动中起到了极其恶劣的作用。6.5 讲话的历史作用，必须根据讲话内容及其实际效果来判定。只要陈伯达当时不公开宣布收回 6.5 讲话，任何辩解都不起作用。研究北大"文革"历史，不研究陈伯达 6.5 讲话及其后果，甚至讳莫如深，不是正确的态度。

二、全面打压下的北大乱局

（一）陈伯达 6.5 讲话后，北大再次分裂

在陈伯达 6.5 讲话的刺激下，北大发生新的分裂

6 月 6 日早晨，聂元梓贴出大字报《掌握斗争大方向，将革命进行到底》，这是为应对陈伯达的批评而写的。但此时陈伯达的 6.5 讲

话已迅速传开,校园里顿时大乱起来,聂的大字报已没有任何作用。

在6.5讲话的高压下,北大首先发生了组织上的大分裂。

6月6日,"新北大井冈山公社"(简称"井")宣布成立。该组织显然是由1966年原"井冈山""红联军"的成员组成的。该组织人数不多,但为自己"翻案"的活动已进行多时,有些人在北师大写的材料已经得到了关锋的首肯。

6月7日,"新北大公社革命造反总部"(称称"团"或"革造")成立,该组织主要由物理系和地球物理系的一部分人组成。他们分裂的原因,主要是"反二月逆流"时期同新北大公社总部有一些分歧,或许还有系里的矛盾。历史系"延安战斗队"也参加了该组织。

6月8日,"新北大北京公社"(简称为"0")成立。其骨干是化学系三年级的一部分人,因其写大字报时落款为0363,并将0写得很大,故被称为"0派"。他们实际上早已从新北大公社分裂出去,这次是把1966年的"北京公社"旗号重新打了出来。人们不知道的是,0363的杨其相在6月中旬就同林杰的妻子王乃英建立了联系。笔者不知道这种联系对0363有什么影响,但杨颇受王的信任。[20] 0派的一些人很信任侯汉清,但他们不知道,侯汉清表面上"人在'北京公社'",实际上却是"红旗飘"的观点并支持"红旗飘"。这是侯7月上旬在"学部联队"的一次会议上亲口说的。[21] 普通群众不知道的还有,"学部"的《进军报》有专人同0363联系,0363除"学部"外,还通过《光明日报》的"革联"上报材料。[22]

"北京公社"最初被"东方红公社"视为"康有为派"。但在"学部联队"的指导下,经过侯汉清、徐运朴等人"积极做工作",0派的群众就被带到了一条同"东方红公社""红旗飘"合流的道路上去了,完全失去了独立性和回旋的余地。

---

20 渔歌子录入、注释:《王乃英关于北京市文革初期活动的交代》,写于1968年2月。据该材料,1967年8月中旬王乃英去河南打算在刘建勋处工作时,还想把杨其相也调去。后林杰让王乃英回京时,王乃英把杨其相的电话告诉了林杰。王乃英于9月1日回到北京,其时林杰已经被抓。
21 胡宗式、章铎编:《北京大学文革资料选编》(中),第39页。
22 胡宗式、章铎编:《北京大学文革资料选编》(中),第39页。

0363 的观点与做法并非没有引起质疑。据陈景贵 1967 年 6 月 26 日所记,"革命造反总部"贴出《北京公社的头头要把 0 派引向何方?》的大字报,指出其头头的目的不明确,采取愚民政策,勾结"东方红""红旗飘"们,要求就"井""红"问题立即表态,要求与"东方红"划清界限,指出头头们采取资产阶级政客手腕,采取实用主义。[23]

"革命造反总部"如果当时同 0 派划清界限,保持距离,或许还有退步之路,但他们继续被裹挟前行,终于无法后退了。不过,他们在"反二月逆流"中同"打倒派"搞在一起,道不同,不相为谋,分裂出去也不奇怪。1968 年地院"东方红"的报纸发表长篇文章指责新北大公社是"二月逆流派",文章中的某些材料,显然是该组织的一些人提供的。

还有两个组织是早先成立的。一称"新北大东方红公社"(简称"东方红"),以樊立勤为首,开始时不足十人。该组织受到农业大学"东方红"秘密支持,在 4 月份已开始搞地下活动,总部就设在农大农学楼 339 室,并经常在畜牧楼 315 召集会议。后来又转移至清华。该组织同师大"井冈山"和地院"东方红"等组织有密切的联系。该组织的成立宣言由农大学生抄写,并由农大学生于 5 月 17 日深夜在北大贴出。该组织内部有人对这种地下活动的做派及某些人的思想深感恐惧,做了举报。因此,校文革领导对他们的活动是一清二楚的。樊立勤曾参与反康生的活动,并贴过反康生的大字报,人们多对其持怀疑警惕之心,故该组织人数不多。

另一个组织是以牛辉林为首的"红旗飘",全称是"北京大学红卫兵红旗飘战斗队"(简称为"红旗飘"或"飘"),初期成员不过十几个人。该组织牛辉林等人同洪涛和"学部联队"及民委系统的"联委会"很早就有联系。"红旗飘"于 5 月 22 日贴出"造反宣言",并召开"造反大会"。这些活动的前后,都向洪涛作过汇报。其"宣言"

---

[23] 陈景贵:《1965—1970 那几年我在北大》,香港人民出版社,2019 年,第 691 页。

等传单，由洪涛手下的"北大动态组"代印。[24] 1967年6月中旬，牛辉林分析形势时认为，当时中央的路线斗争是新文革与旧政府的斗争，周恩来到处救火，灭火，保护老干部，是新的保守派的总后台。聂元梓和新北大公社就是保周的新保皇派。他们要反聂，反周，造反到底。[25]

以上5个组织，人称"井、红、团、0、飘"。其中，"北京公社"即0派是人数最多的组织。有人认为，0派和"团"派的人数，要占反对派总人数的90%以上。

当时还出现过一个"新北大516公社"，为"东方红公社"所建之外围组织，不久即并入了"东方红公社"。

以地院东方红为首的地派组织，在自行出版的《首都红卫兵》报第2号上，发表了一个"联合通告"，北大有4个组织列名于该通告末尾：新北大东方红公社、新北大516公社、新北大井冈山公社、新北大红旗飘。这表明，这4个组织已经建立了广泛的外部联系。

这些组织还得到关锋的重视。早在5月13日，农大沈福成在"东方红"的会议上说："前天（11日）晚上，有'红联军'和'红旗飘'各五人到师大写材料直至凌晨三点，因为关锋催着星期五一定要交。关锋见到材料后很生气，说：这样重要的材料你们为什么不交上来？"[26] 这次写材料的事是关锋要求的，而且急如星火。据查，1967年5月11日是星期四，显然，这10个人写的材料是火速送达关锋的，而且关锋的反应也迅速反馈回来。可以说，北大的大乱同关锋有着直接的关系。笔者无从了解这些人写了些什么，真实程度如何，但这些人无疑受到了极大的鼓舞。但是，他们决没有想到，关锋这尊泥菩萨已经自身难保，只是想利用他们而已。

在北京市革委会，王乃英对北大"红旗飘"等组织整的反对聂元梓和新北大公社的材料做了摘录，附信上交谢富治。但谢富治不看，由秘书代批："此件不阅，退还本人"。为此，王乃英对谢富治大为不

---

24 胡宗式、章铎编：《北京大学文革资料选编》（中），第24页，第38—39页。
25 王复兴：《抢救记忆——一个北大学生的文革回忆录》，第168页。
26 胡宗式、章铎编：《北京大学文革资料选编》（中），第20页

满，又给江青写信，指责谢富治对聂元梓问题妥协、退让。告状信和上述材料还寄给了关锋等人。[27] 关锋大概心中有鬼，很快指示林杰让王乃英离开了北京市革委会。

北大反对派"反聂"的作用，洪涛讲得很清楚："反聂就是保潘、吴，在学校里拼命反聂，把聂元梓这一派搞垮了，即是保潘、吴。"[28]

"联战团"和"六六串联会"的产生和联合

6.5讲话在北大师生中造成极大的思想混乱。由于同关锋、吴传启一伙的斗争是一场特殊的斗争，多数人对情况不够了解，对这场斗争的特殊性、艰巨性没有思想准备，因而人心惶惶，不知道会发生什么事情。燕园大乱特乱，"炮轰聂元梓，打倒孙蓬一！""火烧聂元梓，炮轰孙蓬一！""聂元梓必须做触及灵魂的检查，孙蓬一必须靠边站！"等大标语在校园里随处可见，外校的广播车也纷纷开进北大，开动喇叭大喊大叫："火烧聂元梓！打倒孙蓬一！"

形势非常严峻：广播台一部分人造反了，《动态报》编辑部的一些人也造反了，一个叫申彪的人[29]在大饭厅的台上讲话揭发"除隐患"反关锋，却又提不出任何证据……

在6.5讲话的打击下，新北大公社原先的组织系统顿时失灵，但斗争将坚持到底。

6月8日，"新北大联合战斗团"（简称"联战团"或"联战"）成立，这是由公社内最坚定的一些战斗团（队）联合组成的，他们对当前这场斗争的性质有更深理解，认为聂、孙和校文革在反对吴传启团伙的问题上没有错，王文耀6月7日传达的陈伯达的讲话实际上已经否定了6.5讲话，在这个时候，应当坚持同吴传启团伙的斗争。

---

27 渔歌子录入、注释：《王乃英关于北京市文革初期活动的交代》，写于1968年2月。
28 胡宗式、章铎编：《北京大学文革资料选编》（中），第38页。
29 笔者数十年后才获悉，申彪或申飚是个化名，此人是地球物理系学生，姓施。有校友当时就在台下听着，所谓"揭发"，只有望风捕影的怀疑，没有任何证据。两个多月后，此人便后悔莫及了。

他们支持聂、孙和校文革，但要求聂、孙整风。"联战团"仍有18个团，1000多人。主要负责人是曹芳广，6月18日建立正式勤务组，孙月才为负责人。

6月9日，"六六串联会"（简称"六六"）登上北大政治舞台。"六六串联会"的成立及其一系列的活动，团结了一大批人，使新北大公社动荡、分裂的局面得到有效遏止。

从6月6日起，由历史系学生王复兴发起，召集了20个战斗队的队长，连续开了三天串联会，于6月9日发表了由11个系（战斗团）的20个战斗队联署的第一个"声明"（即"九点声明"），提出坚持大方向，坚持批左，反对分裂，反对打内战，支持聂元梓，但要求聂元梓、孙蓬一纠正错误，继续整风。"声明"特别提出，"北大必须大乱的口号必须批判！""声明"极大地抵制了关锋、吴传启团伙要搞乱北大的企图。

6月11日，"六六串联会"的"起风雷"战斗队贴出大字报《评资产阶级知识分子向无产阶级夺权》。陈伯达在6.5讲话中说"你们现在是资产阶级知识分子想夺无产阶级的权"，这本来是对所有与会人员说的，但在北大，这句话被说成是"聂元梓、孙蓬一代表资产阶级知识分子向无产阶级夺权"。"起风雷"战斗队的大字报把这句话扭了过来，把政治上判了死罪的一句话，解释成因世界观的问题而犯了一般性错误的问题，解释成知识分子必须走和工农相结合的道路问题。这是对陈伯达指责的一种抗辩，到底是哪些人要夺无产阶级的权，不久就有了分晓。

6月13日，"六六串联会"用大字报公布了第二号"声明"（即"八点声明"），署名"临时勤务组"。"二号声明"提出"在新阶段提出的问题是，背离斗争大方向，热衷于打内战，从右的，或从左的方面，动摇无产阶级专政，""这种现象，在全市，在全国都普遍存在着。在北大尤为严重。"在这段文字中，明确指出存在着左的干扰，其主要表现形式是"热衷于打内战"。"二号声明"批评某些人"企图把红色政权打成白色恐怖"，"重新发动全面夺权，宣扬二次革命，这是严重的政治错误，严重的方向错误。"这是对"井、红、团、0、飘"的极左思想的尖锐批评。"二号声明"还提出红卫兵要开展自我批评，自觉改造思想，指出"我们面前的大课题是：无产阶级革命派夺权之后，如何夺自己头脑中'私'字的权，从而如何掌好权，用好权。"要求红卫兵开展自我批评。[30]

"六六串联会"的"声明"和文章，抓住了人心，赢得了众多师生的支持，"六六串联会"由此正式登场。王复兴回忆说：

> 6月14日，"六六串联会"举行成立誓师大会。在38楼前，红旗林立，歌声嘹亮，口号不断。大会进行一半，下起大雨，游行开始，冒雨行进，行至图书馆前广场，进行宣誓，气氛悲壮。参加大会和游行的有2000人左右，如加上没有冒雨参加游行的人，估计"66"有3000人左右。大会由我主持，黄虹坚领呼口号。口号有："牢牢掌握斗争大方向，和死不改悔的走资派斗争到底！""干扰斗争大方向的井冈山、东方红绝无好下场！""坚持团结，反对分裂""聂元梓、孙蓬一必须纠正错误，继续整风！""排除左、右干扰，紧跟毛主席的伟大战略部署！"等等。[31]

此后，"六六串联会"一度成为新北大公社的主流，也是当时四分五裂的北大中，人数最多的一个群众组织。这些人是新北大公社中最温和最低调而又不失原则的人，但就是这样一些人，也不为北大的反对派所容忍。他们的大会常常遭到反对派的冲击，"红旗飘"牛辉林等人不仅从会议主持人王复兴手中抢走话筒，把他推到台下，牛辉林还居高临下对王复兴胸部踹了一脚。[32]

"六六串联会"团结了许多群众，或者说，0派的方针和做法排斥了许多比较理性的群众。中文系学生陈景贵的思想变化很好地说明了这个问题。陈1966年参加过"红联军"，因外出串联而没有参加过该组织的具体活动，后来成为新北大公社的一名普通成员。他的日记反映了一个普通学生在5天之内的思想变化。

---

30 王复兴：《抢救记忆——一个北大学生的文革回忆录》，第161页。
31 王复兴：《抢救记忆——一个北大学生的文革回忆录》，第158页。
32 王复兴：《抢救记忆——一个北大学生的文革回忆录》，第166页。

据陈景贵日记所载,"六六串联会"的姿态已经很低,或者说,他们批判聂、孙的调子已经很高(如6月13日整风串联大会上的发言),但是,他们仍不为0派所容。陈景贵6月11日记载:"0派的大字报认为6.6串联会是老保+工贼";6月12日记载:0派"现对6.6串联会的反击很凶,说他们实际上是保聂、孙过关。"0派冲会场、抓孙蓬一、搞静坐、搞分裂等不择手段的做法使陈日益反感,促使他成为"六六串联会"的一员。他在日记中写道:

6月11日,"我近来越发靠近0派,比6.6也激烈一些。"

6月12日,"据说北0派连同今天晚上一共冲击了三个会,办公楼整风会、学三食堂6.6串联会、东操场整风会。对于北0的某些做法我是反对的。""宁左勿右者,不是真正的造反派。""0派北京公社扩大组织与校文革分庭对抗是分裂的表现,不是造反。北京公社、飘、东方红在五四运动场开批判会,'打倒孙'的喊声隐隐传来。0派的做法已经不得人心。我目前倾向于6.6,觉得他从大方面看问题。"

6月13日,"北0派目前出现一批专门针对6.6的大字报。他们这样做会走向反面。"

6月15日,"北0派的行动说明什么呢?说明他们为了达到自己的目的,已经不择手段。""我在6.6派的行列。我已经是6.6串联会的一名战士。我们必胜。"[33]

"联战团"和"六六串联会"的成立,稳定了新北大公社的队伍,有他们在,关锋、吴传启团伙企图利用陈伯达6.5讲话造成的混乱搞垮北大校文革和新北大公社的图谋便不可能成功,北大反对派乱中夺权的图谋也不可能成功。

"联战团"和"六六串联会"之间没有根本的分歧,双方在一系列重大原则问题上,如反吴传启、反极左思潮、支持校文革、反对北大分裂(实为抵制陈伯达6.5讲话)、保周恩来等大方向上是高度一

---

33 陈景贵:《1965—1970 那几年我在北大》,第679—686页。

致的,是困局中的战友。[34] 1967年6月24日,"联战团""六六串联会"和公社总部成立联席会议,取代公社总部。7月28日,两个组织实现联合,重组了新北大公社总部,孙月才任负责人。

陈伯达6.5讲话后,0派领导人把自己捆在了关锋、吴传启团伙的战车上

之所以要拿0派说事,是因为0派人多,在陈伯达6.5讲话后对聂、孙、校文革、新北大公社的围攻中,他们充当了主力。这时,0派领导人不再认为聂、孙的问题是"对待群众的态度问题",而是"分裂中央文革"等等极其严重的敌我矛盾性质的问题了。他们觉得,夺权的机会来了。

聂、孙当然是反对关锋、王力的,并且当面向陈伯达、江青指控关、王同吴传启一伙"结党营私",但是,在实际斗争中,新北大公社只把矛头对准吴传启等人,并不涉及关锋。这个团伙抓不到把柄,束手无策。

现在0派们要在"反关锋"的问题上大做文章了。他们在6月15日公布了一份材料,题为《触目惊心的四月形势图》,随后又发表了一篇题为《孙蓬一与四月形势图》的长文。对于这两份材料,古樟曾撰文详细分析。[35] 由于这两篇材料证实了当年北大及北京市两大派分歧的实质,故有必要再提一下。

4月中旬,担任校刊编辑的中文系学生吴子勇在宿舍里和几个同学谈形势,随手拿起桌子上的传单,在背面画了一张草图。不料,有人以"吴子勇的四月形势图"为题,用大字报把图公布出来。图中用××影射了关锋和康生,这在当时是不被允许的,吴被免去了校刊编辑的职务。

陈伯达6.5讲话之后,0派决定拿这件事情大做文章,把所谓的"四月形势图"强加到孙蓬一头上,再以种种罪名大加讨伐,其代表

---

34 王复兴:《抢救记忆——一个北大学生的文革回忆录》,第161页。
35 古樟:《"四月形势图"——北大及北京市两大派分歧的实质》,载《记忆》第249期。

作就是《孙蓬一与四月形势图》，作者为"北京公社小人物"。50多年后我们获知，"小人物"就是0363的雷祯孝——0363和"北京公社"里的核心人物之一。所以，"小人物"的文章，完全代表了这一个派别的立场和观点。

为响应陈伯达的6.5讲话，"小人物"不辞辛劳，搜集了许多真真假假的材料，编写的文章就像一份"聂、孙反关锋罪行录"。在作者笔下，聂、孙的罪行有"分裂中央文革""向工农夺权""污蔑关锋、康生包庇叛徒""影射关锋，攻击他和吴传启一起写文章'像演戏一样'""攻击关锋、林杰、吴传启、潘梓年、卢正义、洪涛、刘郢、周景芳等人组成了北京'最大的摘桃派'"，聂、孙还攻击《北京日报》和《光明日报》，等等，等等，总之是罪行累累，罪不可赦。

"小人物"的文章道出了北大两派分歧的实质（尽管有些地方还不确切），清楚而坚决地表明了他们的立场。按照这篇文章例举的事实和逻辑，聂元梓、孙蓬一的问题，并不是"聂元梓对待群众的态度问题"，而是"分裂中央文革"的问题，是"攻击关锋、林杰、吴传启、潘梓年、卢正义、洪涛、刘郢、周景芳等人组成了北京'最大的摘桃派'"的问题，这当然是性质非常严重的原则问题。但这么一来，也表明了"小人物"自己的立场。原来，"小人物"是完全站在关锋、林杰、吴传启、潘梓年、卢正义、洪涛、刘郢、周景芳这些人一边，为他们说话、为他们辩护的。这才是分歧的实质。

没有证据，便制造谣言。"小人物"说"《内部参考》更是肆无忌惮地攻击师大和关锋、林杰"，还指称红一团和"缚苍龙"等战斗队整了关锋的材料，甚至写好了大字报。但是，证据呢？

"小人物"的立场代表了0派的立场。聂、孙当然有许多错误，但"逢聂必反"的思维也会令人走上歧途。0派和其他反对派领导人声讨聂、孙"分裂中央文革"的口号在北大响了两个多月，他们不仅把自己绑在了关锋、吴传启团伙的战车上，也误导了许多群众，使整个团体没有了退路。

在"小人物"笔下，聂元梓的另一大罪状是她想夺谢富治的权，想当革委会主任。这完全是无稽之谈。其实，最想当这个主任的是戚本禹，无奈毛泽东不同意，指派了老资格的谢富治。这是众所周知的事情，无须论证。戚本禹退而求其次，推荐周景芳当自己的代理人。我们在上文已经引用过吴德的回忆录，在北京市革委会内安置亲信、篡夺权力、横行霸道的是周景芳。我们也引用过谢富治自己的讲话，为了搞派性活动而给谢富治写"通牒性的信"进行威胁的，也是周景芳。而谢富治竟然忍气吞声，都没有把这封信向上级报告。[36] 甚至，连王乃英都敢给江青写信告谢富治的状。那么，是孤身一人的聂元梓想夺权呢？还是咄咄逼人的周景芳等一伙人想谋取更大的权力呢？谢富治心里一清二楚。

1967年6月20日下午，谢富治来到北大，同校文革、新北大公社负责人和解放军驻校代表进行了三个小时的谈话。谢富治说："我也听到一句半句，说聂元梓当革命委员会主任。没有这回事。我是革命委员会的主任，我没有这个感觉，我没有这个概念，我不相信。"谢富治还为陈伯达6.5讲话打圆场："陈伯达同志也没有说你们一定要夺谢富治的权。"[37]

"小人物"后来还发表过一些文字，对聂元梓表现出一种刻骨的仇恨。笔者不明白，在雷祯孝这个学生心中，何以有如此深仇大恨。或许，这代表的就是关锋、吴传启这个团伙的仇恨。或许，在"小人物"内部，还有另外的对聂元梓有切齿之恨的人物。

实际上，利用文革"天下大乱"之机结党营私的关锋、吴传启一伙，才是向无产阶级夺权的资产阶级知识分子。

陷入恐慌之中的关锋

陈伯达的6.5讲话固然搞乱了北大，新北大公社面临严重考验，但6.5讲话也判处了吴传启政治上的死刑，其后台关锋也陷入了深深的恐慌之中。时为"学部"历史所研究生的孟祥才有一段回忆：

---

[36] 《谢副总理在市革委会全体会议上的讲话（1968.3.25下午）》，载《北斗星简讯》1968年3月26日增刊，北大井冈山兵团《北斗星简讯》编辑部主办。此材料已收入胡宗式、章铎编：《北京大学文革资料选编》（下）。
[37] 胡宗式、章铎编：《北京大学文革资料选编》（下），第136—137页。

1967年7月18日晚，中央文革小组出面，在当时的中央宣传部教育楼小礼堂召开北京市一些单位造反派代表人物参加的会议。张春桥、关锋、戚本禹等都出席了。我坐在会场的中间，基本能看清他们几个人的面部表情。我发现关锋有点精神萎顿，面色蜡黄。他讲话时也没有了昔日的霸气，不是鼓励人们如何同"走资派"进行斗争，而是批评"怀疑一切"的倾向。他说："有些造反派，今天抓一个，明天抓一个，老觉着不过瘾，老想抓大的，看谁都有问题。这种怀疑一切的倾向是不对的。"戚本禹发言时，就直接提到有人反关锋的问题，他指着关锋说："现在社会上有一部分人，包括一些造反派，反对关锋。我今天给他讲讲情，你看关锋这么瘦，你们反他干什么？"这是我最后一次见到关锋。到8月份，他就同王力、穆欣、赵易亚、林杰一起垮台了。[38]

关锋、吴传启一伙的所作所为，是不能见光的，也是"犯忌"的，一旦被揭露，便惶惶不可终日。北大闹得越厉害，越乱，在社会上造成的影响越大，对这一伙人其实并没有好处。吴传启、林聿时、潘梓年、卢正义等人早已逃往外地，回北京的日子遥遥无期，关锋当然要"精神萎顿"了，讲话时的"霸气"也不见了。连戚本禹对关锋都搞起了两面派。戚本禹在会场上为关锋说情，但关锋清楚得很，会场上有一些人是学部"大批判指挥部"的，当时也在积极地反吴传启，而在幕后为"大批判指挥部"撑腰的，正是戚本禹。

8月16日，关锋、戚本禹接见"学部"农民战争史编写组成员。这是一次很尴尬的谈话，因为这个编写组也分成了两派，傅崇兰一派是反对吴传启的，且获得戚本禹的幕后支持，另一派是支持吴传启的，两派当着关、戚的面互相争吵，而关、戚各怀鬼胎。值得注意的是关锋对吴传启的事说了一句话，"我是五七年反右后才认识吴传启的，曾同他一起写过文章，用撒仁兴的名字。对他的历史不了解，也没有办法了解他，我没有权力去看他的档案，他的历史问题可以调

---

38 孟祥才：《我所知道的关锋、林聿时和吴传启》，原载《历史学家茶座》，2011年第2辑，济南：山东人民出版社。

查,也应该调查,是什么性质的问题,就是什么性质的问题……"。[39]

关锋这是要同吴传启划清界限吗?还来得及吗?

关锋的这种精神状态,王恩宇、洪涛们是不会告诉北大反对派的。"小人物"大保关锋,得到了什么?又证明了什么?

陈伯达6.5讲话后,0派第一波进攻的手段

上文分析了0派政治立场的转变,政治立场决定斗争手段,现在来看看他们手段的变化。

0派的核心是0363,0363的领导人在1966年10月发起成立了"北京公社",在好几个系的同学的共同努力下,"北京公社"在北大两条路线的大辩论中采取了正确的主场,赢得了一定的名声。但是,0363的主要领导人很快外出串连去了,对这场斗争的艰苦很少亲身体会,后来就轻易地否定了"北京公社"的历史。他们对1967年出现的新问题毫无感知,在郭罗基的指导下,在"人在'北京公社',心在'红旗飘'"的侯汉清的指导下,把斗争的矛头指向了聂、孙和校文革,在陈伯达6.5讲话的误导下,他们又站到了关锋、吴传启团伙一边。6月8日,郭罗基在讲话中还嘲讽新北大公社的群众:"可怜的人们,站起来吧!"历史很快证明,拜倒在陈伯达6.5讲话和王、关、戚、吴传启团伙脚下的,正是郭罗基和他的追随者,他们实际上已经被这个团伙所利用。并且,0派及其盟友,也学来了吴传启团伙打、砸、抢的手段,采取了北大多数师生不能接受的行为方式。

除了贴大标语、大字报、开串联会大造舆论外,0派及其盟友首先采取了冲击会场的方式。这种方法无耻但有效。办公楼的整风会、"六六串联会"在学三食堂的串联会、6月12日校文革在东操场召开的整风大会,都受到了冲击,这种冲击都伴随着推搡、打人、踢人的暴力行为。不让你讲话,不让你开会。甚至,6月10日孙蓬一传达北京市革委会文件和谢富治讲话的会议,也遭到0派的破坏。[40]

---

39 胡宗式、章铎编:《北京大学文革资料选编》(下),第285页。
40 陈景贵:《1965—1970 那几年我在北大》,第676—678页。

关锋、吴传启团伙及其支持者最仇恨的是孙蓬一，他们在 4 月份就拉开了在北京市"打倒孙蓬一"的序幕。陈伯达 6.5 讲话后，北大的反对派也首先把矛头对准了孙蓬一。除了"打倒孙蓬一"的口号和标语外，"北京公社"还四处捉拿孙蓬一。6 月 10 日，他们冲上大会主席台，硬要揪孙蓬一去接受批斗。6 月 12 日，孙蓬一正要去参加 "六六串联会"的会议。他们又在路上将孙蓬一团团围住，要将孙押去批斗。孙蓬一的眼镜和帽子被抓掉，人也被推倒在地，但孙蓬一仍然誓死抵抗。这两次，都亏驻校解放军出手，才把孙蓬一解救出来。[41]

6 月 14 日晚，校文革与新北大公社在办公楼礼堂召开整风大会，由公社负责人卢平主持。这次大会再次遭到"北京公社""革造""红旗飘"一些人的冲击。他们在台上抢话筒，执意要把整风会开成"彻底批判聂元梓、孙蓬一执行的资产阶级反动路线大会"，卢平被他们从主席台上推下来，并被好几个人按住。鉴于会场已经失控，聂元梓离开会场，指示广播台通知当晚整风大会停开。"北京公社"等组织随后发表《告全校革命同志书》，宣布进行静坐示威。

6 月 15 日凌晨，聂元梓赶到静坐现场进行劝说，要他们保重身体，不要搞静坐。反对派则对聂元梓进行围攻，一定要聂元梓承认他们是"革命组织"，承认他们的会"是正当的"，聂元梓坚决予以拒绝。反对派将他们和聂元梓的对话录了音，以为这是攻击聂元梓的好材料，一大早就在校园里不停播放。陈景贵在日记中写道："早晨广播静坐者的录音，逼着聂回答他们的问题，如北京公社是什么样的组织？静坐示威是什么性质的行动？简直是施加压力，搞逼供信。**这**也是技穷和无能的表现。"[42]

50 多年后，笔者见到了他们油印的《聂元梓六月十五日在办公楼的讲话》，这就是一份活生生的围攻聂元梓实录。笔者在这里摘录两段"北京公社"头头的讲话：

---

41 陈焕仁：《红卫兵日记》，香港：香港中文大学出版社，2006 年，第 348～350 页、367 页。
42 陈景贵：《1965—1970 那几年我在北大》，第 684 页。

战友们！我们还要不要听聂元梓这些回避要害的讲话，我们需要聂元梓同志回答实质性问题。（众呼口号：不许聂元梓回避要害！）我们警告聂元梓，新北大的革命造反派是说话算话的！他们是有勇敢精神的！有斗争意志的！不获全胜决不收兵！

聂元梓不要回避要害，必须对实质性问题表态！如果聂元梓同志不对实质性问题表态，我们就要开彻底批判大会，如果聂元梓同志不对实质性问题回答，我们今天不走，不离开会场！首先让聂元梓表态，如果不明确表态，我们就不走！一天不表态，一天不走！

这两段话说得很威风吧！但是，除了威逼和恫吓，还有什么？聂元梓吃这一套吗？什么是要害和实质性问题？孙蓬一4月12日就讲过了，但"北京公社"的头头懂吗？

"北京公社"的头头很想当一个响当当的"造反派领袖"，这种急迫的心情不难理解，但他选错了"造反"对象，并且把群众带上了"保"关锋、吴传启团伙的道路。

静坐地点一开始是在办公楼礼堂，外面看不见，为了扩大影响，静坐者们转移到了大饭厅东边的马路上。于是，全校师生都看到了他们滑稽剧般的表演。

用冲会场、"静坐示威"这种手段来威逼领导人承认自己执行的是资产阶级反动路线，承认他们是造反派组织，承认他们的行动是革命行动，这是1966年10月以后造反派使用的老套路，北大的反对派在1967年6月拿来效仿，岂不可笑。但是，他们自己觉得很光荣、很威风，很革命。连周培源这样的人，因为聂元梓没有按照陈伯达的指示宣布他当校长，心怀不满，也加入了"静坐"的行列。他太想当校长了，以至于连自己的身份也不顾了。另一位教授季羡林，看到周培源坐在"静坐"的人群中，觉得这样做很有面子，很是羡慕，于是也加入了反对派的行列。

（二）谢富治出面试图"灭火"

6.5讲话引起北大大乱，影响面很广，人们都要问一个"为什么"。

这对中央文革并无好处,也不符合毛泽东的"文革战略",不是毛泽东乐意见到的。对此,陈伯达、谢富治二人都负有责任。陈伯达打电话"灭火",谢富治也召集了两次会议,目的也是"灭火"。

6月16日,谢富治对北大反对派的讲话

1967年6月16日下午,谢富治、丁国钰在人民大会堂接见了北大各组织代表,参加者有校文革、新北大公社、新北大公社"六六串联会"、新北大公社"联合战斗团"、新北大公社"赤卫战斗团""北京公社""新北大公社革命造反总部"及"红旗飘"。与会者中没有"东方红公社",为什么呢?

谢富治这次接见,主要是找几个反对派组织来谈话,校文革和公社方是旁听者。(谢富治6月20日在北大说:"那次我主要是找他们来讲话的,你们是听话的对象。")

会议记录稿有1万多字,主要是谢富治讲话。[43]

会议内容的要点,按顺序如下:

(1)谢富治表示支持聂元梓整风,反对砸喇叭、冲会场、静坐的做法。

(2)谢富治表示不赞成打倒聂元梓,也不赞成打倒孙蓬一。谢富治说:"就是聂元梓、孙蓬一过去有什么缺点,有什么错误,可以批评么,可以开门整风么!用毛主席的方法。为什么一棍子打倒呢?我们不提倡这种风气。"

(3)谢富治要求大家学习毛泽东的《关于正确处理人民内部矛盾问题》,谢富治念了该书中的9段话并作了解读。他指出:"你们之间是是非问题,不是敌我矛盾。" "你们现在有些批评和自我批评,不是有领导,而是无政府状态的。"谢富治念了 "凡属于思想性质的问题,凡属于人民内部的争论问题,只能用民主的方法去解决,只能用讨论的方法,批评的方法,说服教育的方法去解决。而不能用强制的、压服的方法去解决。"他指出:"你们采取的那种砸广播、冲会场、

---

43 见胡宗式、章铎编:《北京大学文革资料选编》(下),第117—130页。

游行示威，都不是这种方法，不是讨论的方法，批评的方法，说服教育的方法。"他强调："现在就是打架、冲、砸广播台、静坐、游行、喊口号……对人民内部不能这样做"，"希望你们不要静坐，不要围攻，不要砸。"。谢富治还指出："人人都要改造"，"要改造自己，不要办事人越少越好，圈子越小越好。"

（4）谢富治重申了对北大的方针：

新北大是个有影响的学校，不要采用那种简单的、错误的办法，强制压服的办法。要按照批评、教育、说理、自我批评的办法。按照伟大领袖所提倡的解决人民内部矛盾的那些马克思主义的办法。

你们要支持聂元梓整风，批评，自我批评，不要去反对。反对就是错误的。这是要谈话的根本问题：支持聂元梓开门整风，采取的办法，就是毛主席的办法。

聂元梓、孙蓬一他们有缺点，甚至错误，他们自己起来整风，要帮助他们整风么！第一个是支持聂元梓整风，第二个是人民内部矛盾。不能提出打倒某个人。你们打倒聂元梓，我们不赞成。那天伯达同志讲得很清楚的，对聂元梓的批评是同志式的、爱护的，为了她好，还要她继续当红代会核心小组长么！不是讲得很清楚吗？今天再说一遍，还是那个方针，不变么！后来伯达同志还叫他的秘书给北大打了电话，说：批评聂元梓、某些人，是同志式的，是为他们好。至于吴传启则另外一回事。是这样讲的吗？（众答：是！）这句话要注意呀，这件事很重要。

（5）聂元梓、孙蓬一表示欢迎大家批判，孙蓬一还表示在重大原则是非问题上，必要时要作说明。

聂元梓表示：我的工作没做好，特别是没处理好内部同志的问题。给同志、给领导添了很多麻烦，我应该检查，欢迎大家批判。回去和大家一起学习毛主席著作。希望通过这次整风，彻底解决我们的问题，不辜负中央文革、谢副总理对我们的希望。丁国钰同志讲的也非常重要，希望大家照办。希望同志们都按主席指示办事，不然整风也会走过场。

孙蓬一表示：我对谢副总理犯了严重政治错误，谢副总理很原谅我，我虽然向谢副总理做过书面检查，但是认识很不深刻，欢迎同志们批判。（谢富治插话：不要提这件事了！）孙蓬一还说：我的态度是，本着对党负责的精神，首先从党的利益出发，对自己的错误老老实实地向党、向革命群众做检查。同时也应当实事求是，有些问题牵涉到重大原则是非问题，我在必要时要作说明。不是原则的问题，我决不去计较。……牵涉到重大问题，牵涉到中央、市革委会问题，我要找机会当面向谢副总理汇报。

孙蓬一没有得到汇报的机会。谢富治其实很明白，他比孙蓬一知道的多得多，不需要孙蓬一汇报。

（6）谢富治主持"达成"三点协议。

徐运朴提出："要聂元梓和我们达成协议！"谢富治举起《关于正确处理人民内部矛盾的问题》说："学习这篇著作，大家赞成不赞成？"众人说"赞成！"谢说"达成协议了吧？第二，回去把那些打砸抢，你反对我，我反对你，静坐、游行示威，冲会场都停止。回到屋子里学习。行了吧？"当"北京公社"嚷嚷，"他们回去又不干了"时，谢说："我是相信聂元梓的，学了文件之后自己解决，搞好整风。学一个星期，学习时，游行、示威、静坐、冲会场都不要。第三条，学习以后开展批评和自我批评。你们可以帮助聂元梓同志整风，不能打倒！"反对派声称："我们没有打倒聂元梓"。谢富治说："孙蓬一也不能打倒！校文革可以做检讨，看哪些问题处理的不对，可以重新处理，对的就不用重新处理了。"

（7）谢富治对北大反对派提出的若干问题作了回答。

侯汉清提出了三月整风和郭罗基大字报的问题，谢富治说："以后人民内部矛盾，可以贴大字报，也可以不贴，最好不贴，节省纸张，节省浆糊么！可开会解决么！一件事情还没有搞清楚就贴大字报，一件内部小事，一会儿就传到社会上去了，我说以后可以不贴。"侯汉清和"北京公社"的人继续在三月整风问题上纠缠，说"整风不解决问题"。谢富治说："不要这样讲了，聂元梓不是自我批评了么，多作自我批评，在这里不要谈这些了。"

牛辉林说："他们现在还不承认我们是革命组织"，谢富治说："你们内部的事我不管！我也不知道你们是什么组织。我看你们这些组织以后一个也不要。你们是反革命还坐在第一排？！"

"北京公社"的人又说："北大是反动路线，把……都打成反革命"谢富治说："现在学生夸大的事情、歪曲的事情我看得多了。"

牛辉林说："北大也是保守组织！"谢富治说："不要乱扣帽子。不实事求是的作风，随便上纲，给人家穿小鞋，这作风是不好的。谁讲得多了，谁就保守了。"

牛辉林指责校文革："在路线问题上没有调和的余地，你们就是资产阶级反动路线！"谢富治说："你们北大的材料我看得多了。你们以为我没有材料？！"

侯汉清反驳谢富治："你看的全是聂元梓给的材料"，谢富治反驳："聂元梓根本没有给我什么材料！"

谢富治所说符合事实。聂、孙对谢富治有疑虑，也考虑到北京市革委会控制在周景芳一伙手里，有关吴传启团伙的材料确实没有给谢富治送过。

谢富治还说，"今天，还要给其它几个学校开个会，不准他们到你们学校去叫喊，北大自己解决自己的问题。你们也不要到外校去。"（这个会议，谢富治6月20日在北大的讲话中也提到了："……我叫吴德把地质等好几个学校叫去开了个会，讲了五条，第五条说：不许到别的学校去支持对立面。"）

这次会议表明，谢富治希望把北大的事态控制起来，他支持聂、孙整风，不支持北大反对派的一系列做法，甚至表现出厌恶的态度。他强调，"北大一万多人，还有一个领导么！聂元梓同志讲了话，一个都不听，要有领导的民主么！批判错误是一回事，讲了话要听又是一回事么，不能完全无政府主义么！"

但是，谢富治已经没有权威了，反对派们根本不听他的。当天晚上，"北京公社""红旗飘"和"革造"就举行了"彻底批判校文革执行的资产阶级反动路线誓师大会"，同谢富治的讲话针锋相对。周培源参加了大会并发表讲话。他认为，"在陈伯达同志的6.5指示之后,情况起了本质的变化,校文革犯了很大的错误是肯定的了",基于这种分析,他当即参加了"北京公社"。

北大的问题不是谢富治能解决得了的。会议之后,谢又把会议的情况报告了毛泽东。

6月20日,谢富治在北大座谈会上的讲话

1967年6月20日中午十二点半,谢富治来到北大,接见了校文革、新北大公社负责人和驻校解放军代表并座谈,谈话长达三小时。纪录稿有7500多字。[44]

这次谈话的要点如下:

(1)谢富治说:"6月16日接见了你们以后,我向我们的伟大领袖作了汇报。"这说明毛泽东是关注北大情况的,谢富治这次来同校文革、新北大公社负责人和驻校解放军代表座谈,没有再找反对派,态度非常明确。谢富治虽然没有传达毛泽东说了些什么,但他这次接见所谈,显然反映了毛泽东的态度。谢富治还问大家,"那次会议(指6.16接见会)后,学校里的情况好一些了吧?"他还说:"你们不要怕过不了关,有人给你们找点嘛,有好处,有人反对也有好处,日子难过点有好处,这可能是好事。"

(2)谢富治向北大同学询问了潘梓年、吴传启、卢正义的情况,并说:"你们搞潘梓年、吴传启没错误,不过方式还得考虑,比如,材料不一定要公布。"

(3)谢富治再次澄清了关于说北大"分裂中央文革","夺市革委会的权"的问题。驻校解放军代表说:"这两个问题不清楚,我们和同学们做工作时,不好说话。" 谢富治回答说:"何必表态呢?没有的事,你承认干什么?伯达同志的讲话,指的是一种现象。他们说你们是反动路线有什么根据?我是革命委员会主任,我听到一句半句,说要夺权,我没有这个感觉。但不好公开声明,在这里跟你们讲一讲,没有这回事。聂元梓、孙蓬一在一段时间里骄傲自满,但一定

---

44 胡宗式、章铎编:《北京大学文革资料选编》(下),第133—142页。

说要夺革命委员会的权，我没有这个感觉，我是不相信的。现在就有这么个风气，一说什么，就不得了了。"

有解放军代表反映："有些人说聂元梓、孙蓬一夺市革命委员会的权，分裂中央文革。到处搜集材料。"谢富治说："没有那个材料。他搜什么？造谣虽然一时能迷惑一些人，但是长久不了。伯达同志的讲话清清楚楚地指出，对聂元梓同志的批评是同志式的，是好意的，是爱护的，还是让聂元梓同志当红代会核心组组长么。陈伯达同志也没有说你们一定要夺谢富治的权。"

（4）关于"北京公社"歪曲传达谢富治6.16讲话的问题。

谢富治在6.16讲话中举了张国焘搞分裂的例子，"北京公社"传达时说这是指的聂元梓、孙蓬一。谢富治说："连不上么！我讲话的观点是清清楚楚的。"

有同志提到，"北京公社"有人说谢副总理的批评只是要他们提高斗争艺术，注意策略方法。谢富治问大家："那你们是不是那样理解？"大家说不是，谢富治点点头。

有同志反映说：徐运朴在大会上说，中央文革支持"北京公社"把孙蓬一当作替罪羊打倒。谢富治说："你问他是哪个中央文革说的？陈伯达同志是中央文革的组长，我是市革委会主任，我们说话都不算数了？！你们问问他，是谁支持他们？"

（5）有同志反映：地质、农机、农大等学校支持我校"东方红公社""北京公社"搞分裂。

谢富治说："我公开讲过，已经被大家承认的北京各大学校的组织，不许到人家对立面去挑动，不得支持人家的对立面。支持人家的对立面，这种作法，我反对。后来我叫吴德把地质等好几个学校叫去开了个会，讲了五条，第五条说：不许到别的学校去支持对立面。"

谢富治也提醒："你们的整风不要因为外边的种种原因，就减低内因。外面是外因，如果里面没有缺点，他们也搞不起来。对外面的问题不要看得太重了。"

（6）关于公安部门释放某些人员的问题

有人反映：听说原"井冈山"头头魏秀芬被释放回来说：谢副总

理曾接见了她。

谢富治听后很生气,连连地说:"根本没有的事。完全是造谣,完全是造谣。……但是你们也不要拿我的话来声明。你们可以问和她一起放出来的人,我们接见她没有?"

谢富治问:"你们学校放回来几个?"(大家说:6个。)谢富治说:"北航最多。当时抓的是不是多了一点?"

谢富治还问:"有没有反聂元梓、反孙蓬一就把人家抓走了的?"大家回答:"没有。只有反中央文革、反中央文革以上,情节严重的才抓了。有个家伙恶毒地攻击毛主席。"谢富治说:"这是反革命"。

(7)关于红代会

会议中途,聂元梓要去红代会开会。谢富治对聂元梓说:"红代会还是要搞起来,你要好好地抓。要大批判、大团结。在外面抓大批判、大团结,内部搞自我批评,事情就好办了,就主动了。地院方面我们已经做了些工作,有团结的愿望。你抓一下,这样旗帜就举得高。外面要抓住大团结、大批判,不要去搞别的。"

聂元梓和孙蓬一的"检讨"获"联战团""六六串联会"的认可

由于许多师生下乡参加麦收,谢富治6月20日在北大召集的座谈会上的讲话,推迟到6月26日晚传达。

校文革和新北大公社方面执行了谢富治两次讲话的意见。6月20日,孙月才写了"联战团"关于学习《正确处理人民内部矛盾的问题》和开展整风的声明。6月21日,"联战团"给孙蓬一整风,直至深夜一点半。[45] 6月26日、27日两天,校文革举行了整风大会,聂元梓、孙蓬一分别做了检查。聂元梓的检查较好,孙蓬一不够诚恳。"六六"战士纷纷提出意见,要求继续整风。29日校文革再次召开整风大会,孙蓬一再次做检查,此次老孙有很大进步。扬子浪在"日记"中写道:

---

45 孙月才2019年10月14日致胡宗式信。

"老孙这次检查好。"[46] "联战团"认为检查是触及灵魂的。[47] 由此,新北大公社开始稳定下来。

在当时情况下,孙蓬一的检查是很难做的,因为有很多事、很多话本来是对的,但是不能在会上公开说。反对派正是利用了这一点纠缠不休,例如"革命造反总部"7月3日在其"声明"中依然指责孙蓬一"避重就轻,回避分裂中央文革、夺权等要害",要孙蓬一"靠边站";再如0派"游击队"的大字报依然指责聂、孙"分裂中央文革罪责难逃""炮打谢不是偶然""搞吴、潘是虚,夺权是实";等等。[48]

"联战团"和"六六串联会"的工作同样难做。他们在与"井、红、团、0、飘"对抗的大形势下,还要坚持对自己所支持的校文革进行严格整风。王复兴说,"六六"这种对外、对内两线作战的状态是难度挺大的作法。有一次给聂、孙开门整风,群众提意见,炮轰校文革,"井、红、团、0、飘"竟然冲击会场,于是"六六"又马上回过头来对他们进行抗议游行。[49]

两个月后关锋、王力垮台,吴传启、洪涛一伙被抓,真相大白,历史作出了结论。

(三) 1967年7月:风雨如磐

陈伯达的电话和谢富治的讲话对北大反对派不起作用

陈伯达的两个电话和谢富治在两次会议上的讲话,说得很好听,但他们的话是没有效力的,对北大反对派不起作用。谢富治6月20日在北大接见时曾问:"那次会议(指6.16接见会)后,学校里的情况好一些了吧?"谢富治以为他6月16日的接见是应该有效果的,自我感觉良好,但实际情况正好相反。

如果听从陈伯达的电话和谢富治的讲话,北大反对派的头头们

---

46 王复兴:《抢救记忆——一个北大学生的文革回忆录》,第166页。
47 孙月才2019年10月14日致胡宗式信。
48 陈景贵:《1965—1970 那几年我在北大》,第696—697页。
49 王复兴:《抢救记忆——一个北大学生的文革回忆录》,第166页。

就失去了闹事的由头，就像孙悟空失去了金箍棒，无法再闹下去了。所以，他们不但不会听从，还要把事情闹得更大。

对于校文革整风一事，"北京公社"和"红旗飘"仍然加以抵制。在6.29孙蓬一做检讨的会上，0派在会场上高喊"孙蓬一下台滚蛋"的口号，牛辉林、侯汉清则在台上"疯狂地抢麦克风"，陈景贵评论他们"表演得可怜可笑可耻"。[50]

在6.16接见会上，北大反对派的领导人都碰了钉子，谢富治不支持他们游行示威、砸喇叭、冲会场、静坐的行为。他们念兹在兹的三月整风和郭罗基大字报问题，谢富治不让再谈。谢富治认为，聂元梓检讨过了就行了。他们重点攻击聂、孙的"分裂中央文革"和"夺北京市革委会权"的问题，没有证据，也已宣告失败。至此，"北京公社"头头们手里的筹码已经输光，他们只能向"红旗飘"和"东方红"靠拢。6月26日"革命造反总部"贴出《北京公社的头头要把0派引向何方？》的大字报，就是这种情况的反映。但是，这些组织的头头和他们背后的势力，是不会善罢甘休的，为了继续拉拢群众，维持搞乱北大的局面，他们一定要制造新的事端。

陈景贵的日记记录了那段时间的情况，限于篇幅，仅摘录数条：

7月3日。"叛逆者"的"醉翁之意在于权"揭发了头头们的最近内部部署：1、全面夺权、二次革命，2、坚持打倒孙和把孙当替罪羊打倒，3、对为"井""红"翻案态度暧昧。头头说三种前途：1、全面夺权，拉8000人即可；2、走清华4.14之路；3、失败、垮台。（引者按："叛逆者"揭发的显然是0派的头头，他们的赌徒面目暴露无遗。）

7月6日。晚上，校文革在五四运动场召开批判干部问题上的资产阶级反动路线大会，遭到"井冈山""东方红"的冲击，被迫暂停、改期。

7月7日。昨晚被冲击的大会今天继续开，上午又被冲击，并发生武斗。下午仍被冲击。校文革说是被一些不了解的人把持主席台而

---

50 陈景贵：《1965—1970　那几年我在北大》，第695页。

未开成。0派广播台广播,抗议孙挑起武斗。据说武斗中有人被扎伤。

0派就是不让孙上台,你上台我就冲,因为你是资产阶级反动路线。

7月9日。今晚,全校广播大会,分各地点开会,可能是为了防备外界干扰。由于广播器材被人拿走,会议延时30分钟。聂在办公楼主持,先学习最高指示,接着孙讲工作安排,说是边战边整,把整风进行到底,边整边改。传达陈伯达秘书给聂的电话,说是要尽快复课闹革命。第一课就是批判干部问题上的资产阶级反动路线,树立毛主席革命路线的权威。……

话没说完,便见门口有人拥挤,前面也有敲门声,气氛显然不对了。当孙讲到批判干部问题上的资产阶级反动路线时,掌声之后,有人故意继续鼓掌,遭到斥责。在又发生故意延长鼓掌之后,"孙下台滚蛋"的喊声突然响起。0派们气势汹汹地站在门口,声称大楼已被包围。这时,有人跳上主席台,又有人跳上去阻拦,前边的0们便一拥而上。顿时台上台下一片混乱,拥挤不堪,双方拼命抢占地盘。只见"红旗飘""东方红"的旗子在挥舞,不见了聂、孙。0们摘下了国旗和毛主席像,弄走了广播器。会议被迫停止。

"六六"战士为了不使事态扩大,只得退出会场。

在之后的校方通过广播台发表的抗议中说发生了围剿聂殴打孙的事件,说这次事件是有准备的有计划的事先安排好的。

校内又立即大哗。双方互相抗议,高音喇叭对唱,全想压倒对方;各自言词激烈,都欲争取群众。众学生们议论、倾听、看大字报,又闹的不亦热闹乎。

"六六"又集合,说是到东操场继续开会,可能又没开成。双方游行,所到之处各获得一片掌声。不少人在楼上开窗观看喊话,楼上与楼下也开辟了战场,吵成一团,骂成一片。"真老保""臭鸡蛋""混蛋""你下来"的喊声充斥了夜晚的校园。

逍遥派或表示不满或欣赏,有时也发出一些议论。

0派就是不让孙上台讲话。可校文革为什么又偏让他说呢?可为什么又不能让他说呢?

为什么 O 派非得依他们才肯罢休，否则就冲呢？冲，是不对的。[51]

紧接着，就有了 7.10 打砸保卫组的恶性事件。

（四）关锋、吴传启团伙的黑手在行动

中央文革记者张超在北大群众中煽动分裂

陈伯达、谢富治的话不起作用，重要原因之一是中央文革派驻北大的记者张超在群众中公开进行分裂活动。张超以《红旗》杂志记者的名义在北大活动，但她没有履行一个记者客观地、正确地反映情况的职责，而是在群众中支一派，打一派，为反对派出谋划策，鼓动分裂。[52] 事实证明，她是王、关、戚的同伙。张超向中央文革究竟反映了一些什么情况，值得未来的学者研究。

5月24日下午，张超同"红旗飘"头头牛辉林和"东方红"头头樊立勤等人进行长时间的谈话。张询问了两个组织的"组织情况"，鼓动他们说："你们这是重新造反"，"别人骂没关系，外校不是有那么多革命组织在支持你们吗？""形势大好，重新造反"。张还问樊"对聂元梓、校文革抱什么态度？"樊答："聂元梓给她挂个空名，其他人都打倒"。张超一笑，表示赞成。张超还叮嘱他们"要注意策略"，"要搞材料"，"有了结论拿不出材料怎么行？"张超还让他们"提高警惕"，说："校文革已经派人打入你们东方红内部"，并说："这是校文革说的。"

陈伯达6.5讲话后，张超对"红旗飘""北京公社"和"革命造反总部"做了不少工作。她公开对16团的人讲："你们16团对校文革太软了，应该向O派学习。你们在6月份以前就该起来了"。张超参加这些组织的串联会和队长会时，在会上会下以启发方式提出不少带倾向性的问题，如问"你们说聂元梓变了，那么从什么时候变的

---

51 陈景贵：《1965—1970 那几年我在北大》，第 697—701 页。
52 参见新北大公社"除隐患"战斗队：《斩断林杰反革命集团伸进北大的黑手》，1967 年 10 月。此件已收入胡宗式、章铎编：《北京大学文革资料选编》(中)。

呢？""'井''红'的问题为什么不敢碰呢？""聂元梓的反动路线从哪个月份算起？",等等。她还说,"掌权后还是可以重新执行资产阶级反动路线的","方向路线性的问题,实际上就是资产阶级反动路线的问题"。于是,"北京公社""东方红""红旗飘"的一些人公开宣扬:"《红旗》杂志记者张超支持我们批判校文革的资产阶级反动路线"。早已参加了"红旗飘"的徐运朴甚至说:"中央文革同意我们把孙蓬一当作替罪羊来打倒"。

数力系教员王××6月8日曾找张超谈话,张问王:"你是哪一派的？"答曰:"倾向北京公社"。张说:"你赶快表态吧！"当王谈到大多数人都同意"六六串联会"的观点时,张超说:"你们好好看看'十六条','十六条'不是说真理有时在少数人手里吗？"又说:"现在有许多人受蒙蔽,多数人并不一定代表真理",她还说"伯达6月5日对北大的批评,不是伯达同志个人的意见"。

俄语系彭××反映,他找张超谈话,认为说校文革执行了资产阶级反动路线根据不足,张说:"反动路线有各种不同的表现形式！"物理系"革造"成员王××和张超谈话时,说北大的关键问题在于是否执行了反动路线,王认为,校文革犯了方向、路线错误,但不是保刘、邓的。张超说:"反动路线不一定保刘、邓,它就是一个路线问题！"

物理系的同志反映,6月12日晚在43楼232室召开的物理系"革造"队长会上,有些队长批评"总部"右倾。张超参加了这个会,临离会场时,她写了一个纸条给会议主席:"你们的会开得很好,希望你们写出一个座谈纪要来……"

物理系教员王××和张超谈话,当他谈到静坐示威问题时,张超竟说:"这是群众的革命行动,没有什么可指责的。"

6月14日,"北京公社""红旗飘"等组织开会批判聂元梓、孙蓬一的资产阶级反动路线。据"北京公社"成员、化学系马××说:《红旗》杂志的同志始终都参加了这个会,并鼓励大家说:"会开得很好！"

6月20日,谢富治来北大接见校文革、新北大公社总部和解放军代表,作了重要讲话。张超却在群众中散布说谢富治的讲话是假的。"北京公社"负责人陈醒迈等人在同学中说:"外面谣传,说谢副总理来我校。说北大没有分裂中央文革,没有夺市革委会的权,我们去问张超有没有这回事,张超说,没有这回事,肯定是造谣。她还说谢副总理不可能这样讲,没有这回事。"

7月11日上午新北大公社"六六串联会"和"联战团"在东操场召开大会揭发"北京公社""东方红""红旗飘"的某些人违反中央《六六通令》,大搞打、砸、抢的暴行。当受害者上台揭发"北京公社""东方红""红旗飘"的一些人抢走大量绝密档案资料,对同志拳打脚踢,致使血流满面,对女同志搜身进行侮辱的暴行时,张超却说:"没什么,这是感情激动,他们有好多内情还不知道呢!"

由于张超的活动和支持,北大反对派中激进分子的气焰非常嚣张,陈伯达的两次电话和谢富治6月16日、20日的讲话批评了反对派的错误,但他们仍有恃无恐,仍然大搞打、砸、抢、抄、冲,他们公开宣扬:"老子站得住,《红旗》记者、中央文革联络员张超同志支持我们"。

有些人被张超忽悠了,更多的人对她产生了怀疑,她的言行,被记录下来。有些同学直接找张超辩论和质问,揭露她在北大群众中挑动分裂的活动。张超颠倒黑白,又向中央文革诬告聂元梓挑动群众对她进行"围攻"。于是,聂元梓又受到了关锋的训斥。

王、关、戚垮台后,中央文革的许多工作人员都受到审查。作为关锋的心腹,张超是跑不掉的。她交代了一些什么,同样值得未来的学者研究。

吴传启团伙及某些高校对北大反对派的支持

陈伯达、谢富治的讲话不起作用的另一个原因是,北大反对派还得到了吴传启团伙的大本营——"学部联队"和统战民委系统"联委会"的全力支持。在关锋、戚本禹、吴传启团伙垮台后,这些组织的许多群众觉得自己受了欺骗,对这个团伙非常痛恨,纷纷反戈一击,贴出大量大字报，揭发了这个团伙支持北大反对派的大量秘密活动。[53]

在吴传启、林聿时指使下，学部《进军报》采访组和联络组的人员从 4 月份就天天派人到北大来搜集材料，写成《情况反映》上送关锋、王力。为掩人耳目，送给关锋、王力的《情况反映》都装在送给穆欣的大信封内，由穆欣直接转交给关、王本人。信封上都按约定写上"特急稿件"字样，并盖上"绝密"二字的印戳。仅 4 月上旬至 6 月下旬，他们就搞了 23 期。《进军报》还有专人同"北京公社"的 0363 联系。

洪涛、刘郢控制的统战民委系统"联委会"成立了有 10 个人的北大动态组，专门搜集整理北大和聂元梓的材料，包括各种串联会的信息和聂、孙讲话。从 4 月 29 日到 7 月 10 日，他们出了 27 期简报和好几期专题材料，上报给关锋、王力、穆欣、周景芳、林杰等人。此外，"联委会"有专人同"红旗飘"联系，并帮助"红旗飘"上报材料。

由此，关锋、吴传启团伙不仅对北大的情况了如指掌，还找到了得力的代理人。侯汉清、徐运朴在 4 月份就贴大字报站到了关锋、王力一边，正式"造反"时又得到了王恩宇、洪涛的大力支持，[54] 牛辉林早就是洪涛的座上客，"北京公社"（以"小人物"的大字报为标志）也完全站到了这个团伙一边。

吴传启、林聿时逃亡外地后，王恩宇、洪涛等人依然活跃。"学部联队"和"联委会"的头头们不仅同北大反对派的领导人有密切联

---

53 参见新北大公社"除隐患"战斗队：《斩断林杰反革命集团伸进北大的黑手》，此件已收入胡宗式、章铎编：《北京大学文革资料选编》（中）。
54 比如，徐运朴在 67 年 5 月就专程去学部拜访王恩宇和洪涛。徐表示要"造反"，请示"怎么搞才好"。王恩宇说："你太软了，旗帜不鲜明，要鲜明一些，反对就反对嘛。""那天你们在大会上和校文革辩论，我去听了，你讲得不好，你态度不明朗，有点被动，本来应该讲得更好一些，结果效果不好。""我们支持你，态度再明朗，要干就大些！"洪涛说："不造反就不造反，造反就旗帜鲜明！"徐运朴本来情绪不高，在王恩宇、洪涛的鼓动下，顿时精神大振，回来便正式"造反"了。参见胡宗式、章铎编：《北京大学文革资料选编》（中），第 23—24 页。

系，给予鼓励，为他们出谋划策，还代为上报材料，并提供各种物质援助，如帮助印刷宣言、海报、传单材料，甚至提供照相机，录音机，高音喇叭等物品。

谢富治的6.20讲话似乎平允公正，但北京市革委会的实际权力却掌握在周景芳一伙手里。王乃英负责的市革委会动态组专门整北大的材料，谢富治可以不看王乃英送的材料，却不能阻止王乃英把材料寄送给关锋等人。周景芳、王恩宇等人在多个场合宣扬他们的"五个反毛圈子"的理论，声称"现在阶级敌人要找代理人，最理想的就是挂着金字招牌的造反派头头"，而聂元梓就是这样的"代理人"，"反潘梓年、吴传启就是炮打无产阶级司令部"。他们还提出了"诱敌深入"的策略，"要引诱新北大攻击市革委会和中央文革"，届时再"群起而攻之"，彻底搞垮新北大。

周景芳还利用他在市革委会里的地位，拉拢某几个高校的一些人，和"学部联队"的人一起开会研究保吴传启和对付北大的策略。例如，5月中旬，在《五一六通知》公开发表几天后的一个晚上，周景芳就在市革委会大楼四层一个房间内召开了这样的会议，与会者有王乃英、李冠英和"学部联队"、××学院、××大学的一些人。6月3日，在××学院教八楼又开了一个串联会，有"学部联队"、××大学、××学院等单位参加。洪涛、王恩宇、周景芳、××学院的王××、张××等人都参加了这次会议。会上决定成立材料调查组、材料整理组、后勤组和材料交换站，专门搜集北大、聂元梓的材料，上报中央文革。陈伯达6.5讲话后，这几个单位再次开会，他们决定：暂时还不提"打倒聂元梓"，但要把聂搞臭；把孙蓬一当作"替死鬼"来打；为了进一步搞臭聂元梓，在××学院设一个专门秘密调查聂元梓问题联络站，参加者有林杰的妻子和林聿时的妻子。他们甚至把1965年北大社教运动的档案搬出来，研究聂元梓的问题。

关锋、吴传启团伙不甘失败，他们利用某几个群众组织对聂、孙、校文革和新北大公社发动全面围剿，并广泛搜集材料以图整垮聂、孙。这种联盟给北大的反对派增加了"底气"，有助于搞乱北大，却挽救不了阴谋团伙的灭亡。

这些单位上报了大量有关北大的材料,希望未来的研究者能有机会见到。

(五)陈伯达7月10日凌晨讲话"授命",反对派砸抄保卫组

谢富治自以为他6月16日的接见是应该有效果的,但实际情况正好相反。

进入7月,首先是周培源等134名干部于7月1日发表了一封《致革命和要革命的干部的公开信》,该公开信对陈伯达、谢富治的6.5讲话表示拥护,认为"从三月份以来,校文革犯了方向路线错误",并表示支持 "北京公社""新北大公社革命造反总部"和"红旗飘"的 "一切革命行动"。这是周培源等人把校内干部拉入北大两派纷争的重要行动,对北大的分裂起了推波助澜的作用。在同关锋、戚本禹、王力、吴传启团伙的生死斗争中,这些干部被周培源等人拉着站在了关锋、吴传启团伙一边。

当然,还有更多的干部声明站在校文革一边,支持反对阴谋团伙的斗争。

其次,校文革主持的大会在两天内连续遭到4次冲击,任何工作都无法进行。

面对校内持续动荡、日益恶化的形势,聂元梓和驻校解放军于7月9日晚12时左右向陈伯达请示。陈伯达告诉聂元梓,说他直接到北大来。于是,就有了陈伯达的7月10日凌晨的讲话和反对派的第二波进攻——砸抄校文革保卫组。

陈伯达7月10日凌晨的讲话

陈伯达说来就来,聂元梓到南校门迎接,比陈伯达只早到三分钟。从南校门到大饭厅,陈伯达和聂元梓以及同学们一边看大字报,一边交谈。陈对聂说:"很对不起,我来晚了。到过了北航、清华,今天才到你们这儿。我没想到6.5讲话被人利用了,你们也吃了不少苦头。"

途中有"红旗飘"成员说："北大没有民主！"陈伯达当即反驳："北大很有民主嘛，我看了你们的大字报，你们什么都可以提嘛，北大民主很多嘛。我批评聂元梓是支持她、爱护她，帮助她。聂元梓同志不要打倒，还要她当红代会核心组长，孙蓬一也不要打倒，对他要一看二帮。"

新北大公社和反对派的一些学生闻讯赶来，大家席地而坐，围成一圈，陈伯达开始讲话并回答同学的提问。讲话和问答从7月10日凌晨2时30分开始，至4时结束。[55]

关于北大当前的乱局，陈伯达提了一个三步走的建议。"我建议你们用10天～15天的时间学习《关于正确处理人民内部矛盾的问题》，各派都作自我批评，不要批评人家。""然后你们开联席会议。联席会议要有两个条件，一不要互相攻击，二不要算老账。从10日晨3点起算新账，以前的旧账一律不算。""第三搞大联合"。

关于聂元梓，陈伯达说："聂元梓同志过去有些不民主，有过火的地方，我以前就知道了，不是你们贴大字报我才知道的，你们贴大字报前我就知道了。你们要看大的方面，还要看现在和将来，要（原记录整理稿为"不"，疑有误——引者）给人家改正错误的机会。""校文革开会，商量工作，你们要支持，不要冲会场。可以提意见，不要攻击性的，这样是不利于解决问题的，不要闹，冲会场是错误的。"

关于孙蓬一，陈伯达说："孙蓬一和聂元梓合作了一段时间，你们现在要挖掉孙蓬一，实际上要挖掉聂元梓，你们'炮轰聂元梓，打倒孙蓬一'，就是打倒聂元梓，你们打倒别人就等于打倒自己。应该让孙蓬一帮助聂元梓工作。""聂元梓、孙蓬一不能打倒，你们要打倒，我批评你们。"

关于6.5讲话，陈伯达指出有人正采用政治流氓手段，"想逼我出来声明，6.5讲话是有效的，这样就可以大举进攻聂元梓，目的就是这样……斗争不能采用这种政治流氓手段，逼陈伯达声明，说我讲

---

55 记录稿见胡宗式、章铎编：《北京大学文革资料选编》（下），第145—152页。

话有效，这样攻击聂元梓同志就有武器了。"显然，陈伯达以拒绝声明 6.5 讲话有效的方式否定了这个讲话。

50 多年后重读这篇讲话记录稿，陈伯达支持聂、孙和校文革继续工作的态度非常明确。但是，"红旗飘"和"北京公社"的那些人是不会接受的，相反，他们还当面造谣，并立即制造了砸抄保卫组的严重事件。陈伯达 7 月 10 日晚 8 时 30 分对聂元梓说："我的讲话本来对他们不利，结果他们就大攻你。他们晓得我说的话对你有利，他们站不住了，才大攻。"确实，北大的反对派，必须要靠不断地制造新的事端，才能混得下去。在这种情况下，陈伯达所谓的"三步走"和"联席会议"的建议，完全成为空话。

在陈伯达面前造的第一个谣是说北大有一千多人的动态组，这是牛辉林喊出来的。其实，牛辉林等人在 1967 年 2 月开始活动的地方，同《动态报》编辑部就在同一层楼，他们有时还过来索取《动态报》。《动态报》有几个房间，有多少人进进出出，他们是很清楚的。另外，6.5 讲话后，《动态报》编辑部也有一些人造反了，贴大字报揭发"内幕"，他们更清楚编辑部有多少人，在外面跑动态的有多少人。一千人搞动态？那得要一座大楼，要一大套管理班子，牛辉林能指出来吗？其实，动态组关注的是那条"又粗又长的黑线"，这件事情用不了几个人，活动范围也很有限。

在陈伯达面前造谣的还有 0363 的雷祯孝（据说是"北京公社"的宣传部长），他造谣说："我们北大有个二组，专整群众黑材料！"陈伯达立刻不假思索地回答："那就让他们停止工作！"聂元梓解释说："二组是搞保卫的"，陈伯达说："保卫工作另外搞"。

北大校文革保卫组的前身是张承先工作组为保卫工作的特殊需要而建立的，当时称"二组"，由海军保卫部、军事法院、军事检察院、以及最高人民检察院的人组成，不参加学校"文革"运动，专门负责学校安全保卫工作（维护校内治安，配合公安机关侦查刑事案件，承担重点专家、要害部位及来校首长、外宾的警卫）。正由于保卫工作的特殊需要，工作队撤走后，"二组"被批准保留下来。1966 年末，"二组"的军队干部按照中央批示撤出北大，"二组"称谓正式取消，改称"保卫组"，并抽调了部分教师、干部予以充实。保卫组名义上隶属"校文革"，实际上接受北京市公安局、北京卫戍区和公安部的业务指导，独立工作，不参加校内群众运动。

雷祯孝说保卫组"专整群众黑材料"，有什么根据？对于这一诬陷之言造成的严重后果，雷祯孝负有不可推卸的责任。陈伯达偏听偏信诬陷之词并胡乱表态，实际上是授命砸抄，[56] 他要对这一事件及其后果负主要的责任。

保卫组遭到打砸，保卫档案被抢

陈伯达胡乱表态时，保卫组工作人员蓝绍江（法律系学生）就在现场。50多年后，他在文章里回忆起他听到陈伯达那句话时的感受："听后，我为之一惊，因为在当时形势下，就是陈伯达这一句话，意味着新的打砸抢和揪斗就要开始了！！""果然，天刚亮就来了大批学生涌进保卫组，宣布：'根据伯达同志指示，保卫组停止工作，我们代表革命群众查封保卫组！'尽管我们一再解释，保卫组不介入群众组织派性活动、保卫工作资料的重要性和保密性等，但是毫无效果。等谢甲林同志来了以后，我们就全部被'净身'赶出保卫组，保卫工作业务档案、勘验与摄影器材及个人物品全部被扣留。"[57]

陈伯达讲话后，"北京公社"和"红旗飘"等组织的大批人员封锁了保卫组，并进行了全面的查抄。"所有机要文件、保卫工作档案、史实资料、工作器材，以及为破案中的笔迹排查而从各系部借用的大字报底稿等文字材料，均遭到劫掠。"[58] 为了对查抄的材料拍照，他们还求助于"学部联队"。为了欺骗群众，他们还举办什么展览，把

---

[56] 江青在1967年9月1日的讲话中说："牛辉林到处去抢、抄，是有人授命给他的。别人授命，要我就不授命。"江青所说，显然是指陈伯达授命砸抄保卫组一事。

[57] 蓝绍江：《我亲身经历的北大"7.10"事件》，载王复兴主编：《回顾暴风雨年代——北大文革亲历者文集》，香港：红色中国出版社，2018年。

[58] 谢甲林：《我和"文革"时期的北大保卫组》，载王复兴主编：《回顾暴风雨年代——北大文革亲历者文集》（第二集），香港：时代文献出版社，2019年。

保卫组为执行周恩来指示，对周培源等人进行保护而建立的警卫档案说成是整周培源的"黑材料"，把保卫组为侦办案件查对笔迹需要而向各系借的文字材料说成是整群众的"黑材料"……1967年7月26日的《新北大报》还刊出长文《彻底砸烂北大的特务机构——黑二组》，对保卫组栽赃陷害。

面对"北京公社""红旗飘"们制造的种种谣言，保卫组部分工作人员忍无可忍，印了一份传单予以批驳。[59] 蓝绍江回忆说："我们保卫组当时的工作纪律是：每个人思想上可以有'观点'，但工作中不能有派性，保卫工作不能受所谓'运动'的影响。正因为我们不搞什么'黑材料'，自己心里有底，所以我们向全校告示：保卫组从来没有搞过构陷学生、教师的'黑材料'，并强烈要求有关群众组织公布这些所谓'黑材料'的内容。这一告示发出，铺天盖地的所谓'黑材料'风波戛然而止了。直到今天，也从来没有任何组织能拿出保卫组构陷群众的'黑材料'公布于众。"[60]

7.10砸抄保卫组事件蓄谋已久，"北京公社"和"红旗飘"等早就盯上了保卫组。他们砸抄保卫组的目的是什么？他们对保卫组作出过什么样的估计？陈伯达发话后，"北京公社""红旗飘"等组织领导人是如何研究、策划并实施砸抄行动的？抄走了保卫组的档案材料后，他们又是如何用颠倒黑白、移花接木等手段来诬陷保卫组的？这些问题，要由那几个组织的头头来回答。

砸抄了保卫组之后，"北京公社"和"红旗飘"们开大会，办展览，散布了大量谣言，但是，有好多没敢在《新北大报》上刊登。谣言之一是：7月10日，他们说，从"黑二组"抄到了"整关锋同志的材料"；第二天说："黑二组销毁了关锋的材料，还剩下一个标题——关锋的历史问题"；第三天说"烧的只剩下关锋二字"；第四天，他

---

[59] 北京大学文化革命委员会保卫组《红卫士》战斗队：《恶毒的阴谋，卑劣的伎俩——戳穿新北大团、零、飘、井、方（指"东方红"——引者）的谎言》，时间应在1967年7月26日之后。这大概是保卫组工作人员在"文革"中唯一的公开表示态度的文章。此件已收入胡宗式、章铎编：《北京大学文革资料选编》（上）。
[60] 蓝绍江：《我亲身经历的北大"7.10"事件》。

们便把自己放出的谣言偷偷地收回去了，在群众的质问下，不得不承认"没有从二组抄到关锋的材料"。[61] 这个短命的谣言，或许反映了砸抄者的真实目的，但他们失败了。

借砸抄保卫组之机，还有人混水摸鱼地砸抄了南阁的哲学系办公室。笔者认为，砸抄者显然就是哲学系的人，他们要抢的是自己的材料，包括他们自己过去的检讨或交代材料。这些材料，他们是绝不会拿出来展览的。

"北京公社"和"红旗飘"等砸抄保卫组的行动非常顺利，因为校文革和新北大公社方面没有组织任何抵抗。既然陈伯达授命，那就砸吧！抄吧！保卫组的工作，主要是受公安局和公安部领导，执行的"公安六条"是中央的文件，不是校文革的文件。保卫组的工作及工作性质，新北大公社并不清楚，更没有工作上的关系。

7月10日，陈伯达给聂元梓的两次电话和另外三次谈话

陈伯达7月10日凌晨在北大讲话中说过："我今天的讲话，一张大字报也不要上校园，不要广播，不要上街。也不要传达。你们用我的话来攻击聂元梓同志，那就是搬起石头砸自己的脚。"但是，"北京公社"和"红旗飘"们是不会听的，陈伯达一走，他们就砸抄了保卫组。这引起了新北大公社极大的愤怒，但他们采取了非常克制的态度，没有组织任何抵抗行动，只有二三十名骨干成员在聂元梓带领下去北京市革委会找了吴德，表示陈伯达这样做，我们就没法干了，我们就不干了。吴德无奈，把陈伯达找来了。于是，7月10日晚上9时，陈伯达接见了北大校文革和新北大公社的代表，在接见前的8时30分和接见后的9时30分，陈伯达和聂元梓有两次谈话。[62] 早先，陈伯达通过秘书给聂元梓打了两次电话。

从7月10日凌晨到晚上，陈伯达一共有四次谈话，中间还有两次电话。这是一个值得研究的问题。陈伯达的态度有什么样的背景？

---

61 北京大学文化革命委员会保卫组《红卫士》战斗队：《恶毒的阴谋，卑劣的伎俩——戳穿新北大团、零、飘、井、方（指"东方红"——引者）的谎言》。
62 胡宗式、章铎编：《北京大学文革资料选编》（下），第153—156页。

是否反映了当时中央文革内部正发生了很大的矛盾？

第一个是 7 月 10 日中午答复聂元梓关于保卫组问题请示的电话："同意。查封要经过谢富治同志批准。材料不能抢走。我本来说保卫工作是要有的，但你们的保卫组是什么性质我不了解。有些问题没经过协商就动手动脚，我认为这样做法不能消除纠纷。"[63]

第二个是 7 月 10 日 18 时的电话："聂元梓同志：不要着急，慢慢地看情况，文化大革命是在大风大浪中前进的。懂了吗？陈伯达"[64]

7 月 10 日晚上陈伯达同聂元梓的两次谈话中，陈伯达对 7 月 10 日凌晨的讲话作了一番解释。陈说："我批评你，是为你卸包袱。这样，别人攻你们就经受得住了。""10 号我来北大的讲话也是给你们卸包袱的。你懂得了吧？批评你都是为你卸包袱的。以后可能还有大风浪，可能还有大的攻势，你们要做好准备。你那天去找我（指 9 日深夜聂元梓找陈伯达一事），我就知道学校里攻你的劲还没有完全施出来，所以我就来了，可能别的学校、单位还要参加（此处含义不明，疑指参加对北大的攻势——引者）。"按照陈伯达的解释，似乎有人还要对聂元梓、北大校文革和新北大公社采取更大的攻势，而他陈伯达是保护我们的。陈伯达似乎不无委屈："炮轰聂元梓，打倒孙蓬一，实际上就是打倒聂元梓。这话我都给他们说了，还要我怎么说呢？我去说聂元梓是坚定的左派，你们反她都是反革命？"

陈伯达抱怨聂元梓不能理解他的意思："我给你们做了许多工作，就是对北大做的工作顶多了。但是你还弄不清楚。我是认为你们是好人，所以才又向你说，实在是话都说够了，但是你还是不懂。昨天（指 10 日晨 3 时来北大的讲话）我的那些话，都是对你们有利的。人家都听得懂，就是你们听不懂。""给你谈了很多，总是听不懂。""说了很多，你和孙蓬一都不懂。""你总是听不懂。吴德同志我告诉了他，他一下子就明白了。"

---

[63] 胡宗式、章铎编：《北京大学文革资料选编》（下），第 157 页。
[64] 胡宗式、章铎编：《北京大学文革资料选编》（下），第 153 页。

陈伯达表示他也有难处："以后你不要再找我了，找多了不好，有什么问题可找吴德商量，我说多了不好。""我说得过分了，对你们不利，你知道吗？"显然，中央文革内部分歧很大，陈伯达的处境并不好。

陈伯达还说："北大过去一潭死水一样，不好。没有波浪有什么意思呢？死水一潭是会发臭的。看着很多人拥护你，底下是火山，现在你们是摇摇欲坠的样子，这才好呢。""他们攻你才好呢！现在北大是大好形势。"

陈伯达的这些话到底是什么意思？他希望北大大乱？越乱越好？北大校文革和新北大公社"摇摇欲坠的样子"，正是陈伯达所希望的。但这对谁有好处呢？谁会高兴呢？显然，高兴的是关锋、吴传启团伙，但他们绝不会就此满足，只有彻底整垮北大校文革和新北大公社，这个团伙才会有救。陈伯达说，"以后可能还有大风浪，可能还有大的攻势，你们要做好准备"。这话倒是对的，并非危言耸听，陈伯达身在高层，知道有些人不会善罢干休，还会有新的攻势。确实，新北大公社还将迎来艰难的八月。8月份，王力去陕西之前，曾对北航驻《人民日报》的工作人员吴介之说："北大的问题很大，解决了北大的问题，可能对社会上的贡献更大些。"[65] 王力没有想到，首先被解决的是他自己。

北大这场斗争，牵涉到中央文革中王、关、戚的问题，牵涉到文革最高层，其间错综复杂之处，不是北大师生可以搞得明白的（笔者至今仍不甚了了）。就是陈伯达自己，心里也未必有底。无论是陈伯达还是江青，做梦都想不到关锋、王力会在一个多月后垮台。

陈伯达7月10日晚上接见北大校文革、新北大公社代表时的讲话

7月10日晚上9时，陈伯达在吴德、傅崇碧陪同下接见了北大校文革、新北大公社代表。陈伯达的讲话，在场的同学印象最深的就

---

65 胡宗式、章铎编：《北京大学文革资料选编》（下），第283页。

是一句话："天塌不下来，回去睡觉！" 卫成区司令傅崇碧显然心中有数，他对北大同学说："伯达同志讲了，不要那么害怕么，没关系，懂吗？"

关于对立方抢保卫组材料的问题，陈伯达表示："没关系，打就让他们打么！抢就让他们抢么！你们要回去好好睡觉，好好休息。""这件事我已经叫吴德、傅崇碧同志负责处理。"

驻校解放军表示"现在没法进行工作"，陈伯达说："工作不干正好利用这个机会睡觉。毛主席：天塌不下来，放心睡觉好了。不要那么怕，不要着急，有人骂是好事么。就那么几个人。一万多人怕什么。我唯一的希望就是大家回去睡觉。"[66]

于是，7日11日一早，校园里就出现了"老子铁了心，聂、孙保定了"的大标语。

陈伯达7月10日从凌晨到晚上的所有讲话，如果放在1966年下半年的某个官员身上，铁定是典型的"挑动群众斗群众"，但彼一时此一时，而且，陈伯达是中央文革的组长。

陈伯达7月28日的谈话

1967年7月28日凌晨，陈伯达、谢富治接见武汉造反派，在会议前同首都大专院校代表讲话，其中有一段同新北大公社同学的谈话。[67]

陈伯达问："上次我到你们学校去，帮助你们和'北京公社'达成几点协议知道吗？"

北大同学反映，北大0、飘、团砸了校文革保卫组。

陈伯达说："小权术、小手段，手下无情是不行的，不要做得那么绝。我们无产阶级革命派除了去掉自己的锁链以外，没有什么可以丢掉的。《共产党宣言》后面不是这样说的吗？现在弄得我北京的事情不愿意管了，不要乘隙进攻，不要乘人之危。现在有人利用我6.5

---

66 胡宗式、章铎编：《北京大学文革资料选编》（下），第156—159页。
67 胡宗式、章铎编：《北京大学文革资料选编》（下），第160—161页。

讲话要把聂元梓一棍子打死，我反对。现在外面有许多传说，实际上是借我出来反对聂元梓，这是不行的。我的话是公开的、光明正大的，对你们不说假话。我对聂元梓同志的批评完全是同志式的，不能一批评，你们就要打倒，就要垮台。这样就不能批评了。"

北大同学说："他们说聂元梓、孙蓬一执行了资产阶级反动路线。"

陈伯达说："不要这么说么，为什么上纲上得这么高？什么问题都上纲！人家改正错误也不行？要给人家改正错误的机会。不要迫得人家没有路走。对聂元梓是这样，对孙蓬一也是这样，炮轰聂元梓，打倒孙蓬一，实际上就是打倒聂元梓。"

北大同学："他们是要孙蓬一靠边站。"

陈伯达说："让孙蓬一靠边站就是要打倒，我批评一个同志就要打倒，行吗？要有无产阶级革命派的态度，还要让他工作么！北大有缺点，我攻了一下，聂元梓同志接受了嘛，对同志要批评帮助。"

陈问北大同学："你们同聂元梓同志是敌我矛盾还是人民内部矛盾？"

同学答："人民内部矛盾。"

陈伯达说："有人炮轰聂元梓，其实就是打倒聂元梓，醉翁之意我是知道的。那天，我到北大搞了几条协议，我不当工作组，不包办代替，你们自己解放自己，自己教育自己，这是无产阶级文化大革命的特点。"

这篇谈话，说明陈伯达对于有人利用他的 6.5 讲话要把聂元梓一棍子打死，对于某些人的"醉翁之意"，还是清楚的，他反对这样做的态度，也很明确，但他似乎很无奈，他当时到底是什么处境，值得后人研究。

（六）抓黑手的闹剧

"北京公社"和"红旗飘"的头头们将保卫组洗劫一空，抢了许多材料，以为获得了新的法宝，他们散布谣言，举办展览，企图掀起新的舆论攻势。但是，这恰恰证明了他们的无知。保卫工作是有其特殊性和专业性的，当保卫组的工作人员说明真相之后，这场谣言攻势很快便破产了。

为了维持反聂的局面，必须制造新的热点。这一次，他们利用江青8月10日的一段讲话，要把聂元梓打成"黑手"了。这可以算是他们的第三波进攻了。

7月14日，毛泽东乘专列到达武汉。当时武汉地区的两派斗争非常激烈，毛泽东自信满满，决定亲自出面就地解决武汉问题，树立一个榜样。但是，毛泽东的努力被王力、谢富治破坏了。在还没有来得及做好军队指战员和广大群众思想工作的情况下，王力、谢富治急急忙忙公开作出有偏向的表态，支一派，压一派。这一来，大大激怒了在武汉地区拥有多数群众的"百万雄狮"以及支持他们的一部分军人，他们奋起声讨王力、谢富治，造成了震惊全国的"7.20事件"。这一事件一度被疑为"兵变"和"暴乱"，[68] 连毛泽东都不得不乘飞机紧急转移至上海。

中央文革利用"7.20事件"大做文章，更加助长"文革"极左的错误，使"文革"运动向更左的方向滑去。8月1日，《红旗》杂志社论提出，"要把军内一小撮走资本主义当权派揭露出来，从政治上和思想上把他们斗倒、斗臭"，"这是当前的大方向"。该期《红旗》还有一篇针对"7.20事件"的专论，题为《向人民的主要敌人猛烈开火》。在这样的宣传和鼓噪下，"揪军内一小撮"的声浪像狂飙一样席卷全国各地，"天下大乱"达到顶峰，局面几乎全面失控。

"揪军内一小撮"的提法很快受到毛泽东的批评，北京的"文革"领导层赶紧纠偏，试图把局面稳定下来。1967年8月10日和11日，中央文革连续两天召开大专院校红代会、中学红代会各群众组织座谈会，陈伯达、江青、康生、周恩来、谢富治先后讲了话。他们指出，文化大革命形势大好，说全国处于反革命复辟前夜的说法是错误的；

---

68 多年后，"7.20事件"被认为是"大规模的群众性的抗争"（王年一：《大动乱的年代》，人民出版社，2009年，第193页)和"广大军民抵制极左错误的斗争"（席宣、金春明：《"文化大革命"简史》，中共党史出版社，2006年，第155页）。

广大解放军是最可信任、最可依靠的,"揪军内一小撮"的提法是完全错误的;"第三次大串连"的口号是错误的,不要出去串连了,出去的找回来;批判刘、邓、陶,回本单位搞斗、批、改;等等。值得注意的是,陈伯达、江青、康生在讲话中对秘密组织"五一六"进行了批判,"这是个阴谋组织,矛头对着周总理,实际上对着中央","是不容许的"。

江青在8月10日的讲话中离开会议的主旨,说了一些同北大有关的话。她首先声称中央文革小组是一致的:

有些地方把我们小组分成多少个派,这是不对的。在一些地方看法不同,这是常事,你们也一样。但是,我们是团结在毛主席周围。有人说我与伯达同志,还有戚本禹同志是一派,王力与康老是一派,根据什么呢?[69]

江青为什么要提出这个问题呢?是指责聂元梓、孙蓬一"分裂中央文革"吗?笔者以为,聂、孙4.10进言提出关锋、王力"结党营私",就事论事反映情况,完全出于善意,江青不至于连这点都拎不清。但是,陈伯达6.5讲话使吴传启的问题受到社会广泛关注,民间议论不少。江青绝对想不到两个星期后关锋、王力就会垮台,因此想要重申一下中央文革是团结的。但是,她为什么把关锋给遗漏了呢?而关锋也没有出席这次会议。

江青紧接着提到聂元梓:

对于聂元梓同志,我没有私交,过去不知道这个人,去年写了大字报后,才知道这个同志。对于她的对的,我们全组都支持,她的错误,我们是不支持的。对于在座的同志也是这样的,对的就支持,错的向你们提出意见,交换意见,你们也可以驳,但是不允许闹分裂。

江青这几句话是什么意思?她要同聂元梓划清界限吗?笔者以为,江青这番声明,反映出中央文革内部有着很大的矛盾,江青借此声明她和聂的关系是有原则的,纯属公事公办。很快,江青在9月1

---

[69] 胡宗式、章铎编:《北京大学文革资料选编》(下),第170页。

日又对上述讲话作了解释："我上次开会批评了她，我批评她的缺点和错误，没有说要打倒她。"至于聂元梓有哪些具体错误，江青并没有说。

紧接着，江青提到了"黑手"：

人大三红的分析我觉得有些道理，我也怀疑有一只黑手，不知我讲的有没有道理。这只黑手不仅伸到群众当中，伸到革命小将身边，还想在我们身上打主意。肯定要失败！对于革命小将，他也是要失败的。因为革命小将也在提高嘛！

谁是"黑手"？笔者以为，话题由"人大三红"的分析引起，其内容现在虽然无法查考，但该组织是我们反吴传启的盟友，他们的分析，矛头应该指向吴传启一伙。江青顺着"人大三红"的分析所怀疑的，绝不会是聂元梓。江青不会想到关锋、王力会很快垮台，但她对吴传启的看法早已有变，关锋等人被"打招呼"不要同吴传启联系的事，还是江青自己透露出来的，指聂是"黑手"，那江青又是什么呢？何况，就在刚刚过去的8月3日，陈伯达还对聂元梓说过，"5日27日的批评，不要当回事。"[70] 就在这个8月中旬，聂元梓在一次周恩来和中央文革都在场的某个场合，提出辞去校文革主任、解散北大校文革的建议，立即遭到了江青的训斥："过去，你是死保校文革，现在人家一攻，你就要求解散校文革，你不想干了，这不行！"周恩来等人没有发表不同意见。[71] 江青说的"人家"，是指谁呢？笔者以为，"人家"应该是指北大的反对派，或许还包括他们的后台。这些情况都说明，江青讲话说的"黑手"，不会是聂元梓。利用江青讲话把聂元梓打成"黑手"的图谋，不过是痴心妄想。

8月16日凌晨，谢富治在红代会核心组会议上对"黑手"作了解释：

大家要提高敌情观念，敌情有两个，第一，党内走资派。二，国

---

[70] 聂元梓：《我在文革漩涡中》，第319页。
[71] 聂元梓：《聂元梓回忆录》，第280页。

民党派来的特务，地富反坏右。搞两大派，搞矛盾，搞武斗，人家就要钻空子。我们最近了解，他们还有更大的计划，我们不要上他们的当。江青同志说的那个黑手，就是指上面这两种人。[72]

谢富治这几句话里的"他们"，是指谁呢？"更大的计划"又是什么呢？

按照谢富治的解释，卢正义、吴传启、潘梓年这些人，同叛徒、特务、走资派都挂得上钩，完全够得上"黑手"的标准，否则他们为什么要逃离北京躲避起来呢？"学部联队"的活动为什么要一而再、再而三地"收缩"呢？因为他们心虚得很。这些情况，洪涛、王恩宇是不会告诉牛辉林、侯汉清等人的，他们只希望牛、侯等人以抓"黑手"为名进一步搞乱北大，以利于保护自己而已。

在8月10日的会上，江青还有一句话：

我听说北大有一两千人在外头，全国全省都有，搞情报，手伸得太长了，你们撤回来了吗？

江青没有说明她的消息来源，更没有说这"一两千人"是北大哪个组织派出的。显然，这个锅又该聂元梓来背了。倒是谢富治在8月16日凌晨又解释了一下：

江青同志批评北大手伸得太长了，这件事不只是北大，地质、清华、北航、师大也不少！在全国出名的手就伸得长一点，地质也很厉害。[73]

其实，新北大公社当时摇摇欲坠，自顾不暇，哪里还有能力派人到外地去。倒是"红旗飘"的头头牛辉林在8月9日的"形势报告"中声称"我们四千人已走了一千三了，我们在各个城市基本上有人了，最近我们还要继续地有计划地派些人出去"。[74]

这一次会议，再没有李冠英一类人物向"学部联队"提供纪录稿

---

72 胡宗式、章铎编：《北京大学文革资料选编》（下），第181页。
73 胡宗式、章铎编：《北京大学文革资料选编》（下），第181页。
74 胡宗式、章铎编：《北京大学文革资料选编》（上），第399页。

了。听说江青在讲话中提到了"黑手",洪涛、王恩宇等人大为紧张。8月13日,洪涛急忙派人到师大、民院、北大等校寻找讲话记录。洪涛的手下赵××到北大来找牛辉林要。新北大公社传达首长讲话时,"北京公社"录了音,牛辉林便和赵××一起带着录音带来找洪涛。洪涛亲自听了录音中关于抓黑手的一段。牛辉林说:"张超讲,黑手在北大,她的意思很清楚嘛,就是指聂元梓。"洪涛说:"黑手是在北大,每次批判高潮都是北大冲击破坏的,黑手决不会在我们这边。"[75]

按照张超和洪涛的指示,牛辉林等人写了《三十五个为什么?》和《斩断伸向中央的这只黑手》两篇文章,前者刊登于1967年8月25日出版的《新北大报》第七号上,后者刊登于1967年8月31日出版的《新北大报》和《新人大》合刊上。两篇文章的主旨都是宣称"聂元梓就是江青说的反革命黑手"。这两篇文章发表的时候,北大"井冈山兵团"已经成立,所以,这也是"井冈山兵团"的代表作。

50多年后再读这两篇文章,人们不得不为文章作者和小报编辑感到悲哀。头一篇文章发表的时候,正是关锋、王力垮台的前夕,第二篇文章发表的时候,关锋、王力已经垮台。文章作者被陈伯达6.5讲话搞昏了头,一门心思利用6.5讲话为己所用,却完全无视陈伯达对6.5讲话实质的多次否认。他们始终被张超和吴传启的手下王恩宇、洪涛等人所误导,沉缅于自己制造的舆论和幻想之中而不能自拔。他们对于社会上早已出现的变化征兆视而不见,自己身后的黑手已经被抓,却还在那里抓别人的黑手。这两篇文章的内容已不值得引用,但文章作者极力维护关锋、王力、林杰、吴传启这伙真正的黑手,充当这个团伙的帮凶和打手的这段历史已经无法抹去了。

制造谣言、挑动武斗,然后嫁祸于人,这是关锋、吴传启团伙一贯的手段。8月2日,谢富治告诫聂元梓说:"好好把北大的工作抓一抓,对北京的事不要管。六月五日陈伯达的批评还是有效的,解决了北大的问题,整个北京的问题就好办了。全市全国的问题,你不要

---

75 胡宗式、章铎编:《北京大学文革资料选编》(中),第40—41页。

插手，工代会、农代会的事，不要管。"[76] 谢富治的讲话泄露了天机，就是有人认为"解决了北大的问题，整个北京的问题就好办了"，他们要下手"解决"北大的问题了。果然，8月11日，地派所属单位在天安门广场召开十万人大会，声讨控诉聂元梓、孙蓬一之流挑起全市武斗。身处困境、摇摇欲坠的聂元梓、孙蓬一要挑起全市武斗？他们有这个本事吗？显然，这是这次大会的幕后策划者为挑起大规模武斗、一举摧垮新北大公社而作的动员和舆论准备。8月12日，在周景芳的策划下，西单商场发生大规模武斗事件。[77] 他们会用这种方法来"解决"北大的问题吗？完全有可能。上文已经引用过的谢富治8月16日的讲话，"我们最近了解，他们还有更大的计划"，显然不是空穴来风。不过，这个计划还没有来得及实施，关锋、王力就垮台了，新北大公社躲过一劫。

在校内，"北京公社"在大喇叭中先放了天安门广场召开的十万人声讨大会的录音，接着广播他们的评论员文章《老佛爷的困境——落花流水春去也!》，文章说："想当年，老佛爷多么威风，多么了不得，有了那么两吨黄金，自以为得计，老子天下第一，根本不把中央文革和谢副总理放在眼里，今天把这个当成隐患除，明天把那个革命师生打成反革命，后天又把那个中央首长打成摘桃派，真是为所欲为，不可一世！可是，曾几何时？老佛爷就成了众叛亲离的孤家寡人，用一句古诗来概括：落花流水春去也!"[78]

历史证明，这位评论员高兴得太早了，没过几天，事实就打脸了。

正在北大反对派及其盟友们为把聂元梓打成黑手而鼓噪的时候，他们的后台关锋、王力一伙的末日已经到来了。《红旗》杂志鼓吹"揪军内一小撮"的社论受到了毛泽东的严厉批评，指出要"还我

---

76 胡宗式、章铎编：《北京大学文革资料选编》（下），第283页。
77 吴德在回忆录中说："西单商场武斗……实际指挥武斗的人就在市革委会，叫周景方，是学部的人，这些人和戚本禹有关系。"见吴德口述、朱元石访谈、整理：《十年风雨纪事——我在北京工作的一些经历》，北京：当代中国出版社，2008年，第30页。
78 陈焕仁：《红卫兵日记》。

长城"。[79] 从 8 月 10 日起，《人民日报》上关于"揪军内一小撮"的提法就不见了。8 月 12 日，毛泽东的指示传到北京，说"党内军内一小撮"的提法不策略。[80] 7.20 事件后，由陈伯达、关锋、王力起草的中央给武汉军民的一封信，其中有关"军内一小撮"的提法也受到追查。[81] 陈伯达、江青、康生、关锋等人都慌了手脚，互相推卸责任。8 月 22 日，周恩来在接见群众时说，"不要再提'军内一小撮'。'军内一小撮'，是在七月二十日事件后宣传机关提错了的。毛主席批评了这个事。"[82] 8 月 23 日，肖力贴了赵易亚的大字报，陈伯达立即表示支持。这一系列事情，都令关锋、王力等人非常紧张和惊慌。8 月 26 日，毛泽东作出了"王、关、戚是破坏文化大革命的，不是好人"的决断。8 月 30 日，关锋、王力被隔离审查。失去关锋这顶保护伞，吴传启一伙纷纷落网，"学部联队"立刻瓦解。

（七）北大反对派合并成立"井冈山兵团"，联合夺权？还是抱团取暖？

由陈伯达 6.5 讲话引发，北大的反对派"团""0""飘""井""红"大吵大闹了两个多月，最后，他们在 1967 年 8 月 17 日合并成立了"新北大井冈山兵团"。

原本观点有很大差异的组织为什么要合并？这要由它们的头头来解释。笔者推测，一种可能性是他们觉得聂、孙、校文革和新北大公社"行将垮台"，合并以后，有利于夺取北大的权力；另一种可能是，头头们已经感觉到前途渺茫，合并起来可以抱团取暖，有利于继续拉住不明真相的群众，以免被校文革和新北大公社各个击破。

这两种可能性都是存在的。他们以合伙夺权的梦想开始，其"成立宣言"和《新北大报》社论《将革命进行到底》就是证据。梦想破

---

79 王年一：《大动乱的年代》，第 195 页。
80 王力：《王力反思录》，香港：北星出版社，2001 年，第 1014 页。
81 王广宇：《"七二〇"事件在中央文革小组激起的波澜》，载阎长贵、王广宇著：《问史求信集》。
82 中共中央文献研究室编：《周恩来年谱（1949—1976）》（电子版），第 1193 页。

灭后，不得不抱团取暖以维持其存在。这个结局是大家都看到了的。

可以明确指出的是，北大反对派的合并和井冈山兵团的成立，都离不开"学部联队"头头王恩宇、洪涛等人，以及中央文革记者张超的指导。这才是真正的黑手。

在合并之前，几个反对派都认为聂、孙执行了资产阶级反动路线，但对其开始的时间是有分歧的，有的认为始于66年8月，有的认为始于67年2月，有的认为始于67年4月。这些分歧，源于它们各自的政治历史。对于"团"派和"0"派来说，无视这些分歧，不仅否定了自己的历史，也堵死了自己的退路。

鉴于内部有矛盾分歧，徐运朴等人向王恩宇请示。王恩宇说："这不妨碍大家联合嘛！""现在执行资产阶级反动路线也是资产阶级反动路线。这些都是小分歧，不用争论这个，这种争论还不是为自己组织争权夺利，这样下去，聂、孙就会把你吃掉。"王恩宇一再强调："你们不要说聂元梓执行资产阶级反动路线，要说孙蓬一，不要给聂元梓下这个结论，这样对斗争是不利的。""不要直接反聂元梓，直接搞不得人心，应该把矛盾狠狠对准孙蓬一，打在孙身上，也就是打在聂元梓身上。"

对北大反对派的联合问题，王恩宇作了四点"指示"：1、你们要联合起来，不要争名称，要求同存异。2、要让周培源当第一把手，因为"小将容易被打成'反革命'，而周培源则可以与老佛爷对抗. 使组织不易搞垮。"3、对聂元梓的问题要注意，不要无限上纲。4、要准备长期斗争。

就连合并后叫什么名字，也有"学部联队"的人参与决定。本来他们打算联合起来后叫"八一七"兵团，但"学部联队"的李××讲，"八一七"什么意思谁也不知道，于是，牛辉林等人决定称为"井冈山兵团"。[83]

上面这些情况都是"学部"群众后来揭发出来的。北大反对派内部的情况，显然是"井冈山"内部一些对其领导人极左路线不满的人

---

[83] 胡宗式、章铎编：《北京大学文革资料选编》（中），第41—42页。

士"下山"后揭露出来的。新北大公社"01高射炮"等12个战斗队在其大字报《"东方红"的战车要把"团""0"百姓拉向何方？》综合报道了这方面的一些情况。

据该大字报，尽管有了王恩宇等人的指示，北大反对派的"联合"还是遇到了很大阻力。这阻力主要来自"革造"和"北京公社"的"右翼"。"革造"的主要负责人施××坚决不同意和"东方红"联合，甩手不干，回家了。笔者以为，施××这样做的结果等于是把"革造"的人马拱手送给了那股极左势力，一部分人日后成为"井冈山"武斗力量的重要来源。据了解，人数最多的"北京公社"，其内部也吵得很厉害，以侯汉清、雷向东（即雷祯孝）为代表的极左势力坚决主张"联合"，但该派广大群众并不赞同，他们担心"联合"后会被极左势力所操纵。当时这一派准备以周培源、郭罗基、陈醒迈的名义发表一个东西，重申"北京公社"的原始观点，以此来抵制极左势力，但这一设想因周培源的反对而失败。其间，张超又发挥了特殊的作用。

张超找周培源谈话，这使周对"联合"的热情突然高涨起来。他分别找五个组织的头头个别谈话，然后把他们弄到一起开会，每当吵得不可开交的时候，周培源总是百般调停，说什么"要向前看，要前进，不要后退"。而在下面，极左势力拼命控制舆论，被认为"很解决问题"的203串联会总是由极左势力来控制，"右"的意见一发表就遭围攻，形成了一边倒的情况，只许你同意"联合"，不许说半个"不"字。[84]

在极左势力面前，机会主义者是没有话语权的。口若悬河的理论家郭罗基差一点连总部班子都未能挤进去。在"井冈山"总部成员的组成问题上也是一样，新北大公社"01高射炮"等战斗队的文章揭示了这个过程：

---

[84] 参见新北大公社"01高射炮"等战斗队：《"东方红"的战车要把"团""0"百姓拉向何方？》，原载新北大公社资料组编印：《大字报选参考材料（一）》，1968年1月。此文已收入胡宗式、章铎编：《北京大学文革资料选编》（中）。

"东方红"派出参加井冈山兵团总部的是俞启义,团、0很多战士都不同意俞启义当选总部委员,各组织头头里面也有分歧,"东方红"寸步不让,非俞启义不可。于是俞启义进总部的事就肯定下来了,为了欺骗广大群众,兵团总部耍了个花招,发表公告时让"东方红"的名额空着,散布什么"再了解一下俞启义的情况",过了几天,群众注意力转移了,在根本上没有进行什么了解的情况下,就把俞启义请进了总部。

　　在确定核心组时,"东方红""井冈山"不同意陈醒迈当副组长,嫌他太"右",他们点名要侯汉清。由于"北京公社""革造"坚决要陈醒迈,他才当上了副组长。郭罗基也差一点进不了总部,因为"东方红"代表认为他"镇压过'井''红'"。

　　确定干部谁进总部时,"东方红"坚持要张侠,"北京公社""革造"坚决反对。双方争得面红耳赤,互不相让,简直又要崩了。这回是牛辉林出来打了圆场,他故作姿态,发了一顿"脾气":"人家'北京公社''革造'已经作了很大让步,你们'东方红'还坚持不放我就要对你们有意见了。我原来还是对你们有好感的,要是这样,就算了,不干了!"这才使"东方红"做了让步,缓和了局势。

　　经过激烈争夺,"井""红"派势力终于控制了领导权,从总部分工的名单上,集中地反映了他们的胜利。分工是这样的:

全　　盘:周培源、牛辉林
作战部:对内:侯汉清
　　　　对外:俞启义
宣　　传:侯汉清(具体工作由雷向东抓)
组　　织:胡纯和(由一个东方红的,一个井冈山的人协作)
政　　工:陈醒迈、郭罗基
大批判:郭景海
办公室:谢纪康(革造)
其中要害部门完全为"井""红"极"左"势力所控制。

　　合并后的"井冈山兵团"被极左势力所操控,是一件可以预料的事情。陈醒迈和郭罗基立马就被边缘化了。据说在"井冈山"内部，陈醒迈一直被讥为"老机"，悲哀啊。

在"成立宣言"中，"井冈山兵团"声称自己"是在与彭真、陆平黑帮的搏斗中，在与张承先反革命工作组的搏斗中，在与刘邓黑司令部的搏斗中冲杀出来的无产阶级革命造反派"，"宣言"指责校文革聂元梓、孙蓬一"犯了方向路线的错误，重新执行了资产阶级反动路线"，"把新北大公社作为他们执行反动路线的御用工具"。"宣言"罗列了聂、孙的诸多罪名，最严重的就是"分裂中央文革，炮打谢副总理，动摇北京市革委会的革命权威，破坏无产阶级专政，代表资产阶级知识分子向工农夺权""在校内外，扶植保守派，打击围攻革命造反派，挑起北京市两大派斗争"，等等。"宣言"高呼"是可忍，孰不可忍？！"

随后，《新北大报》于1967年8月30日发表了社论《将革命进行到底》，表达了"井冈山兵团"要在北大进行"自下而上的夺权斗争"的决心，也表达了该组织对聂、孙、校文革和新北大公社的"定性"和"砸烂校文革""摧垮新北大公社"的政策。

关锋、王力已经垮台，吴传启、林聿时、洪涛等即将被捉拿归案，文化大革命即将发生"转折"，社论的作者却在高呼：

新北大无产阶级革命造反派向资产阶级政客夺权的时刻已经到来了！

社论的作者从极左的立场来看待北大一年来的文革历史：

北大旧王朝的国家机器并未摧毁。写过第一张马列主义大字报的聂元梓根本不是马列主义者，在革命小将推翻了张承先临时政府以后，正是她抹杀和窃取了小将们的丰功伟绩，取张承先而代之，建立了一个名为红色政权、实则比临时政府更带有欺骗性的资产阶级政府。它网罗与集中了旧北大的一切保守势力，疯狂地扼杀小将的造反精神，完全成了压在成千上万革命群众头上的铁盖子，使北大未能按照主席所揭示的规律去完成自下而上的夺权斗争。这正是北大运动的症结所在。也就是这个资产阶级政府，疯狂地炮打无产阶级司令部，千方百计地动摇无产阶级专政，颠覆北京市年轻的红色政权，充当了资产阶级知识分子向工农夺权的代表！时至今日，他们仍盘踞在北大的各个要害部门，还在固守资产阶级阵地，准备"十年八年受孤立"，负隅顽抗。这样的资产阶级国家机器非彻底砸烂不可！这样的权非夺不可！

社论表达了"井冈山兵团"要在北大全面抢权、夺权的决心：

我们在北大进行的这场自下而上的夺权斗争，就是代表全市和全国革命造反派向保守势力夺权！就是为工农向资产阶级知识分子夺权！就是为无产阶级司令部向资产阶级代理人夺权！我们的夺权是天经地义的革命行动！

必须砸烂校文革的资产阶级专政！必须摧垮臭名昭著的新北大公社！

社论表明了"井冈山兵团"同聂元梓势不两立的决心：

与聂元梓"分而治之"吗？我们忘不了中国历史上老佛爷"招安"义和团、而又勾结帝国主义一举歼灭之的前车之鉴！更忘不了北大历史上的"井""红"天真地要求聂元梓合作、然后横遭血腥镇压的沉痛教训！"分权"一说是根本不成立的！不是西风压倒东风，就是东风压倒西风，在路线和政权问题上绝没有调和的余地！必须丢掉一切幻想，将"倒聂运动"进行到底！必须将一切权力全部掌握在无产阶级手里。

50多年后重读这篇社论，深感就是一篇极左到疯狂程度的呓语。笔者不认为这篇文字能够代表"井冈山兵团"多数普通成员的观点，但该组织的领导层为这股极左势力所操控，是可以确定的。在这股势力面前，黑白可以颠倒，事实可以不顾，高层任何有利于聂元梓的表态都不起作用，"大联合"绝无可能。这股极左势力利用陈伯达6.5讲话，以为靠上关锋、吴传启团伙后可以大捞一把，但闹了两个多月却没有见到效益，他们等不及了，发出了抢权的号召。社论作者一直在做夺权的美梦，却不知风向已变，关、王已经垮台。再过一天，他们的梦想就要破碎了。这股极左势力在北大得不到多数人的支持，纠合社会上的极左势力，也没有实际效果。到后来，这股势力没有得到他们自认为应该得到的"支持"，便跳到另一个极端，转而骂娘。这是很自然的，因为他们并不是什么"无产阶级革命造反派"，而是梦想在北大夺权、掌权的野心勃勃的投机者。

《北京大学纪事》称，井冈山兵团的第一届总部勤务员（核心组）有周培源、侯汉清、郭罗基、牛辉林、徐运朴等11人。第一任核心组组长周培源，副组长牛辉林、徐运朴、陈醒迈、侯汉清（后改为牛辉林任组长）。笔者曾试图对此进行求证，但未能成功，因为有些头头自己也记不清了，说法不一。可以确认的只有一点，即井冈山兵团核心组成员中没有徐运朴。对于该总部后来的人事变化，要由"井冈山"的人自己来考证了。

附记：推动北大反对派合并的"学部联队"头头王恩宇有什么来头？

王恩宇是个年轻人，"文革"开始时，他从北大哲学系毕业还没有几年。他受到吴传启、林聿时的拉拢和重用，当上了"学部联队"的头头，吴、林则躲在幕后操纵。该组织的喉舌《进军报》的刊名，就是吴传启等人要王恩宇题写的。"学部"的书法大家多得是，为什么要一个年轻人来写呢？王恩宇自己说，这就是吴传启、林聿时为了拉拢他。

吴传启、林聿时、潘梓年逃往外地后，王恩宇是直接听命于戚本禹的。戚本禹还让他穿上军装，去中央档案馆当了一阵子军代表。王恩宇身着军装，在"学部"大院里耀武扬威的样子，是许多人都看到了的。戚本禹还对他说，将来，毛泽东传就由你来写。王恩宇后来说，这是戚本禹在拉拢他。

关锋、王力垮台后，上层忙于部署将吴、林、潘等捉拿归案的事，一时没有顾上王恩宇。王恩宇一度被"学部"群众组织控制，交代了许多问题，包括他和戚本禹的许多事情。大量事实证明，戚本禹就是关锋、吴传启等人的同伙。

吴传启、林聿时在外地逃亡时，王恩宇是"学部联队"和吴、林的联络人，也是关锋、戚本禹、林杰同吴、林的联络人。

"0""飘""团""井""红"们气势汹汹、大闹北大的时候，关锋、吴传启团伙早已是惊恐万状。

1967年7月，王恩宇从石家庄探望吴传启回京后，给林杰去电话，林杰对王恩宇说："关锋、戚本禹同志说，叫学部继续采取收缩的办法，你们不要到外面活动，你们的每一步都要同上面联系一下，打个招呼，现在他们收到不少潘、吴的材料，所以你们现在不要看表面上北大不搞了，将来会有一场大的斗争，这场斗争必然会采取连锁反应。你们注意一下，关锋、戚本禹同志说，你们要顶住，越是困难越要顶住。"

7月中旬，林杰还对王恩宇说："关锋、戚本禹同志的意思，是叫你们快点调查，潘、吴的问题是个大问题，牵涉面很大。……他们搞潘梓年是个陪衬，搞吴传启才是真的，主要通过吴传启搞关锋、戚本禹他们，这才是目的。"

7月中旬的一天晚上，林聿时从赞皇王家坪回京后，找王恩宇去他家，林对王说："潘、吴的问题是个大问题，不是小问题，他们在外面还要住半年一年的，这是老关老戚的意思。……潘、吴的问题是个大问题，很可能是两个司令部斗争的焦点。"[85]

这些情况显然都是王恩宇自己交代出来的。因为涉及到戚本禹，有关材料在戚本禹垮台后才公布出来。

王恩宇会把这些情况告诉北大反对派的领导人吗？

灭顶之灾就要到来，王恩宇、洪涛还在忽悠北大的反对派领导人，其目的，就是进一步搞乱北大，维护他们那个团伙。而北大反对

---

[85] 参见红卫兵总队831兵团：《篡党窃国野心家戚本禹扶植潘吴集团罪行》，载学部红卫兵总队等编辑出版：《长城》第七期，1968年2月27日。

派领导人,也就充当了这个团伙的工具。他们自己贴上去巴结这个团伙,就怨不得别人了。

王恩宇后来受到清算,吃了很多苦头。一个年轻人,就这样被戚本禹、关锋、吴传启、林聿时一伙给毁了。

www.ingramcontent.com/pod-product-compliance
Lightning Source LLC
Chambersburg PA
CBHW070804300426
44111CB00014B/2416